工业和信息化高职高专“十三五”规划教材立项项目

高等职业教育财经类**名校精品**规划教材

TAX LAW

税法（第3版）

——全面支持“营改增”

王振东 刘淼 主编

毛乾梅 杨忠英 副主编

人民邮电出版社

北京

图书在版编目（CIP）数据

税法 ： 全面支持“营改增” / 王振东，刘淼主编
. -- 3版. -- 北京 ： 人民邮电出版社，2017.1(2017.7重印)
高等职业教育财经类名校精品规划教材
ISBN 978-7-115-44458-5

Ⅰ. ①税… Ⅱ. ①王… ②刘… Ⅲ. ①税法－中国－高等职业教育－教材 Ⅳ. ①D922.22

中国版本图书馆CIP数据核字(2016)第309908号

内 容 提 要

本书根据最新税收制度的变化情况和高职高专“税法”课程的教学实际要求编写，共11个项目。项目一为税法概论，介绍了税法的基本理论和方法；项目二为企业纳税的基本程序；项目三至项目十以我国现行税制中的具体税种为研究对象，介绍了各个税种税法的基本理论和方法，包括增值税税法、消费税税法、企业所得税税法、个人所得税税法、关税税法及其他税种税法；项目十一为税收征收管理与税务行政法制。为了让学生能够及时地检查自己的学习效果，每个项目后面都附有练习与实训；同时还提供了5个单元测试题。

本书既适合作为高等职业院校、成人高等院校等的财政、税务、会计、审计等相关专业的教材，也适合作为企业经营管理人员、财务会计人员、税务人员学习和工作的参考书。

◆ 主　　编 王振东 刘 淼
副 主 编 毛乾梅 杨忠英
责任编辑 李育民
责任印制 焦志炜

◆ 人民邮电出版社出版发行　北京市丰台区成寿寺路11号
邮编 100164　电子邮件 315@ptpress.com.cn
网址 http://www.ptpress.com.cn
北京鑫正大印刷有限公司印刷

◆ 开本：787×1092 1/16
印张：20　2017年1月第3版
字数：485千字　2017年7月北京第2次印刷

定价：49.80元

读者服务热线：(010)81055256　印装质量热线：(010)81055316
反盗版热线：(010)81055315

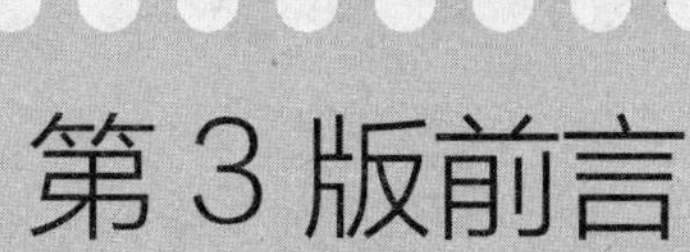

第3版前言

近年来，我国税制改革不断深入，自2016年5月1日起，“营改增”全面实施，资源税、消费税等税法也进行了重要改革，税收征管不断完善。同时，《税法》教材（第1版、第2版）自出版、修订以来，受到了众多高职高专院校的欢迎，读者对教材的使用和编写反馈了很多宝贵而中肯的意见。因此，借本书修订之际，再次对教材内容进行了全面的修改和完善，以适应形势变化的需要和广大读者的要求。

本次修订，力求保持原教材的体系和特点，突出教材的理论性、实用性、新颖性和可操作性。全书修订为11个项目，除系统介绍中国现行税法的内容外，更注重提高学生的实践技能和动手能力；修订内容主要涉及增值税、消费税、营业税和资源税等各个项目；同时，也对教材中的例题、习题及实训题做了修改、调整和补充。

本次修订，各章内容基本上仍由第1版、第2版原作者完成，同时针对实际情况和工作需要，做了一些调整。全书由山东警察学院的王振东、刘淼担任主编；齐鲁师范学院的毛乾梅、山东商业职业技术学院的杨忠英担任副主编；参加编写的人员还有山东警察学院的韩清轩、赵海霞、田静、朱妤、阙红艳，日照市财政局的安佰征、单君、徐峰，莘县县委党校的张红升，济南工程职业技术学院的王萍；全书由王振东、刘淼统稿和定稿。

刘清欣、王海勇等国家税务总局、山东省国税局等单位的领导和同志对本书的修订给予了热情的帮助，并提供了最新的资料，许多热心的读者也提出了大量中肯的意见，在此一并表示衷心感谢！

书中不足之处，恳请广大读者继续提出宝贵意见。

编者

2017年1月

目 录

Contents

项目一 税法概论

知识目标

- 税收的概念和特征；
- 税法与税收的关系；
- 税收法律关系的概念和构成；
- 税法的构成要素；
- 我国现行税法体系。

相关知识

一、税收认知

在现实生活中，无论在任何国家，人人都必须依法纳税，否则会受到法律的制裁。税收已经是现代社会中家喻户晓的经济范畴，是社会经济活动中非常重要的组成部分，是各国最主要的财政收入形式。尽管如此，什么是税收？这是个看似简单却并不是人人都能准确回答的问题。要掌握税收法规，首先应该了解税收的概念、特征等方面的基本知识。本节的内容就是引导读者理解有关税收的基本知识，为今后各种税收法律、法规的学习打下坚实的基础。

1．税收的概念和特征

（1）税收的概念。税收是国家为了满足社会公共需要，凭借政治权力，按照法律预先规定的标准，强制、无偿地参与社会产品分配以取得财政收入的一种形式。具体可以从以下几个方面把握。

① 税收是国家取得财政收入的最主要的形式。国家为履行其职能，需要取得足量的财政收入。国家财政收入的形式除税收以外，还有国有资产收入、债务收入、规费收入、罚没收入等。其中，税收几乎是世界各国最主要的财政收入形式。

从表 1-1 可以看出，2000～2015 年各年我国税收收入占整个财政收入的比重均超过 85%。可以说，就我国现阶段而言，税收关系着国家财政的命脉。

表 1–1　2000～2015 年我国财政收入及税收收入统计　单位：亿元

年份	财政收入合计	各项税收	税收收入占财政收入百分比
2000	13 395.23	12 581.51	93.93%
2001	16 386.04	15 301.38	93.38%
2002	18 903.64	17 636.45	93.30%
2003	21 715.25	20 017.31	92.18%
2004	26 396.47	24 165.68	91.55%
2005	31 649.29	28 778.54	90.93%
2006	38 760.20	34 804.35	89.79%
2007	51 321.78	45 621.97	88.89%
2008	61 330.35	54 223.79	88.41%
2009	68 518.30	59 521.59	86.87%
2010	83 101.51	73 210.79	88.10%
2011	103 740.00	89 720.31	86.49%
2012	117 210.00	100 601.00	85.83%
2013	129 143.00	110 497.00	85.56%
2014	140 350.00	119 158.00	84.90%
2015	152 217.00	124 892.00	82.05%

② 税收的主体是国家。税收分配以国家的存在为前提，由国家组织。国家在税收分配中居于主导地位，纳税人只能服从国家的意志而依法纳税。国家是抽象的政治概念，而政府是具体的政治机构，政府包括中央政府和各级地方政府。税收既是中央政府取得收入的方式，又是地方政府取得收入的方式。

③ 税收的目的是满足社会公共需要。“赋税是政府机器的经济基础”，“是行政权力整个机构的生活源泉”。[1]国家运用税收形式取得财政收入的目的，是保证国家的财政支出满足社会公共需要。满足社会公共需要的物品称为社会公共物品，它只能由社会公共权力机关——国家（或政府）提供。税收是国家提供公共物品最重要的保证。

④ 税收实现的依据是政治权力。税收的实现不是靠纳税人的自愿行为，而是由政府以强制、无偿的方式取得。任何规范的税收分配，都是以法律的形式预先规定对什么征税、征多少税、如何征收等，并公之于众，再依法强制、无偿地征收，任何集团和个人都不得随意改变。依法征税、依法纳税是税收工作的基本准则。

⑤ 税收分配的对象是社会产品或社会产品的价值。从税收分配的实际情况看，历史上的税收分配曾以实物形式直接参与社会产品的分配，后来随着商品交换的不断发展、货币的出现及广泛使用，税收分配逐渐演变为先通过货币形态对社会产品的价值进行分配，再通过财政支出将货币实物化，实现对社会产品的使用价值的分配。税收分配的对象是社会产品或社会产品的价值，主要是社会剩余产品或剩余价值。

（2）税收的特征。税收作为国家凭借政治权力取得收入的一种方式，具有以下几个主要特征。

1《列宁全集》（第 32 卷），人民出版社 1958 年版，第 275 页。

① 强制性。税收的强制性是指单位和个人都必须依法纳税，否则就会受到法律的制裁。税收的强制性是由国家提供社会公共物品、满足社会公共需要而拥有社会公共权力，从而拥有强制的征税权所决定的。国家只有凭借社会公共权力，运用法律形式，强制地进行税收分配，公民依法纳税，没有讨价还价的余地，才能尽量做到分配的公平、公正，才能有利于及时、足额地取得财政收入，以满足社会公共需要。税收的强制性是税收与公债收入、规费收入、国有资产收入等最显著的区别。

税收的强制性不仅针对纳税人，同样适用于征收机关和征管人员。税收征管人员如果违反了国家税收法律，徇私舞弊，影响国家财政收入的实现，同样会受到国家法律的制裁。

② 无偿性。税收的无偿性是指国家征税，既不需要偿还，也不需要对纳税人支付任何代价。税收的这种无偿性是针对具体的纳税人来说的，即缴纳税款后国家和纳税人之间不再有直接的返还关系，纳税人丧失了该财产的所有权和支配权。正因为税收具有这种价值单方面转移的特征，才会有纳税人为了自身的利益不情愿缴纳的本能反应，也才派生出了税收强制性的特征。

但税收的无偿性并不等于国家征的税都变成了国家的资产，实际上，国家征税，有义务提供相应的社会公共品以满足社会公共需要，为纳税人及其他社会群体的生产经营、生活工作提供良好的政治、经济、社会、文化环境。所以，税收的无偿性不是绝对的无偿，而是非直接偿还性或非对应偿还性。

③ 固定性。税收的固定性是指国家征税，是以法律形式预先规定的方法和标准，连续、规范地定量课征。国家开征某种税之前，有关该税种的征税对象、税目、税率、减免规定、纳税环节等，都要预先以法律、法令的形式颁布，税务机关依法征税，不得随意多收或少收，纳税人依法纳税，不允许讨价还价，更不允许采用任何不正当手段偷税、骗税。这样，在一定时期内，依法课征的税收收入，对于国家来说就是一个相对稳定不变的量，对于纳税人来说，在一定时期的税收负担也稳定不变，这便于征纳双方做到心中有数，有利于国家比较准确地编制财政预算，及时、准确、稳定地组织税收收入以满足社会公共需要，也有利于维护纳税人的法人地位和合法权益。

当然，税收的固定性是相对的，它要求税法相对稳定，不得朝令夕改，但并不是说税法是一成不变的。随着国家政治经济形势的发展变化，税法也应当进行相应的改革和调整。

税收的强制性、无偿性和固定性是相互联系的统一体。无偿性居于中心地位，税收的无偿性决定税款必须强制征收，强制性是国家无偿地取得税收收入的保证，而固定性是强制性和无偿性的要求和结果。税收的以上 3 个特征密切联系，不可分割。只有同时具备这 3 个特征的财政收入才是税收，否则，就不是税收或者说不是严格意义上的税收。

2．政府征税的理由

虽然税收是凭借国家政治权力强制征收的，但当某个人或某个企业向税务机关缴纳了一笔税款时，此人或该企业会减少其可支配的收入；同时，因为无偿地被征收了税款，纳税人在心理或精神上都会产生一定的影响。如果纳税人无法理解政府征税的必要性和正当性，那么在主观和客观上都会对征税行为产生一定的抵触。所以，让纳税人正确地理解政府征税的理由，对于征税的顺利实施具有非常重要的意义。

（1）提供公共品。公共品是指给消费者带来的利益具有非竞争性与非排斥性特征的产品。假定一个社会是由生活在一个孤岛上的渔民组成的，捕鱼是他们最基本的生活来源。渔民出海捕鱼，在经历了数次渔船触礁或搁浅之后，深感有必要建造一些灯塔，以为渔船导航之用。这样的灯塔如能建成，则岛上的每一个渔民都会从中得到很大的益处。可建造灯塔所带来的利益并非是任何一个渔民可以独享的。一部分渔民使用灯塔导航，并不影响和妨碍其他渔民同时使用灯塔导航。即使有的渔民不参加灯塔的建造或不为灯塔的建造支付任何费用，也无法排除他享受灯塔导航的益处。因此，像灯塔这样的产品就属于公共品。道路交通设施、国防设施、防污设施等都属于公共品。

公共品具有非竞争性与非排斥性的特征，所以它不可能通过市场的自由交换提供。而公共品的存在对于整个社会而言，是必不可少的。唯一能提供公共品的只有政府。政府提供足量的公共品需要资金，收税则可以看成是政府为提供公共品而筹集的资金，是为提供公共品所耗费的成本所进行的弥补。

（2）促进资源的有效配置。市场对于资源配置存在固有的缺陷，如因为垄断造成的竞争失灵、信息不对称使市场不能达到应有的效率水平及消费者偏好的不合理等。正是由于市场在配置资源上存在的固有缺陷，所以政府的介入对资源的合理配置是必要的。政府征税不仅为政府的调控行为提供资金支持，而且还可以直接参与市场，通过税收促进资源的有效配置。例如，近几年国内房价上涨迅猛，很多地区房价已经严重背离市场规律。由于房价上涨，房地产开发商大肆开发，疯狂逐利。一方面居民对于房价的上涨颇有怨言，另一方面开发商对房地产的投资越演越烈。面对此局面，政府出台了一系列给房地产市场“降温”的政策：开征二手房交易个人所得税、征收二手房营业税、全面清查土地增值税等。这些措施有助于抑制房地产市场的过热，体现了国家通过税收手段对资源进行的有效配置。

案例 1-1

2002年，我国国内生产总值首次超过10万亿元，达到102 398亿元，按可比价格计算，比上年增长8%。分析2002年我国国民经济呈现良性循环态势的原因，不难发现，税式支出作为国家调节经济活动的一个重要工具，为促进国民经济均衡、协调发展做出了重要贡献。据统计，2002年我国税式支出总额（包括出口退税和减免税）达2 159.52亿元，占全部税收收入的12.7%。

为促进外贸的快速发展，近年来，我国出口退税政策对外贸的支持力度逐年加大，特别是2002年，对生产企业自营出口或委托外贸企业代理出口的自产货物出口退税全面实行“免、抵、退”税办法，企业可以直接得到出口退税带来的实惠，缩短了先前办理出口退税的资金流转周期。2002年，全国直接办理的出口退税达744.32亿元，免抵调库增值税514.5亿元，两项合计1 258.82亿元，比1999年翻了一番，比2001年增加187.31亿元。出口退税的大幅度增加，极大地增强了我国产品的出口能力，进一步拓展和提高了我国出口商品在国际市场上的发展空间和市场占有份额，推动了外向型经济的发展。

2002年，我国的外商直接投资稳步扩大，全年外商直接投资合同金额达828亿美元，比上年增长19.6%，实际使用外资金额527亿美元，增长12.5%。外资经济的稳步发展，带来了充裕的税源。2002年，涉外税收收入完成3 487.1亿元，比上年增长21.0%，占全部税收收入的

比重也达到了21.0%。2002年，外资经济和涉外税收的双丰收与前些年对涉外企业实行税收优惠政策分不开。1998～2001年，我国给予涉外企业的税收减免总额超过500亿元。规范、合理、适时的税收减免为“三资”企业的前期发展创造了宽松的环境，也涵养了税源。2002年，对涉外企业的优惠政策未变，而且力度有所加强，全年对涉外企业共减免税收356.79亿元，比上年增长115.9%，占税式支出总额的16.5%。

目前，我国对高新技术企业的税收优惠主要有对科研单位的科研收入免征所得税，对高新技术的所得减征所得税；对增值税一般纳税人销售自行开发生产的计算机软件产品按法定17%的税率征收增值税后，实际税负超过3%的部分实行即征即退；对生产的集成电路产品（含单晶硅片）按17%的税率征税后，实际税负超过6%的部分实行即征即退等。2002年，全国对高新技术企业的税收减免为70.42亿元，比上年增长139.8%，占税式支出总额的3.3%，其中，软件、集成电路的税收减免达25.51亿元。国家给予科研及技术型企业的税收优惠政策对科学技术的发展和科学技术迅速转化为生产力具有重要的促进作用。

（3）调节收入分配。在市场经济中，由于每一个参与者所拥有的资源是不完全相同的，如有的人拥有3处房产，拿去出租，就可以获得3份房屋租金。而对于只拥有一处房产的人，至多只能获得一份房屋租金收入。因此，人们之间就会产生收入的差别，这是很自然的现象。同时，这也促使人们为获得更高的收入而努力，更好地发挥每个人的聪明才干。

但是，任其发展的收入差距是对整个社会不利的。一方面，由于收入的过分悬殊会给社会造成不稳定的因素，有的人为了快速致富走上违法犯罪的道路；另一方面，收入差距会使某些人丧失发展的机会，埋没很多人才。例如，在生活条件艰苦的地区，很多儿童因为生活窘迫而辍学，丧失了学习的机会，从而失去了成才的必要条件和适当的机遇。对整个社会而言，人才的埋没也是一种巨大的损失。所以，完全靠市场的自发调节实现对收入的合理分配是不可能的，通过政府行为进行收入分配的调节是相当必要的，这样可以为穷困者提供必要的补助，对残疾人、失业的人及遭受各种灾难的人提供资助。税收往往是筹集这种资金的主要来源，同时税收本身也具备调节收入差距的功能，对高收入者多收税，对低收入者少征税甚至不征税。

3．税收制度的评价标准

通过以上内容，我们理解了政府收税的理由，每一个国家的政府都会通过一定的制度来实现税收收入，从而形成税收制度。在拥有了正当的征税理由后，税收制度的合理性关系到纳税人对征税行为的态度。

案例 1-2

美国《福布斯》杂志发表的“2007全球税负痛苦指数”显示，中国税负仅次于法国、比利时，名列世界第三。中国的税负真的这么高吗？国家税务总局计统司司长表示，中国的宏观税负在国际上仍属较低水平。税务专家则表示，排行榜的娱乐性强于科学性。

税负当然是由税收制度造成的结果。《福布斯》杂志和我国政府的观点存在如此大的差距，原因是多方面的。但是作为一名纳税人，应该如何对我国的税收制度进行评价，就需要我们掌握一

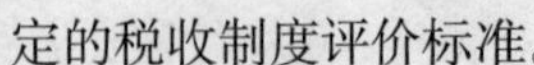

定的税收制度评价标准。

税收制度的好坏是一个价值判断问题，很难有完全统一的标准。从税收诞生开始，就从来没有停止过对它的讨论，前人也做了很多有意义的研究，如英国经济学家亚当·斯密、德国经济学家瓦格纳都做出过非常深刻的解释。总结前人的研究成果，我们认为税收制度的评价标准最重要的是以下几点。

（1）税收制度应该能保证财政收入。税收的本质就是要获取财政收入，如果一种税收制度不能充分保证财政收入，那么这种制度也就失去了存在的必要。对这一问题的理解我们可以从以下两方面来看。

① 税收制度对财政收入的保证是一个相对的概念。一个国家的财政收入在总量上能满足其财政支出，那么税收收入作为财政收入的一个组成部分就应该维持其规模，在其他条件不变的情况下，改变税制，增加财政收入是不明智的选择。

② 我们在考虑税收所带来的财政收入增量时，应该考虑税收成本的问题。如果某种税的开征耗费大量成本，而所带来的财政收入有限，甚至难以弥补其成本（这里所说的税收成本，既包括征税行为的直接成本，也包括纳税人纳税后所造成的税源萎缩、整体经济效率降低等间接成本），那么这种税的开征就是极其不合理的。

（2）税收制度应该公平。对于税收的公平的理解一般有两种：一是横向公平，二是纵向公平。横向公平是指对于经济条件或纳税能力相同的人征收相同数量的税收；纵向公平是指对经济能力或纳税能力不同的人征收不同等的税收，亦即应以不同的课税标准对待经济条件不同的人。例如，两个人的收入都是3 000元，其中一人收入全部是个人使用，另一人既要赡养老人，又要抚养小孩，那么这两个人虽然在从纵向上看应税收入相同、纳税额一致，但是从横向上看显然有失公平。

但是，真正实现税收公平存在着相当大的难度，政府实现税收公平的能力和效果也是相当有限的。一方面，没有哪种税制会产生皆大欢喜的结果；另一方面，政府为实现追求公平的意图而制定的各种特殊政策，往往会被相关利益者利用，无法真正达到目的，如享受税收优惠政策的不一定是真正的需要者。即使这样，也并不意味着我们不需要强调税收公平的原则，尽管这样做可能导致税收效率下降。

（3）税收制度应该简单、透明。简单、透明的税制对于各方面的意义都是重大的：它有利于税法的推进和税收政策意图的实现；有利于节省征纳双方的时间和精力；有利于保护纳税人的正当权利；有利于监督，防止税务腐败现象的滋生。

衡量税制是否简单，应该考虑该税制税种是否过多；税收差别待遇是否过多，如过多的优惠政策会扰乱税收政策的连贯性和严肃性；行政法规和管理规章是否简化；法律条文是否规范；要求纳税人提供的信息资料是否简洁等。

衡量税制是否透明，应该考虑政府是否通过最合理的方式向纳税人公开税法，如通过媒体公布最新的税法规定，为纳税人准备通俗易懂的纳税指南，税务部门及时、准确地回答纳税人提出的有关税务问题，还应考虑纳税程序、税务处理结果是否公开。

除此之外，关于税制的评价标准还有很多，我们在评价税制合理性时绝不能忽略税制所在的经济环境，在不同的经济条件下我们的判断会产生不同的结果。

二、税法认知

1．税法的概念和作用

（1）税法的概念。税法是国家制定的用于调整国家和纳税人之间在税收征纳方面的权利和义务关系的法律规范的总称。

税法是建立在一定物质生活基础之上，由国家制定、认可和解释，并由国家强制力保证实施的调整税收关系的规范系统，它是国家政治权力参与税收分配的国家意志的体现，是用以确认、保护和发展有利于国家税收利益的法律形式。

税法与税收密不可分，税法是税收的法律表现形式，税收则是税法所确定的具体内容。依法征税是现代税收的基本特征，与税收有着天然、本质和密切的联系，是保障国家无偿、强制、固定地取得税收收入的唯一途径。

任何法律都有其调整对象，法律的调整对象就是该法律设置和发挥作用的前提，也是区分不同法律部门的重要标志。例如，我国民法的调整对象为平等主体的自然人、法人、其他组织之间的财产关系和人身关系，行政法的调整对象是行政关系，税法的调整对象是参与税收征纳过程的主体之间所发生的社会关系。这里的社会关系一般是指代表国家行使征税权的税务机关向负有纳税义务的单位和个人征收税金的经济关系及税务机关与纳税人在征纳过程中形成的征税程序关系。总结起来，税法的调整对象包括以下两个方面。

① 税收分配关系，即国家与纳税人之间在税收征纳过程中形成的分配关系。

② 税收征收管理关系，即在税收征收管理过程中，国家与纳税人及其他税务当事人之间形成的管理关系。

（2）税法的作用。由于税法调整的对象涉及社会经济活动的各个方面，与国家的整体利益及企业、单位、个人的直接利益有着密切的关系，并且在建立和发展我国社会主义市场经济体制中，国家将通过制定实施税法加强对国民经济的宏观调控，因此，税法的地位越来越重要。正确认识税法在我国社会主义市场经济发展中的重要作用，对于我们在实际工作中准确地把握和认真执行税法的各项规定是很必要的。我国税法的重要作用主要体现在以下几个方面。

① 税法是国家取得财政收入的重要保证。保证国家财政需要是税收最根本的职能。税法为取得税收收入提供的保证作用，一方面体现在税法作为义务性法规，设定了种种纳税义务，纳税人没有履行纳税义务，就是违反国家法律，就要受到相应的法律制裁，这样就使税收的强制性上升为法律的强制性，并且税法的强制性在诸法律中仅次于刑法，成为取得税收收入的根本保证；另一方面，法律要求相对的稳定性，不能朝令夕改，因此，税收制度一旦成为法律之后，其固定性就有了法律保证，即使国家也不能对基本的税制要素随意改动，从长远看，这是国家及时、稳定、足额取得财政收入的重要保证。

② 税法是正确处理税收分配关系的法律依据。税收分配是将社会剩余产品由纳税人向国家无偿、单向地转移，因此税收征纳关系始终是一对矛盾，否定这一点，也就否认了税收的强制性。调节这一矛盾，更好地进行税收分配，需要一套具备权威性、对征纳双方都有约束力的规范标准。没有这样一套客观公正的标准，就不能判定纳税人是否及时足额纳税，国家则不能保证及时、稳定地取得财政收入，纳税人的合法权益也不能得到有力的保护。此外，国家的课税

权不受任何约束，还容易导致征收程序无度无序，激化征纳矛盾，不利于税收分配关系的稳定。而在现有的各种规范、标准中，最权威、最公正、最客观、最具约束力的唯有税收的法律形式，即税法。

③ 税法是国家调控宏观经济的重要手段。调节宏观经济是税收的基本职能之一。税收采用法的形式，可以将税收的经济优势与法律优势结合起来，使税收杠杆在宏观经济调控中更为灵敏、有力。其一，市场经济是法制经济，税收采用法的形式，可以为调控宏观经济提供最具权威性的规则和效力最高的保证体系，使调节的力度与预期一致，防止税收杠杆的软化；其二，法律具有评价、预测和教育作用，税收借助法律的这些作用，可以增强税收杠杆的导向性，使其对宏观经济的调控更为灵敏。

④ 税法是监督管理的有力武器。税收采用法的形式，使其对经济活动的监督上升到法律的高度，成为法律监督的组成部分，其约束力无疑大大增强。在已有的法律中，尚没有哪部法律像税法那样对经济活动的监督具有如此的广度和深度、全面性和经常性，这也使税法监督具有特别的意义。一方面，可以及时发现一般性违反税法的行为，并依法予以纠正，保证税收作用的正常发挥；另一方面，税法也是打击税收领域犯罪活动的有力武器，结合刑法的实施可以对偷税、抗税、逃税、骗税等行为予以最有力的打击，这在税收没有成为法律的情况下是无法做到的。市场经济作为法制经济，一切经济活动都在一定的法律规范保护和约束下有规则地进行。这样，税法对经济活动的监督管理就更为重要了。因为国家要实施宏观控制必须建立较完备的监督体系，对市场及经营者的活动实施直接或间接的监督管理，这样才能维护市场规则，健全经济法制。

⑤ 税法是维护国家权益的重要手段。在对外经济交往中，税法是维护国家权益的基本手段之一。其一，关税的征收，可以改变进出口商品的实际销售价格，对进口商品征税，使其销售价格提高、竞争力削弱；对出口商品免税，可以使其无税进入国际市场，竞争力得到加强，此即所谓的保护关税政策，对落后的发展中国家有特殊的意义。其二，对跨国纳税人征收所得税，可以防止国家税收利益向国外的流失。其三，所得税和其他税种的征收，可使国内纳税人与跨国纳税人获得相同的税收待遇，防止税收歧视。税收采用法的形式，无疑有助于提高税收维护国家权益的权威性和总体效力，便于在签订有关双边或多边国际税收协定时坚持国际通用的法律原则和法律规范，对等处理税收利益关系；同时，也有益于消除外商对我国税收政策稳定性的疑虑，更好地吸引外资。

2．税收法律关系

（1）税收法律关系的概念。法律关系是法律规范在调整人们的行为过程中形成的一种特殊的社会关系，即法律上的权利和义务关系。税收法律关系是指国家与纳税人之间在税收活动中发生的，由税法确认和调整，靠国家强制力保证实施，以征纳关系为内容的权利义务关系。换言之，国家与纳税人之间的征纳关系是一种特殊的经济关系，这种经济关系一经税法确认，就由经济关系上升为法律关系，征纳关系就要受到税法的制约和调整，从而形成税收法律关系。了解税收法律关系，对于正确理解国家税法的本质，严格依法纳税、依法征税都具有重要的意义。

（2）税收法律关系的特点。和其他法律关系相比较，税收法律关系具有以下特点。

① 主体的一方只能是国家。在税收法律关系中，国家不仅以立法者与执法者的姿态参与税收法律关系的运行与调整，而且直接以税收法律关系主体的身份出现。这样，构成税收法律关系主体的一方可以是任何负有纳税义务的法人和自然人，但是另一方只能是国家。没有国家的参与，在一般当事人之间发生的法律关系不可能成为税收法律关系。因为税收本身就是国家参与社会剩余产品分配而形成的特殊社会关系，没有国家的直接参与，就不称其为税收分配，其法律关系自然也就不是税收法律关系。这与民法、经济法等法律部门中，公民、法人等当事人之间也能构成法律关系是完全不同的。

② 体现国家单方面的意志。任何法律关系都体现国家的意志。在此前提下，一些法律关系也体现其主体的意志。例如，民事法律关系就是依主体双方意愿表示一致达成协议产生的，双方意愿表示一致是民事法律关系成立的要件之一。但是，税收法律关系只体现国家单方面的意志，不体现纳税人一方主体的意志。税收法律关系的成立、变更、消灭不以主体双方意愿表示一致为要件。税收法律关系之所以只体现国家单方面的意志，是由于税收以无偿占有纳税人的财产或收入为目标，从根本上讲，双方不可能意愿表示一致。在这里，国家的意志是通过法律规定表现出来的。只要当事人发生了税法规定的应纳税的行为或事件，就产生了税收法律关系。纳税事宜不能由税务机关以税收法律关系一般当事人的身份与其他当事人商定，即税收法律关系的成立不以双方意愿表示一致为要件。

③ 权利义务关系具有不对等性。税法作为一种义务性法规，其规定的权利义务是不对等的。即在税收法律关系中，国家享有较多的权利，承担较少的义务；纳税人则相反，承担较多的义务，享受较少的权利。这种权利义务关系的不对等性，根源在于税收是国家无偿占有纳税人的财产或收益，必须采用强制手段才能达到目的。赋予税务机关较多的权利和要求纳税人承担较多的义务恰恰是确保税收强制性，以实现税收职能的法律保证。税收法律关系中权利义务的不对等性不仅表现在税法总体上，而且表现在各单行税法、法规中；不仅表现为实体利益上的不对等，而且表现为法律程序上的不对等。但是，国家与纳税人之间权利与义务的不对等性，只能存在于税收法律关系中。

④ 具有财产所有权或支配权单向转移的性质。在一般民事法律关系或经济法律关系中，大多涉及财产和经济利益。财产所有权和经济利益的让渡转移，通常是主体双方在平等协商、等价有偿原则的基础上进行的，财产或经济利益既可以是由甲转移给乙，又可以是由乙转移给甲。例如，涉及经济法的购销关系、租赁关系、借贷关系、偿付关系等都具有这一特征。然而，在税收法律关系中，纳税人履行纳税义务、缴纳税款，就意味着将自己拥有或支配的一部分财物，无偿地交给国家，成为政府的财政收入，国家不再直接返还给纳税人。所以，税收法律关系中的财产转移具有无偿、单向、连续等特点，只要纳税人不中断税法规定的应纳税行为、税法不发生变更，税收法律关系就将一直延续下去。

（3）税收法律关系的构成要素。税收法律关系在总体上和其他法律关系一样，都是由权利主体、权利客体和法律关系内容三方面组成的，但是和其他法律关系相比较，税收法律关系具有明显的特殊性。

① 税收法律关系权利主体。税收法律关系的权利主体，简称税法主体，是指税收法律关系的参加者，即承担税收权利义务的双方当事人，包括征税主体和纳税主体。

征税主体是指参加税收法律关系，享有国家税收征管权力和履行国家税收征管职能，依法对纳税主体进行税收征收管理的当事人。从严格意义上讲，只有国家才享有税收的所有权，因此政府是真正的征税主体。但是，实际上国家总是通过法律授权的方式赋予具体的国家职能机关来代其行使征税权力，因此，更具法律意义的征税主体是税务机关。纳税主体分为广义和狭义两种。狭义上的纳税主体是通常所谓的纳税人，即法律、行政法规规定负有纳税义务的单位和个人。广义上的纳税主体除纳税人外，还包括扣缴义务人和纳税担保人。扣缴义务人即法律、行政法规规定负有代扣代缴、代收代缴税款义务的单位和个人。纳税担保人是为纳税人的税收债务的履行提供担保的单位和个人。不同种类的纳税主体，在税收法律关系中享受的权利和承担的义务不尽相同。

② 税收法律关系的权利客体。税收法律关系的权利客体，简称税法客体，是指税收法律关系主体的权利、义务所共同指向的对象，也就是征税对象。例如，所得税法律关系的客体就是生产经营所得和其他所得；财产税法律关系的客体即财产；流转税法律关系的客体就是货物销售收入或劳务收入。税收法律关系的客体也是国家利用税收杠杆调整和控制的目标，国家在一定时期根据客观经济形势发展的需要，通过扩大或缩小征税范围调整征税对象，以达到限制或鼓励国民经济中某些产业、行业发展的目的。

案例 1-3

法国国王法兰西一世（1515～1547年在位）有一次和御林军一起喝酒，酒后大玩雪球之仗，不小心打伤了嘴唇，为了掩饰伤口不得已蓄留了胡子。因为国王留了胡子，全国上行下效了起来。胡子岂是人人可以留的？法兰西一世于是规定只准贵族可以自由留胡须，一般老百姓想留胡须就必须缴胡须税。1553年，法国国王甚至颁布了法令，规定凡没有资格留胡须而又不缴胡须税的人，罚劳役，真可谓巧立名目。

在这里，留胡须的行为成了征税对象。

③ 税收法律关系的内容。税收法律关系的内容，是指税收法律关系中主体双方在征税活动中依法享有的权利和承担的义务，即税法主体权利和税法主体义务。从范围上看，税收法律关系的内容包括征税主体的权利义务和纳税主体的权利义务，二者是相互对应的。

a. 征税主体的权利主要包括以下内容。

- 税款征收权。这是征税主体诸多权利的核心，是与纳税主体的纳税义务相对应的权利。该项权利主要包括税款核定权和税款入库权两个方面。为了保障上述权利的有效实现，征税主体在行使上述权利的过程中，还可具体行使税负调整权、税收保全权、税款追补权等。
- 税务管理权。这是为了保障税收征管权的有效实现而由法律赋予征税机关的权利，主要包括税务登记管理权、账簿凭证管理权和纳税申报管理权等。
- 税务稽查权。在普遍采用纳税申报制度的情况下，加强税务稽查十分必要。税务稽查权主要包括税务稽核权和税务检查权两个方面。
- 获取信息权。获取信息权即征税主体有权要求纳税主体提供一切与纳税有关的信息，也有权从其他的有关部门获得与纳税人纳税有关的信息。为了保障获取信息权的实现，征税主体可以行使调查权，也有权要求相关部门依法予以协助。

• 强制执行权。纳税人逾期不缴纳税款，经催告后在限期内仍不缴纳的，征税机关可以依法行使其强制执行权，采取旨在保障税款入库的强制执行措施。

• 违法处罚权。对于纳税主体违反税法规定的一般违法行为，征税机关有权依法予以处罚；若纳税主体的行为已构成犯罪，则应移交司法机关追究刑事责任。

b. 征税主体除享有上述权利外，一般还负有以下义务。

• 依法征税的义务。征税主体必须严格依据税收实体法和税收程序法的规定征税。没有法律依据，税务机关不得擅自开征、停征或多征、少征。因此，征税主体必须依税收法定原则从事征税活动，包括税收保全措施、强制执行措施等均必须依法实行。

• 提供服务的义务。征税主体应当向纳税人宣传税法，为纳税人提供必要的信息资料和咨询，使纳税人在纳税过程中得到文明、高效的服务。

• 保守秘密的义务。征税主体不得侵犯纳税主体的隐私权或商业秘密，纳税主体提供给税务机关的信息资料只能用于估税或加强税收征管的目的，而不能被滥用于其他非征税的目的。除为了税收执法的需要外，征税主体不得披露纳税主体的有关信息。

• 依法告知的义务。征税主体应依法进行催告或告知，以使纳税人知道其纳税义务的存在和不履行义务将受到的处罚；在处罚违法纳税人时，也应告知其享有的各项权利。征税主体的这一义务对保障纳税主体的程序权利和实体权利的实现，均具有重要意义。

c. 与征税主体的主要义务大略相对应，纳税主体一般主要享有以下几类权利。

• 限额纳税权。依法纳税本是纳税人的主要义务，但在法定的限额内纳税，则是纳税人的权利。因此，税收征纳活动必须依法进行，纳税人有权拒绝一切没有法律依据的税收义务，也没有义务在依法计算的应纳税额以外多纳税。对于多纳的税款，纳税人享有退还请求权。

• 税负从轻权。纳税人有权依法承担最低的税负，可以依法享有减税、免税等税收优惠，可以进行旨在降低税负的税收筹划活动，但不能从事与法律规定或立法宗旨相违背的逃税、避税活动。

• 诚实推定权。除非有足够的相反证据，纳税人有权被推定为是诚实的纳税人。这项权利与纳税人的申报义务和整个税收征管制度都是密切相关的。

• 获取信息权。获取信息权也称知情权，是指纳税人有权了解税制的运行状况和税款的用途，并且可以就相关问题提出质询；纳税人还有权了解与其纳税有关的各种信息或资料。

• 接受服务权。与征税主体提供服务的义务相对应，纳税人在纳税过程中，有权得到征税主体的文明、高效的服务。

• 秘密信息权。与征税主体的保守秘密的义务相对应，纳税人有权要求征税主体依法保守其隐私或商业秘密。

• 赔偿救济权。纳税人的合法权益受到征税主体的违法行为的侵害造成损失的，有权要求征税主体承担赔偿责任；若对征税主体的具体行政行为不服，有权依法申请复议或提起行政诉讼。

d. 与征税主体的权利大略相对应，纳税主体一般主要负有以下义务。

• 依法纳税的义务。

• 接受管理的义务。

• 接受稽查的义务。

- 提供信息的义务。

纳税人应诚实地向征税主体提供与纳税有关的信息，在必要时，还应接受征税主体依法实施的调查。

（4）税收法律关系的产生、变更和终止。税法是引起税收法律关系的前提，税法本身不能产生具体的税收法律关系。税收法律关系的产生、变更和终止必须根据能够引起税收法律关系产生、变更或终止的客观情况，也即税收法律事实。这种法律事实，按其与纳税人的意志有关与否分为行为和事件两种情况。税收法律行为一般指纳税人的活动，即指只有税法的实施和纳税人的经济活动才能产生税收法律关系。税收法律关系事件是指与纳税人意志无关的客观现象。例如，纳税人开业营业的行为会产生税收法律关系，而纳税人符合免税条件的事实则会终止税收法律关系。

3．税收法律体系

税法，作为法律规范来说，具有与国家法律体系中其他法律一样的共性。但是，由于它所调整的法律关系对象不同，又是一个独立的法律体系，因而具有与其他法律不同的特征，如税与法共存、税收征税主体的固定性、税收权利和义务不完全对等等。一般来说，严密的税法体系，应包括以下几个方面的内容。

（1）税收法律。税收法律是指由权力机关（即立法机关，在我国是全国人民代表大会及其常务委员会）通过的税收法律，通常由宪法、税收基本法、税收实体法和税收行政法及刑法等构成。

① 宪法。《中华人民共和国宪法》（以下简称《宪法》）第十二条规定：“社会主义的公共财产神圣不可侵犯。国家保护社会主义的公共财产。禁止任何组织或者个人用任何手段侵占或者破坏国家的和集体的财产。”税法规定应当由纳税人（单位或个人）上缴国家的税款，其财产所有权依法为国家所有，任何纳税人拖欠、拒缴、抗缴国家税款，或其他诸如隐匿、瞒报、弄虚作假、少报应税所得的行为，均应视为对国家财产的侵犯，是违反宪法并应受到法律制裁的行为。《宪法》第五十六条规定：“中华人民共和国公民有依照法律纳税的义务。”

② 税收基本法。税收基本法是在宪法的规定下专门制定的用以系统全面调整税收法律关系的法律，是税收法律关系领域内的基本法律，在宪法与税收部门法之间担负着承上启下的作用。税收基本法的内容包括：立法的原则、宗旨、税收原则、税法管辖、税务机关的法律地位及其权利义务、纳税人的法律地位及其权利义务、税收行政执法、税收司法。其中，税务机关、纳税人的法律地位及其权利义务是核心内容，税收执法和税收司法是重要内容。

③ 税收实体法。税收实体法是对国家征收的各税种进行具体规定的法律。目前，我国的税收实体法主要包括税收法律和税收行政法规两种方式。前者如全国人民代表大会常务委员会立法通过的《中华人民共和国个人所得税法》《中华人民共和国企业所得税法》，后者如国务院颁布的《中华人民共和国增值税暂行条例》《中华人民共和国营业税暂行条例》等。

④ 税收行政法。税收行政法是以规范税收行政执法行为为主要内容，对税务机关行政执法、税务机关与纳税人之间的权利义务相互关系及因不当的税收执法而导致的诸如复议、诉讼、赔偿等专门加以规定的法律。2001年4月28日颁布的《中华人民共和国税收征税管理法》是我国重要的税收行政法。除此之外，《中华人民共和国行政复议法》《中华人民共和国行政诉讼法》《中华

人民共和国国家赔偿法》的有关内容也是税收行政法体系的重要组成部分。

⑤ 刑法。1997 年 3 月修订的《中华人民共和国刑法》(以下简称《刑法》)对涉及危害税收征管的犯罪行为增设了“危害税收征管罪”一节。

(2)税收行政法规。行政法规是指国家最高行政机关(在我国是中华人民共和国国务院)制定和颁布的有关国家行政管理活动的各种规范性文件，一般使用条例、办法、规则、规定等名称，其地位高于地方各级权力机关制定和颁布的各种规范性文件。2002 年国务院发布的《中华人民共和国税收征税管理法实施细则》就属于税收行政法规。

(3)地方性法规。在我国，各省、自治区、直辖市的人民代表大会及其常务委员会，根据本行政区域的具体情况和实际需要，在同宪法、法律、行政法规不相抵触的前提下，可以制定地方性法规，发布决议和决定。县级以上地方各级人民政府发布决定和命令，其中带有规范性的法律文件，也是法律形式之一。民族自治地方的人民代表大会有权依照当地民族的政治、经济和文化的特点，制定自治条例和单行条例。地方性法规，其生效范围受到一定的约束，只能在各政权机关管辖的范围内生效。

三、税法构成要素认知

任何国家的税收法律制度都有其固定的结构，国家每开征一种税，都要制定相应的基本法规，以便依法征税。虽然每一种税都有其不同的性质、特点和作用，但构成税法的基本要素是相同的。一般来讲，税法的基本构成要素包括纳税义务人(纳税主体)、征税对象(征税客体)、税目、税率、纳税环节、纳税期限、纳税地点、税收优惠、违章处理等内容。其中，纳税义务人、征税对象和税率是税法构成的最基本要素。

1. 纳税义务人

纳税义务人简称纳税人，即纳税主体，指税收法律规定的直接履行纳税义务的组织或个人，是明确对谁征税的要素。纳税人作为缴纳税款的主体，分为自然人和法人。

自然人是指负有法定纳税义务的个人及属于自然人范围内的个体户、农村承包户等。法人是指依法成立并能独立履行法定权利和承担法律义务的组织，如企业、社团等。无论自然人还是法人，凡发生应税行为，即只要负有直接的纳税义务，就是纳税人，就要依法履行纳税义务。

税法中与纳税人相关的概念还有负税人、代扣代缴义务人、代征人、税务代理人等。其中，负税人是指最终负担税款的单位和个人；代扣代缴义务人，也称扣缴义务人，是指有义务从所持有的纳税人收入中扣除应纳税款并代为缴纳的企业、单位或个人；代征人是指受税务机关委托代征税款的单位和人员；税务代理人是指受纳税人、扣缴义务人委托，代其办理有关纳税事宜的专门人员及其工作机构。

2. 征税对象

征税对象又称课税对象，是征税的客体，即税法中规定的征税的标的物，是表明对什么征税的要素。某一种税的全部征税对象构成该税的征税范围。

征税对象是税收制度最基本的要素之一，是一种税区别于另一种税的基本标志，决定着不同

税种名称的由来及各种税在性质上的差别，并对税源、税收负担问题产生直接影响。因为一种税的课税对象界定了该税种的征税范围，凡列入课税对象的，就属于该税种的征税范围，否则，就不属于该税种的征税范围，就不征这种税。

与征税对象有关的概念主要有税目、计税依据、税源等。

（1）税目。所谓税目，就是税法规定的征税的具体项目。它是征税对象在质的方面的具体化，反映了征税的广度。不是所有的税种都规定有税目，有些税种的征税对象简单、明确，没有另行规定税目的必要，如房产税、企业所得税等。更多的税种由于征税对象比较复杂，就需要对征税对象做进一步的划分，做出具体界限的规定，从而形成税目，如营业税、个人所得税等。

（2）计税依据。计税依据又称课税依据，是指根据税法规定所确定的用以计算应纳税额的依据，在理论上也称为税基。纳税人的应纳税额是按照计税依据乘以适用税率计算出来的。

计税依据是征税对象在量的方面的具体化。由于征税对象只有在量化后才能据以计税，因此计税依据的确定是必不可少的重要环节，它直接影响到纳税人的税负。需要注意的是，计税依据在表现形态上一般有两种：一种是价值形态，即以征税对象的价值作为计税依据，如我国现行税法中的大多数税种；另一种是实物形态，就是以征税对象的数量、重量、容积、面积等作为计税依据，如资源税、车船税等。

（3）税源。税源即税收的源泉，是指税款的最终来源，或者说税收负担的最终归宿。税源的大小体现着纳税人的负担能力。

3．税率

税率是应纳税额与征税对象（计税依据）之间的数量关系或比例，是计算税额的尺度。税率的高低直接关系到纳税人的负担和国家税收收入的多少，是国家在一定时期内的税收政策的主要表现形式，是税收制度的核心要素。

税率是一个总的概念，在实际应用中可以分为两种形式：一种是按相对量形式规定的征收比例，这种形式又可分为比例税率与累进税率，适用于从价计征的税种；另一种是按绝对量形式规定的固定征收额度，即定额税率，适用于从量计征的税种。

（1）比例税率。比例税率是指对同一征税对象，不论其数额大小，均按照同一比例计算应纳税额的税率。采用比例税率便于计算和征纳，有利于提高效率，但不利于保障公平。比例税率在具体运用上，主要有统一比例税率、差别比例税率等不同形式，在商品税领域应用得比较普遍。

（2）累进税率。累进税率是指按征税对象数额的大小规定不同的等级，随着课税数量的增大而提高的税率。具体做法是按课税对象数额的大小划分为若干等级，规定最低税率、最高税率和若干等级的中间税率，不同等级的征税数额分别适用不同的税率，征税数额越大，适用税率越高。累进税率一般在所得征税中使用，可以充分体现“对纳税人收入多的多征，收入少的少征，无收入的不征”的税收原则，从而有效地调节纳税人的收入，正确处理税收负担的纵向公平问题。

累进税率可以分为全额累进税率和超额累进税率。前者是指对征税对象的全部数额都按照与之相对应的该等级税率征税，纳税人负担相对较重，且有时会出现税负的增加超过

征税对象的数额的增加的不合理现象。后者是指对不同等级的征税对象的数额，分别按照与之相对应的等级的税率来计税，然后再加总计算总税额。使用超额累进税率实质上仅对高于低等级征税对象数量的部分适用相应的高税率，税负较轻，有利于体现公平精神，因而应用较广。

案例 1-4

劳务报酬所得适用的三级超额累进税率，如表 1-2 所示。

表 1-2　　劳务报酬所得适用的三级超额累进税率

级数	每次应纳税所得额	税率	速算扣除数
1	不超过 20 000 元的部分	20	0
2	20 000～50 000 元的部分	30	2 000
3	超过 50 000 元的部分	40	7 000

著名歌星李某，在 2014 年 10 月由经纪人安排演出，收入 30 000 元，按照我国个人所得税税法规定，每次收入超过 4 000 元时，扣除的费用比例为 20%。李某的本次演出收入扣除 6 000 元，应纳税所得额是 24 000 元。

解析

按照累进税率的计算原理可知，以上税率为超额累进税率。

20 000 × 20% = 4 000（元）

4 000 × 30% = 1 200（元）

合计：4 000 + 1 200 = 5 200（元）

由此可见，累进税率其实就是一种变动比例税率。在实际工作中，为了计算简便，往往先用最高税率全额计算税金，然后减去高低税率差别导致的税款差（税收上称为速算扣除数）。

在税率既定的情况下，速算扣除数也是固定的。

如果本案例用速算扣除数，则应纳税额 = 24 000 × 30%−2 000 = 5 200（元）

累进税率中还包括超率累进税率和超倍累进税率，其适用原理与超额累进税率类似。我国现行税法中土地增值税采用超率累进税率。

（3）定额税率。定额税率是指按征税对象的一定计量单位直接规定的固定的税额，因而也称固定税额。征税对象的计量单位主要有吨、升、平方米、千立方米、辆等。定额税率不受价格变动影响，便于从量计征，因而多适用于从量税。定额税率的适用有时也可能造成税负的不公平。

定额税率在具体运用上有地区差别定额税率、幅度定额税率、分类分级定额税率和地区差别、分类分级和幅度相结合的定额税率等不同形式。

4．纳税环节

纳税环节即税法规定的征税对象在从生产到消费的流转过程中应当缴纳税款的环节。例如，资源税分布在生产环节，所得税分布在分配环节，流转税在生产和流通环节纳税等。纳税环节制

约着税制结构，对取得财政收入和调节经济有着重大影响。

5．纳税期限

纳税期限，是指在纳税义务发生后，纳税人依法缴纳税款的期限。纳税期限可分为纳税计算期和税款缴库期两类。

（1）纳税计算期说明纳税人应多长时间计缴一次税款，反映了计税的频率。纳税计算期可分为按次计算和按期计算。按次计算是以纳税人从事应税行为的次数作为应纳税额的计算期限，一般较少适用。按期计算是以纳税人发生纳税义务的一定期限作为纳税计算期，通常可以日、月、季、年为一个期限，按期计算适用较广。

（2）税款缴库期是指纳税人在多长期限内将税款缴入国库，是纳税人实际缴纳税款的期限。

此外，纳税期限与纳税义务的发生时间是不同的。前者是一定的期间，而后者则是指一个时间点；并且，只有在纳税义务发生以后，才会有纳税期限的问题。

6．纳税地点

纳税地点是纳税人依据税法规定向征税机关申报纳税的具体地点，它说明纳税人应向何处的征税机关申报纳税及何处的征税机关有权实施管辖的问题。

在税法中明确规定纳税地点，对于纳税人正确、有效地履行纳税义务，确保国家有效地取得财政收入，实现宏观调控的经济政策及保障社会公平的社会政策，都很重要。一般来说，在税法上规定的纳税地点主要有机构所在地、经营活动发生地、财产所在地、报关地等。

7．税收优惠

税收优惠是对某些纳税人或征税对象给予鼓励和照顾而减免税收负担的制度。税收优惠的主要体现就是税收减免，在税法中规定得最为普遍，但无论是减轻纳税人的税负抑或免除其税负，在税法规定上都应慎重。

税收减免的基本形式有税基式减免、税额式减免和税率式减免，相关的概念有减税、免税、起征点、免征额等。减税就是对纳税人应纳税额少征一部分税款或者通过降低法定税率而减少纳税人的一部分负担，又称为税收减征；免税是对纳税人的征税对象免予征税，又称为税收免征；起征点是计税依据达到国家规定数额开始全额征税的界限；免征额是计税依据总额中免予征税的数额。其中，起征点与免征额同为征税与否的界限，对纳税人来讲，在其计税依据没有达到起征点或超过免征额的情况下，都不纳税，二者是一样的；当纳税人的计税依据达到或超过起征点时，就其计税依据的全部数额征税，而当纳税人的计税依据超过免征额时，则只就其超过的部分征税。

8．违章处理

违章处理主要是指对纳税人违反税法的行为采取的处罚措施。违章处理是税收制度中不可或缺的要素，是税收强制性的具体体现（详见税收征管法的相关内容）。

四、我国现行税法体系认知

我国现行税收法律体系是在原有税制的基础上，经过1994年税制改革逐步完善形成的。我国现行税法体系主要包括税收实体法和税收征收管理法两部分。

1．税收实体法

按其性质和作用，税收实体法大致分为以下 5 类。

（1）流转税类。这是对流转额课税的税法，包括增值税、消费税和关税。这类税法的特点是与商品（或劳务）生产、流通、消费有密切联系，易于发挥对经济的调节作用。

（2）资源税类。这是对自然资源课税的税法，包括资源税、城镇土地使用税等，主要是对因开发和利用自然资源差异而形成的级差收入发挥调节作用。

（3）所得税类。这是对所得额课税的税法，包括企业所得税、个人所得税。其特点是可以直接调节纳税人的收入，发挥其公平税负、调节分配关系的作用。

（4）特定目的和行为税类。它包括城市维护建设税、土地增值税、耕地占用税、印花税、车辆购置税、烟叶税、船舶吨税，主要是为了达到特定目的，对特定对象和特定行为发挥调节作用。

（5）财产税类。它包括房产税、车船税、契税，主要是对某些财产发挥调节作用。

上述各税中的关税由海关负责征收管理，其他税种由税务机关负责征收管理。耕地占用税和契税，1996 年以前一直由财政机关负责征收管理，1996 年以后改由税务机关征收管理（部分省市仍由财政机关负责征收）。这些税收法律、法规组成了我国的税收实体法体系。

2．税收征收管理法

除税收实体法外，我国对税收征收管理适用的法律制度，是按照税收管理机关的不同而分别规定的。由税务机关负责征收的税种的征收管理，按照全国人民代表大会常务委员会发布实施的《税收征收管理法》执行；由海关机关负责征收的税种的征收管理，按照《海关法》及《进出口关税条例》等有关规定执行。

上述税收实体法和税收征收管理法构成了我国现行税法体系的主要内容。

项目小结

本项目主要介绍了税法的基本知识，是全书的入门篇。要求学生着重了解税收的基本知识、税法基础知识；重点掌握税法的构成要素；了解我国现行税法体系。本章的难点是超额累进税率的应用。学生通过对本项目的学习，形成税法知识的基本框架，为以后各项目的学习打下基础。

练习与实训

1．名词解释

税收、税法、税法要素、纳税人、负税人、扣缴义务人、征税对象、税目、计税依据、税率、比例税率、累进税率、定额税率、全额累进税率、超额累进税率、纳税环节、纳税期限、纳税地点、税收优惠、减税、免税、起征点、免征额。

2．简答题

（1）简述税收的特征及其相互之间的关系。

（2）税法构成要素有哪些？

（3）说明纳税人、负税人与扣缴义务人的联系与区别。

（4）简述我国现行税法中采用的税率形式。

（5）简述我国现行税法体系中不同税种的类别。

（6）简述我国税收法律关系中征税主体的权利和义务。

（7）简述我国税收法律关系中纳税主体的权利和义务。

（8）说明税法与税收的关系。

（9）简述税法的作用。

3．综合实训

根据实际情况，组织学生到税务机关或有关纳税单位进行参观，以充分认识国家征税的必要性和税收征管过程中税法征纳双方的权利与义务在实际工作中的体现。

项目二 企业纳税的基本程序

知识目标

- 了解企业纳税的一般程序；
- 了解如何办理税务登记；
- 掌握发票管理的内容；
- 掌握纳税申报的基本要求。

能力目标

- 能够办理税务登记业务；
- 能够领购和缴销发票。

项目引入

【资料】 2015 年 1 月 2 日，齐国酒业有限责任公司经淄博市工商局批准注册成立，公司基本情况如下。

公司名称：齐国酒业有限责任公司。

营业执照号：3703031231456。

法定代表人及身份证号：陈光彪 370303196907280523。

财务负责人及身份证号：张平安 370302197112043359。

办税人员及身份证号：李茉莉 370303197907181152。

注册资本及构成：5 000 万元，其中自然人陈光彪投资 2 000 万元，占 40%；淄博胜利集团公司投资 2 000 万元，占 40%，营业执照号为 3703031231123；自然人王方平投资 1 000 万元，占 20%，身份证号为 370726197008124379。

开户银行及账号：工商银行淄博分行，201289800001。

单位地址、邮编及电话：淄博市华光路 123 号，255001，8809776。

经营范围：白酒、酒精及其他酒类制品。

年预计销售额：9 000 万元。

固定资产规模：1 900 万元。

增值税发票管理：专门配置保险箱一只，开具专用发票办公室一间。

其他情况：低值易耗品摊销方法采用五五摊销法，固定资产折旧方式采用平均年限法。

【要求】 公司经批准成立取得工商营业执照后，安排办税员李茉莉去办理以下涉税事宜：①办理税务登记证；②领购发票。

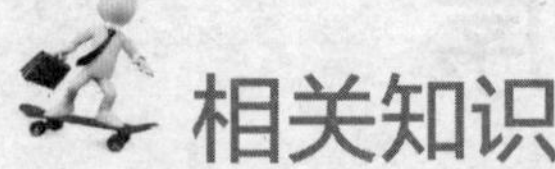

相关知识

企业在日常的经营中，不可避免地涉及各种应税行为的发生，因此企业必须熟知并严格遵守我国税法的规定，正确计算各种税的应纳税款，及时进行纳税申报。

一、企业经营活动中的涉税行为认知

企业从事各种生产经营活动分别需要缴纳企业所得税、增值税、营业税、消费税、关税、个人所得税、烟叶税、城市维护建设税、教育费附加、土地增值税、耕地占用税、城镇土地使用税、资源税、房产税、车船税、车辆购置税、契税和印花税。企业要认真确认这些应税行为的发生，并正确计算应纳税额，及时进行纳税申报。

（1）企业在中国境内或者境外取得的各种所得都应当缴纳企业所得税。

（2）企业在中国境内销售货物或者提供应税劳务和应税服务以及进口货物都应当缴纳增值税。

（3）企业在中国境内生产、委托加工和进口应税消费品（包括烟、酒、化妆品、贵重首饰、鞭炮、焰火、成品油、摩托车、小汽车、高尔夫球及球具、高档手表、游艇、木制一次性筷子、实木地板、电池、涂料）应当缴纳消费税。

（4）企业进口货物、出口货物需要缴纳关税。

（5）企业在中国境内收购烟叶需要缴纳烟叶税。

（6）凡缴纳增值税、消费税的企业都应当缴纳城市维护建设税和教育费附加。

（7）转让国有土地使用权、地上的建筑物及其附着物（即转让房地产）并取得收入的企业应当缴纳土地增值税。

（8）企业占用耕地建房或者从事其他非农业建设，需要缴纳耕地占用税。

（9）在城市、县城、建制镇、工矿区范围内使用土地的企业应当缴纳城镇土地使用税。

（10）企业在中国境内开采应税矿产品（包括原油、天然气、煤炭、其他非金属矿、金属矿）或者生产海盐应当缴纳资源税。

（11）企业在城市、县城、建制镇和工矿区拥有房产应当缴纳房产税。

（12）在中国境内，企业如果是车辆、船舶的所有人或者管理人应当缴纳车船税。

（13）企业在中国境内购置应税车辆（包括汽车、摩托车、电车、挂车、农用运输车）应当缴纳车辆购置税。

（14）在中国境内转移土地、房屋权属，承受的企业应当缴纳契税。

（15）在中国境内书立、领受应税凭证（包括购销、加工承揽、建设工程承包、财产租赁、货物运输、仓储保管、借款、财产保险、技术合同或者具有合同性质的凭证、产权转移书据、营业账簿、权利、许可证照）的企业应当缴纳印花税。

图 2-1 是企业各种生产经营活动中可能涉及的应税行为的演示。

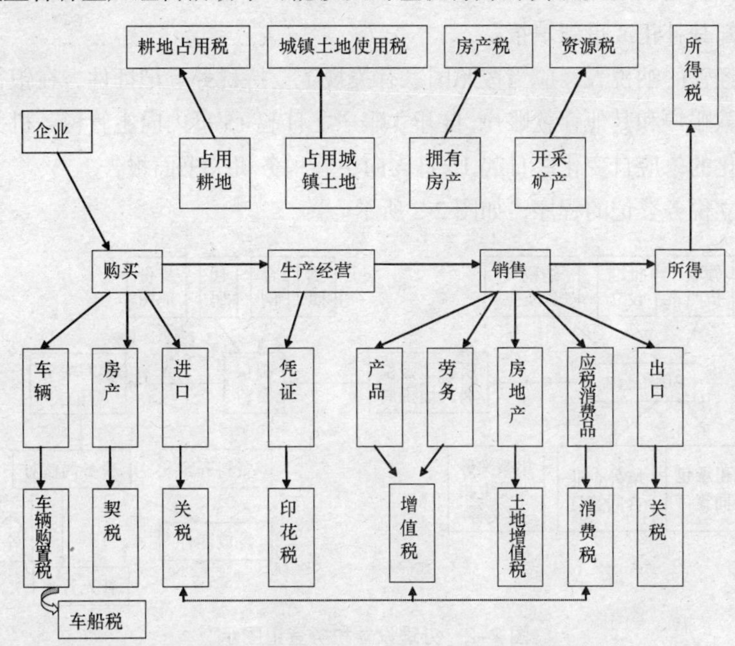

图 2-1　企业经营活动中的涉税行为图示

二、办理税务登记

税务登记又称纳税登记，它是税务机关对纳税人实施税收管理的首要环节和基础工作，是征纳双方法律关系成立的依据和证明，也是纳税人必须依法履行的义务。企业凡有法律、法规规定的应税收入、应税财产或发生应税行为，均应当办理税务登记；扣缴义务人应当在发生扣缴义务时，到税务机关申报登记，领取扣缴税款凭证。税务登记包括设立登记，变更登记，停业、复业登记，注销登记，外出经营报验登记等。以下就设立登记、变更登记、注销登记的办理和税务登记证的使用作一个简要介绍。

1．办理设立税务登记

设立登记是指从事生产经营的纳税人，经国家工商行政管理部门批准开业后首次办理的纳税登记。

（1）税务登记的范围。企业、企业在外地设立的分支机构和从事生产、经营的场所，个体工商户和从事生产、经营的事业单位及非从事生产、经营，但依照法律、法规的规定负有纳税义务的单位和个人，均需办理税务登记。

（2）税务登记的时限要求。从事生产、经营的纳税人，应自领取营业执照之日起 30 日内，持有关证件，向税务机关申报办理税务登记，税务机关发放税务登记证及副本。从事生产、经营的纳税人未办理工商营业执照但经有关部门批准设立的，应当自有关部门批准设立之日起 30 日内申报办理税务登记，税务机关发放税务登记证及副本。从事生产、经营的纳税人未办理工商营业执照也未经有关部门批准设立的，应当自纳税义务发生之日起 30 日内申报办理税务登记，税务机关发放临时税务登记证及副本。

纳税人提交的证件和资料齐全且税务登记表的填写内容符合规定的，税务机关应当日办理并发放税务登记证件。纳税人提交的证件和资料不齐全或税务登记表的填写内容不符合规定的，税务机关应当场通知其补正或重新填报。

从事生产、经营的纳税人，应当按照国家有关规定，持税务登记证件，在银行或者其他金融机构开立基本存款账户和其他存款账户，自开立账户之日起15日内向主管税务机关书面报告其全部账户；发生变化的，应自变化之日起15日内向主管税务机关书面报告。

（3）办理设立税务登记的程序，如图2-2所示。

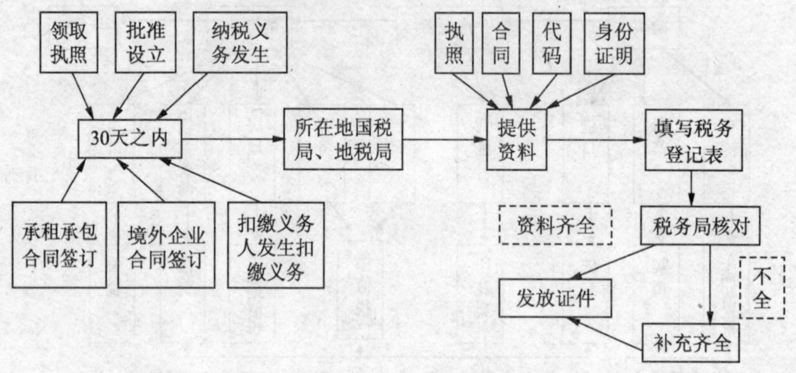

图2–2　办理设立税务登记图示

2．办理变更税务登记

纳税人税务登记内容发生变化的，需按照《税收征管法》规定，向原税务登记机关申请办理变更税务登记。

（1）变更税务登记的适用范围：①改变纳税人名称、法定代表人的，改变经济性质或经济类型的；②改变住所、经营地点的（不涉及主管税务机关变动的）；③改变经济性质或企业类型的；④改变经营范围、经营方式的；⑤改变产权关系的；⑥增减注册资金的。

（2）变更登记的时限要求。纳税人税务登记内容发生变化，按规定纳税人需在工商行政管理机关办理变更登记的，应当自工商行政管理机关办理变更登记之日起30日内，持有关证件向原税务登记机关申报办理变更税务登记。纳税人税务登记内容发生变化，不需要到工商行政管理机关办理变更登记的，应当自有关机关批准或宣布变更登记之日起30日内，持有关证件向原税务登记机关申报办理变更税务登记。

（3）办理变更税务登记的基本程序如图2-3所示。

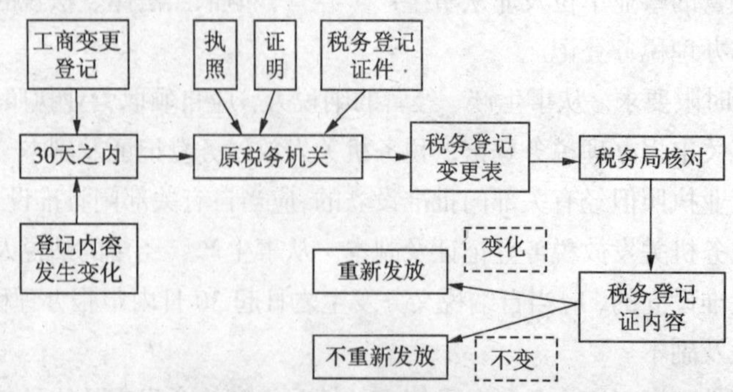

图2–3　办理变更税务登记图示

3．办理注销税务登记

注销登记是指纳税人在发生解散、破产、撤销及依法终止履行纳税义务的其他情形时，向原登记税务机关申请办理的登记。

（1）注销税务登记的适用范围：①纳税人发生解散、破产、被撤销的；②纳税人被工商行政管理部门吊销营业执照的；③纳税人因住所、经营地址迁移或产权关系变更而涉及改变原主管税务机关的；④纳税人发生的其他应办理注销税务登记情况的。

（2）注销登记的时限要求。纳税人应当在向工商行政管理机关办理注销登记前，持有关证件向主管税务机关申报办理注销税务登记。纳税人按规定不需要在工商管理机关办理注销登记的，应当在有关机关批准或者宣告终止之日起 15 日内，持有关证件向主管税务机关申报办理注销税务登记。纳税人被工商行政管理机关吊销营业执照的，应当自营业执照被吊销之日起 15 日内，向主管税务机关申报办理注销税务登记。

（3）办理注销税务登记的基本程序如图 2-4 所示。

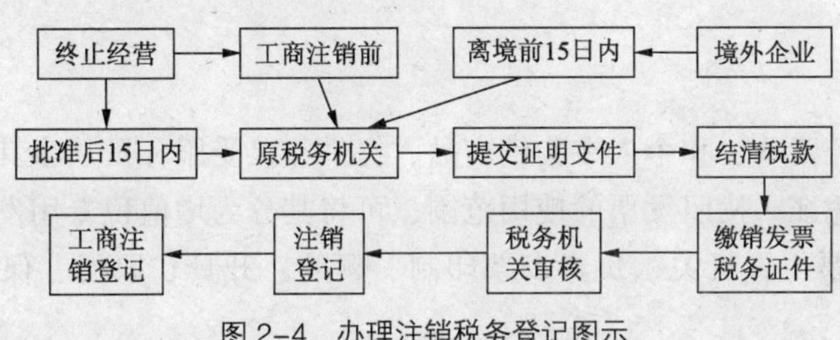

图 2-4　办理注销税务登记图示

4．税务登记证的使用和管理

（1）税务登记证的使用范围。纳税人应亮证经营，除按照规定不需要发给税务登记证件的外，纳税人办理下列事项时，必须持税务登记证件。

① 开立银行账户。

② 申请减税、免税、退税。

③ 申请办理延期申报、延期缴纳税款。

④ 领购发票。

⑤ 申请开具外出经营活动税收管理证明。

⑥ 办理停业、歇业。

⑦ 其他有关税务事项。

（2）税务登记证的管理。

① 税务机关对已核发的税务登记证件，实行定期验证和换证制度，纳税人应当在规定的期限内到主管税务机关办理验证或者换证手续。

② 纳税人应当将税务登记证件正本在其生产、经营场所或者办公场所公开悬挂，接受税务机关检查。

③ 纳税人遗失税务登记证件的，应当在 15 日内书面报告主管税务机关，并登报声明作废；同时，凭报刊上刊登的遗失声明向主管税务机关申请补办税务登记证件。

④ 从事生产、经营的纳税人到外县（市）临时从事生产、经营活动的，应当持税务登记证副

本和所在地税务机关填开的外出经营活动税收管理证明，向营业地税务机关报验登记，接受税务管理。

（3）税务登记证的使用和管理如图2-5所示。

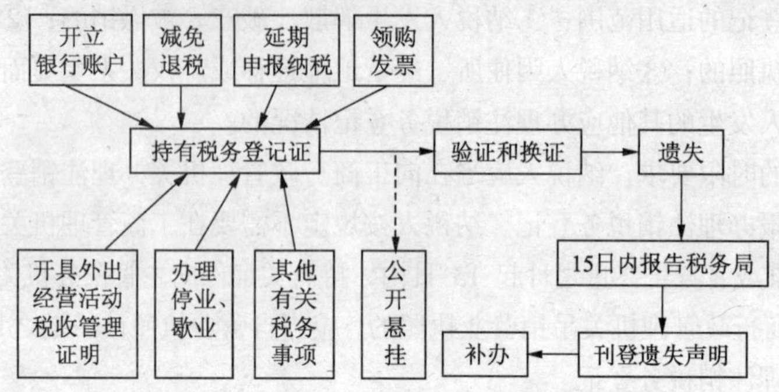

图2–5 税务登记证的使用和管理图示

三、发票管理

发票是生产、经营单位和个人在购销商品、提供和接受服务及从事其他经营活动中，开具、收取的收付款凭证。按照发票的使用范围，可将其分为增值税专用发票和普通发票两大类。税务机关是发票主管机关，负责发票印制、领购、开具、取得、保管、缴销的管理和监督。

1．发票印制

发票一般由税务机关统一设计式样，设专人负责办理印制和管理，并套印全国统一发票印制章。其中，增值税专用发票由国家税务总局指定的企业印制；普通发票分别由各省、自治区、直辖市国家税务局、地方税务局指定企业印制，对某些特殊经营行业，可由各主管部门统一设计发票格式、内容，报请主管税务机关审核同意，发给《发票印制通知书》。

未经上述税务机关指定，任何单位和个人不得擅自印制发票。

2．发票领购

（1）依法办理税务登记的单位和个人，在领取税务登记证件后，可提交有关材料，向主管税务机关申请领购发票。对于无固定经营场地或者财务管理制度不健全的纳税人申请领购发票的，主管税务机关有权要求其提供担保人；不能提供担保人的，可以视情况要求其提供保证金，并限期缴销发票。

（2）纳税人可以根据自己的需要，履行必要的手续后，申请领购普通发票。申请领购增值税专用发票的单位和个人必须是增值税一般纳税人。但增值税一般纳税人会计核算不健全，不能向税务机关准确提供增值税销项税额、进项税额、应纳税额及其他有关增值税税务资料；销售货物全部属于免税项目的；有税收征管法规定的税收违法行为、拒不接受税务机关处理的，或者有下列行为之一，经税务机关责令限期改正而仍未改正的，不得领购增值税专用发票：虚开增值税专用发票，私自印制专用发票，向税务机关以外的单位和个人买取专用发票，借用他人专用发票，未按规定开具专用发票，未按规定保管专用发票和专用设备，未按规定申请办理防伪税控系统变更发行，未按规定接受税务机关检查。

（3）临时到本省、自治区、直辖市以外从事经营活动的单位或者个人，除了具备领购发票的一般条件外，应当凭所在地税务机关开具的外出经营证明，并按规定提供保证人或者缴纳不超过1万元的保证金，向经营地主管税务机关申请领购经营地发票，并限期缴销。

（4）税务部门对纳税人领购发票实行交旧领新、验旧领新、批量供应的方式。

3．发票开具

销货方应按规定填开发票；购买方应按规定索取发票；纳税人进行电子商务必须开具或取得发票；发票要全联一次填写，严禁开具“大头小尾”发票；发票不得跨省、直辖市、自治区使用，开具发票要加盖财务印章或发票专用章；开具发票后，如果发生销货退回需要开红字发票的，必须收回原发票并注明“作废”字样或取得对方有效证明；发生销货折让的，在收回原发票并注明“作废”字样后，重新开具发票。增值税一般纳税人销售货物和应税劳务，除另有规定外，必须向购买方开具增值税专用发票。

4．取得发票的管理

单位和个人在购买商品、接受经营服务或从事其他经营活动支付款项时，要按规定索取合法发票。对不符合规定的发票，包括发票本身不符合规定（白条或伪造的假发票、作废的发票等）、发票开具不符合规定、发票来源不符合规定的，任何单位和个人有权拒收。

5．发票的保管和缴销

税务机关内部或者用票单位和个人必须建立严格的发票专人保管制度、专库保管制度、专账登记制度、保管交接、定期盘点制度，保证发票安全。用票单位和个人应按规定向税务机关上缴已经使用或未使用的发票，税务机关应按规定统一将已经使用或者未使用的发票进行销毁。

6．违法处理

违反发票管理规定，未按规定印制发票或者生产防伪专用品，未按规定领购、开具、取得、保管发票，非法携带、邮寄、运输或者存放空白发票，私自印制、伪造变造、倒买倒卖发票等行为，税务机关可以查封、扣押或者销毁，没收非法所得和作案工具，并处以相应罚款等行政处罚，情节严重构成犯罪的，移送司法机关处理。发票使用和管理的有关规定如图2-6所示。

四、纳税申报

纳税申报是纳税人按照税法规定的期限和内容，向税务机关提交有关纳税事项书面报告的法律行为，是纳税人履行纳税义务、承担法律责任的主要依据，是税务机关税收管理信息的主要来源和税务管理的一项重要制度。

1．申报对象

纳税人或者扣缴义务人无论本期有无应缴纳或者解缴的税款，都必须按税法规定的申报期限、申报内容，如实向主管税务机关办理纳税申报。

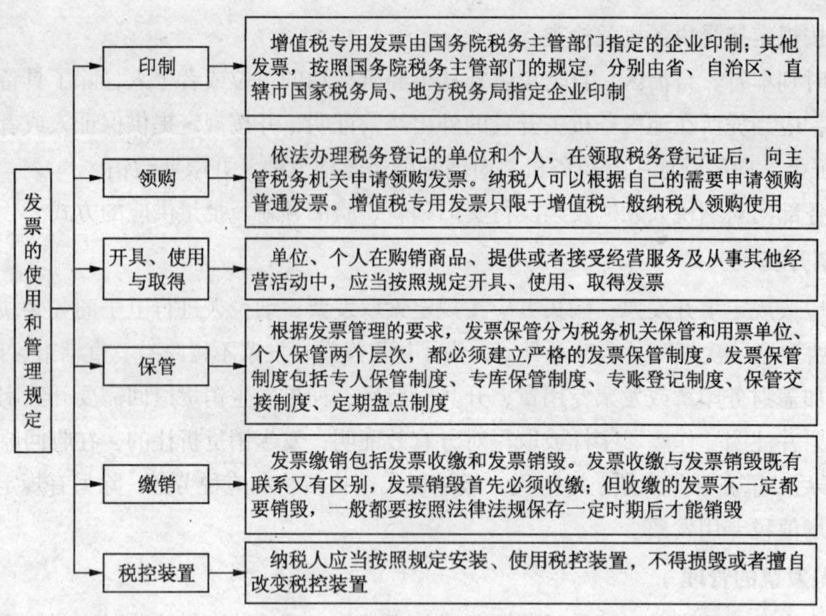

图 2-6 发票的使用和管理图示

2．申报内容

纳税申报的内容主要体现在纳税申报表或代扣缴税款报告表中，主要项目包括税种、税目，应纳税项目或者应代扣代缴、代收代缴税款项目，计税依据，扣除项目及标准，适用税率或者单位税额，应退税项目及税额、应减免税项目及税额，应纳税额或者应代扣代缴、代收代缴税额，税款所属期限、延期缴纳税款、欠税、滞纳金等。

纳税人办理纳税申报时，除如实填写纳税申报表外，还要根据情况报送有关证件、资料。

3．申报期限

纳税人、扣缴义务人要依照法律、行政法规或者税务机关依法确定的申报期限如实办理纳税申报，报送纳税申报表、财务会计报表或者代扣代缴、代收代缴税款报告表及税务机关要求报送的其他纳税资料。

4．申报方式

（1）直接申报（上门申报）。直接申报是指纳税人和扣缴义务人自行到税务机关办理纳税申报或者报送代扣代缴、代收代缴报告表的申报方式。

（2）邮寄申报。邮寄申报是经税务机关批准的纳税人、扣缴义务人使用统一规定的纳税申报特快专递专用信封，通过邮政部门办理交寄手续，并向邮政部门索取收据作为申报凭据的方式。邮寄申报以寄出的邮戳日期为实际申报日期。

（3）电子申报。电子申报是经税务机关批准的纳税人，通过电话语音、电子数据交换和网络传输等方式办理纳税申报的一种方式。纳税人采用电子方式办理纳税申报的，要按照税务机关规定的期限和要求保存有关资料，并定期书面报送主管税务机关。

（4）银行网点申报。银行网点申报即税务机关委托银行代收代缴税款，纳税人在法定的申报期限内到银行网点进行申报。

（5）简易申报。简易申报是指实行定期定额征收方式的纳税人，经税务机关批准，通过以缴纳税款凭证代替申报的一种申报方式。

（6）其他方式。纳税人、扣缴义务人可以根据税法规定，委托中介机构税务代理人员代为办理纳税申报或简并征期。

5．延期申报

纳税人、扣缴义务人不能按期办理纳税申报或者报送代扣代缴、代收代缴税款报告表的，经税务机关核准，可以延期申报，但要在纳税期内按照上期实际缴纳的税额或者税务机关核定的税额预缴税款，并在核准的延期内办理税款结算。

6．违法处理

纳税人、扣缴义务人不按规定期限办理纳税申报的，税务机关可责令限期改正，并视情节处以相应罚款。纳税申报是指纳税人发生纳税义务后，在税法规定的期限内向主管税务机关提交书面报告的一种法定手续，也是税务机关办理征税业务、核实应纳税款、开具完税凭证的主要依据。

五、税款征收

税款征收是税务机关依据国家税收法律、行政法规确定的标准和范围，通过法定程序将纳税人应纳税款组织征收入库的一系列活动。税款征收是税收征管活动的中心环节，也是纳税人履行纳税义务的体现。

1．税款征收的主要方式和适用对象

（1）查账征收。它是税务机关根据纳税人会计账簿等财务核算资料，依照税法规定计算征收税款的方式，适用于财务制度健全、核算严格规范、纳税意识较强的纳税人。

（2）查定征收。它是税务机关根据纳税人从业人数、生产设备、耗用原材料、经营成本、平均利润率等因素，查定核实其应纳税所得额，据以征收税款的方式，一般适用于经营规模较小、实行简易记账或会计核算不健全的纳税人。

（3）定期定额征收。它是税务机关根据纳税人自报和一定的审核评议程序，核定其一定时期应税收入和应纳税额，并按月或季度征收税款的方式，一般适用于生产经营规模小、不能准确计算营业额和所得额的小规模纳税人或个体工商户。

（4）代收、代扣代缴。它是税务机关按照税法规定，对负有代收代缴、代扣代缴税款义务的单位和个人，在其向纳税人收取或支付交易款项的同时，依法从交易款项中扣收纳税人应纳税款并按规定期限和缴库办法申报解缴的税款征收方式，适用于有代收代缴、代扣代缴税款义务的单位和个人。

（5）委托代征。它是税务机关依法委托有关单位和个人，代其向纳税人征收税款的方式，主要适用于零星、分散、流动性大的税款征收，如集贸市场税收、车船税等。

（6）查验征收。它是税务机关对纳税人应税商品通过查验数量，按照市场同类产品的平均价格，计算其收入并据以征收税款的方式，一般适用于在市场、车站、码头等场外临时经营的零星、流动性税源。

2．纳税期限与延期缴纳

纳税人、扣缴义务人必须依法按照规定的期限，缴纳或者解缴税款。未按照规定期限缴纳或解缴税款的，税务机关除责令限期缴纳外，从滞纳税款之日起，按日加收滞纳税款万分之五的滞纳金。

对纳税人因不可抗力，导致发生较大损失、正常生产经营活动受到较大影响，或当期货币资金在扣除应付职工工资、社会保险费后，不足以缴纳税款的，经省、自治区、直辖市国家税务局、地方税务局批准，可以延期缴纳税款，但最长不能超过3个月。经批准延期缴纳的税款不加收滞纳金。

3．税款减免

税款减免是税务机关依据税收法律、行政法规和国家有关税收的规定，给予纳税人的减税或免税。

按法律、法规规定或者经法定的审批机关批准减税、免税的纳税人，要持有关文件到主管税务机关办理减税、免税手续。减税、免税期满，应当自期满之日次日起恢复纳税。

享受减税、免税优惠的纳税人，如果减税、免税条件发生变化的，要自发生变化之日起15日内向税务机关报告；不再符合减税、免税条件的，要依法履行纳税义务，否则税务机关应予以追缴。

4．税款退还和追征

对计算错误、税率适用不当等原因造成纳税人超过应纳税额多缴的税款，税务机关应及时退还。纳税人超过应纳税额缴纳的税款，税务机关发现后立即退还；纳税人自结算缴纳税款之日起3年内发现的，可以向税务机关要求退还多缴的税款并加算银行同期存款利息，税务机关及时查实后要立即退还。

同时，对因税务机关的责任，致使纳税人、扣缴义务人未缴或者少缴税款的，税务机关在3年内可以要求纳税人、扣缴义务人补缴税款，不得加收滞纳金；因纳税人、扣缴义务人计算错误等失误，未缴或者少缴税款的，税务机关在3年内可以追征税款、滞纳金，有特殊情况的，追征期可以延长到5年；对偷税、抗税、骗税的，税务机关追征其未缴或者少缴的税款、滞纳金或者所骗取的税款，不受上述规定期限的限制。

5．税收保全和强制执行

税收保全措施是税务机关为了保证税款能够及时足额入库，对逃避纳税义务的纳税人的财产的使用权和处分权予以限制的一种行政保全措施，是保证税收征管活动正常进行的一种强制手段。它主要包括书面通知纳税人开户银行或者其他金融机构冻结纳税人的相当于应纳税款的存款，以及扣押、查封纳税人的价值相当于应纳税款的商品、货物或者其他财产等两方面内容。

税收强制执行是税务机关依照法定的程序和权限，强迫纳税人、扣缴义务人、纳税担保人和其他当事人缴纳拖欠的税款和罚款的一种强制措施，主要包括两方面内容，即书面通知纳税人的开户银行或者其他金融机构从其存款中扣缴税款；扣押、查封、依法拍卖或者变卖其相当于应纳税款的商品、货物或者其他财产。

税务机关采取税收保全、强制执行措施必须符合法定的条件和程序，如果违法采用，将承担相应的行政赔偿责任。同时，一旦税收得到实现，相应的税收保全、强制执行措施应立即解除。

6．违法处理

纳税人偷税、骗税、欠税、逃避追缴欠税，纳税人、扣缴义务人不缴或者少缴税款、编造虚假计税依据，有关单位和个人因违法行为导致他人未缴、少缴或者骗取税款等行为，妨害税款征收的，由税务机关责令限期改正、给予相应罚款等行政处罚；情节严重构成犯罪的，追究相应的刑事责任。

六、税务检查

税务检查是税务机关依照国家有关税收法律、法规、规章和财务会计制度的规定，对纳税人、代扣代缴义务人履行纳税义务、扣缴义务情况进行审查监督的一种行政检查。税务检查是确保国家财政收入和税收法律、行政法规、规章贯彻落实的重要手段，是国家经济监督体系中不可缺少的组成部分。

1．税务机关在税务检查中的权力

为保证税务机关能通过检查全面、真实地掌握纳税人和扣缴义务人的生产、经营及财务情况，税收征管法明确规定了税务机关在税务检查中的权力，包括查账权、场地检查权、责成提供资料权、调查取证权、查证权、检查存款账户权，并对各项权力的行使规定了明确的条件和程序。

2．税务检查形式

按实施主体分类，税务检查可分为税务稽查和征管部门的日常检查。税务稽查是由税务稽查部门依法组织实施的，对纳税人、扣缴义务人履行纳税义务、扣缴义务的情况进行的全面、综合的专业检查，主要是对涉及偷税、逃税、抗税和骗税的大案、要案的检查。征收管理部门的检查是征管机构在履行职责时对征管中的某一环节出现的问题或者防止在征管某一环节出现问题而进行的税务检查。

3．税务检查的规范

（1）对税务机关行使税务检查权的规范。

① 控制检查次数。税务机关建立科学的检查制度，统筹安排检查工作，严格控制对纳税人、扣缴义务人的检查次数。国家税务总局规定，由稽查部门牵头，统一布置、部署各类检查，建立国税、地税联合检查和检查结果共享制度，减少重复检查。

② 实行检查回避制度。税务人员进行税务检查，查处税收违法案件，实施税务行政处罚，与纳税人、扣缴义务人存在下列关系之一的，应当回避：夫妻关系；直系血亲关系；三代以内旁系血亲关系；近姻亲关系；可能影响公正执法的其他利害关系。对税务人员应回避而没有回避，对直接负责的主管人员和其他直接责任人员，依法给予行政处分。

③ 应当出示相关税务证件。税务机关派出人员进行税务检查时，应当出示税务检查证和税务检查通知书。

④ 税务机关实施税务检查，应当有两人以上参加。

⑤ 检查存款账户在审批、使用、人员等方面有严格限制。如税务机关查询从事生产经营的纳税人、扣缴义务人在银行或者其他金融机构的存款账户，应经县以上税务局（分局）局长批准，凭全国统一格式的检查存款账户许可证明进行检查。税务机关在调查税收违法案件时，必须经设区的市、自治州以上税务局（分局）局长批准，才可以查询案件涉嫌人员的储蓄存款，并不得将查询存款所获得的资料用于税收以外的用途。

⑥ 调账检查有严格的审批和时间限制。经县以上税务局（分局）局长批准，可以将纳税人、扣缴义务人以前会计年度的账簿、记账凭证、报表及其他有关资料调回税务机关进行检查，但是税务机关必须向纳税人、扣缴义务人开付清单，并在3个月内完整退还。有特殊情况的，经设区的市、自治州以上税务局局长批准，税务机关可以将纳税人、扣缴义务人当年的账簿、记账凭证、报表和其他资料调回检查，但必须在30日内退还。

⑦ 应保守被检查人的秘密。

（2）对纳税人和有关部门配合税务检查的规范。纳税人、扣缴义务人必须接受税务机关依法进行的税务检查，如实反映情况，提供有关资料，不得拒绝、隐瞒。有关部门和单位应当支持、协助税务机关依法进行的税务检查，如实向税务机关反映纳税人、扣缴义务人和其他当事人与纳税或者代扣代缴、代收代缴税款有关的情况，提供有关资料或证明材料。

4．税务检查的程序

（1）选案。选案主要通过采用计算机选案分析系统进行筛选，采取人工归集分类、比例选择或随机抽样进行筛选，根据公民举报等涉税举报、上级交办、有关部门转办、交叉协查、情报交换等资料确定检查对象。其中，涉税举报是处理涉税违法案件的重要信息来源之一。

（2）检查。税务检查机构一般应提前以书面形式通知被查对象，向被查的单位和个人下达《税务检查通知书》，告知其检查时间、需要准备的资料、情况等，但有下列情况不得事先通知：公民举报有税收违法行为的；稽查机关有根据认为纳税人有违法行为的；预先通知有碍稽查的。税务人员在检查过程中，应依照法定权限和程序向被查对象、证人及利害关系人了解情况，提取和索取物证、书证，进行实物或实地检查等。

（3）审理。在实施检查完毕的基础上，税务机关专门的组织或人员核准案件事实，审查鉴别证据、分析认定案件性质，做出处理决定。对数额较大、情节复杂或征纳双方争议较大的重大案件，税务检查机构及时提请所属税务机关的重大税务案件审理委员会进行集体审理，确保案件定性和处理的准确、适当。

（4）执行。税务检查事项完毕后，税务部门应及时将《税务处理决定书》送达纳税人，并督促被查对象将查补税款、滞纳金及罚款，及时、足额缴入国库。

项目实施

一、办理设立税务登记

设立税务登记流程如图2-7所示。

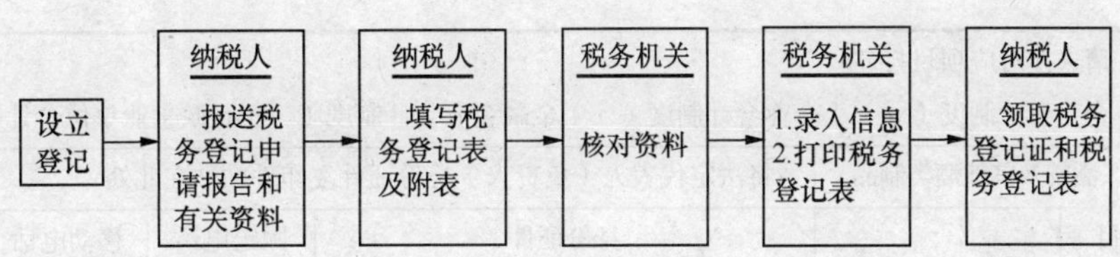

图 2–7　设立税务登记流程

（1）申请。在法定期限内提出申请报告。法定期限是指领取营业执照之日起 30 日内申报登记，时间不能滞后。应详细填写图 2-8 所示的《申请税务登记报告书》中申请税务登记的原因和要求，加盖企业印章，到主管税务机关申报，出示办理税务登记证所必备的原件和复印件：工商营业执照或其他核准执业证件原件及复印件；有关合同、章程、协议书复印件；组织机构统一代码证书副本原件及复印件；法定代表人（负责人）居民身份证、护照或其他证明身份的合法证件原件及复印件；其他需要提供的有关证件、资料。

申请税务登记报告书

淄博市×××国家税务局：

我单位于 2015 年 01 月 02 日起，经淄博市工商局批准开业（事由），经营酒类产品，按照《中华人民共和国税收征收管理法》第九条规定，特申报办理设立税务登记。

申请人（签名）李茉莉

2015 年 1 月 16 日

图 2–8　申请税务登记报告书

根据上述规定，齐国酒业有限责任公司在 2015 年 1 月 16 日到税务机关去办理税务登记。

（2）填报税务登记表。齐国酒业有限责任公司属于单位纳税人，办税员李茉莉应领取相应的表格，填写完毕后将税务登记表及有关资料报送主管税务机关核对，如表 2-1 所示。

表 2–1　税务登记表

（适用单位纳税人）

填表日期：2015 年 1 月 16 日

<table>
<tr><td>纳税人名称</td><td colspan="3">齐国酒业有限责任公司</td><td colspan="2">纳税人识别号</td><td colspan="2">必填（此处略）</td></tr>
<tr><td>登记注册类型</td><td colspan="3">股份有限责任公司</td><td colspan="2">批准设立机关</td><td colspan="2">淄博市工商局</td></tr>
<tr><td>组织机构代码</td><td colspan="3">必填（此处略）</td><td colspan="2">批准设立证明或文件号</td><td colspan="2">必填（此处略）</td></tr>
<tr><td>开业（设立）日期</td><td>2015 年 1 月 2 日</td><td>生产经营期限</td><td>20 年</td><td>证照名称</td><td>企业法人营业证</td><td>证照号码</td><td>3703031231456</td></tr>
<tr><td>注册地址</td><td colspan="3">淄博市华光路 123 号</td><td>邮政编码</td><td>255001</td><td>联系电话</td><td>8809776</td></tr>
<tr><td>生产经营地址</td><td colspan="3">淄博市华光路 123 号</td><td>邮政编码</td><td>255001</td><td>联系电话</td><td>8809776</td></tr>
<tr><td>核算方式</td><td colspan="4">请选择对应项目打“√”（√）独立核算（　）
非独立核算（　）</td><td>从业人数</td><td colspan="2">200 其中外籍人数 0</td></tr>
<tr><td>单位性质</td><td colspan="7">请选择对应项目打“√”（√）企业（　）事业单位（　）社会团体（　）民办非企业单位（　）
其他</td></tr>
<tr><td>网站网址</td><td colspan="4"></td><td>国标行业</td><td colspan="2">□□□□□ □□</td></tr>
</table>

续表

适用会计制度	请选择对应项目打“√” 企业会计制度（√）小企业会计制度（ ）金融企业会计制度（ ）行政事业单位会计制度（ ）
经营范围：白酒、酒精及其他酒类制品	请将法定代表人（负责人）身份证件复印件粘贴在此处

项目 / 内容 / 联系人	姓名	身份证件 种类	身份证件 号码	固定电话	移动电话	电子邮箱
法定代表人	陈光彪	身份证	370303196907280523	8809776		
财务负责人	张平安	身份证	370302197112043359	8809777		
办税人	李茉莉	省份证	370303197907181152	8809778		

税务代理人名称	纳税人识别号	联系电话	电子邮箱

注册资本或投资总额	币种	金额	币种	金额	币种	金额
5 000万元人民币						

投资方名称	投资方经济性质	投资比例	证件种类	证件号码	国籍或地址
陈光彪	自然人	40%	身份证	370303196907280523	中国
胜利集团公司	有限公司	40%	营业执照	3703031231123	中国
刘方	自然人	20%	身份证	370726197008124379	中国

自然人投资比例	60%	外资投资比例		国有投资比例	

分支机构名称	注册地址	纳税人识别号

总机构名称		纳税人识别号			
注册地址		经营范围			
法定代表人姓名	陈光彪	联系电话	8809776	注册地址邮政编码	淄博市华光路123号 255001

代扣代缴、代收代缴税款业务情况	代扣代缴、代收代缴税款业务内容	代扣代缴、代收代缴税种

附报资料：			
营业执照副本复印件	组织结构代码证复印件	公司设立登记申请书	租房协议
验资报告	法人身份证复印件	企业章程	审批表

经办人签章：李茉莉	法定代表人（负责人）签章：陈光彪	纳税人公章：齐国酒业有限责任公司
2015年01月16日	2015年01月16日	2015年01月16日

以下由税务机关填写：

<table>
<tr><td>纳税人所处街乡</td><td colspan="3"></td><td>隶属关系</td><td></td></tr>
<tr><td>国税主管税务局</td><td></td><td>国税主管税务所（科）</td><td></td><td rowspan="2">是否属于国税、地税共管户</td><td></td></tr>
<tr><td>地税主管税务局</td><td></td><td>地税主管税务所（科）</td><td></td><td></td></tr>
<tr><td colspan="2">经办人（签章）：
国税经办人：______
地税经办人：______
受理日期：
____年___月___日</td><td colspan="2">国家税务登记机关
（税务登记专用章）：
核准日期：
____年___月___日
国税主管税务机关：</td><td colspan="2">地方税务登记机关
（税务登记专用章）：
核准日期：
____年___月___日
地税主管税务机关：</td></tr>
<tr><td colspan="4">国税核发《税务登记证副本》数量：　本</td><td colspan="2">发证日期：____年___月___日</td></tr>
<tr><td colspan="4">地税核发《税务登记证副本》数量：　本</td><td colspan="2">发证日期：____年___月___日</td></tr>
</table>

（3）领取税务登记证件。办税服务厅接收、核对资料。李茉莉提供的资料齐全、符合法定形式、填写内容完整，税务机关即时办结，当场打印发放税务登记证件。齐国酒业有限责任公司税务登记证号为370303252556231。

二、领购发票

齐国酒业有限责任公司办理完税务登记后，需要使用增值税专用发票和普通发票，办税员李茉莉到主管税务机关办理。

（1）发票领购资格认定。李茉莉需要向有行政许可证的税务机关提出自己的申请，同时向主管税务机关提交：纳税人申请书及税务行政许可申请表，如表2-2所示；普通发票领购簿申请审批表，如表2-3所示，或增值税专用发票领购簿申请书；税务登记证副本（申请领购增值税专用发票应提供一般纳税人资格证书）；经办人身份证；申请人财务专用章或发票专用章的印模。

表2–2　　税务行政许可申请表

申请日期：2015年01月25日　编号：

<table>
<tr><td rowspan="8">申请人</td><td>姓名</td><td>李茉莉</td><td>身份证件</td><td>370303197907181152</td></tr>
<tr><td>电话</td><td>8809778</td><td>邮政编码</td><td>255001</td></tr>
<tr><td>住址</td><td colspan="3">淄博市张店区保利花园7楼18号</td></tr>
<tr><td>单位</td><td>齐国酒业有限责任公司</td><td>法人代表</td><td>陈光彪</td></tr>
<tr><td>邮政编码</td><td>255001</td><td>电话</td><td>8809776</td></tr>
<tr><td>地址</td><td colspan="3">淄博市华光路123号</td></tr>
<tr><td>委托代理人</td><td></td><td>身份证件</td><td></td></tr>
<tr><td>地址</td><td></td><td>电话</td><td></td></tr>
<tr><td>申请事项</td><td colspan="4">（在申请事项及子项目前打“√”）
1. 指定企业印制普通发票；
2. 对发票使用和管理的审批；
√3. 对发票领购资格的审核；
4. 对增值税防伪税控系统最高开票限额的审批；
5. 建立收支凭证粘贴簿、进货销货登记簿或者使用税控装置的审批；
6. 印花税票代售许可。</td></tr>
</table>

表 2–3　　　　普通发票领购簿申请审批表

纳税人名称：齐国酒业有限责任公司

纳税人识别号：370303252556231

<table>
<tr><td>发票名称</td><td colspan="2">联次</td><td colspan="2">版面</td><td>文字版</td><td>单位（本、份）</td><td>每月用量</td></tr>
<tr><td>商品零售发票</td><td colspan="2">3</td><td colspan="2">1万元</td><td>中文</td><td>5</td><td>5</td></tr>
<tr><td></td><td colspan="2"></td><td colspan="2"></td><td></td><td></td><td></td></tr>
<tr><td></td><td colspan="2"></td><td colspan="2"></td><td></td><td></td><td></td></tr>
<tr><td></td><td colspan="2"></td><td colspan="2"></td><td></td><td></td><td></td></tr>
<tr><td colspan="3">申请理由：齐国酒业有限责任公司于 2015 年2月1日开业，需要开具上述发票。
办税人员：李茉莉
2015年01月26日</td><td colspan="2">申请人财务专用章
或发票专用章印模</td><td colspan="3"></td></tr>
<tr><td colspan="8">以下由税务机关填写</td></tr>
<tr><td>发票名称</td><td>发票代码</td><td>联次</td><td>版面</td><td colspan="2">文字版</td><td>单位（本、份）</td><td>每次限购数量</td></tr>
<tr><td></td><td></td><td></td><td></td><td colspan="2"></td><td></td><td></td></tr>
<tr><td></td><td></td><td></td><td></td><td colspan="2"></td><td></td><td></td></tr>
<tr><td></td><td></td><td></td><td></td><td colspan="2"></td><td></td><td></td></tr>
<tr><td>购票方式</td><td colspan="7"></td></tr>
<tr><td colspan="4">征收审批意见：
经办人：　　（盖章）
负责人：　　年　月　日</td><td colspan="4">县（市、区）税务机关审核意见：
（盖章）
负责人：　　年　月　日</td></tr>
</table>

（2）申请领取发票领购簿。经主管税务机关审核后，领取发票领购簿和发票 IC 卡。然后，凭发票领购簿核准的种类、数量及领购方式，向主管税务机关领购发票。领购簿需经主管税务机关和纳税人双方签字并加盖公章后才有效。纳入增值税防伪税控系统的企业一律凭“税控 IC”卡向税务机关领购电脑专用发票。

（3）领购发票。缴纳发票工本费，按核准的领购方式领购发票。

三、其他事项

以下项目的知识和技能需要通过自学或教材以后项目的学习去了解和掌握。

（1）增值税一般纳税人的认定和管理，增值税专用发票的使用管理办法。

（2）企业经营活动中各种应税行为涉及的各个税种税款的计算和申报缴纳。

（3）税款的征收管理及税务行政复议、诉讼等。

项目小结

在项目引入部分，以齐国酒业有限责任公司开业税务资料作为案例，提出办理税务登记证；

办理税种认定登记；领购发票等任务。

在相关知识部分，介绍了完成上述任务需要掌握的理论知识，包括企业纳税的一般程序、如何办理税务登记、发票管理、纳税申报的基本要求等内容。

在项目实施部分，在掌握了理论知识的基础上，较好地完成了提出的任务。

练习与实训

1．简答题

（1）简述企业经营活动中的涉税行为。

（2）简述税务登记的内容及企业如何办理税务登记。

（3）简述我国发票管理的内容。

（4）简述纳税申报的基本内容。

（5）简述税务登记证的使用和管理。

2．综合实训

实训一

【资料】 准备设立税务登记所需的材料，填写税务登记表，模拟进行设立税务登记。企业基本情况如下。

公司名称：鲁兴有限责任公司

营业执照号：3707265847169

成立时间：2014 年 7 月 29 日

法定代表人及身份证号：王兴华　370725191002180649

财务负责人及身份证号：张国平　370702197512261223

办税人员及身份证号：李可欣　370102198205081356

注册资本及构成：5 000 万元，其中自然人王兴华投资 3 000 万元，占 60%；大王有限公司投资 1 500 万元，占 30%，营业执照号 3703031231123；自然人侯胜利投资 500 万元，占 10%，身份证号 370726197008124379。

开户银行及账号：建设银行潍坊分行　201270801023

单位地址、邮编及电话：潍坊市胜利大街 268 号　260102　7978778

经营范围：各类纸类制品

年预计销售额：8 000 万元

固定资产规模：2 000 万元

增值税发票管理：专门配置保险箱一只，开具专用发票办公室一间。

其他情况：低值易耗品摊销方法采用五五摊销法，固定资产折旧方式采用平均年限法。

相关资料：银行开户许可证和企业法人营业执照（副本）等。

相关表单：税务登记表，如表 2-4 所示；增值税一般纳税人申请认定表，如表 2-5 所示；一般纳税人纳税申报方式选择表（表略）；增值税专用发票自行保管责任书（表略）等各 1 份。

【要求】（1）进行新办企业的设立的税务登记。

（2）进行增值税一般纳税人的申请登记。

表2-4　　　　　　　　　　税务登记表

（适用单位纳税人）

填表日期：　　年　月　日

纳税人名称				纳税人识别号			
登记注册类型				批准设立机关			
组织机构代码				批准设立证明或文件号			
开业（设立）日期		生产经营期限		证照名称		证照号码	
注册地址				邮政编码		联系电话	
生产经营地址				邮政编码		联系电话	
核算方式	请选择对应项目打“√”（ ）独立核算（ ）非独立核算（ ）				从业人数	____其中外籍人数____	
单位性质	请选择对应项目打“√”（ ）企业（ ）事业单位（ ）社会团体（ ）民办非企业单位（ ）其他						
网站网址				国标行业	□□□□□ □□		
适用会计制度	请选择对应项目打“√” 企业会计制度（ ）小企业会计制度（ ）金融企业会计制度（ ）行政事业单位会计制度（ ）						
经营范围：		请将法定代表人（负责人）身份证件复印件粘贴在此处。					
项目 内容 联系人	姓名	身份证件			固定电话	移动电话	电子邮箱
		种类	号码				
法定代表人		身份证					
财务负责人		身份证					
办税人		省份证					
税务代理人名称			纳税人识别号		联系电话	电子邮箱	
注册资本或投资总额		币种	金额	币种	金额	币种	金额
投资方名称	投资方经济性质	投资比例	证件种类	证件号码		国籍或地址	

续表

<table>
<tr><td>自然人投资比例</td><td></td><td>外资投资比例</td><td></td><td colspan="2">国有投资比例</td><td></td></tr>
<tr><td colspan="2">分支机构名称</td><td colspan="3">注册地址</td><td colspan="2">纳税人识别号</td></tr>
<tr><td colspan="2"></td><td colspan="3"></td><td colspan="2"></td></tr>
<tr><td colspan="2"></td><td colspan="3"></td><td colspan="2"></td></tr>
<tr><td colspan="2"></td><td colspan="3"></td><td colspan="2"></td></tr>
<tr><td colspan="2"></td><td colspan="3"></td><td colspan="2"></td></tr>
<tr><td colspan="2"></td><td colspan="3"></td><td colspan="2"></td></tr>
<tr><td>总机构名称</td><td colspan="2"></td><td colspan="2">纳税人识别号</td><td colspan="2"></td></tr>
<tr><td>注册地址</td><td colspan="2"></td><td colspan="2">经营范围</td><td colspan="2"></td></tr>
<tr><td>法定代表人姓名</td><td></td><td>联系电话</td><td colspan="2"></td><td>注册地址邮政编码</td><td></td></tr>
<tr><td rowspan="4">代扣代缴代收代缴税款业务情况</td><td colspan="3">代扣代缴、代收代缴税款业务内容</td><td colspan="3">代扣代缴、代收代缴税种</td></tr>
<tr><td colspan="3"></td><td colspan="3"></td></tr>
<tr><td colspan="3"></td><td colspan="3"></td></tr>
<tr><td colspan="3"></td><td colspan="3"></td></tr>
<tr><td colspan="7">附报资料：</td></tr>
<tr><td colspan="2">经办人签章：
____年___月___日</td><td colspan="3">法定代表人（负责人）签章：
____年___月___日</td><td colspan="2">纳税人公章：
____年___月___日</td></tr>
</table>

以下由税务机关填写：

<table>
<tr><td>纳税人所处街乡</td><td colspan="3"></td><td>隶属关系</td><td></td></tr>
<tr><td>国税主管税务局</td><td></td><td>国税主管税务所（科）</td><td></td><td rowspan="2">是否属于国税、地税共管户</td><td rowspan="2"></td></tr>
<tr><td>地税主管税务局</td><td></td><td>地税主管税务所（科）</td><td></td></tr>
<tr><td colspan="2">经办人（签章）：
国税经办人：________
地税经办人：________
受理日期：
____年___月___日</td><td colspan="2">国家税务登记机关
（税务登记专用章）：
核准日期：
____年___月___日
国税主管税务机关：</td><td colspan="2">地方税务登记机关
（税务登记专用章）：
核准日期：
____年___月___日
地税主管税务机关：</td></tr>
<tr><td colspan="6">国税核发《税务登记证副本》数量：　本　　发证日期：____年___月___日</td></tr>
<tr><td colspan="6">地税核发《税务登记证副本》数量：　本　　发证日期：____年___月___日</td></tr>
</table>

表 2-5　　　　增值税一般纳税人申请认定表

纳税人识别号：

企业编码：

纳税人名称：　　　　　　　　　　　　　　　申请时间：　年　月　日

<table>
<tr><td>联系电话</td><td colspan="3"></td><td>企业类别</td><td></td></tr>
<tr><td rowspan="5">年度实际销售额或年度预计销售额</td><td colspan="2">生产货物的销售额</td><td colspan="3"></td></tr>
<tr><td colspan="2">加工、修理修配的销售额</td><td colspan="3"></td></tr>
<tr><td colspan="2">批发、零售的销售额</td><td colspan="3"></td></tr>
<tr><td colspan="2">应税销售额合计</td><td colspan="3"></td></tr>
<tr><td colspan="2">固定资产规模</td><td colspan="3"></td></tr>
<tr><td rowspan="3">会计财务核算状况</td><td colspan="2">专业财务人员人数</td><td colspan="3"></td></tr>
<tr><td colspan="2">设置账簿种类</td><td colspan="3"></td></tr>
<tr><td colspan="2">能否准确核算进项税额、销项税额</td><td colspan="3"></td></tr>
<tr><td rowspan="2">企业类别</td><td>工业</td><td colspan="4"></td></tr>
<tr><td>商业</td><td colspan="4"></td></tr>
<tr><td colspan="2">申请核发税务登记证副本数量</td><td colspan="2"></td><td>经批准核发数量</td><td></td></tr>
<tr><td colspan="2">基层税务部门意见
（盖章）
年　月　日</td><td colspan="2">县（区）级税务部门意见
（盖章）
年　月　日</td><td colspan="2">地（市）级税务部门意见
（盖章）
年　月　日</td></tr>
</table>

期限：　年　月　日至　年　月　日

注：本表一式三份，纳税人、税务机关综合业务部门和纳税户档案各存一份。

实训二

【资料】 接实训一资料，鲁兴有限责任公司申请增值税专用发票，专用发票每月使用 450 份，每次领购 450 份；专用发票限额：百万元版。

（1）如果是首次申请领购增值税专用发票的纳税人，需要提供的资料如下。

① 出示税务登记证副本。

② 单笔销售业务，单台设备销售合同及其复印件和履行合同的证明材料。

③ 经办人身份证明。

④ 发票专用章[如果已取得普通发票领购资格，可不再提供第③、④项资料]。

上述复印件应注明“与原件相符”字样并签章，各提供 1 份。

（2）如果是再次申请领购增值税专用发票的纳税人，需要提供的资料如下。

① 发票领购簿。

② 税控 IC 卡。

③ 已开具的最后一张增值税专用发票记账联。

④ 辅导期一般纳税人一个月内多次领购专用发票的，应从当月第二次领购专用发票起提供已领购并开具的专用发票记账联。

（3）如果是首次申请领购增值税专用发票的纳税人，需要填写以下表格。

① 税务行政许可申请表（1 份，如表 2-6 所示）。

表 2-6　　　　税务行政许可申请表

申请日期：　　　年　月　日　编号：

<table>
<tr><td rowspan="4">申请人</td><td>姓名</td><td></td><td>身份证件</td><td></td></tr>
<tr><td>电话</td><td></td><td>邮政编码</td><td></td></tr>
<tr><td>住址</td><td colspan="3"></td></tr>
<tr><td>单位</td><td></td><td>法人代表</td><td></td></tr>
<tr><td rowspan="4">申请人</td><td>邮政编码</td><td></td><td>电话</td><td></td></tr>
<tr><td>地址</td><td colspan="3"></td></tr>
<tr><td>委托代理人</td><td></td><td>身份证件</td><td></td></tr>
<tr><td>地址</td><td></td><td>电话</td><td></td></tr>
<tr><td>申请事项</td><td colspan="4">（在申请事项及子项目前打“√”）
1. 指定企业印制普通发票；
2. 对发票使用和管理的审批；
3. 对发票领购资格的审核；
4. 对增值税防伪税控系统最高开票限额的审批；
5. 建立收支凭证粘贴簿、进货销货登记簿或者使用税控装置的审批；
6. 印花税票代售许可。</td></tr>
</table>

② 纳税人领购发票票种核定申请表（1 份，如表 2-7 所示）。

表 2-7　　　　纳税人领购发票票种核定申请表

纳税人识别号：□□□□□□□□□□□□□□□□□□

纳税人名称：

<table>
<tr><td>发票名称</td><td>联次</td><td>金额版</td><td colspan="2">数量</td><td>每月用量</td></tr>
<tr><td></td><td></td><td></td><td colspan="2"></td><td></td></tr>
<tr><td></td><td></td><td></td><td colspan="2"></td><td></td></tr>
<tr><td></td><td></td><td></td><td colspan="2"></td><td></td></tr>
<tr><td></td><td></td><td></td><td colspan="2"></td><td></td></tr>
<tr><td colspan="3">申请理由：
办税人员：　　　　纳税人（公章）
　　　　年　月　日</td><td>申请人财务专用章或发票专用章印模</td><td colspan="2"></td></tr>
<tr><td colspan="6">以下由税务机关填写</td></tr>
<tr><td>发票名称</td><td>每次领购最大数量</td><td>每月购票最高数量</td><td colspan="2">最高持票数量</td><td>购票方式</td></tr>
<tr><td></td><td></td><td></td><td colspan="2"></td><td></td></tr>
<tr><td></td><td></td><td></td><td colspan="2"></td><td></td></tr>
<tr><td></td><td></td><td></td><td colspan="2"></td><td></td></tr>
<tr><td></td><td></td><td></td><td colspan="2"></td><td></td></tr>
<tr><td>区局审批意见</td><td colspan="5">经办人：　　　　部门负责人：　　　　分管局长：
年　月　日　　　年　月　日　　　年　月　日</td></tr>
</table>

③ 防伪税控企业最高开票限额申请表（3份，如表2-8所示）。

【要求】 模拟办理鲁兴有限责任公司增值税专用发票的领购业务。

表2-8 最高开票限额申请审批表

<table>
<tr><td rowspan="8">申请事项（由纳税人填写）</td><td>纳税人名称</td><td></td><td>纳税人识别号</td><td></td></tr>
<tr><td>纳税人类型</td><td colspan="3">□生产企业一般纳税人 □商贸企业一般纳税人
□辅导期一般纳税人 □新认定的工业企业一般纳税人</td></tr>
<tr><td>注册经营地址</td><td></td><td>联系电话</td><td></td></tr>
<tr><td>生产经营地址</td><td></td><td>联系电话</td><td></td></tr>
<tr><td>法人代表</td><td></td><td>购票人员</td><td></td></tr>
<tr><td>注册资金</td><td></td><td>主营业务</td><td></td></tr>
<tr><td>上年应税销售额</td><td></td><td>今年预计销售额</td><td></td></tr>
<tr><td colspan="2">近半年单笔最大销售额</td><td colspan="2"></td></tr>
<tr><td rowspan="2"></td><td>申请最高
开票限额</td><td colspan="3">□一亿元 □一千万元 □一百万元
□十万元 □一万元 □一千元</td></tr>
<tr><td colspan="2">经办人（签字）：
年 月 日</td><td colspan="2">纳税人（印章）：
年 月 日</td></tr>
<tr><td>税源管理单位核实意见</td><td colspan="2">核实人员意见：
核实人员（签章）：
核实日期：</td><td colspan="2">税源管理单位意见：
负责人（签章）： 单位（章）
日 期：</td></tr>
<tr><td>区县级税务机关意见</td><td colspan="4">批准最高开票限额：
经办人（签字）： 批准人（签字）： 税务机关（印章）
年 月 日 年 月 日 年 月 日</td></tr>
</table>

注：本表一式两份，一份返回申请企业留存，一份区县级税务机关留存。

单元测试题（一）

一、单项选择题

1. 税收是凭借（　　）取得财政收入的一种形式。

A. 资产所有权　　B. 国家对纳税人提供的服务

C. 政治权力　　D. 人权

2. 国家对（　　）具有偿还的义务。

A. 税收　　B. 财政货币发行　　C. 国债　　D. 规费收入

3. 负有代扣代缴税款义务的单位、个人是（　　）。

A. 实际负税人　　B. 扣缴义务人　　C. 纳税义务人　　D. 税务机关

4. 在征税对象的全部数额中，免予征税的部分称为（　　）。

A. 免征额　　B. 起征点　　C. 免予额　　D. 减税额

5. 一个征税对象同时适用几个等级的税率的税率形式是（　　）。

A. 定额税率　　B. 比例税率　　C. 超额累进税率　　D. 全额累进税率

6.（　　）的特点是税率不受价格变动影响，适用于从量税。

A. 比例税率　　B. 定额税率　　C. 累进税率　　D. 边际税率

7. 我国现行税法中，区分不同税种的主要标志是（　　）。

A. 纳税义务人　　B. 征税对象　　C. 适用税率　　D. 纳税环节

8. 国务院税务主管部门制定的税收部门规章是税法体系的一个组成部分，在全国范围内具有普遍适用效力，但不得与税收法律、行政法规相抵触。有权制定税收部门规章的税务主管机关是（　　）。

A. 财政部和国家税务总局　　B. 地方人民政府

C. 省级财政厅（局）　　D. 省级国家税务局和地方税务局

9. 在税收分配活动中，税法的调整对象是（　　）。

A. 税收分配关系　B. 经济利益关系　C. 税收权利义务关系　D. 税收征纳关系

10. 下列关于税收法律、法规、规章的陈述中，不正确的是（　　）。

A.《关于惩治虚开、伪造和非法出售增值税专用发票的决定》属于税收法律

B.《中华人民共和国个人所得税法》属于全国人民代表大会通过的税收法律

C.《增值税暂行条例》属于税收法规

D.《中华人民共和国个人所得税法实施条例》是根据国家税务总局授权制定的税务规章

11. 下列关于税收法律关系的表述中，不正确的是（　　）。

A. 税收法律关系的主体一方是国家

B. 税收法律关系中权利与义务不具有对等性

C. 税收法律关系的成立不以征纳双方意思表示一致为要件

D. 征税权虽是国家法律授予的，但是可以放弃或转让

12. 采用超额累进税率计算税额时，速算扣除数的作用主要是（　　）。

A. 解决累进临界点税负不合理问题　　B. 使计算更准确

C. 减缓税率累进的速度　　D. 简化计算

13. 减免税是对某些纳税人的鼓励或照顾措施，通过直接缩小计税依据的方式实现的减免税是（　　）。

A. 法定式减免　B. 税基式减免　C. 税额式减免　D. 税率式减免

14. 税收制度的3个最基本的要素是（　　）。

A. 纳税义务人、税率、违章处理　　B. 纳税义务人、税目、税率

C. 纳税义务人、征税对象、税率　　D. 征税对象、税率、纳税期限

15. 体现征税深度的税制要素是（　　）。

A. 纳税义务人　B. 征税对象　C. 税率　D. 纳税环节

16. 下列现行税法中属于实体法的是（　　）。

A. 增值税暂行条例　　B. 税务行政复议规则

C. 税务行政处罚实施办法　　D. 税收征收管理法

17. 下列单位具有征税主体资格的是（　　）。

A. 某市国税局征管处　　B. 某市地税局

C. 某税款代征单位　　D. 某代扣代缴义务人

18. 由国家税务总局制定的《税务行政处罚听证程序实施办法》属于（　　）。

A. 税收法律　B. 税收行政法规　C. 税收行政规章　D. 税务行政命令

19. 税收法律关系产生的标志是（　　）。

A. 纳税人进行税务登记　　B. 纳税人进行纳税申报

C. 纳税人应税行为的发生　　D. 税务机关征税行为的发生

20. 税收法律关系中最实质的东西是（　　）。

A. 权利主体　　B. 权利客体

C. 税收法律关系的内容　　D. 税收立法权

21. 下列项目中，属于纳税人权利的是（　　）。

A. 依法办理税务登记　　B. 自觉接受税务检查

C. 申请减免税　　D. 追回客户欠缴的税款

22. 下列税种中，主要由国税局系统负责征收但属于中央、地方共享税种的是（　　）。

A. 增值税　B. 资源税　C. 营业税　D. 城市维护建设税

23. 由地方税务局系统负责征收的税种有（　　）。

A. 全部企业所得税　　B. 车辆购置税

C. 全部营业税　　D. 城镇土地使用税

24. 税收权利主体是指（　　）。

A. 征税方　　B 纳税方　　C. 征纳双方　　D. 中央政府

25. 下列项目中，属于税务机关义务的是（　　）。

A. 依法征管　　B. 进行税务检查

C. 对违法行为进行处罚　　D. 依法受理税务复议申请

26. 根据税收征收管理法的有关规定，凡从事生产、经营的纳税人，实行独立经济核算，并按规定取得营业执照的，应自领取营业执照之日起（　　）内，向当地税务机关申请办理税务登记。

A. 15 日　　B. 30 日　　C. 45 日　　D. 60 日

27. 根据税收征管法及其实施细则的有关规定，从事生产、经营的纳税人、扣缴义务人应自领取营业执照之日起（　　）内，按照国务院财政、税务主管部门的规定设置账簿，根据合法有效凭证记账，进行核算。

A. 15 日　　B. 30 日　　C. 60 日　　D. 90 日

28. 税收征管法及其实施细则规定，除法律、行政法规另有规定的外，账簿、会计凭证、报表、完税凭证及其他有关资料应当保存（　　）。

A. 1 年　　B. 3 年　　C. 5 年　　D. 10 年

29. 根据税收征管法及其实施细则规定，如果由于不可抗力或财务会计处理上的特殊情况等原因，纳税人不能按期进行纳税申报，经税务机关核准，可以延期申报，但最长不得超过（　　）。

A. 1 个月　　B. 3 个月　　C. 半年　　D. 1 年

30. 发票的存放和保管应按税务机关的规定办理，不得丢失和擅自损毁。已经开具的发票存根联和发票登记簿，应当保存（　　）。

A. 1年　　B. 3 年　　C. 5 年　　D. 10 年

31. 根据税收征管法的规定，税收保全措施的适用范围是（　　）。

A. 从事生产、经营的纳税人　　B. 非从事生产、经营的纳税人

C. 扣缴义务人　　D. 纳税担保人

32. 如果纳税人不能提供纳税担保，经（　　）批准，税务机关可以采取税收保全措施。

A. 税务所所长　　B. 县以上税务局（分局）局长

C. 省级税务局局长　　D. 国家税务局局长

二、多项选择题

1. 税制要素包括（　　）。

A. 纳税环节　　B. 纳税人　　C. 纳税期限

D. 税率　　E. 征税对象

2. 按税负是否转嫁，税收可分为（　　）。

A. 直接税　　B. 价内税　　C. 间接税

D. 价外税　　E. 目的税

3. 在我国税收法律关系中，权利主体的一方是代表国家行使征税职责的国家税务机关，它包括（　　）。

A. 国家各级税务机关　　B. 国家各级财政机关

C. 国家各级农业主管部门　　D. 海关

4. 税率是对征税对象的征收比例或征收额度。我国现行的税率主要有（　　）。

A. 比例税率　　B. 定额税率　　C. 超额累进税率　　D. 超率累进税率

5. 下列税收法律规范属于税收实体法的有（　　）。

A. 增值税暂行条例　　B. 企业所得税法

C. 个人所得税法　　D. 税收征收管理法

6. 在税收立法中要体现公平原则。公平应体现在（　　）。

A. 负担能力大者应多纳税，负担能力小者应少纳税，没有负担能力者不纳税

B. 生产经营环境优越并有超额收入或级差收益者应多纳税，反之则少纳税

C. 不同地区、不同行业间及多种经济成分之间的实际税负必须尽可能公平

D. 不论负担能力大小，不论生产经营环境如何，应一视同仁，平等负担税负

7. 下列关于税收法律、法规、规章的陈述中，正确的是（　　）。

A.《关于惩治虚开、伪造和非法出售增值税专用发票的决定》属于税收法律

B.《中华人民共和国个人所得税法》属于全国人民代表大会通过的税收法律

C.《中华人民共和国增值税暂行条例》属于税收法规

D.《税务部门规章制定实施办法》属于税务规章

8. 征税对象构成了税收实体法诸要素中的基本要素，主要因为（　　）。

A. 征税对象是一种区别于另一种税的最主要的标志

B. 征税对象明确了各税种的征税范围

C. 征税对象规定着计算各种应征税款的依据

D. 税制要素中的其他要素一般都是以征税对象为基础确定的

9. 引起税收法律关系消灭的原因包括（　　）。

A. 税务机关组织结构的变化　　B. 纳税人履行了纳税义务

C. 纳税义务超过了追征期限　　D. 纳税人的纳税义务被依法免除

10. 下列关于税收法律关系的表述中，不正确的是（　　）。

A. 税收法律关系的主体一方只能是国家

B. 税收法律关系中权利与义务具有对等性

C. 税收法律关系的成立不以征纳双方意思表示一致为要件

D. 征税权虽是国家法律授予的，但是可以放弃或转让

11. 下列关于征税对象和计税依据关系的叙述中，正确的有（　　）。

A. 企业所得税的征税对象和计税依据是一致的

B. 计税依据是征税对象量的表现

C. 计税依据是从质的方面对征税所做的规定；征税对象是从量的方面对征税所做的规定

D. 我国车船税的征税对象和计税依据是不一致的

12. 我国现行税法中运用累进税率形式的有（　　）。

A. 全额累进税率　B. 全率累进税率　　C. 超额累进税率　D. 超率累进税率

13. 关于税收实体法要素，下列说法中正确的有（　　）。

A. 纳税人是税法规定的直接负有纳税义务的单位和个人，是实际负担税款的单位和个人

B. 征税对象是税法中规定征税的目的物，是国家征税的依据

C. 计税依据是税法中规定的据以计算各种应纳税款的依据和标准，也是纳税人合理负担税收的重要标志

D. 纳税人在计算应纳税款时，应以税法规定的税率为依据，因此，税法规定的税率反映了纳税人的税收实际负担率

E. 税目是征税对象的具体化，反映具体的征税范围，代表征税的深度

14. 我国现行税法赋予税务机关的职权包括（　　）。

A. 税款支配权　　B. 税款征收权　　C. 税收法律立法权

D. 经法院批准搜查纳税人住宅　　E. 税收检查权

15. 下列选项中具有纳税主体身份的是（　　）。

A. 已代纳税人缴纳税款的某纳税担保人　B. 承担香烟消费税的香烟消费者

C. 缴纳个人所得税的某税务人员　　D. 依法代扣代缴税款的某事业单位

16. 税收法律关系中的纳税主体是指（　　）。

A. 负税人　　B. 纳税义务人　　C. 纳税担保人　　D. 扣缴义务人

17. 我国税法明确规定纳税人的权利包括（　　）。

A. 依法请求税务机关退回多缴税款　　B. 要求税务机关承担赔偿责任

C. 只缴纳合理税金　　D. 请求税务机关进行“事前裁定”

E. 要求税务机关为其保守商业秘密

18. 我国税法明确规定纳税人的义务包括（　　）。

A. 依法请求税务机关退回多缴税款

B. 要求税务机关承担赔偿责任

C. 按期进行纳税申报，足额缴纳税款

D. 从事生产经营的新办企业，应依法办理税务登记

E. 对于偷税行为，按规定应补缴税款、滞纳金及罚款

19. 我国税收法律关系由（　　）构成。

A. 权利主体　　B. 权利客体　　C. 征税机关　　D. 征纳双方的权利和义务

20. 下列税种中，属于特定目的税的是（ ）。

A. 城镇土地使用税 B. 土地增值税

C. 城市维护建设税 D. 车辆购置税

21. 根据税收征管法的规定，纳税人办理税务登记时，应根据不同情况相应提供的有关资料有（ ）。

A. 有关合同、章程、协议书 B. 银行账号证明

C. 营业执照 D. 居民身份证、护照或其他合法入境证件

22. 根据税收征管法的规定，办理纳税申报的对象包括（ ）。

A. 各项收入均应当纳税的纳税人

B. 取得临时应税收入或发生应税行为的纳税人

C. 全部或部分产品、项目或者税种享受减税、免税照顾的纳税人

D. 实行定期定额纳税的纳税人

23. 纳税人办理纳税申报时，应当如实填写纳税申报表，并根据情况报送有关资料，包括（ ）。

A. 财务会计报表及其说明材料 B. 与纳税有关的合同和协议书

C. 外出经营活动税收管理证明 D. 境内外公证机构出具的有关证明文件

24. 根据税收征管法及其实施细则的规定，税款征收的方式主要包括（ ）。

A. 查账征收 B. 查定征收

C. 查验征收 D. 代扣代缴、代收代缴征收

25. 根据税收征管法及其实施细则的规定，适用核定应纳税额征收方法的情形有（ ）。

A. 依照法律、行政法规的规定可以不设账簿的

B. 依照法律、行政法规的规定应当设置账簿但未设置的

C. 虽设置账簿，但账目混乱或成本资料、收入凭证、费用凭证残缺不全，难以查账的

D. 发生纳税义务，未按规定的期限办理纳税申报，经税务机关责令限期申报，逾期仍不申报的

26. 税收征管法中规定的税收保全措施的形式有（ ）。

A. 书面通知纳税人开户银行或者其他金融机构冻结纳税人的金额相当于应纳税款的存款

B. 书面通知纳税人开户银行或者其他金融机构从其存款中扣缴税款

C. 扣押、查封纳税人的价值相当于应纳税款的商品、货物或其他财产

D. 扣押、查封、拍卖其价值相当于应纳税款的商品、货物或其他财产，以拍卖所得抵缴税款

27. 税务检查权是税务机关在检查活动中依法享有的权利，税收征管法规定税务机关有权（ ）。

A. 检查纳税人的账簿、记账凭证、报表和有关资料

B. 责成纳税人提供与纳税有关的文件、证明材料或其他有关资料

C. 对纳税人进行查询和访问，了解有关纳税或解缴税款的问题

D. 对纳税人的住宅及其生活场所进行检查

三、判断题

1. 扣缴义务人与纳税人在实质上是等同的。 （ ）

2. 直接税是由纳税人直接负担、不易转嫁的税种，如所得税、财产税、消费税。 （ ）

3. 定额税率适用于从价计征的税种。 （ ）

4. 按照现行税法规定，税收征收管理机关可包括地方政府财政机关。 （ ）

5. 全国人民代表大会常务委员会发布实施的《税收征收管理法》属于税收实体法。 （ ）

6. 从我国现阶段来看，税收制度的设计要“效率优先，兼顾公平”。 （ ）

7. 税法与税收密不可分，税收是税法的表现形式，税法则是税收所确定的具体内容。（ ）

8. 在税收法律关系中，代表国家行使征税职权的税务机关是权利主体，履行纳税义务的纳税人是义务主体或权利客体。 （ ）

9. 在税收法律关系中，权利主体双方法律地位是平等的，所以双方的权利与义务也是对等的。 （ ）

10. 税收征管法是税法体系的主体和核心，在税法体系中起着税收母法的作用。 （ ）

11. 按税法的基本内容和效力不同，我国税法分为税收基本法和税收普通法。 （ ）

12. 中央与地方共享税属于中央政府和地方政府共同的收入，目前主要由国税和地税协商征收，如增值税。 （ ）

13. 我国税法的制定，要坚持原则性和灵活性相结合的原则，所以各级地方政府可结合本地区情况制定地方税的实施细则。 （ ）

14. 在税收立法中一定要体现公平原则，即对于同一纳税行为，不同纳税人的纳税额是一致的。 （ ）

15. 省、自治区、直辖市及省、自治区的人民政府所在地的市和国务院批准的较大的市的人民政府，可以根据本地区的经济发展情况制定地方性税收规章。 （ ）

16. 地方政府制定税收规章，都必须在税收法律、法规明确授权的前提下进行，并且不得与税收法律、行政法规相抵触。没有税收法律、法规的授权，地方政府是无权自定税收规章的，凡越权自定的税收规章没有法律效力。 （ ）

17. 增值税属中央地方共享税，所以所有的增值税收入 75%归中央财政收入，25%归地方财政收入。 （ ）

18. 根据税收征管法及其实施细则的规定，不从事生产、经营活动，但是依照法律、行政法规负有纳税义务的单位和个人，可以不向税务机关办理税务登记。 （ ）

19. 根据税收征管法及其实施细则的规定，纳税人在办理税务登记后，改变单位名称或法定代表人及改变经营方式、经营范围等，应在自工商部门办理变更登记之日起 45 日内，持有关证件向主管税务机关申报变更税务登记。 （ ）

20. 纳税人在办理注销税务登记前，应当向税务机关结清应纳税款、滞纳金、罚款，但发票和其他税务证件则不需要缴销。 （ ）

21. 从事生产经营的纳税人应当自领取营业执照之日起 15 日内，将其财务、会计制度或者财务、会计处理办法报送税务机关备案。 （ ）

22. 纳税人享受减税、免税待遇的，在减免税期间应当按照规定办理纳税申报。 （ ）

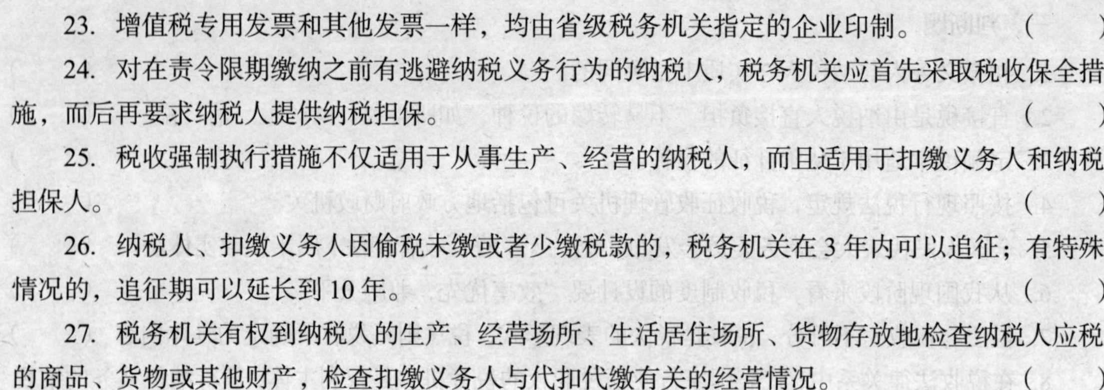

23. 增值税专用发票和其他发票一样，均由省级税务机关指定的企业印制。（　　）

24. 对在责令限期缴纳之前有逃避纳税义务行为的纳税人，税务机关应首先采取税收保全措施，而后再要求纳税人提供纳税担保。（　　）

25. 税收强制执行措施不仅适用于从事生产、经营的纳税人，而且适用于扣缴义务人和纳税担保人。（　　）

26. 纳税人、扣缴义务人因偷税未缴或者少缴税款的，税务机关在3年内可以追征；有特殊情况的，追征期可以延长到10年。（　　）

27. 税务机关有权到纳税人的生产、经营场所、生活居住场所、货物存放地检查纳税人应税的商品、货物或其他财产，检查扣缴义务人与代扣代缴有关的经营情况。（　　）

项目三 增值税法与纳税实务

知识目标

- 掌握增值税税制要素的基本内容，特别是税制三要素的相关规定；
- 重点掌握增值税应纳税额的计算；
- 掌握增值税征收管理的基本规定；
- 了解出口退税的基本内容和方法；
- 掌握增值税专用发票使用管理方面的规定。

能力目标

- 能够正确计算一般纳税人和小规模纳税人的应纳税额；
- 能够正确处理增值税的纳税申报事宜。

项目引入

济南市鑫达有限责任公司为生产性增值税一般纳税人，其纳税人识别号为37010810479494。增值税纳税期限为1个月，2016年5月生产经营情况如下。

（1）购买原材料取得防伪税控系统开具的增值税专用发票情况如表3-1所示，且均在法定期限内予以认证，并在本期全部申报抵扣进项税额；购买一台固定资产取得防伪税控系统开具的增值税专用发票金额为9 998.42元，税额为1 699.73元，在规定期限内予以认证。前期取得但尚未申报抵扣的防伪税控系统开具的增值税专用发票情况如表3-2所示。

表3-1 本期取得防伪税控系统开具的增值税专用发票及认证情况表

金额单位：元至角分

发票代号	发票号码	开票日期	金额	税额	销货方纳税人识别号	认证日期
3700044170	00140803	20160501	23 584.91	4 009.43	360202550026912	20160528
3707353874	01830985	20160503	1 671.50	284.16	370297592730297	20160528
3608302859	04430852	20160504	1 461 935.04	248 528.96	370867565486754	20160528
3600237507	00327483	20160513	27 377.12	4 654.11	360023759274329	20160528
3708675655	02757438	20160514	29 634.88	5 037.93	370397592983697	20160528
3709237583	07239766	20160515	94 290.46	16 029.40	360793247298368	20160528
3709835028	02649878	20160525	9 546.67	1 622.93	360867567645380	20160528
3609769867	07547555	20160526	96 782.39	16 453.01	370967683647689	20160528

表3–2　　前期取得防伪税控系统开具的增值税专用发票及认证情况表　　金额单位：元至角分

发票代号	发票号码	开票日期	金额	税额	销货方纳税人识别号	认证日期
3706867565	04453429	20160405	3 097.87	526.64	370987876785645	20160528
3708675646	06687545	20160427	96 782.39	16 453.01	370798678564530	20160528

（2）本期有 731 935.47 元的外购材料用于免税项目，其所负担的税款为 124 429.03 元；有19 400.29元的外购材料发生非正常损失，所负担的税款为3 298.05元。

（3）本期销售产品并开具防伪税控系统的增值税专用发票情况如表3-3所示，其中号码为00099544的发票因开具发票形式不符合要求而作废，号码为00099555的发票为红字发票；销售产品并开具普通发票 2 张，合计金额为 185 000 元；销售产品但未开具发票的金额为3 350元。

表3–3　　防伪税控系统开具的增值税专用发票情况表　　金额单位：元至角分

发票代号	发票号码	开票日期	购货方纳税人识别号	金额	税额
37100052170	00099543	20160602	350115600587351	75 835.90	12 892.10
37100052170	00099544	20160603	360207740199991	93 846.15	15 953.85
37100052170	00099545	20160603	360207740199991	93 846.15	15 953.85
37100052170	00099546	20160604	360205740151103	11 965.81	2 034.19
37100052170	00099547	20160605	360203723356385	16 907.69	2 874.31
37100052170	00099548	20160606	360205740151103	1 794.87	305.13
37100052170	00099549	20160611	360200815868540	1 615.38	274.61
37100052170	00099550	20160612	370111175438697	154 358.97	26 241.02
37100052170	00099551	20160613	110834735603093	115 961.54	19 713.46
37100052170	00099552	20160614	110904759734856	180 384.62	30 665.39
37100052170	00099553	20160615	110409573767003	116 153.84	19 746.15
37100052170	00099554	20160616	13057264385766x	1 416.54	248.46
37100052170	00099555	20160625	130209x7397502x	–25 777.78	–4 382.22
37100052170	00099556	20160626	110498750328640	1 311.11	222.89
37100052170	00099557	20160627	110049378598374	76 923.08	13 076.92
37100052170	00099558	20160628	110038758735809	427 350.00	72 649.50

（4）2016年5月应税货物销售额为1 507 087.83元，应税劳务销售额为49 499.52元，销项税额为264 619.85元，进项税额为130 236.08元，期末未缴税额为134 383.77元，于2016年6月缴纳。

【要求】 根据增值税一般纳税人纳税申报的要求，计算填写适用于增值税一般纳税人的增值税纳税申报表及其相关附表。

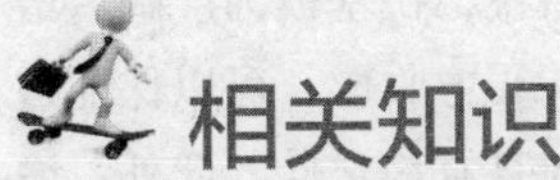

相关知识

一、增值税基础知识认知

1. 增值税的概念

增值税是以商品生产、流通和劳务服务各个环节的增值额为征税对象征收的一种税。

增值税的征税对象是增值额。所谓增值额，从理论上讲，就是商品销售收入额或劳务收入额扣除生产资料消耗或物质消耗后的余额。用价值形式表示即是商品价值总额（C+V+M）中劳动者新创造的价值（V+M）部分。对增值额这一概念，可以从两个方面来理解。首先，从某个生产经营单位来看，增值额是这个单位的商品销售额或劳务收入额扣除外购商品额（相当于物化劳动的价值）后的余额。它大体相当于该单位全体员工所创造的价值。其次，从一个商品生产销售的全过程来看，增值额是商品在生产流通过程的各个环节所创造的增值额之和，相当于该商品的最终销售额。

2. 增值税的特点和作用

（1）增值税的特点。增值税的产生是对传统的阶梯式流转税的一次深刻变革。其之所以在短短的几十年时间内就在国际上被广为采用，在于同传统阶梯式流转税相比具有以下特点。

① 增值税既保留了传统流转税“道道征税”的长处，又可以克服重复征税的问题。增值税保留了传统间接税对商品和劳务的道道征税制度，一种货物或劳务从生产到最后进入消费，每经过一道生产经营环节就征收一道税。增值税以货物和劳务的增值额为计税依据，只对货物销售或劳务收入额中属于本单位新创造的、尚未征过税的部分征税，这是与按商品销售全额、劳务收入全额征收的其他流转税最显著的区别，从而消除了传统间接税对外购商品和劳务重复征税的弊端。

② 增值税的税收负担稳定，不会随流转环节的增减而变化。就一项货物或劳务而言，只要最后销售价格相同，不论它经过多少道生产经营环节，也不论是一个还是多个单位生产经营，该货物或劳务可纳增值税税额是相同的。以增值额为征税对象，一件商品生产流通各个环节所缴纳的增值税之和，相当于商品的最终销售额乘以增值税税率，增值税税率具有与商品的整体税负率相一致的特点。从全社会来看，增值税的负担不受商品生产结构变化或生产经营环节多寡的影响，同一货物或劳务的税负始终保持平衡。

③ 税基广阔，具有征收的普遍性和连续性。无论是从横向看还是从纵向看，增值税的征收都有着广阔的税基。从生产经营的横向关系看，无论工业、商业或者劳务服务活动，只要有增值收入就要纳税；从生产经营的纵向关系看，每一货物无论经过多少生产经营环节，都要按各道环节上发生的增值额逐次征税。

（2）增值税的作用。

① 增值税能够适应经济结构的各种变化，有利于保证财政收入的稳定增长。增值税实行普遍征收，其课税范围涉及社会的生产、流通、消费、劳务等诸多生产经营领域，凡从事货物销售、

提供应税劳务和进口货物的单位和个人，只要取得增值额就都要缴纳增值税，税基极为广阔。增值税在货物销售或应税劳务提供的环节课征，其税款随同销售额一并向购买方收取，可以保证财政收入的及时入库。增值税不受生产结构、经营环节变化的影响，使收入具有稳定性。此外，增值税实行购进扣税法和发货票注明税款抵扣，使购销单位之间形成相互制约的关系，有利于税务机关对纳税情况的交叉稽核，防止偷漏税的发生。

② 增值税能适应市场经济的客观需要，有利于社会资源依照市场机制的要求合理配置。现代工业生产随着科学技术的广泛应用，分工越来越细，工艺越来越复杂，技术要求越来越高，产品通常具有高、精、尖与大批量的特点，这就要求切实改进“大而全”“小而全”的低效能生产模式，大力发展生产专业化、协作化。实行增值税有效地排除了按销售全额计税所造成的重复征税的弊端，使税负不受生产组织结构和经营方式变化的影响，始终保持平衡。因此，增值税不但有利于生产向专业化协作方向发展，也不影响企业在专业化基础上的联合经营，从而有利于社会生产要素的优化配置，调整生产经营结构。从商品流通来看，增值税负担不受商品流转环节多寡的影响，有利于疏通商品流通渠道，搞活商品流通。

③ 增值税有利于扩大国际经济交往和维护国家经济权益。随着世界贸易的发展，各国之间商品出口竞争日趋激烈。许多国家政府为了提高本国商品的出口竞争能力，大多对出口商品实行退税政策，使之以不含税价格进入国际市场。然而，在传统间接税制下，出口商品价格所包含的税金因该商品的生产结构、经营环节不同而多寡不一，因而给准确退税带来很大困难。实行增值税从根本上克服了这一弊端，根据最终销售额和增值税税率计算出来的增值税税额，也就是该商品出口以前各环节已纳的增值税之和。如果将这笔税额退还给商品出口经营者，就能做到出口退税的准确、彻底，使之以完全不含税价格进入国际市场。对于进口商品，由于按增值额设计税率要比按“全值”征税高，并且按进口商品的组成价格计税，从而把进口商品在出口国因退税或不征税给进口企业带来的经济利益转化为国家所有，这样不仅平衡了进口商品和国内生产商品的税负，而且有利于根据国家的外贸政策，对进出口商品实行奖励或限制，保证国家的经济权益和民族工业的发展。

3．增值税的类型

如前所述，理论上的增值额是企业的商品销售收入额或劳务收入额扣除生产资料消耗或经营中的物质消耗后的余额，是劳动所创造的价值V+M部分。但在实际运用增值税的过程中，由于各国规定的扣除项目不同，增值额包含的内容和范围也不尽相同，因此，实践应用的增值额和理论上的增值额有可能不一致。根据扣除项目的不同，可以把增值税分为3种类型。

（1）消费型增值税。消费型增值税允许在销售收入中扣除原材料等劳动对象的价值及同期购入的全部固定资产价值，其增值额部分实际仅限于消费资料（生产资料不征税）。

（2）收入型增值税。收入型增值税允许在销售收入中扣除原材料等劳动对象的价值及固定资产的折旧价值，其增值额部分相当于国民收入。

（3）生产型增值额。生产型增值额允许在销售收入中扣除原材料等劳动对象的价值，而不允许扣除任何外购固定资产的价值，其增值额部分相当于国民生产总值。

对比以上3种类型的增值税，就税基的大小而言，生产型增值税最大，收入型增值税次之，消费型增值税最小。在税率既定的条件下，生产型增值税能够保证取得较多的税款，收入型增值税次之，消费型增值税最差。从纳税人负税的轻重来看，顺序正好与以上相反。

从税不重征的原则出发，生产型增值税显然不合理。因其不允许扣除固定资产折旧价值部分，这就等于固定资产销售时征了一次税，在产品销售时又要对折旧部分征一次税，仍存在着重复征税问题。消费型增值税虽然不存在重复征税，可它走向了另一个极端——固定资产一经购进，就可全额扣除，等于未消耗的生产资料提前得到了价值补偿。因而，收入型增值税较为合理。

从刺激投资、加速设备更新的角度分析，消费型增值税最优，收入型增值税次之，生产型增值税最差。

不同类型的增值税具有不同的长处，各国在选择增值税的类型时，均根据各自的经济条件和财政政策的需要来确定。一般来说，西方发达国家为了刺激投资、加速设备更新，通常采用消费型增值税；而发展中国家多采用生产型增值税和收入型增值税。

4．增值税的计算方法

增值税的计算方法主要有 2 种类型 3 种方法。2 种类型即直接计算法和间接计算法；3 种方法即在直接计算法下分为加法、减法 2 种，再加上间接计算方法。

（1）直接计算法。这种方法要求先求出增值额，然后乘以适用税率得出应纳增值税额，即

应纳增值税税额＝增值额×适用税率

根据计算增值额时的方法不同，直接计算方法具体分为加法和减法。

① 加法，即将构成增值额的各个项目（如工资、租金、利息、利润和其他增值项目）相加，得出增值额，然后乘以适用税率，求出增值税税额。

② 减法，即从销售额中减除非增值项目（如外购原材料、燃料、动力或固定资产等项目）的金额，其余额作为增值额，然后乘以适用税率，得出增值税税额。

（2）间接计算法。这种方法是先按商品销售收入来乘以适用税率得出整体税额，然后扣除非增值项目已缴纳的增值税额，其余额即为应纳增值税税额，即

应纳增值税税额＝销售额×适用税率－购进额×适用税率

＝销项税额－进项税额

这种方法简便易行，目前为大多数国家所采用，也是我国增值税一般纳税人应纳税额的计算方法。

5．我国增值税的法律规范

我国现行增值税的基本法律规范，是 2008 年 11 月 5 日国务院第 34 次常委会议修订通过的《中华人民共和国增值税暂行条例》（以下简称《增值税暂行条例》），以及 2008 年 12 月 15 日财政部、国家税务总局第 50 号令公布的修订后的《中华人民共和国增值税暂行条例实施细则》（以下简称《增值税实施细则》），自 2009 年 1 月 1 日起实施。2016 年 3 月 23 日，财政部、国家税务总局发布《关于全面推开营业税改征增值税试点的通知》（财税〔2016〕36 号，以下简称《通知》），自 2016 年 5 月 1 日起实施。

二、增值税的征税范围

按照《增值税暂行条例》和《通知》的规定，增值税的征税范围为在中华人民共和国境内销

售货物、进口货物及提供加工、修理修配劳务和销售服务、无形资产或者不动产等行为。

在中华人民共和国境内（以下简称境内）销售货物、进口货物及提供加工、修理修配劳务和销售服务、无形资产或者不动产，是指：①销售货物的起运地或者所在地在境内；②提供的应税劳务发生在境内；③服务（租赁不动产除外）或者无形资产（自然资源使用权除外）的销售方或者购买方在境内；④所销售或者租赁的不动产在境内；⑤所销售自然资源使用权的自然资源在境内；⑥财政部和国家税务总局规定的其他情形。

下列情形不属于在境内销售服务或者无形资产：①境外单位或者个人向境内单位或者个人销售完全在境外发生的服务；②境外单位或者个人向境内单位或者个人销售完全在境外使用的无形资产；③境外单位或者个人向境内单位或者个人出租完全在境外使用的有形动产；④财政部和国家税务总局规定的其他情形。

1．销售货物

销售货物是指有偿转让货物的所有权。这里的“货物”是指有形动产，包括电力、热力和气体在内，不包括不动产，也不包括无形资产。

所谓“有偿”，是指从购买方取得货币、货物或者其他经济利益。

2．进口货物

进口货物是指报关进口的货物，包括贸易性进口的商品和个人携带、邮递进口的物品。

3．提供加工、修理修配劳务

提供加工、修理修配劳务是指有偿提供加工、修理修配劳务，不包括单位或个体经营者聘用的员工为本单位或雇主提供加工、修理修配劳务。

“加工”是指受托加工货物，即委托方提供原料及主要材料，受托方按照委托方的要求，制造货物并收取加工费的业务。

“修理修配”是指受托对损伤和丧失功能的货物进行修复，使其恢复原状和功能的业务。

4．销售服务

销售服务、无形资产或者不动产，是指有偿提供服务、有偿转让无形资产或者不动产。但属于下列非经营活动的情形除外：行政单位收取的同时满足条件的政府性基金或者行政事业性收费；单位或者个体工商户聘用的员工为本单位或者雇主提供取得工资的服务；单位或者个体工商户为聘用的员工提供服务；财政部和国家税务总局规定的其他情形。

销售服务，是指提供交通运输服务、邮政服务、电信服务、建筑服务、金融服务、现代服务、生活服务。

（1）交通运输服务。交通运输服务是指利用运输工具将货物或者旅客送达目的地，使其空间位置得到转移的业务活动，包括陆路运输服务、水路运输服务、航空运输服务和管道运输服务。

① 陆路运输服务，是指通过陆路（地上或者地下）运送货物或者旅客的运输业务活动，包括铁路运输服务和其他陆路运输服务。

铁路运输服务，是指通过铁路运送货物或者旅客的运输业务活动。

其他陆路运输服务，是指铁路运输以外的陆路运输业务活动，包括公路运输、缆车运输、索道运输、地铁运输、城市轻轨运输等。

出租车公司向使用本公司自有出租车的出租车司机收取的管理费用，按照陆路运输服务缴纳增值税。

② 水路运输服务，是指通过江、河、湖、川等天然、人工水道或者海洋航道运送货物或者旅客的运输业务活动。

水路运输的程租、期租业务，属于水路运输服务。

程租业务，是指运输企业为租船人完成某一特定航次的运输任务并收取租赁费的业务。

期租业务，是指运输企业将配备有操作人员的船舶承租给他人使用一定期限，承租期内听候承租方调遣，不论是否经营，均按天向承租方收取租赁费，发生的固定费用均由船东负担的业务。

③ 航空运输服务，是指通过空中航线运送货物或者旅客的运输业务活动。

航空运输的湿租业务，属于航空运输服务。

湿租业务，是指航空运输企业将配备有机组人员的飞机承租给他人使用一定期限，承租期内听候承租方调遣，不论是否经营，均按一定标准向承租方收取租赁费，发生的固定费用均由承租方承担的业务。

航天运输服务，按照航空运输服务缴纳增值税。航天运输服务，是指利用火箭等载体将卫星、空间探测器等空间飞行器发射到空间轨道的业务活动。

④ 管道运输服务，是指通过管道设施输送气体、液体、固体物质的运输业务活动。

无运输工具承运业务，按照交通运输服务缴纳增值税。

无运输工具承运业务，是指经营者以承运人身份与托运人签订运输服务合同，收取运费并承担承运人责任，然后委托实际承运人完成运输服务的经营活动。

（2）邮政服务。邮政服务是指中国邮政集团公司及其所属邮政企业提供邮件寄递、邮政汇兑和机要通信等邮政基本服务的业务活动，包括邮政普遍服务、邮政特殊服务和其他邮政服务。

① 邮政普遍服务，是指函件、包裹等邮件寄递，以及邮票发行、报刊发行和邮政汇兑等业务活动。

函件，是指信函、印刷品、邮资封片卡、无名址函件和邮政小包等。

包裹，是指按照封装上的名址递送给特定个人或者单位的独立封装的物品，其重量不超过 50 千克，任何一边的尺寸不超过 150 厘米，长、宽、高合计不超过 300 厘米。

② 邮政特殊服务，是指义务兵平常信函、机要通信、盲人读物和革命烈士遗物的寄递等业务活动。

③ 其他邮政服务，是指邮册等邮品销售、邮政代理等业务活动。

（3）电信服务。电信服务是指利用有线、无线的电磁系统或者光电系统等各种通信网络资源，提供语音通话服务，传送、发射、接收或者应用图像、短信等电子数据和信息的业务活动，包括基础电信服务和增值电信服务。

① 基础电信服务，是指利用固网、移动网、卫星、互联网提供语音通话服务的业务活动，以及出租或者出售带宽、波长等网络元素的业务活动。

② 增值电信服务，是指利用固网、移动网、卫星、互联网、有线电视网络提供短信和彩信服务、电子数据和信息的传输及应用服务、互联网接入服务等业务活动。

卫星电视信号落地转接服务，按照增值电信服务缴纳增值税。

（4）建筑服务。建筑服务是指各类建筑物、构筑物及其附属设施的建造、修缮、装饰，线路、管道、设备、设施等的安装以及其他工程作业的业务活动，包括工程服务、安装服务、修缮服务、装饰服务和其他建筑服务。

① 工程服务，是指新建、改建各种建筑物、构筑物的工程作业，包括与建筑物相连的各种设备或者支柱、操作平台的安装或者装设工程作业，以及各种窑炉和金属结构工程作业。

② 安装服务，是指生产设备、动力设备、起重设备、运输设备、传动设备、医疗实验设备以及其他各种设备、设施的装配、安置工程作业，包括与被安装设备相连的工作台、梯子、栏杆的装设工程作业，以及被安装设备的绝缘、防腐、保温、油漆等工程作业。

固定电话、有线电视、宽带、水、电、燃气、暖气等经营者向用户收取的安装费、初装费、开户费、扩容费以及类似收费，按照安装服务缴纳增值税。

③ 修缮服务，是指对建筑物、构筑物进行修补、加固、养护、改善，使之恢复原来的使用价值或者延长其使用期限的工程作业。

④ 装饰服务，是指对建筑物、构筑物进行修饰装修，使之美观或者具有特定用途的工程作业。

⑤ 其他建筑服务，是指上列工程作业之外的各种工程作业服务，如钻井（打井）、拆除建筑物或者构筑物、平整土地、园林绿化、疏浚（不包括航道疏浚）、建筑物平移、搭脚手架、爆破、矿山穿孔、表面附着物（包括岩层、土层、沙层等）剥离和清理等工程作业。

（5）金融服务。金融服务是指经营金融保险的业务活动，包括贷款服务、直接收费金融服务、保险服务和金融商品转让。

① 贷款服务。贷款，是指将资金贷与他人使用而取得利息收入的业务活动。各种占用、拆借资金取得的收入，包括金融商品持有期间（含到期）利息（保本收益、报酬、资金占用费、补偿金等）收入、信用卡透支利息收入、买入返售金融商品利息收入、融资融券收取的利息收入，以及融资性售后回租、押汇、罚息、票据贴现、转贷等业务取得的利息及利息性质的收入，按照贷款服务缴纳增值税。

融资性售后回租，是指承租方以融资为目的，将资产出售给从事融资性售后回租业务的企业后，从事融资性售后回租业务的企业将该资产出租给承租方的业务活动。

以货币资金投资收取的固定利润或者保底利润，按照贷款服务缴纳增值税。

② 直接收费金融服务，是指为货币资金融通及其他金融业务提供相关服务并且收取费用的业务活动，包括提供货币兑换、账户管理、电子银行、信用卡、信用证、财务担保、资产管理、信托管理、基金管理、金融交易场所（平台）管理、资金结算、资金清算、金融支付等服务。

③ 保险服务，是指投保人根据合同约定，向保险人支付保险费，保险人对于合同约定的可能发生的事故因其发生所造成的财产损失承担赔偿保险金责任，或者当被保险人死亡、伤残、疾病或者达到合同约定的年龄、期限等条件时承担给付保险金责任的商业保险行为，包括人身保险服务和财产保险服务。

人身保险服务，是指以人的寿命和身体为保险标的的保险业务活动。

财产保险服务，是指以财产及其有关利益为保险标的的保险业务活动。

④ 金融商品转让，是指转让外汇、有价证券、非货物期货和其他金融商品所有权的业务活动。

其他金融商品转让包括基金、信托、理财产品等各类资产管理产品和各种金融衍生品的转让。

（6）现代服务。现代服务是指围绕制造业、文化产业、现代物流产业等提供技术性、知识性服务的业务活动，包括研发和技术服务、信息技术服务、文化创意服务、物流辅助服务、租赁服务、鉴证咨询服务、广播影视服务、商务辅助服务和其他现代服务。

① 研发和技术服务，包括研发服务、合同能源管理服务、工程勘察勘探服务、专业技术服务。

研发服务，也称技术开发服务，是指就新技术、新产品、新工艺或者新材料及其系统进行研究与试验开发的业务活动。

合同能源管理服务，是指节能服务公司与用能单位以契约形式约定节能目标，节能服务公司提供必要的服务，用能单位以节能效果支付节能服务公司投入及其合理报酬的业务活动。

工程勘察勘探服务，是指在采矿、工程施工前后，对地形、地质构造、地下资源蕴藏情况进行实地调查的业务活动。

专业技术服务，是指气象服务、地震服务、海洋服务、测绘服务、城市规划、环境与生态监测服务等专项技术服务。

② 信息技术服务，是指利用计算机、通信网络等技术对信息进行生产、收集、处理、加工、存储、运输、检索和利用，并提供信息服务的业务活动，包括软件服务、电路设计及测试服务、信息系统服务、业务流程管理服务和信息系统增值服务。

软件服务，是指提供软件开发服务、软件维护服务、软件测试服务的业务活动。

电路设计及测试服务，是指提供集成电路和电子电路产品设计、测试及相关技术支持服务的业务活动。

信息系统服务，是指提供信息系统集成、网络管理、网站内容维护、桌面管理与维护、信息系统应用、基础信息技术管理平台整合、信息技术基础设施管理、数据中心、托管中心、信息安全服务、在线杀毒、虚拟主机等业务活动，包括网站对非自有的网络游戏提供的网络运营服务。

业务流程管理服务，是指依托信息技术提供的人力资源管理、财务经济管理、审计管理、税务管理、物流信息管理、经营信息管理和呼叫中心等服务的活动。

信息系统增值服务，是指利用信息系统资源为用户附加提供的信息技术服务，包括数据处理、分析和整合、数据库管理、数据备份、数据存储、容灾服务、电子商务平台等。

③ 文化创意服务，包括设计服务、知识产权服务、广告服务和会议展览服务。

设计服务，是指把计划、规划、设想通过文字、语言、图画、声音、视觉等形式传递出来的业务活动，包括工业设计、内部管理设计、业务运作设计、供应链设计、造型设计、服装设计、环境设计、平面设计、包装设计、动漫设计、网游设计、展示设计、网站设计、机械设计、工程设计、广告设计、创意策划、文印晒图等。

知识产权服务，是指处理知识产权事务的业务活动，包括对专利、商标、著作权、软件、集成电路布图设计的登记、鉴定、评估、认证、检索服务。

广告服务，是指利用图书、报纸、杂志、广播、电视、电影、幻灯、路牌、招贴、橱窗、

霓虹灯、灯箱、互联网等各种形式为客户的商品、经营服务项目、文体节目或者通告、声明等委托事项进行宣传和提供相关服务的业务活动，包括广告代理和广告的发布、播映、宣传、展示等。

会议展览服务，是指为商品流通、促销、展示、经贸洽谈、民间交流、企业沟通、国际往来等举办或者组织安排的各类展览和会议的业务活动。

④ 物流辅助服务，包括航空服务、港口码头服务、货运客运场站服务、打捞救助服务、装卸搬运服务、仓储服务和收派服务。

航空服务，包括航空地面服务和通用航空服务。

航空地面服务，是指航空公司、飞机场、民航管理局、航站等向在境内航行或者在境内机场停留的境内外飞机或者其他飞行器提供的导航等劳务性地面服务的业务活动，包括旅客安全检查服务、停机坪管理服务、机场候机厅管理服务、飞机清洗消毒服务、空中飞行管理服务、飞机起降服务、飞行通讯服务、地面信号服务、飞机安全服务、飞机跑道管理服务、空中交通管理服务等。

通用航空服务，是指为专业工作提供飞行服务的业务活动，包括航空摄影、航空培训、航空测量、航空勘探、航空护林、航空吊挂播洒、航空降雨、航空气象探测、航空海洋监测、航空科学实验等。

港口码头服务，是指港务船舶调度服务、船舶通信服务、航道管理服务、航道疏浚服务、灯塔管理服务、航标管理服务、船舶引航服务、理货服务、系解缆服务、停泊和移泊服务、海上船舶溢油清除服务、水上交通管理服务、船只专业清洗消毒检测服务和防止船只漏油服务等为船只提供服务的业务活动。

港口设施经营人收取的港口设施保安费按照港口码头服务缴纳增值税。

货运客运场站服务，是指货运客运场站提供货物配载服务、运输组织服务、中转换乘服务、车辆调度服务、票务服务、货物打包整理、铁路线路使用服务、加挂铁路客车服务、铁路行包专列发送服务、铁路到达和中转服务、铁路车辆编解服务、车辆挂运服务、铁路接触网服务、铁路机车牵引服务等业务活动。

打捞救助服务，是指提供船舶人员救助、船舶财产救助、水上救助和沉船沉物打捞服务的业务活动。

装卸搬运服务，是指使用装卸搬运工具或者人力、畜力将货物在运输工具之间、装卸现场之间或者运输工具与装卸现场之间进行装卸和搬运的业务活动。

仓储服务，是指利用仓库、货场或者其他场所代客贮放、保管货物的业务活动。

收派服务，是指接受寄件人委托，在承诺的时限内完成函件和包裹的收件、分拣、派送服务的业务活动。

收件服务，是指从寄件人处收取函件和包裹，并运送到服务提供方同城的集散中心的业务活动。

分拣服务，是指服务提供方在其集散中心对函件和包裹进行归类、分发的业务活动。

派送服务，是指服务提供方从其集散中心将函件和包裹送达同城的收件人的业务活动。

⑤ 租赁服务，包括融资租赁服务和经营租赁服务。

融资租赁服务，是指具有融资性质和所有权转移特点的租赁活动。即出租人根据承租人所要求的规格、型号、性能等条件购入有形动产或者不动产租赁给承租人，合同期内租赁物所有权属于出租人，承租人只拥有使用权，合同期满付清租金后，承租人有权按照残值购入租赁物，以拥有其所有权。不论出租人是否将租赁物销售给承租人，均属于融资租赁。

按照标的物的不同，融资租赁服务可分为有形动产融资租赁服务和不动产融资租赁服务。

融资性售后回租不按照本税目缴纳增值税。

经营租赁服务，是指在约定时间内将有形动产或者不动产转让他人使用且租赁物所有权不变更的业务活动。

按照标的物的不同，经营租赁服务可分为有形动产经营租赁服务和不动产经营租赁服务。

将建筑物、构筑物等不动产或者飞机、车辆等有形动产的广告位出租给其他单位或者个人用于发布广告，按照经营租赁服务缴纳增值税。

车辆停放服务、道路通行服务（包括过路费、过桥费、过闸费等）等按照不动产经营租赁服务缴纳增值税。

水路运输的光租业务、航空运输的干租业务，属于经营租赁。

光租业务，是指运输企业将船舶在约定的时间内出租给他人使用，不配备操作人员，不承担运输过程中发生的各项费用，只收取固定租赁费的业务活动。

干租业务，是指航空运输企业将飞机在约定的时间内出租给他人使用，不配备机组人员，不承担运输过程中发生的各项费用，只收取固定租赁费的业务活动。

⑥ 鉴证咨询服务，包括认证服务、鉴证服务和咨询服务。

认证服务，是指具有专业资质的单位利用检测、检验、计量等技术，证明产品、服务、管理体系符合相关技术规范、相关技术规范的强制性要求或者标准的业务活动。

鉴证服务，是指具有专业资质的单位受托对相关事项进行鉴证，发表具有证明力的意见的业务活动，包括会计鉴证、税务鉴证、法律鉴证、职业技能鉴定、工程造价鉴证、工程监理、资产评估、环境评估、房地产土地评估、建筑图纸审核、医疗事故鉴定等。

咨询服务，是指提供信息、建议、策划、顾问等服务的活动，包括金融、软件、技术、财务、税收、法律、内部管理、业务运作、流程管理、健康等方面的咨询。

翻译服务和市场调查服务按照咨询服务缴纳增值税。

⑦ 广播影视服务，包括广播影视节目（作品）的制作服务、发行服务和播映（含放映，下同）服务。

广播影视节目（作品）制作服务，是指进行专题（特别节目）、专栏、综艺、体育、动画片、广播剧、电视剧、电影等广播影视节目和作品制作的服务，具体包括与广播影视节目和作品相关的策划、采编、拍摄、录音、音视频文字图片素材制作、场景布置、后期的剪辑、翻译（编译）、字幕制作、片头、片尾、片花制作、特效制作、影片修复、编目和确权等业务活动。

广播影视节目（作品）发行服务，是指以分账、买断、委托等方式，向影院、电台、电视台、网站等单位和个人发行广播影视节目（作品）以及转让体育赛事等活动的报道及播映权的业务活动。

广播影视节目（作品）播映服务，是指在影院、剧院、录像厅及其他场所播映广播影视节目

（作品），以及通过电台、电视台、卫星通信、互联网、有线电视等无线或者有线装置播映广播影视节目（作品）的业务活动。

⑧ 商务辅助服务，包括企业管理服务、经纪代理服务、人力资源服务、安全保护服务。

企业管理服务，是指提供总部管理、投资与资产管理、市场管理、物业管理、日常综合管理等服务的业务活动。

经纪代理服务，是指各类经纪、中介、代理服务，包括金融代理、知识产权代理、货物运输代理、代理报关、法律代理、房地产中介、职业中介、婚姻中介、代理记账、拍卖等。

货物运输代理服务，是指接受货物收货人、发货人、船舶所有人、船舶承租人或者船舶经营人的委托，以委托人的名义，为委托人办理货物运输、装卸、仓储和船舶进出港口、引航、靠泊等相关手续的业务活动。

代理报关服务，是指接受进出口货物的收、发货人委托，代为办理报关手续的业务活动。

人力资源服务，是指提供公共就业、劳务派遣、人才委托招聘、劳动力外包等服务的业务活动。

安全保护服务，是指提供保护人身安全和财产安全，维护社会治安等的业务活动。包括场所住宅保安、特种保安、安全系统监控以及其他安保服务。

⑨ 其他现代服务，是指除研发和技术服务、信息技术服务、文化创意服务、物流辅助服务、租赁服务、鉴证咨询服务、广播影视服务和商务辅助服务以外的现代服务。

（7）生活服务。生活服务是指为满足城乡居民日常生活需求提供的各类服务活动，包括文化体育服务、教育医疗服务、旅游娱乐服务、餐饮住宿服务、居民日常服务和其他生活服务。

① 文化体育服务，包括文化服务和体育服务。

文化服务，是指为满足社会公众文化生活需求提供的各种服务，包括文艺创作、文艺表演、文化比赛，图书馆的图书和资料借阅，档案馆的档案管理，文物及非物质文化遗产保护，组织举办宗教活动、科技活动、文化活动，提供游览场所。

体育服务，是指组织举办体育比赛、体育表演、体育活动，以及提供体育训练、体育指导、体育管理的业务活动。

② 教育医疗服务，包括教育服务和医疗服务。

教育服务，是指提供学历教育服务、非学历教育服务、教育辅助服务的业务活动。

学历教育服务，是指根据教育行政管理部门确定或者认可的招生和教学计划组织教学，并颁发相应学历证书的业务活动，包括初等教育、初级中等教育、高级中等教育、高等教育等。非学历教育服务，包括学前教育、各类培训、演讲、讲座、报告会等。教育辅助服务，包括教育测评、考试、招生等。

医疗服务，是指提供医学检查、诊断、治疗、康复、预防、保健、接生、计划生育、防疫服务等方面的服务，以及与这些服务有关的提供药品、医用材料器具、救护车、病房住宿和伙食的业务。

③ 旅游娱乐服务，包括旅游服务和娱乐服务。

旅游服务，是指根据旅游者的要求，组织安排交通、游览、住宿、餐饮、购物、文娱、商务等服务的业务活动。

娱乐服务，是指为娱乐活动同时提供场所和服务的业务，具体包括歌厅、舞厅、夜总会、酒吧、台球、高尔夫球、保龄球、游艺（包括射击、狩猎、跑马、游戏机、蹦极、卡丁车、热气球、动力伞、射箭、飞镖）。

④ 餐饮住宿服务，包括餐饮服务和住宿服务。

餐饮服务，是指通过同时提供饮食和饮食场所的方式为消费者提供饮食消费服务的业务活动。

住宿服务，是指提供住宿场所及配套服务等的活动，包括宾馆、旅馆、旅社、度假村和其他经营性住宿场所提供的住宿服务。

⑤ 居民日常服务，是指主要为满足居民个人及其家庭日常生活需求提供的服务，包括市容市政管理、家政、婚庆、养老、殡葬、照料和护理、救助救济、美容美发、按摩、桑拿、氧吧、足疗、沐浴、洗染、摄影扩印等服务。

⑥ 其他生活服务，是指除文化体育服务、教育医疗服务、旅游娱乐服务、餐饮住宿服务和居民日常服务之外的生活服务。

5．销售无形资产

销售无形资产，是指转让无形资产所有权或者使用权的业务活动。无形资产，是指不具实物形态，但能带来经济利益的资产，包括技术、商标、著作权、商誉、自然资源使用权和其他权益性无形资产。

技术，包括专利技术和非专利技术。

自然资源使用权，包括土地使用权、海域使用权、探矿权、采矿权、取水权和其他自然资源使用权。

其他权益性无形资产，包括基础设施资产经营权、公共事业特许权、配额、经营权（包括特许经营权、连锁经营权、其他经营权）、经销权、分销权、代理权、会员权、席位权、网络游戏虚拟道具、域名、名称权、肖像权、冠名权、转会费等。

6．销售不动产

销售不动产，是指转让不动产所有权的业务活动。不动产，是指不能移动或者移动后会引起性质、形状改变的财产，包括建筑物、构筑物等。

建筑物，包括住宅、商业营业用房、办公楼等可供居住、工作或者进行其他活动的建造物。

构筑物，包括道路、桥梁、隧道、水坝等建造物。

转让建筑物有限产权或者永久使用权的、转让在建的建筑物或者构筑物所有权的，以及在转让建筑物或者构筑物时一并转让其所占土地使用权的，按照销售不动产缴纳增值税。

7．视同销售行为

单位或个体工商户的下列行为，视同销售行为。

（1）将货物交付其他单位或者个人代销。

（2）销售代销货物。

（3）设有两个以上机构并实行统一核算的纳税人，将货物从一个机构移送其他机构用于销售，

但相关机构设在同一县（市）的除外。

（4）将自产、委托加工的货物用于集体福利或者个人消费。

（5）将自产、委托加工或者购进的货物作为投资，提供给其他单位或者个体工商户。

（6）将自产、委托加工或者购进的货物分配给股东或者投资者。

（7）将自产、委托加工或者购进的货物无偿赠送其他单位或者个人。

（8）单位或者个体工商户向其他单位或者个人无偿提供服务，但用于公益事业或者以社会公众为对象的除外。

（9）单位或者个人向其他单位或者个人无偿转让无形资产或者不动产，但用于公益事业或者以社会公众为对象的除外。

（10）财政部和国家税务总局规定的其他情形。

8．混合销售行为

一项销售行为如果既涉及服务又涉及货物，则为混合销售。混合销售行为成立的行为标准有两点：一是其销售行为必须是一项；二是该项行为必须既涉及服务又涉及货物，其“货物”是指增值税税法中规定的有形动产，服务是指属于改征范围的交通运输服务、建筑服务、金融保险服务、邮政服务、电信服务、现代服务、生活服务等。

从事货物的生产、批发或者零售的单位和个体工商户的混合销售行为，按照销售货物缴纳增值税；其他单位和个体工商户的混合销售行为，按照销售服务缴纳增值税。

从事货物的生产、批发或者零售的单位和个体工商户，包括以从事货物的生产、批发或者零售为主，并兼营销售服务的单位和个体工商户在内。

例如，生产货物的单位，在销售货物的同时附带运输，其销售货物及提供运输的行为属于混合销售行为，所收取的货物款项及运输费用应一律按销售货物计算缴纳增值税。

9．不征收增值税项目

（1）根据国家指令无偿提供的铁路运输服务、航空运输服务，属于《通知》中规定的用于公益事业的服务。

（2）存款利息，仅限于存储在国家规定的吸储机构所取得的存款利息。

（3）被保险人获得的保险赔付。

（4）房地产主管部门或者其指定机构、公积金管理中心、开发企业以及物业管理单位代收的住宅专项维修资金。

（5）在资产重组过程中，通过合并、分立、出售、置换等方式，将全部或者部分实物资产以及与其相关联的债权、负债和劳动力一并转让给其他单位和个人，其中涉及的不动产、土地使用权转让行为。

三、增值税的纳税人

1．增值税纳税人的一般规定

按照《增值税暂行条例》的规定，在中华人民共和国境内销售货物、进口货物及提供加工、修理修配劳务和销售服务、无形资产或者不动产的单位和个人，为增值税的纳税人。

单位，是指企业、行政单位、事业单位、军事单位、社会团体及其他单位。个人，是指个体工商户和其他个人，其他个人是指除了个体工商户外的自然人。

单位以承包、承租、挂靠方式经营的，承包人、承租人、挂靠人（以下统称承包人）以发包人、出租人、被挂靠人（以下统称发包人）名义对外经营并由发包人承担相关法律责任的，以该发包人为纳税人；否则，以承包人为纳税人。

中华人民共和国境外单位或者个人在境内发生应税行为，在境内未设有经营机构的，以购买方为增值税扣缴义务人。财政部和国家税务总局另有规定的除外。

2．一般纳税人与小规模纳税人的划分

增值税纳税人按其经营规模的大小及会计核算是否健全分为一般纳税人和小规模纳税人。

纳税人经营规模的大小以年应征增值税销售额（以下简称应税销售额）为标准确定。年应税销售额，是指纳税人在连续不超过 12 个月的经营期内累计应征增值税销售额，含减免税销售额、发生境外应税行为销售额以及按规定已从销售额中差额扣除的部分。如果该销售额为含税的，应按照适用税率或征收率换算为不含税的销售额。

会计核算健全，是指能够按照国家统一的会计制度规定设置账簿，根据合法、有效凭证核算。例如，有专业财务会计人员，能按照财务会计制度的规定，设置总账和有关明细账进行会计核算；能准确核算增值税销售额、销项税额、进项税额和应纳税额等；能按规定编制会计报表，真实反映企业的生产、经营状况。

（1）小规模纳税人。小规模纳税人的标准如下。

① 从事货物生产或者提供应税劳务的纳税人，以及以从事货物生产或者提供应税劳务为主，并兼营货物批发或者零售的纳税人，年应税销售额在 50 万元以下（含本数，下同）的。

以从事货物生产或者提供应税劳务为主，是指纳税人的年货物生产或者提供应税劳务的销售额占年应税销售额的比重在 50%以上。

② 从事货物批发或零售的纳税人，年应税销售额在 80 万元以下的。

③ 从事销售服务、无形资产或者不动产的纳税人，年应税销售额在 500 万元以下的。

另外，年应税销售额超过规定标准的其他个人不属于一般纳税人。年应税销售额超过规定标准但不经常发生应税行为的单位和个体工商户可选择按照小规模纳税人纳税。

（2）一般纳税人。小规模纳税人以外的纳税人应当向主管税务机关申请一般纳税人资格认定。

另外，税法还规定，年应税销售额未超过规定标准的纳税人，会计核算健全，能够提供准确税务资料的，可以向主管税务机关办理一般纳税人资格登记，成为一般纳税人。能够准确提供税务资料，是指能够按照增值税的规定如实填报增值税纳税申报表及其他税务资料，按期申报纳税。

符合一般纳税人条件的纳税人应当向主管税务机关办理一般纳税人资格登记。未申请办理一般纳税人资格登记手续的，应按销售额依照增值税税率计算应纳税额，不得抵扣进项税额，也不得使用增值税专用发票（含税控机动车销售统一发票）。

除国家税务总局另有规定外，纳税人一经认定为一般纳税人后，不得转为小规模纳税人。

四、税率与征收率

1．税率

（1）基本税率。基本税率为17%，适用于除实行低税率和零税率以外的所有货物及应税劳务（指加工、修理修配劳务，下同）。

（2）低税率。低税率为13%，适用于纳税人销售或进口下列货物。

① 农业产品、食用植物油、食用盐。

② 自来水、暖气、冷气、热水、煤气、石油液化气、天然气、沼气、居民用煤炭制品。

③ 图书、报纸、杂志。

④ 饲料、化肥、农药、农机、农膜。

⑤ 国务院规定的其他货物，如音像制品、电子出版物、二甲醚等。

（3）销售服务、无形资产或者不动产适用税率。

① 纳税人发生应税行为，除下面②、③项规定外，税率为6%。

② 提供交通运输、邮政、基础电信、建筑、不动产租赁服务，销售不动产，转让土地使用权，税率为11%。

③ 提供有形动产租赁服务，税率为17%。

（4）零税率。纳税人出口货物，税率为零。但国务院另有规定的货物（如黄金、铂金、稀土金属矿、原油、原木、天然石墨、山羊绒、鳗鱼苗、某些援外物资等）和国家禁止出口的货物（如天然牛黄、麝香、铜及铜基合金等）除外。

境内单位和个人发生的跨境应税行为，税率为零，包括：①国际运输服务；②航天运输服务；③向境外单位提供的完全在境外消费的下列服务：研发服务、合同能源管理服务、设计服务、广播影视节目（作品）的制作和发行服务、软件服务、电路设计及测试服务、信息系统服务、业务流程管理服务、离岸服务外包业务、转让技术；④财政部和国家税务总局规定的其他服务。

2．征收率

除部分不动产销售和租赁行为的征收率为 5%以外，小规模纳税人发生的应税行为以及一般纳税人发生的特定应税行为，增值税征收率为3%。

3．下列按简易办法征收增值税的优惠政策执行，不得抵扣进项税额

（1）纳税人销售自己使用过的物品，按下列政策执行。

① 一般纳税人销售自己使用过的属于《增值税暂行条例》规定不得抵扣且未抵扣进项税额的固定资产，按照简易办法依照3%的征收率减按2%征收增值税。

除上述规定以外，一般纳税人销售自己使用过的物品，应当按照适用税率征收增值税。

② 小规模纳税人（除其他个人外，下同）销售自己使用过的固定资产，应按2%的征收率征收增值税。

小规模纳税人销售自己使用过的除固定资产以外的物品，应按3%的征收率征收增值税。

（2）纳税人销售旧货，按照简易办法依照3%的征收率减按2%征收增值税。

所谓旧货，是指进入二次流通的具有部分使用价值的货物（含旧汽车、旧摩托车和旧游艇），但不包括自己使用过的物品。

（3）一般纳税人销售自产的下列货物，可选择按照简易办法依照3%的征收率计算缴纳增值税。

① 县级及县级以下小型水力发电单位生产的电力。小型水力发电单位，是指各类投资主体建设的装机容量为5万千瓦以下（含5万千瓦）的小型水力发电单位。

② 建筑用和生产建筑材料所用的砂、土、石料。

③ 以自己采掘的砂、土、石料或其他矿物连续生产的砖、瓦、石灰（不含黏土实心砖、瓦）。

④ 用微生物、微生物代谢产物、动物毒素、人或动物的血液或组织制成的生物制品。

⑤ 自来水。

⑥ 商品混凝土（仅限于以水泥为原料生产的水泥混凝土）。

一般纳税人选择简易办法计算缴纳增值税后，36个月内不得变更。

（4）一般纳税人销售货物属于下列情形之一的，暂按简易办法依照3%的征收率计算缴纳增值税。

① 寄售商店代销寄售物品（包括居民个人寄售的物品在内）。

② 典当业销售死当物品。

③ 经国务院或国务院授权机关批准的免税商店零售的免税品。

（5）一般纳税人发生下列应税行为可以选择适用简易计税方法计税。

① 公共交通运输服务，包括轮客渡、公交客运、地铁、城市轻轨、出租车、长途客运、班车。

② 经认定的动漫企业为开发动漫产品提供的动漫脚本编撰、形象设计、背景设计、动画设计、分镜、动画制作、摄制、描线、上色、画面合成、配音、配乐、音效合成、剪辑、字幕制作、压缩转码（面向网络动漫、手机动漫格式适配）服务，以及在境内转让动漫版权（包括动漫品牌、形象或者内容的授权及再授权）。

③ 电影放映服务、仓储服务、装卸搬运服务、收派服务和文化体育服务。

④ 以纳入“营改增”试点之日前取得的有形动产为标的物提供的经营租赁服务。

⑤ 在纳入“营改增”试点之日前签订的尚未执行完毕的有形动产租赁合同。

⑥ 一般纳税人以清包工方式提供的建筑服务，可以选择适用简易计税方法计税。以清包工方式提供建筑服务，是指施工方不采购建筑工程所需的材料或只采购辅助材料，并收取人工费、管理费或者其他费用的建筑服务。

⑦ 一般纳税人为甲供工程提供的建筑服务，可以选择适用简易计税方法计税。甲供工程，是指全部或部分设备、材料、动力由工程发包方自行采购的建筑工程。

⑧ 一般纳税人为建筑工程老项目提供的建筑服务，可以选择适用简易计税方法计税。建筑工程老项目是指，建筑工程施工许可证注明的合同开工日期在2016年4月30日前的建筑工程项目；未取得建筑工程施工许可证的，建筑工程承包合同注明的开工日期在2016年4月30日前的建筑工程项目。

（6）适用5%征收率的情形。

① 一般纳税人销售其2016年4月30日前取得（不含自建）的不动产，可以选择适用简易计

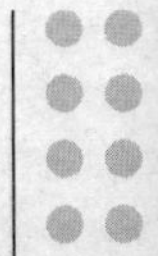

税方法，以取得的全部价款和价外费用减去该项不动产购置原价或者取得不动产时的作价后的余额为销售额，按照5%的征收率计算应纳税额。

一般纳税人出租其2016年4月30日前取得的不动产，可以选择适用简易计税方法，按照5%的征收率计算应纳税额。

② 一般纳税人销售其2016年4月30日前自建的不动产，可以选择适用简易计税方法，以取得的全部价款和价外费用为销售额，按照 5%的征收率计算应纳税额。

③ 小规模纳税人销售其取得（不含自建）的不动产（不含个体工商户销售购买的住房和其他个人销售不动产），应以取得的全部价款和价外费用减去该项不动产购置原价或者取得不动产时的作价后的余额为销售额，按照5%的征收率计算应纳税额。

④ 小规模纳税人销售其自建的不动产，应以取得的全部价款和价外费用为销售额，按照5%的征收率计算应纳税额。

⑤ 房地产开发企业中的一般纳税人，销售自行开发的房地产老项目，可以选择适用简易计税方法按照5%的征收率计税。

⑥ 房地产开发企业中的小规模纳税人，销售自行开发的房地产项目，按照5%的征收率计税。

⑦ 小规模纳税人出租其取得的不动产（不含个人出租住房），应按照 5%的征收率计算应纳税额。其他个人出租其取得的不动产（不含住房），应按照5%的征收率计算应纳税额。个人出租住房，应按照5%的征收率减按1.5%计算应纳税额。

4．兼营不同税率或征收率应税行为适用的税率（或征收率）

纳税人兼营销售货物、劳务、服务、无形资产或者不动产，适用不同税率或者征收率的，应当分别核算适用不同税率或者征收率的销售额；未分别核算的，从高适用税率（或征收率），具体分为以下几种情况。

（1）兼有不同税率的销售货物、加工、修理修配劳务、服务、无形资产或者不动产，从高适用税率。

（2）兼有不同征收率的销售货物、加工、修理修配劳务、服务、无形资产或者不动产，从高适用征收率。

（3）兼有不同税率和征收率的销售货物、加工、修理修配劳务、服务、无形资产或者不动产，从高适用税率。

五、税收优惠规定

1．起征点

增值税起征点的适用范围限于个人，起征点的幅度规定如下。

（1）按期纳税的，为月销售额5 000～20 000元（含本数）。

（2）按次纳税的，为每次（日）销售额300～500元（含本数）。

省、自治区、直辖市财政厅（局）和国家税务局应在规定的幅度内，根据实际情况确定本地区适用的起征点，并报财政部、国家税务总局备案。

纳税人销售额未达到国务院财政、税务主管部门规定的增值税起征点的，免征增值税；达到起征点的，全额计算缴纳增值税。

2．减免税规定

（1）免税项目。下列项目免征增值税。

① 农业生产者销售的自产农产品。农业，是指种植业、养殖业、林业、牧业、水产业。农业生产者，包括从事农业生产的单位和个人。农产品，是指初级农产品，具体范围由财政部、国家税务总局确定。

② 避孕药品和用具。

③ 古旧图书，是指向社会收购的古书和旧书。

④ 直接用于科学研究、科学试验和教学的进口仪器、设备。

⑤ 外国政府、国际组织无偿援助的进口物资和设备。

⑥ 由残疾人的组织直接进口供残疾人专用的物品。

⑦ 销售的自己使用过的物品，指其他个人销售自己使用过的物品。

⑧ 托儿所、幼儿园提供的保育和教育服务。

⑨ 养老机构提供的养老服务。

⑩ 残疾人福利机构提供的育养服务。

⑪ 婚姻介绍服务。

⑫ 殡葬服务。

⑬ 残疾人员本人为社会提供的服务。

⑭ 医疗机构提供的医疗服务。

⑮ 从事学历教育的学校提供的教育服务。

⑯ 学生勤工俭学提供的服务。

⑰ 农业机耕、排灌、病虫害防治、植物保护、农牧保险以及相关技术培训业务，家禽、牲畜、水生动物的配种和疾病防治。

⑱ 纪念馆、博物馆、文化馆、文物保护单位管理机构、美术馆、展览馆、书画院、图书馆在自己的场所提供文化体育服务取得的第一道门票收入。

⑲ 寺院、宫观、清真寺和教堂举办文化、宗教活动的门票收入。

⑳ 行政单位之外的其他单位收取的符合规定条件的政府性基金和行政事业性收费。

㉑ 个人转让著作权。

㉒ 个人销售自建自用住房。

㉓ 2018 年 12 月 31 日前，公共租赁住房经营管理单位出租公共租赁住房。

㉔ 台湾航运公司、航空公司从事海峡两岸海上直航、空中直航业务在大陆取得的运输收入。

㉕ 纳税人提供的直接或者间接国际货物运输代理服务。

㉖ 以下利息收入：2016 年 12 月 31 日前，金融机构农户小额贷款；国家助学贷款；国债、地方政府债；人民银行对金融机构的贷款；住房公积金管理中心用住房公积金在指定的委托银行发放的个人住房贷款；外汇管理部门在从事国家外汇储备经营过程中，委托金融机构发放的外汇

贷款；统借统还业务中，企业集团或企业集团中的核心企业以及集团所属财务公司按不高于支付给金融机构的借款利率水平或者支付的债券票面利率水平，向企业集团或者集团内下属单位收取的利息。

㉗ 被撤销金融机构以货物、不动产、无形资产、有价证券、票据等财产清偿债务。

㉘ 保险公司开办的一年期以上人身保险产品取得的保费收入。

㉙ 下列金融商品转让收入：合格境外投资者（QFII）委托境内公司在我国从事证券买卖业务；香港市场投资者（包括单位和个人）通过沪港通买卖上海证券交易所上市A股；对香港市场投资者（包括单位和个人）通过基金互认买卖内地基金份额；证券投资基金（封闭式证券投资基金、开放式证券投资基金）管理人运用基金买卖股票、债券；个人从事金融商品转让业务。

㉚ 金融同业往来利息收入。

㉛ 符合条件的担保机构从事中小企业信用担保或者再担保业务取得的收入（不含信用评级、咨询、培训等收入）3年内免征增值税。

㉜ 国家商品储备管理单位及其直属企业承担商品储备任务，从中央或者地方财政取得的利息补贴收入和价差补贴收入。

㉝ 纳税人提供技术转让、技术开发和与之相关的技术咨询、技术服务。

㉞ 符合条件的合同能源管理服务。

㉟ 2017年12月31日前，科普单位的门票收入，以及县级及以上党政部门和科协开展科普活动的门票收入。

㊱ 政府举办的从事学历教育的高等、中等和初等学校（不含下属单位），举办进修班、培训班取得的全部归该学校所有的收入。

㊲ 政府举办的职业学校设立的主要为在校学生提供实习场所、并由学校出资自办、由学校负责经营管理、经营收入归学校所有的企业，从事“现代服务”（不含融资租赁服务、广告服务和其他现代服务）、“生活服务”（不含文化体育服务、其他生活服务和桑拿、氧吧）业务活动取得的收入。

㊳ 家政服务企业由员工制家政服务员提供家政服务取得的收入。

㊴ 福利彩票、体育彩票的发行收入。

㊵ 军队空余房产租赁收入。

㊶ 为了配合国家住房制度改革，企业、行政事业单位按房改成本价、标准价出售住房取得的收入。

㊷ 将土地使用权转让给农业生产者用于农业生产。

㊸ 涉及家庭财产分割的个人无偿转让不动产、土地使用权。

㊹ 土地所有者出让土地使用权和土地使用者将土地使用权归还给土地所有者。

㊺ 县级以上地方人民政府或自然资源行政主管部门出让、转让或收回自然资源使用权（不含土地使用权）。

㊻ 随军家属就业。

㊼ 军队转业干部就业。

（2）其他减免税项目。

① 纳税人销售自产的资源综合利用产品和提供资源综合利用劳务，可享受增值税即征即退政策。具体综合利用的资源名称、综合利用产品和劳务名称、技术标准和相关条件、退税比例等按照财政部国家税务总局《资源综合利用产品和劳务增值税优惠目录》的相关规定执行（财税〔2015〕78号）。

② 残疾人员个人提供加工和修理修配劳务。

③ 国有粮食购销企业销售粮食；其他粮食经营企业销售给军队用粮、救灾救济粮、水库移民口粮。

④ 部分农业生产资料。

⑤ 五大类饲料产品。

⑥ 黄金生产和经营单位销售黄金（不包括标准黄金）和黄金矿砂（含伴生金）；进口黄金（含标准黄金）和黄金矿砂（含伴生矿）。

⑦ 残疾人专用物品（假肢、轮椅、矫形器）。

⑧ 自2011年1月1日起，对节能服务公司实施符合条件的合同能源管理项目，将项目中的增值税货物转让给用能企业，暂免征收增值税。

⑨ 一般纳税人提供管道运输服务，对其增值税实际税负超过3%的部分实行增值税即征即退政策。

⑩ 经人民银行、银监会或者商务部批准从事融资租赁业务的试点纳税人中的一般纳税人，提供有形动产融资租赁服务和有形动产融资性售后回租服务，对其增值税实际税负超过3%的部分实行增值税即征即退政策。

⑪ 退役士兵创业就业。

⑫ 重点群体创业就业。

⑬ 个人将购买不足2年的住房对外销售的，按照5%的征收率全额缴纳增值税；个人将购买2年以上（含2年）的住房对外销售的，免征增值税（适用于北京市、上海市、广州市和深圳市之外的地区）。

除上述规定外，增值税的免税、减税项目由国务院规定，任何地区、部门均不得规定免税、减税项目。纳税人兼营免税、减税项目的，应当分别核算免税、减税项目的销售额；未分别核算销售额的，不得免税、减税。

六、一般计税方法增值税应纳税额的计算

增值税的计税方法包括一般计税方法和简易计税方法：一般计税方法是按照销项税额减去进项税额的差额计算应纳税额；简易计税方法是按照销售额与征收率的乘积计算应纳税额。

增值税一般纳税人（以下简称一般纳税人）发生应税行为（包括销售货物、提供加工、修理修配劳务以及销售服务、无形资产或者不动产，下同）凡未规定可以选择按照简易计税方法计算缴纳增值税的，其全部销售额应一并按照一般计税方法计算缴纳增值税。应纳税额计算公式如下。

应纳税额＝当期销项税额−当期进项税额

当期销项税额小于当期进项税额不足抵扣时，其不足部分可以结转下期继续抵扣。

1．销项税额的确定

销项税额，是指纳税人发生应税行为按照销售额和增值税税率计算并收取的增值税额。销项税额计算公式如下。

销项税额 = 销售额 × 税率

（1）销售额的一般规定。销售额是指纳税人发生应税行为取得的全部价款和价外费用（财政部和国家税务总局另有规定的除外），不包括收取的销项税额。

价外费用，是指价外收取的各种性质的收费，包括价外向购买方收取的手续费、补贴、基金、集资费、返还利润、奖励费、违约金、滞纳金、延期付款利息、赔偿金、代收款项、代垫款项、包装费、包装物租金、储备费、优质费、运输装卸费及其他各种性质的价外收费，但下列项目不包括在内。

① 受托加工应征消费税的消费品所代收代缴的消费税。

② 同时符合这些条件的代垫运输费用。

- 承运部门的运输费用发票开具给购买方的。
- 纳税人将该项发票转交给购买方的。

③ 同时符合以下条件代为收取的政府性基金或者行政事业性收费。

- 由国务院或者财政部批准设立的政府性基金，由国务院或者省级人民政府及其财政、价格主管部门批准设立的行政事业性收费。
- 收取时开具省级以上财政部门印制的财政票据。
- 所收款项全额上缴财政。

④ 销售货物的同时代办保险等而向购买方收取的保险费，以及向购买方收取的代购买方缴纳的车辆购置税、车辆牌照费。

⑤ 其他以委托方名义开具发票代委托方收取的款项。

需要说明的是，对于增值税一般纳税人向购买方收取的价外费用，应视为含税收入，在征税时应换算成不含税收入再并入销售额。

销售额以人民币计算。纳税人以人民币以外的货币结算销售额的，应当折合成人民币计算，折合率可以选择销售额发生的当天或者当月 1 日的人民币汇率中间价。纳税人应在事先确定采用何种折合率，确定后 12 个月内不得变更。

（2）含税销售额的换算。一般纳税人发生应税行为，采用销售额和销项税额合并定价方法的，按下列公式计算销售额。

销售额 = 含增值税销售额÷（1 + 增值税税率）

（3）价格明显偏低（或偏高）而无正当理由或者视同销售行为销售额的确定。一般纳税人发生应税行为价格明显偏低或者偏高且不具有合理商业目的的，或纳税人发生视同销售行为而无销售额的。由主管税务机关核定其销售额，按下列顺序确定。

① 按纳税人最近时期同类应税行为的平均销售价格确定。

② 按其他纳税人最近时期同类应税行为的平均销售价格确定。

③ 按组成计税价格确定。组成计税价格的公式如下。

组成计税价格＝成本×（1＋成本利润率）

属于应征消费税的货物，其组成计税价格中应加计消费税额。组成计税价格的公式如下。

组成计税价格＝成本×（1＋成本利润率）÷（1−消费税税率）

公式中的成本利润率由国家税务总局确定。

（4）特殊销售方式下销售额的确定。

① 折扣方式销售。纳税人发生应税行为，将价款和折扣额在同一张发票上分别注明的，以折扣后的价款为销售额；未在同一张发票上分别注明的，以价款为销售额，不得扣减折扣额。

② 纳税人采取以旧换新方式销售货物，应按新货物的同期销售价格确定销售额（但对金银首饰以旧换新业务，可按销售方实际收取的不含增值税的全部价款征收增值税）。

③ 采取还本销售方式销售货物的，不得从销售额中减除还本支出。

④ 采取以物易物方式销售货物的，以物易物双方都应做购销处理，以各自发出的货物核算销售额并计算销项税额，以各自收到的货物按规定核算购货额并计算进项税额。

⑤ 对纳税人为销售货物而出租、出借包装物收取的押金，单独核算的，不计入销售额。但对逾期未收回包装物而不再退还的押金，应并入销售额，按所包装货物的适用税率征税。除啤酒、黄酒外，对酒类产品生产企业销售酒类产品而收取的押金，无论押金是否返还，均须并入征收增值税。需要注意的是：对于增值税一般纳税人向购买方收取的逾期包装物押金，应视为含税收入，在征税时换算成不含税收入再并入销售额。

（5）一些具体业务销售额的确定。

① 贷款服务，以提供贷款服务取得的全部利息及利息性质的收入为销售额。

② 直接收费金融服务，以提供直接收费金融服务收取的手续费、佣金、酬金、管理费、服务费、经手费、开户费、过户费、结算费、转托管费等各类费用为销售额。

③ 金融商品转让，按照卖出价扣除买入价后的余额为销售额。

转让金融商品出现的正负差，按盈亏相抵后的余额为销售额。若相抵后出现负差，可结转下一纳税期与下期转让金融商品销售额相抵，但年末时仍出现负差的，不得转入下一个会计年度。金融商品的买入价，可以选择按照加权平均法或者移动加权平均法进行核算，选择后36个月内不得变更。金融商品转让，不得开具增值税专用发票。

④ 经纪代理服务，以取得的全部价款和价外费用，扣除向委托方收取并代为支付的政府性基金或者行政事业性收费后的余额为销售额。向委托方收取的政府性基金或者行政事业性收费，不得开具增值税专用发票。

⑤ 融资租赁和融资性售后回租业务。

经人民银行、银监会或者商务部批准从事融资租赁业务的试点纳税人，提供融资租赁服务，以取得的全部价款和价外费用，扣除支付的借款利息（包括外汇借款和人民币借款利息）、发行债券利息和车辆购置税后的余额为销售额。

经人民银行、银监会或者商务部批准从事融资租赁业务的试点纳税人，提供融资性售后回租服务，以取得的全部价款和价外费用（不含本金），扣除对外支付的借款利息（包括外汇借款和人民币借款利息）、发行债券利息后的余额作为销售额。

⑥ 航空运输企业的销售额，不包括代收的机场建设费和代售其他航空运输企业客票而代收转付的价款。

⑦ 试点纳税人中的一般纳税人（以下称一般纳税人）提供客运场站服务，以其取得的全部价款和价外费用，扣除支付给承运方运费后的余额为销售额。

⑧ 试点纳税人提供旅游服务，可以选择以取得的全部价款和价外费用，扣除向旅游服务购买方收取并支付给其他单位或者个人的住宿费、餐饮费、交通费、签证费、门票费和支付给其他接团旅游企业的旅游费用后的余额为销售额。

选择上述办法计算销售额的试点纳税人，向旅游服务购买方收取并支付的上述费用，不得开具增值税专用发票，可以开具普通发票。

⑨ 试点纳税人提供建筑服务适用简易计税方法的，以取得的全部价款和价外费用扣除支付的分包款后的余额为销售额。

⑩ 房地产开发企业中的一般纳税人销售其开发的房地产项目（选择简易计税方法的房地产老项目除外），以取得的全部价款和价外费用，扣除受让土地时向政府部门支付的土地价款后的余额为销售额。

⑪ 试点纳税人按照上述④～⑩项规定从全部价款和价外费用中扣除的价款，应当取得符合法律、行政法规和国家税务总局规定的有效凭证，否则不得扣除。

上述凭证是指，支付给境内单位或者个人的款项，以发票为合法有效凭证；支付给境外单位或者个人的款项，以该单位或者个人的签收单据为合法有效凭证，税务机关对签收单据有异议的，可以要求其提供境外公证机构的确认证明；缴纳的税款，以完税凭证为合法有效凭证；扣除的政府性基金、行政事业性收费或者向政府支付的土地价款，以省级以上（含省级）财政部门监（印）制的财政票据为合法有效凭证；国家税务总局规定的其他凭证。

纳税人取得的上述凭证属于增值税扣税凭证的，其进项税额不得从销项税额中抵扣。

2．进项税额的确定

进项税额，是指纳税人购进货物、加工修理修配劳务以及服务、无形资产或者不动产，支付或者负担的增值税税额。

（1）准予从销项税额中抵扣的进项税额。按照税法规定，准予从销项税额中抵扣的进项税额，限于下列在增值税扣税凭证上注明的增值税税额和按规定扣除率计算的进项税额。

① 从销售方取得的增值税专用发票（含税控机动车销售统一发票，下同）上注明的增值税税额。

② 从海关取得的海关进口增值税专用缴款书上注明的增值税税额。

③ 购进农产品，除取得增值税专用发票或者海关进口增值税专用缴款书外，按照农产品收购发票或者销售发票上注明的农产品买价和 13%的扣除率计算的进项税额。进项税额计算公式如下。

$$进项税额 = 买价 \times 扣除率$$

农产品买价，包括纳税人购进农产品在农产品收购发票或者销售发票上注明的价款和按规定缴纳的烟叶税。

④ 从境外单位或者个人购进服务、无形资产或者不动产，自税务机关或者扣缴义务人取

得的解缴税款的完税凭证上注明的增值税税额。纳税人凭完税凭证抵扣进项税额的，应当具备书面合同、付款证明和境外单位的对账单或者发票。资料不全的，其进项税额不得从销项税额中抵扣。

增值税扣税凭证，是指上述增值税专用发票、海关进口增值税专用缴款书、农产品收购发票、农产品销售发票和完税凭证。

需要说明的是，按照“营改增”试点政策规定，适用一般计税方法的试点纳税人，2016 年 5 月 1 日后取得并在会计制度上按固定资产核算的不动产或者 2016 年 5 月 1 日后取得的不动产在建工程，其进项税额应自取得之日起分 2 年从销项税额中抵扣，第一年抵扣比例为 60%，第二年抵扣比例为 40%。

取得不动产，有以直接购买、接受捐赠、接受投资入股、自建以及抵债等各种形式，不包括房地产开发企业自行开发的房地产项目。

融资租入的不动产以及在施工现场修建的临时建筑物、构筑物，其进项税额不适用上述分 2 年抵扣的规定。

（2）不得从销项税额中抵扣的进项税额。纳税人购进货物、接受应税劳务或者应税服务，取得的增值税扣税凭证不符合法律、行政法规或者国务院税务主管部门有关规定的，其进项税额不得从销项税额中抵扣。同时，按照税法规定，下列项目的进项税额无论是否取得增值税扣税凭证，均不得从销项税额中抵扣。

① 用于简易计税方法计税项目、免征增值税项目、集体福利或者个人消费的购进货物、加工修理修配劳务、服务、无形资产和不动产。

对纳税人涉及的固定资产、无形资产（不包括其他权益性无形资产）、不动产项目的进项税额，凡发生专用于简易计税方法的计税项目、免征增值税项目、集体福利或者个人消费项目的，该进项税额不得予以抵扣；发生兼用于增值税应税项目和上述项目情况的，该进项税额准予全部抵扣。固定资产，是指使用期限超过 12 个月的机器、机械、运输工具及其他与生产经营有关的设备、工具、器具等。

纳税人购进其他权益性无形资产无论是专用于简易计税方法的计税项目、免征增值税项目、集体福利或者个人消费，还是兼用于上述项目，均可以抵扣进项税额。

纳税人的交际应酬消费属于个人消费。

② 非正常损失的购进货物，以及相关的加工修理修配劳务和交通运输服务。

③ 非正常损失的在产品、产成品所耗用的购进货物（不包括固定资产）、加工修理修配劳务和交通运输服务。

④ 非正常损失的不动产，以及该不动产所耗用的购进货物、设计服务和建筑服务。

⑤ 非正常损失的不动产在建工程所耗用的购进货物、设计服务和建筑服务。

纳税人新建、改建、扩建、修缮、装饰不动产，均属于不动产在建工程。

以上所说的非正常损失，是指因管理不善造成货物被盗、丢失、霉烂变质，以及因违反法律法规造成货物或者不动产被依法没收、销毁、拆除的情形。

⑥ 购进的旅客运输服务、贷款服务、餐饮服务、居民日常服务和娱乐服务。

一般意义上，旅客运输服务、餐饮服务、居民日常服务和娱乐服务主要接受对象是个人。对

于一般纳税人购买的旅客运输服务、餐饮服务、居民日常服务和娱乐服务，难以准确地界定接受劳务的对象是企业还是个人，因此，一般纳税人购进的旅客运输服务、餐饮服务、居民日常服务和娱乐服务的进项税额不得从销项税额中抵扣。

纳税人购买应征消费税的摩托车、汽车、游艇取得的进项税额允许按规定抵扣；纳税人购买住宿服务取得的进项税额允许按规定抵扣。

⑦ 财政部和国家税务总局规定的其他情形。

上述第④、⑤项所称的货物，是指构成不动产实体的材料和设备，包括建筑装饰材料和给排水、采暖、卫生、通风、照明、通信、煤气、消防、中央空调、电梯、电气、智能化楼宇设备及配套设施。

有下列情形之一者，应按销售额依照增值税税率计算应纳税额，不得抵扣进项税额，也不得使用增值税专用发票。

- 一般纳税人会计核算不健全，或者不能够提供准确税务资料的。
- 应当办理一般纳税人资格登记而未办理的。

（3）进项税额的扣减。已抵扣进项税额的购进货物、应税劳务或应税服务，发生上述第①～⑦项情形的（简易计税方法计税项目、免征增值税项目除外），应当将该项购进货物、应税劳务或应税服务的进项税额从当期的进项税额中扣减；无法确定该项进项税额的，按当期实际成本计算应扣减的进项税额。

已抵扣进项税额的固定资产、无形资产或者不动产，发生上述第①～⑦项规定情形的，按照下列公式计算不得抵扣的进项税额。

不得抵扣的进项税额=固定资产、无形资产或者不动产净值×适用税率

固定资产、无形资产或者不动产净值，是指纳税人根据财务会计制度计提折旧或摊销后的余额。

适用一般计税方法的纳税人，兼营简易计税方法计税项目、免征增值税项目而无法划分不得抵扣的进项税额，按照下列公式计算不得抵扣的进项税额。

不得抵扣的进项税额＝当期无法划分的全部进项税额×（当期简易计税方法计税项目销售额+免征增值税项目销售额）÷当期全部销售额

需要说明的是，按照"营改增"试点政策规定，上述第①项规定不得抵扣且未抵扣进项税额的固定资产、无形资产、不动产，发生用途改变，用于允许抵扣进项税额的应税项目，可在用途改变的次月按照下列公式计算可以抵扣的进项税额。

可以抵扣的进项税额=固定资产、无形资产、不动产净值/（1+适用税率）×适用税率

上述可以抵扣的进项税额应取得合法有效的增值税扣税凭证。

3．销售折让、中止或者退回的处理

纳税人适用一般计税方法计税的，因销售折让、中止或者退回而退还给购买方的增值税额，应当从当期的销项税额中扣减；因销售折让、中止或者退回而收回的增值税额，应当从当期的进项税额中扣减。

涉及已开具的增值税专用发票，如发生销货退回、开票有误、应税行为中止以及发票抵扣联、发票联均无法认证等情形但不符合作废条件，或者因销货部分退回及发生销售折让，需要开具红

字专用发票的，必须按国家税务总局规定的方法处理。未按照规定开具红字增值税专用发票的，不得扣减销项税额或者销售额。

4．计算应纳税额的时间限定

为了保证计算应纳税额的合理、准确性，纳税人必须严格把握当期进项税额从当期销项税额中抵扣这个要点。“当期”是个重要的时间限定，具体是指税务机关依照税法规定对纳税人确定的纳税期限。

（1）销项税额的确定时间。关于销项税额的确定时间，总的原则是销项税额的确定不得滞后。税法对此做了严格的规定，具体确定销项税额的时间根据本项目中“增值税纳税义务发生时间”的有关规定执行。

（2）进项税额的确定时间。增值税一般纳税人取得的增值税专用发票（包括增值税专用发票、税控机动车销售统一发票），应在开具之日起 180 日内办理认证，并在认证通过的次月申报期内，向主管税务机关申报抵扣进项税额。目前，对纳税信用 A 级、B 级增值税一般纳税人已经取消增值税专用发票扫描认证，通过增值税发票查询平台，查询、选择用于申报抵扣或者出口退税的增值税发票信息。

自 2013 年 7 月 1 日起，增值税一般纳税人进口货物取得的属于增值税扣税范围的海关缴款书，需经税务机关稽核比对相符后，其增值税额方能作为进项税额在销项税额中抵扣。增值税一般纳税人进口货物取得的属于增值税扣税范围的海关缴款书，应自开具之日起 180 天内向主管税务机关报送海关完税凭证抵扣清单（电子数据），申请稽核比对。

增值税一般纳税人取得的增值税专用发票以及海关缴款书，未在规定期限内到税务机关办理认证或者申报抵扣的，不得作为合法的增值税扣税凭证，不得计算进项税额抵扣。国家税务总局另有规定的除外。

案例 3-1

某生产企业为增值税一般纳税人，适用增值税税率为 17%，2016 年 5 月有关生产经营业务如下。

（1）销售甲产品给某大商场，开具增值税专用发票，取得不含税销售额 80 万元；另外，取得销售甲产品的送货运输费收入 5.85 万元（含增值税价格，与货物销售不能分别核算）。

（2）销售乙产品，开具普通发票，取得含税销售额 29.25 万元。

（3）将试制的一批应税新产品用于本企业基建工程，成本价为 20 万元，成本利润率为 10%，该新产品无同类产品市场销售价格。

（4）销售购进作为固定资产使用过的进口摩托车 5 辆，开具增值税专用发票，发票注明取得销售额每辆 1 万元。

（5）购进货物取得增值税专用发票，注明支付的货款 60 万元、进项税额 10.2 万元，货物验收入库；另外，支付购货的运输费用 6 万元，取得运输公司开具的增值税专用发票。

（6）向农业生产者购进免税农产品一批，支付收购价 30 万元，支付给运输单位的运费 5 万元（不含税价），取得相关的合法票据，农产品验收入库；本月下旬将购进的农产品的 20% 用于本企业职工福利。

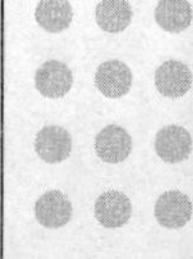

要求：计算该企业2016年5月应缴纳的增值税税额。

解析

（1）销售甲产品的销项税额=80×17%+5.85÷（1+17%）×17%=14.45（万元）。

（2）销售乙产品的销项税额＝29.25÷（1＋17%）×17%＝4.25（万元）。

（3）自用新产品的销项税额＝20×（1＋10%）×17%＝3.74（万元）。

（4）销售使用过的摩托车应纳税额＝1×17%×5＝0.85（万元）。

（5）外购货物应抵扣的进项税额＝10.2＋6×11%＝10.86（万元）。

（6）外购免税农产品应抵扣的进项税额=（30×13%+5×11%）×（1−20%）=3.56（万元）。

（7）该企业5月应缴纳的增值税税额=14.45+4.25+3.74+0.85−10.86−3.56=8.87（万元）。

七、简易计税方法纳税人应纳税额的计算

小规模纳税人一律采用简易计税方法计税，按照销售额和增值税征收率计算应纳税额，不得抵扣进项税额。一般纳税人发生财政部和国家税务总局规定的特定应税行为，可以选择适用简易计税方法计税，但一经选择，36个月内不得变更。

应纳税额计算公式如下。

应纳税额＝销售额×征收率

简易计税方法的销售额不包括其应纳税额，纳税人采用销售额和应纳税额合并定价方法的，按照下列公式计算销售额。

销售额＝含税销售额÷（1＋征收率）

纳税人适用简易计税方法计税的，因销售折让、中止或者退回而退还给购买方的销售额，应当从当期销售额中扣减。扣减当期销售额后仍有余额造成多缴的税款，可以从以后的应纳税额中扣减。

案例3-2

某饭店为增值税小规模纳税人。2016年6月，该饭店提供餐饮服务共收取103 000元。计算该饭店2016年6月应缴纳的增值税税额。

解析

（1）6月取得的不含税销售额=103 000÷（1＋3%）＝100 000（元）。

（2）6月应缴纳增值税税额＝100 000×3%＝3 000（元）。

八、纳税人进口货物应纳税额的计算办法

纳税人进口货物，按照组成计税价格和规定的税率计算应纳税额。组成计税价格和应纳税额的计算公式如下。

组成计税价格＝关税完税价格＋关税税额

应纳税额＝组成计税价格×税率

如果进口货物属于应征消费税的货物范围的，其组成计税价格还应包括消费税税额在内，公式如下。

$$组成计税价格 = 关税完税价格 + 关税税额 + 消费税税额$$

或

$$组成计税价格 = (关税完税价格 + 关税) \div (1-消费税税率)$$

案例 3-3

某商场于 2016 年 10 月进口货物一批。该批货物在国外的买价为 40 万元，该批货物运抵我国海关前发生的包装费、运输费、保险费等共计 20 万元。货物报关后，商场按规定缴纳了进口环节的增值税并取得了海关开具的完税凭证。假定该批进口货物在国内全部销售，取得不含税销售额 80 万元。

要求：计算该批货物进口环节、国内销售环节分别应缴纳的增值税税额（货物进口关税税率为 15%，增值税税率为 17%）。

解析

（1）进口货物的关税完税价格 = 40 + 20 = 60（万元）。

（2）应缴纳进口关税 = 60 × 15% = 9（万元）。

（3）进口环节应纳增值税的组成计税价格 = 60 + 9 = 69（万元）。

（4）进口环节应缴纳增值税的税额 = 69 × 17% = 11.73（万元）。

（5）国内销售环节的销项税额 = 80 × 17% = 13.6（万元）。

（6）国内销售环节应缴纳增值税税额 = 13.6–11.73 = 1.87（万元）。

九、增值税的征收管理

1. 纳税义务发生时间

（1）纳税人发生应税行为，纳税义务发生时间为发生应税行为并收讫销售款项或者取得索取销售款项凭据的当天；先开具发票的，为开具发票的当天。有以下具体规定。

① 采取直接收款方式销售货物，不论货物是否发出，纳税义务发生时间均为收到销售款或者取得索取销售款凭据的当天。

② 采取托收承付和委托银行收款方式销售货物，纳税义务发生时间为发出货物并办妥托收手续的当天。

③ 采取赊销和分期收款方式销售货物，纳税义务发生时间为书面合同约定的收款日期的当天；无书面合同的或者书面合同没有约定收款日期的，纳税义务发生时间为货物发出的当天。

④ 采取预收货款方式销售货物，纳税义务发生时间为货物发出的当天；但生产销售生产工期超过 12 个月的大型机械设备、船舶、飞机等货物，纳税义务发生时间为收到预收款或者书面合同约定的收款日期的当天。

⑤ 委托其他纳税人代销货物，纳税义务发生时间为收到代销单位的代销清单或者收到全部或者部分货款的当天。未收到代销清单及货款的，纳税义务发生时间为发出代销货物满 180 天的当天。

⑥ 销售应税劳务，纳税义务发生时间为提供劳务同时收讫销售款或者取得索取销售款凭据的

当天。

⑦ 纳税人提供建筑服务、租赁服务采取预收款方式的，其纳税义务发生时间为收到预收款的当天。

⑧ 纳税人从事金融商品转让的，为金融商品所有权转移的当天。

⑨ 纳税人发生视同销售行为的（参见本项目征税范围部分，除上述第⑤项），纳税义务发生时间为货物移送，服务、无形资产转让完成的当天或者不动产权属变更的当天。

（2）进口货物，纳税义务发生时间为报关进口的当天。

（3）增值税扣缴义务发生时间为纳税人增值税纳税义务发生的当天。

2．纳税地点

（1）固定业户应当向其机构所在地或者居住地主管税务机关申报纳税。固定业户的总机构和分支机构不在同一县（市）的，应当分别向各自所在地的主管税务机关申报纳税；经国务院财政、税务主管部门或者其授权的财政、税务机关批准，可以由总机构汇总向总机构所在地的主管税务机关申报纳税。

（2）固定业户到外县（市）销售货物或者应税劳务，应当向其机构所在地的主管税务机关申请开具外出经营活动税收管理证明，并向其机构所在地的主管税务机关申报纳税；未开具证明的，应当向销售地或者劳务发生地的主管税务机关申报纳税；未向销售地或者劳务发生地的主管税务机关申报纳税的，由其机构所在地的主管税务机关补征税款。

（3）非固定业户应当向应税行为发生地主管税务机关申报纳税；未申报纳税的，由其机构所在地或者居住地主管税务机关补征税款。

（4）其他个人提供建筑服务，销售或者租赁不动产，转让自然资源使用权，应向建筑服务发生地、不动产所在地、自然资源所在地主管税务机关申报纳税。

（5）进口货物，应当向报关地海关申报纳税。

（6）扣缴义务人应当向其机构所在地或者居住地的主管税务机关申报缴纳其扣缴的税款。

3．纳税期限

增值税的纳税期限分别为1日、3日、5日、10日、15日、1个月或者1个季度。纳税人的具体纳税期限，由主管税务机关根据纳税人应纳税额的大小分别核定；不能按照固定期限纳税的，可以按次纳税。

纳税人以1个月或者1个季度为1个纳税期的，自期满之日起15日内申报纳税；以1日、3日、5日、10日或者15日为1个纳税期的，自期满之日起5日内预缴税款，于次月1日起15日内申报纳税并结清上月应纳税款。

以1个季度为纳税期限的规定适用于小规模纳税人、银行、财务公司、信托投资公司、信用社，以及财政部和国家税务总局规定的其他纳税人。

扣缴义务人解缴税款的期限，依照上述规定执行。

纳税人进口货物，应当自海关填发海关进口增值税专用缴款书之日起15日内缴纳税款。

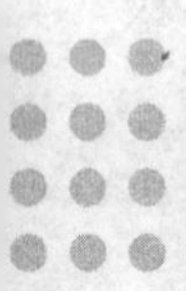

4．纳税申报

增值税由国家税务局负责征收。纳税人销售取得的不动产和其他个人出租不动产的增值税，国家税务局暂委托地方税务局代为征收。

（1）增值税一般纳税人纳税申报表及其附列资料。其具体包括：增值税纳税申报表（一般纳税人适用），如表 3-8 所示；增值税纳税申报表附列资料（一）（本期销售情况明细），如表 3-5 所示；增值税纳税申报表附列资料（二）（本期进项税额明细），如表 3-6 所示；增值税纳税申报表附列资料（三）（服务、不动产和无形资产扣除项目明细）；增值税纳税申报表附列资料（四）（税额抵减情况表）；增值税纳税申报表附列资料（五）（不动产分期抵扣计算表）；固定资产（不含不动产）进项税额抵扣情况表，如表 3-7 所示；本期抵扣进项税额结构明细表；增值税减免税申报明细表。

（2）增值税小规模纳税人纳税申报表及其附列资料。其具体包括：增值税纳税申报表（小规模纳税人适用），如表 3-4 所示；增值税纳税申报表（小规模纳税人适用）附列资料；增值税减免税申报明细表。小规模纳税人不再填报增值税纳税申报表附列资料（四）（税额抵减情况表）。

表 3–4　增值税纳税申报表

（小规模纳税人适用）

纳税人识别号：□□□□□□□□□□□□□□□□□□□□□□□□□□□□□

纳税人名称（公章）：　　金额单位：元至角分

税款所属期：　年　月　日至　年　月　日　　填表日期：　年　月　日

	项目	栏次	本期数		本年累计	
			货物及劳务	服务、不动产和无形资产	货物及劳务	服务、不动产和无形资产
一、计税依据	（一）应征增值税不含税销售额（3%征收率）	1				
	税务机关代开的增值税专用发票不含税销售额	2				
	税控器具开具的普通发票不含税销售额	3				
	（二）应征增值税不含税销售额（5%征收率）	4	—		—	
	税务机关代开的增值税专用发票不含税销售额	5	—		—	
	税控器具开具的普通发票不含税销售额	6	—		—	
	（三）销售使用过的固定资产不含税销售额	7（7≥8）		—		—
	其中：税控器具开具的普通发票不含税销售额	8		—		—
	（四）免税销售额	9=10+11+12				
	其中：小型微利企业免税销售额	10				
	未达起征点销售额	11				
	其他免税销售额	12				
	（五）出口免税销售额	13（13≥14）				
	其中：税控器具开具的普通发票销售额	14				

续表

	项目	栏次	本期数		本年累计	
			货物及劳务	服务、不动产和无形资产	货物及劳务	服务、不动产和无形资产
二、税款计算	本期应纳税额	15				
	本期应纳税额减征额	16				
	本期免税额	17				
	其中：小型微利企业免税额	18				
	未达起征点免税额	19				
	应纳税额合计	20=15-16				
	本期预缴税额	21			—	—
	本期应补（退）税额	22=20-21			—	—

纳税人或代理人声明：	如纳税人填报，由纳税人填写以下各栏：	
本纳税申报表是根据国家税收法律法规及相关规定填报的，我确定它是真实的、可靠的、完整的。	办税人员： 法定代表人：	财务负责人： 联系电话：
	如委托代理人填报，由代理人填写以下各栏：	
	代理人名称（公章）：	经办人： 联系电话：

主管税务机关：　　　　接收人：　　　　接收日期：

（3）增值税纳税申报其他资料。其具体包括：已开具的税控机动车销售统一发票和普通发票的存根联；符合抵扣条件且在本期申报抵扣的增值税专用发票（含税控机动车销售统一发票）的抵扣联；符合抵扣条件且在本期申报抵扣的海关进口增值税专用缴款书、购进农产品取得的普通发票的复印件；符合抵扣条件且在本期申报抵扣的代扣代缴增值税税收完税凭证及其清单，书面合同、付款证明和境外单位的对账单或者发票；已开具的农产品收购凭证的存根联或报查联；服务、不动产和无形资产扣除项目的合法凭证及其清单；主管税务机关规定的其他资料。

（4）纳税人跨县（市）提供建筑服务、房地产开发企业预售自行开发的房地产项目、纳税人出租与机构所在地不在同一县（市）的不动产，按规定需要在项目所在地或不动产所在地主管国税机关预缴税款的，需填写增值税预缴税款表。

十、增值税的出口退（免）税

我国出口货物的退（免）税，是按照鼓励出口的政策，对我国报关出口的货物退还或免征其在国内各生产和流转环节按税法规定已经缴纳的增值税和消费税，即对增值税出口货物实行零税率，对消费税出口货物免税。出口货物的退（免）税可以使出口货物以不含税价格进入国际市场，从而避免双重征税和税负不平，增强本国出口产品的竞争能力。

增值税出口货物的零税率有两层含义：一是对本道环节生产或销售货物的增值部分免征增值税；二是对出口货物前道环节所含的进项税额进行退付。

1．出口货物退（免）税的基本政策和范围

我国根据本国的实际情况，采用出口退税与免税相结合的政策。根据出口货物的不同形式和

不同种类，我国的出口货物税收政策分为以下 3 种形式。

（1）出口免税并退税。出口免税是指对货物在出口销售环节不征增值税、消费税，即将货物出口环节与出口前的销售环节视为一个征税环节；出口退税是指对货物在出口前实际承担的税收负担，按规定的退税率计算后予以退还。适用出口免税并退税政策的有以下几种。

① 生产企业自营出口或委托外贸企业代理出口的自产货物。

② 有出口经营权的外贸企业收购后直接出口或委托其他外贸企业代理出口的货物。

③ 符合国家政策规定的特准退（免）税货物，如对外承包工程公司运出境外用于对外承包项目的货物，对外承接修理修配业务的企业用于对外修理修配的货物等。

（2）出口免税不退税。出口免税是指对货物在出口销售环节不征增值税、消费税。出口不退税是指适用这一政策的出口货物因在前一道生产、销售环节或进口环节是免税的，因此，出口时该货物的价格中本身就不含税，也无须退税。下列企业出口的货物，除另有规定外，给予免税不退税：属于生产企业的小规模纳税人自营出口或委托外贸企业代理出口的自产货物；外贸企业从小规模纳税人购进并持有普通发票的货物（下列 12 类货物特准退税：抽纱、工艺品、香料油、山货、草柳竹藤制品、渔网渔具、松香、五倍子、生漆、鬃尾、山羊板皮、纸制品）；外贸企业直接购进国家规定的免税货物（包括免税农产品）出口；来料加工复出口的货物；避孕药品和用具、古旧图书；国家计划内出口卷烟；军品及军队系统企业出口军需工厂生产或军需部门调拨的货物；国家规定的其他免税货物，如农业生产者销售的自产农产品、饲料等。

（3）出口不免税不退税。出口不免税是指对国家限制或禁止出口的某些货物的出口环节视同内销环节，照常征税；出口不退税是指对这些货物出口不退还出口前其所负担的税款。适用这一政策的主要是税法列举限制或禁止出口的货物，如天然牛黄、麝香、铜及铜基合金、白金等。

特别说明：境内的单位和个人提供适用增值税零税率的服务或者无形资产，如果属于适用简易计税方法的，实行免征增值税办法。如果属于适用增值税一般计税方法的，生产企业实行下列“免、抵、退”税办法，外贸企业外购服务或者无形资产出口实行“免、退”税办法，外贸企业直接将服务或自行研发的无形资产出口，视同生产企业连同其出口货物统一实行“免、抵、退”税办法。

2．出口货物适用的退税率

出口退税率，是指出口货物的应退税额与计税依据的比例。我国出口货物增值税的退税率会随着国家经济形势的变化和国家宏观调控的需要做出相应的调整。现行出口退税率主要有 6 档，即 5%、9%、11%、13%、14%和 17%。除财政部和国家税务总局根据国务院决定而明确的增值税出口退税率外，出口货物的退税率为其适用税率，应税服务退税率为其按照“营改增”规定适用的增值税税率。具体情况参见主管部门的相关文件规定，并及时了解国家关于出口退税的政策动向。

3．出口货物应退税额的计算

出口企业只有在适用既免税又退税的政策时，才会涉及如何计算退税的问题。为了与出口企业的会计核算方法相一致，我国《出口货物退（免）税管理办法》规定了两种退税计算办法：第一种办法是“免、抵、退”办法，主要适用于自营或委托出口的自产货物的生产企业；第二种办法是“先征后退”办法，目前主要适用于收购货物出口的外（工）贸企业。

（1）生产企业“免、抵、退”税的计算办法。生产企业自营或委托外贸企业代理出口自产货物，除另有规定外，增值税一律实行免、抵、退税管理办法。

上述“生产企业”，是指独立核算，经主管国税机关认定为增值税一般纳税人，并且具有实际生产能力的企业和企业集团。增值税小规模纳税人出口自产货物继续实行免征增值税办法。生产企业出口自产的属于应征消费税的产品，实行免征消费税办法。

实行免、抵、退税管理办法的“免”税，是指对生产企业出口的自产货物，免征本企业生产销售环节增值税；“抵”税，是指生产企业出口自产货物所耗用的原材料、零部件、燃料、动力等所含应予以退还的进项税额，抵顶内销货物的应纳税额；“退”税是指生产企业出口的自产货物在当月内应抵顶的进项税额大于应纳税额时，对未抵顶完的部分予以退税。

① 当期应纳税额的计算。

当期应纳税额=当期内销货物的销项税额-（当期进项税额-当期免抵退税不得免征和抵扣税额）-上期留抵税额

其中，当期免抵退税不得免征和抵扣税额=出口货物离岸价×外汇人民币牌价×（出口货物征税率-出口货物退税率）-免抵退税不得免征和抵扣税额抵减额。

出口货物离岸价（Free On Board，FOB）以出口发票计算的离岸价为准。出口发票不能如实反映实际离岸价的，企业必须按照实际离岸价向主管税务机关申报，同时主管税务机关有权依照《增值税暂行条例》等法律法规的有关规定予以核定。

免抵退税不得免征和抵扣税额抵减额=免税购进原材料价格×（出口货物征税率-出口货物退税率）

② 免抵退税额的计算。

免抵退税额=出口货物离岸价×外汇人民币牌价×出口货物退税率-免抵退税额抵减额

其中，免抵退税额抵减额=免税购进原材料价格×出口货物退税率。

③ 当期应退税额和免抵税额的计算。

- 如果当期期末留抵税额≤当期免抵退税额，则

当期应退税额=当期期末留抵税额

当期免抵税额=当期免抵退税额-当期应退税额

- 如果当期期末留抵税额>当期免抵退税额，则

当期应退税额=当期免抵退税额

当期免抵税额=0

当期期末留抵税额根据当期增值税纳税申报表中的“期末留抵税额”确定。

案例 3-4

某自营出口生产企业是增值税一般纳税人，出口货物的征税税率为 17%，退税率为 13%。2015 年 8 月有关经营业务为：购原材料一批，取得的增值税专用发票注明的价款为 200 万元，外购货物准予抵扣进项税额 34 万元通过认证。上月月末留抵税款为 3 万元，本月内销货物不含税销售额为 100 万元。收款 117 万元存入银行。本月出口货物销售额折合人民币 200 万元。试计算该企业当期的“免、抵、退”税额。

解析

（1）免抵退税不得免征和抵扣税额=200×（17%−13%）=8（万元）。

（2）当期应纳税额=100×17%−（34−8）−3=17−26−3=−12（万元）。

（3）出口货物“免、抵、退”税额=200×13%=26（万元）。

（4）按规定，如当期期末留抵税额>当期免抵退税额：当期应退税额＝当期免抵退税额，即该企业应退税额＝12（万元）。

（5）当期免抵税额＝当期免抵退税额−当期应退税额，即当期该企业免抵税额＝26−12＝14（万元）。

（2）外贸企业“先征后退”的计算方法。

① 外贸企业出口货物增值税的计算应依据购进出口货物增值税专用发票上所注明的进项金额和退税率计算。

应退税额＝外贸收购不含增值税购进金额×退税率

案例 3-5

某进出口公司 2015 年 3 月出口美国平纹布 2 000 米，进货增值税专用发票列明单价为 20 元/平方米，计税金额为 40 000 元，退税率为 13%。要求：计算该企业的应退税额。

解析

该企业的应退税额＝2 000×20×13%＝5 200（元）。

② 外贸企业收购小规模纳税人出口货物增值税的退税规定。

- 凡从小规模纳税人购进持普通发票特准退税的抽纱、工艺品等 12 类出口货物，同样实行销售出口货物的收入免税，并退还出口货物进项税额的办法。由于小规模纳税人使用的是普通发票，其销售额和应纳税额没有单独计价，小规模纳税人应纳的增值税也是价外计征的，这样，必须将合并定价的销售额先换算成不含税价格，然后据以计算出口货物退税。其计算公式如下。

应退税额＝［普通发票所列（含增值税）销售金额］/（1＋征收率）×退税率

对出口企业购进小规模纳税人特准的 12 类货物出口、提供的普通发票应符合《中华人民共和国发票管理办法》的有关使用规定，否则不予办理退税。

- 凡从小规模纳税人购进税务机关代开的增值税专用发票的出口货物，按以下公式计算退税。

应退税额＝增值税专用发票注明的金额×退税率

案例 3-6

某进出口公司 2015 年 4 月购进某小规模纳税人抽纱工艺品 200 打（套）全部出口，普通发票注明金额 6 000 元；购进另一小规模纳税人西服 500 套全部出口，取得税务机关代开的增值税专用发票，发票注明金额 5 000 元。要求：计算该企业的应退税额。

解析

该企业的应退税额 = 6 000÷（1+3%）×3% + 5 000×3% = 324.76（元）。

（3）外贸企业委托生产企业加工出口货物的退税规定。

外贸企业委托生产企业加工收回后报关出口的货物，按购进国内原辅材料的增值税专用发票上注明的计税金额，依原辅材料的退税率计算原辅材料应退税额。支付的加工费，按受托方开具货物的退税率计算加工费的应退税额。

案例 3-7

某进出口公司 2015 年 6 月购进牛仔布委托加工成服装出口，取得牛仔布增值税发票一张，注明计税金额 10 000 元（退税率为 13%）；支付服装加工费计税金额 2 000 元（退税率为 17%）。要求：计算该企业的应退税额。

解析

该企业的应退税额 = 10 000×13% + 2 000×17% = 1 640（元）。

十一、增值税专用发票的使用和管理

我国对增值税实行国际通行的“扣税法”，即凭进项发票注明税款进行抵扣。现行增值税的扣税凭证包括增值税专用发票、从海关取得的进口增值税专用缴款书、购进免税农产品取得的经主管税务机关批准使用的收购凭证和普通发票。其中，最主要、最重要的扣税凭证是增值税专用发票。

增值税专用发票（以下简称专用发票）不仅是纳税人经济活动中的重要商事凭证，而且是兼计销货方纳税义务和购货方进项税额的合法凭证，对增值税的计算和管理起着决定性的作用。自 2007 年 1 月 1 日起实行国家税务总局修订后的《增值税专用发票使用规定》，主要包括以下内容。

1．专用发票的定义

专用发票，是增值税一般纳税人（以下简称“一般纳税人”）销售货物或者提供应税劳务开具的发票，是购买方支付增值税额并可按照增值税有关规定据以抵扣增值税进项税额的凭证。

2．专用发票开具的信息化

一般纳税人应通过增值税防伪税控系统（以下简称“防伪税控系统”）使用专用发票。专用发票的使用，包括领购、开具、缴销、认证纸质专用发票及其相应的数据电文。

防伪税控系统，是指经国务院同意推行的，使用专用设备和通用设备、运用数字密码和电子存储技术管理专用发票的计算机管理系统。专用设备，是指金税卡、IC 卡、读卡器和其他设备。通用设备，是指计算机、打印机、扫描器具和其他设备。

3．专用发票的联次

专用发票由基本联次或者基本联次附加其他联次构成，基本联次为三联：发票联、抵扣联和记账联。发票联，作为购买方核算采购成本和增值税进项税额的记账凭证；抵扣联，作为购买方

报送主管税务机关认证和留存备查的凭证；记账联，作为销售方核算销售收入和增值税销项税额的记账凭证。其他联次的用途由一般纳税人自行确定。

4．最高开票限额的管理

专用发票实行最高开票限额管理。最高开票限额，是指单份专用发票开具的销售额合计数不得达到的上限额度。

最高开票限额由一般纳税人申请，税务机关依法审批。税务机关审批最高开票限额应进行实地核查。一般纳税人申请最高开票限额时，需填报最高开票限额申请表。

5．税控系统的企业发行

一般纳税人领购专用设备后，凭最高开票限额申请表、发票领购簿到主管税务机关办理初始发行。

初始发行，是指主管税务机关将一般纳税人的下列信息载入空白金税卡和IC卡的行为。

（1）企业名称。

（2）税务登记代码。

（3）开票限额。

（4）购票限量。

（5）购票人员姓名、密码。

（6）开票机数量。

（7）国家税务总局规定的其他信息。

一般纳税人发生以上第（1）、（3）、（4）、（5）、（6）、（7）项信息变化，应向主管税务机关申请变更发行；发生第（2）项信息变化，应向主管税务机关申请注销发行。

6．领购专用发票需提供的资料

一般纳税人凭发票领购簿、IC卡和经办人身份证明领购专用发票。

7．不得领购专用发票的情形

一般纳税人有下列情形之一的，不得领购专用发票。

（1）会计核算不健全，不能向税务机关准确提供增值税销项税额、进项税额、应纳税额数据及其他有关增值税税务资料的。“其他有关增值税税务资料”的内容，由省、自治区、直辖市和计划单列市国家税务局确定。

（2）有《税收征管法》规定的税收违法行为，拒不接受税务机关处理的。

（3）有下列行为之一，经税务机关责令限期改正而仍未改正的。

① 虚开增值税专用发票。

② 私自印制专用发票。

③ 向税务机关以外的单位和个人买取专用发票。

④ 借用他人专用发票。

⑤ 未按本规定开具专用发票。

⑥ 未按规定保管专用发票和专用设备。

⑦ 未按规定申请办理防伪税控系统变更发行。

⑧ 未按规定接受税务机关检查。

有上列情形的，如果已领购专用发票，主管税务机关应暂扣其结存的专用发票和IC卡。

8．专用发票的保管规定

有下列情形之一的，为未按规定保管专用发票和专用设备。

（1）未设专人保管专用发票和专用设备。

（2）未按税务机关要求存放专用发票和专用设备。

（3）未将认证相符的专用发票抵扣联、认证结果通知书和认证结果清单装订成册。

（4）未经税务机关查验，擅自销毁专用发票基本联次。

9．专用发票的开具范围

一般纳税人销售货物或者提供应税劳务，应向购买方开具专用发票。

商业企业一般纳税人零售的烟、酒、食品、服装、鞋帽（不包括劳保专用部分）、化妆品等消费品不得开具专用发票。

增值税小规模纳税人（以下简称“小规模纳税人”）需要开具专用发票的，可向主管税务机关申请代开。

销售免税货物不得开具专用发票，法律、法规及国家税务总局另有规定的除外。

10．开具规范

专用发票应按下列要求开具。

（1）项目齐全，与实际交易相符。

（2）字迹清楚，不得压线、错格。

（3）发票联和抵扣联加盖财务专用章或者发票专用章。

（4）按照增值税纳税义务的发生时间开具。

对不符合上列要求的专用发票，购买方有权拒收。

11．销货清单的开具

一般纳税人销售货物或者提供应税劳务可汇总开具专用发票。汇总开具专用发票的，同时使用防伪税控系统开具销售货物或者提供应税劳务清单，并加盖财务专用章或者发票专用章。

12．专用发票的作废与缴销管理

一般纳税人在开具专用发票当月，发生销货退回、开票有误等情形，收到退回的发票联、抵扣联符合作废条件的，按作废处理；开具时发现有误的，可即时作废。

作废专用发票须在防伪税控系统中将相应的数据电文按“作废”处理，在纸质专用发票（含未打印的专用发票）各联次上注明“作废”字样，全联次留存。

同时具有下列情形的，为本规定所称的作废条件。

（1）收到退回的发票联、抵扣联时间未超过销售方开票当月。

（2）销售方未抄税并且未记账。

（3）购买方未认证或者认证结果为“纳税人识别号认证不符”“专用发票代码、号码认证不符”。

抄税，是指报税前用IC卡或者IC卡和软盘抄取开票数据电文。

一般纳税人注销税务登记或者转为小规模纳税人，应将专用设备和结存未用的纸质专用发票送交主管税务机关。主管税务机关应缴销其专用发票，并按有关安全管理的要求处理专用设备。

专用发票的缴销，是指主管税务机关在纸质专用发票监制章处按“V”字剪角作废，同时作废相应的专用发票数据电文。被缴销的纸质专用发票应退还纳税人。

13．红字专用发票的管理

一般纳税人取得专用发票后，发生销货退回、开票有误等情形但不符合作废条件的，或者因销货部分退回及发生销售折让的，购买方应向主管税务机关填报开具红字增值税专用发票申请单（以下简称“申请单”）。

申请单所对应的蓝字专用发票应经税务机关认证。经认证结果为“认证相符”并且已经抵扣增值税进项税额的，一般纳税人在填报申请单时不填写相对应的蓝字专用发票信息；经认证结果为“纳税人识别号认证不符”“专用发票代码、号码认证不符”的，一般纳税人在填报申请单时应填写相对应的蓝字专用发票信息。

申请单一式两联。第一联由购买方留存，第二联由购买方主管税务机关留存。申请单应加盖一般纳税人财务专用章。

主管税务机关对一般纳税人填报的申请单进行审核后，出具开具红字增值税专用发票通知单（以下简称“通知单”）。通知单应与申请单一一对应。

通知单一式三联。第一联由购买方主管税务机关留存，第二联由购买方送交销售方留存，第三联由购买方留存。通知单应加盖主管税务机关印章，并按月依次装订成册，并比照专用发票保管规定管理。

购买方必须暂依通知单所列增值税税额从当期进项税额中转出，未抵扣增值税进项税额的可列入当期进项税额，待取得销售方开具的红字专用发票后，与留存的通知单一并作为记账凭证。属于《增值税专用发票使用规定》第十四条第四款所列情形的，不作进项税额转出。

销售方凭购买方提供的通知单开具红字专用发票，在防伪税控系统中以销项负数开具。红字专用发票应与通知单一一对应。

此处需注意国家对红字专用发票开具的一些相关规定，如国家税务总局《关于修订〈增值税专用发票使用规定〉的补充通知》（国税发〔2007〕18号文）的规定。

14．报税

一般纳税人开具专用发票应在增值税纳税申报期内向主管税务机关报税，在申报所属月份内可分次向主管税务机关报税。报税，即纳税人持IC卡或者IC卡和软盘向税务机关报送开票数据电文。因IC卡、软盘质量等问题无法报税的，应更换IC卡、软盘。

因硬盘损坏、更换金税卡等原因不能正常报税的，应提供已开具未向税务机关报税的专用发票记账联原件或者复印件，由主管税务机关补采开票数据。

15．认证抵扣

用于抵扣增值税进项税额的专用发票应经税务机关认证相符（国家税务总局另有规定的除外）。认证相符的专用发票应作为购买方的记账凭证，不得退还销售方。

认证，是税务机关通过防伪税控系统对专用发票所列数据的识别、确认。认证相符，是指纳税人识别号无误，专用发票所列密文解译后与明文一致。

（1）经认证，有下列情形之一的，不得作为增值税进项税额的抵扣凭证，税务机关退还原件，购买方可要求销售方重新开具专用发票。

① 无法认证，即专用发票所列密文或者明文不能辨认，无法产生认证结果。

② 纳税人识别号认证不符，即专用发票所列购买方纳税人识别号有误。

③ 专用发票代码、号码认证不符，即专用发票所列密文解译后与明文的代码或者号码不一致。

（2）经认证，有下列情形之一的，暂不得作为增值税进项税额的抵扣凭证，税务机关扣留原件，查明原因，分情况进行处理。

① 重复认证，即已经认证相符的同一张专用发票再次认证。

② 密文有误，即专用发票所列密文无法解译。

③ 认证不符，即纳税人识别号有误，或者专用发票所列密文解译后与明文不一致。

④ 列为失控专用发票，即认证时的专用发票已被登记为失控专用发票。

专用发票抵扣联无法认证的，可使用专用发票发票联到主管税务机关认证。专用发票发票联复印件留存备查。

16．丢失的处理

一般纳税人丢失已开具专用发票的发票联和抵扣联，如果丢失前已认证相符的，购买方凭销售方提供的相应专用发票记账联复印件及销售方所在地主管税务机关出具的丢失增值税专用发票已报税证明单，经购买方主管税务机关审核同意后，可作为增值税进项税额的抵扣凭证；如果丢失前未认证的，购买方凭销售方提供的相应专用发票记账联复印件到主管税务机关进行认证，认证相符的凭该专用发票记账联复印件及销售方所在地主管税务机关出具的丢失增值税专用发票已报税证明单，经购买方主管税务机关审核同意后，可作为增值税进项税额的抵扣凭证。

一般纳税人丢失已开具专用发票的抵扣联，如果丢失前已认证相符的，可使用专用发票发票联复印件留存备查；如果丢失前未认证的，可使用专用发票发票联到主管税务机关认证，专用发票发票联复印件留存备查。

一般纳税人丢失已开具专用发票的发票联，可将专用发票抵扣联作为记账凭证，专用发票抵扣联复印件留存备查。

17．违章处罚

《增值税专用发票使用规定》仅是调整使用方面的规章，不是管理办法，故未涉及罚则。在执行处罚规定时，可按照《中华人民共和国发票管理办法》等法律法规的相关规定处理。

项目实施

鑫达有限责任公司计算填列增值税纳税申报表及其附表，如表3-5～表3-8所示。

表 3-5

增值税纳税申报表附列资料（一）

（本期销售情况明细）

税款所属时间：2016 年 05 月 01 日至 2016 年 05 月 31 日

纳税人名称：鑫达有限责任公司（公章） 金额单位：元至角分

项目及栏次				开具增值税专用发票		开具其他发票		未开具发票		纳税检查调整		合计			服务、不动产和无形资产扣除项目本期实际扣除金额	扣除后	
				销售额	销项（应纳）税额	销售额	销项（应纳）税额	销售额	销项（应纳）税额	销售额	销项（应纳）税额	销售额	销项（应纳）税额	价税合计		含税（免税）销售额	销项（应纳）税额
				1	2	3	4	5	6	7	8	9=1+3+5+7	10=2+4+6+8	11=9+10	12	13=11-12	14=13÷（100%+税率或征收率）×税率或征收率
一、一般计税方法计税	全部征税项目	17%税率的货物及加工修理修配劳务	1	1 250 092.72	212 515.76	206 487.18	35 102.82	2 863.25	486.75			1 459 443.15	248 105.33	—	—	—	—
		17%税率的服务、不动产和无形资产	2														
		13%税率	3											—	—	—	—
		11%税率	4														
		6%税率	5														
	其中：即征即退项目	即征即退货物及加工修理修配劳务	6	—	—	—	—	—	—	—	—			—	—	—	—
		即征即退服务、不动产和无形资产	7	—	—	—	—	—	—	—	—						
二、简易计税方法计税	全部征税项目	6%征收率	8							—	—			—	—	—	—
		5%征收率的货物及加工修理修配劳务	9a							—	—			—	—	—	—
		5%征收率的服务、不动产和无形资产	9b							—	—						
		4%征收率	10							—	—			—	—	—	—

续表

项目及栏次				开具增值税专用发票		开具其他发票		未开具发票		纳税检查调整		合计			服务、不动产和无形资产扣除项目本期实际扣除金额	扣除后	
				销售额	销项（应纳）税额	销售额	销项（应纳）税额	销售额	销项（应纳）税额	销售额	销项（应纳）税额	销售额	销项（应纳）税额	价税合计		含税（免税）销售额	销项（应纳）税额
				1	2	3	4	5	6	7	8	9=1+3+5+7	10=2+4+6+8	11=9+10	12	13=11−12	14=13÷（100%+税率或征收率）×税率或征收率
二、简易计税方法计税	全部征税项目	3%征收率的货物及加工修理修配劳务	11							—	—			—	—	—	—
		3%征收率的服务、不动产和无形资产	12							—	—						
		预征率%	13a							—	—						
		预征率%	13b							—	—						
		预征率%	13c							—	—						
二、简易计税方法计税	其中：即征即退项目	即征即退货物及加工修理修配劳务	14	—	—	—	—	—	—	—	—			—	—	—	—
		即征即退服务、不动产和无形资产	15	—	—	—	—	—	—	—	—						
三、免抵退税	货物及加工修理修配劳务		16	—	—		—		—	—	—		—	—	—	—	—
	服务、不动产和无形资产		17	—	—		—		—	—	—		—				—
四、免税	货物及加工修理修配劳务		18				—		—	—	—		—	—	—	—	—
	服务、不动产和无形资产		19	—	—		—		—	—	—		—				—

一、增值税纳税申报表附列资料（一）

增值税纳税申报表附列资料（一），如表 3-5 所示。

（1）防伪税控系统开具的增值税专用发票。

应税货物销售额=75 835.90+93 846.15+11 965.81+16 907.69+1 794.87+1 615.38+154 358.97+115 961.54+180 384.62+116 153.84+1 461.54−25 777.78+1 311.11+76 923.08+427 350.00=1 250 092.72（元）。

应税货物销项税额=12 892.10+15 953.85+2 034.19+2 874.31+305.13+274.61+26 241.02+ 19 713.46+30 665.39+19 746.15+248.46−4 382.22+222.89+13 076.92+72 649.50=212 515.76（元）。

（2）开具普通发票应税货物销售额 = 185 000÷（1 + 17%）= 158 119.66（元）。

应税货物销项税额 = 158 119.66 × 17% = 26 880.34（元）。

应税劳务销售额 = 56 590÷（1 + 17%）= 48 367.52（元）。

应税劳务销项税额 = 48 367.52 × 17% = 8 222.48（元）。

（3）未开具发票应税货物销售额 = 3 350÷（1 + 17%）= 2 863.25（元）。

应税货物销项税额 = 2 863.25 × 17% = 486.75（元）。

（4）小计：

应税货物销售额小计 = 1 250 092.72 + 158 119.66 + 2 863.25 = 1 411 075.63（元）。

应税货物销项税额小计 = 212 515.76 + 26 880.34 + 486.75 = 239 882.85（元）。

（5）按适用税率征收增值税货物及劳务销售额和销项税额合计：

应税货物及劳务销售额合计 = 1 411 075.63 + 48 367.52 = 1 459 443.15（元）。

应税货物及劳务销项税额合计 = 239 882.85 + 8 222.48 = 248 105.33（元）。

二、增值税纳税申报表附列资料（二）

增值税纳税申报表附列资料（二），如表 3-6 所示。

表 3–6　　增值税纳税申报表附列资料（二）

（本期进项税额明细）

税款所属时间：2016 年 05 月 01 日至 2016 年 05 月 31 日

纳税人名称：鑫达有限责任公司（公章）　　金额单位：元至角分

一、申报抵扣的进项税额				
项目	栏次	份数	金额	税额
（一）认证相符的增值税专用发票	1=2+3	10	1 854 701.65	315 299.31
其中：本期认证相符且本期申报抵扣	2	8	1 754 821.39	298 319.66
前期认证相符且本期申报抵扣	3	2	99 880.26	16 979.65
（二）其他扣税凭证	4=5+6+7+8			
其中：海关进口增值税专用缴款书	5			
农产品收购发票或者销售发票	6			
代扣代缴税收缴款凭证	7		—	
其他	8			
（三）本期用于购建不动产的扣税凭证	9			
（四）本期不动产允许抵扣进项税额	10	—	—	

续表

一、申报抵扣的进项税额				
项目	栏次	份数	金额	税额
（五）外贸企业进项税额抵扣证明	11	—	—	
当期申报抵扣进项税额合计	12=1+4-9+10+11		1 854 701.65	315 299.31
二、进项税额转出额				
项目	栏次	税额		
本期进项税额转出额	13=14 至 23 之和	127 727.08		
其中：免税项目用	14	124 429.03		
集体福利、个人消费	15			
非正常损失	16	3 298.05		
简易计税方法征税项目用	17			
免抵退税办法不得抵扣的进项税额	18			
纳税检查调减进项税额	19			
红字专用发票信息表注明的进项税额	20			
上期留抵税额抵减欠税	21			
上期留抵税额退税	22			
其他应作进项税额转出的情形	23			
三、待抵扣进项税额				
项目	栏次	份数	金额	税额
（一）认证相符的增值税专用发票	24	—	—	—
期初已认证相符但未申报抵扣	25			
本期认证相符且本期未申报抵扣	26			
期末已认证相符但未申报抵扣	27			
其中：按照税法规定不允许抵扣	28			
（二）其他扣税凭证	29=30 至 33 之和			
其中：海关进口增值税专用缴款书	30			
农产品收购发票或者销售发票	31			
代扣代缴税收缴款凭证	32		—	
其他	33			
	34			
四、其他				
项目	栏次	份数	金额	税额
本期认证相符的增值税专用发票	35		1 754 821.39	298 319.66
代扣代缴税额	36	—	—	

1．申报抵扣的进项税额

（1）认证相符的防伪税控增值税专用发票申报抵扣。

本期认证相符且本期申报抵扣金额=23 584.91+1 671.50+1 461 935.04+27 377.12+ 29 634.88 + 94 290.46 + 9 546.67 + 96 782.39 + 9 998.42 = 1 754 821.39（元）。

本期认证相符且本期申报抵扣进项税额=4 009.43+284.16+248 528.96+4 654.11+ 5 037.93+ 16 029.40 + 1 622.93 + 16 453.01 + 1 699.73 = 298 319.66（元）。

其中，抵扣进项税额购买固定资产取得的防伪税控系统增值税专用发票，本期认证相符，金额为 9 998.42 元，税额为 1 699.73 元，如表 3-7 所示。

表 3–7　　固定资产（不含不动产）进项税额抵扣情况表

纳税人名称（公章）：鑫达有限责任公司　　填表日期：2016 年 06 月 10 日　　金额单位：元至角分

项目	当期申报抵扣的固定资产进项税额	申报抵扣的固定资产进项税额累计
增值税专用发票	1 699.73	1 699.73
海关进口增值税专用缴款书	0	0
合计	1 699.73	1 699.73

认证相符的购买固定资产防伪税控增值税专用发票抵扣金额 = 9 998.42（元）。

认证相符的购买固定资产防伪税控增值税专用发票抵扣进项税额 = 1 699.73（元）。

前期认证相符且本期申报抵扣金额 = 3 097.87 + 96 782.39 = 99 880.26（元）。

前期认证相符且本期申报抵扣进项税额 = 526.64 + 16 453.01 = 16 979.65（元）。

防伪税控增值税专用发票申报抵扣金额=1 744 822.97+9 998.42+99 880.26= 1 854 701.65（元）。

防伪税控增值税专用发票申报抵扣进项税额=296 619.93+1 699.73+16 979.65= 315 299.31（元）。

（2）当期申报抵扣金额合计 = 1 854 701.65 （元）。

当期申报抵扣进项税额合计 = 315 299.31（元）。

2．进项税额转出

用于免税项目原材料负担的进项税额 = 124 429.03（元）。

非正常损失原材料负担的进项税额 = 3 298.05（元）。

进项税额转出合计 = 124 429.03 + 3 298.05 = 127 727.08（元）。

3．其他

本期认证相符的全部防伪税控增值税专用发票金额 = 1 754 821.39（元）。

本期认证相符的全部防伪税控增值税专用发票税额 = 298 319.66（元）。

三、增值税纳税申报表

1．本月数

（1）销售额，如表 3-8 所示。

应税货物销售额=1 411 075.63（元）。

应税劳务销售额=48 367.52（元）。

按照适用税率征税货物及劳务销售额=1 411 075.63+48 367.52=1 459 443.15（元）。

（2）税款计算。

销项税额=应税货物及劳务销项税额合计=248 105.33（元），如表 3-8 所示。

进项税额=申报抵扣的进项税额=315 299.31（元）。

进项税额转出 = 127 727.08（元）。

应抵扣税额合计 = 315 299.31−127 727.08 =187 572.23（元）。

应纳税额 = 248 105.33−187 572.23 =60 533.10（元）。

应纳税额合计 = 60 533.10（元）。

表 3-8

增值税纳税申报表

（一般纳税人适用）

根据国家税收法律法规及增值税相关规定制定本表。纳税人不论有无销售额，均应按税务机关核定的纳税期限填写本表，并向当地税务机关申报。

税款所属时间：自 2016 年 05 月 01 日至 2016 年 05 月 31 日　　填表日期：2016 年 06 月 10 日　　金额单位：元至角分

纳税人识别号	370108104794941			所属行业：工业企业			
纳税人名称	鑫达有限责任公司（公章）	法定代表人姓名	王明	注册地址	济南市燕子山 1 号	生产经营地址	济南市燕子山 1 号
开户银行及账号	建行济南燕东支行：37068281328	登记注册类型		有限责任公司		电话号码	88513088

项目		栏次	一般项目		即征即退项目	
			本月数	本年累计	本月数	本年累计
销售额	（一）按适用税率计税销售额	1	1 459 443.15	（略）	0.00	0.00
	其中：应税货物销售额	2	1 411 075.63	（略）	0.00	0.00
	应税劳务销售额	3	48 367.52	（略）	0.00	0.00
	纳税检查调整的销售额	4	0.00	（略）	0.00	0.00
	（二）按简易办法计税销售额	5	0.00	（略）	0.00	0.00
	其中：纳税检查调整的销售额	6	0.00	（略）	0.00	0.00
	（三）免、抵、退办法出口销售额	7	0.00	（略）	—	—
	（四）免税销售额	8	0.00	（略）	—	—
	其中：免税货物销售额	9	0.00	（略）	—	—
	免税劳务销售额	10	0.00	（略）	—	—
税款计算	销项税额	11	248 105.33	（略）	0.00	0.00
	进项税额	12	315 299.31	（略）	0.00	0.00
	上期留抵税额	13	0.00	（略）	0.00	—
	进项税额转出	14	127 727.08	（略）	0.00	0.00
	免、抵、退应退税额	15	0.00	（略）	—	—
	按适用税率计算的纳税检查应补缴税额	16	0.00	（略）	—	—
	应抵扣税额合计	17=12+13−14−15+16	187 572.23	—	0.00	—
	实际抵扣税额	18（如 17<11，则为 17，否则为 11）	187 572.23	（略）	0.00	0.00

续表

项目		栏次	一般项目		即征即退项目	
			本月数	本年累计	本月数	本年累计
税款计算	应纳税额	19=11-18	60 533.10	（略）	0.00	0.00
	期末留抵税额	20=17-18	0.00	—	0.00	—
	简易计税办法计算的应纳税额	21	0.00	（略）	0.00	0.00
	按简易计税办法计算的纳税检查应补缴税额	22	0.00	（略）	—	—
	应纳税额减征额	23	0.00	（略）	0.00	0.00
	应纳税额合计	24=19+21-23	60 533.10	（略）	0.00	0.00
税款缴纳	期初未缴税额（多缴为负数）	25	134 383.77	—	0.00	0.00
	实收出口开具专用缴款书退税额	26	0.00	（略）	—	—
	本期已缴税额	27=28+29+30+31	134 383.77	（略）	0.00	0.00
	①分次预缴税额	28	0.00	—	0.00	—
	②出口开具专用缴款书预缴税额	29	0.00	—	—	—
	③本期缴纳上期应纳税额	30	134 383.77	（略）	0.00	0.00
	④本期缴纳欠缴税额	31	0.00	（略）	0.00	0.00
	期末未缴税额（多缴为负数）	32=24+25+26-27	60 533.10	（略）	0.00	0.00
	其中：欠缴税额（≥0）	33=25+26-27	0.00	—	0.00	—
	本期应补（退）税额	34=24-28-29	60 533.10	—	0.00	—
	即征即退实际退税额	35	—	—	0.00	0.00
	期初未缴查补税额	36	0.00	（略）	—	—
	本期入库查补税额	37	0.00	（略）	—	—
	期末未缴查补税额	38=16+22+36-37	0.00	（略）	—	—

授权声明	如果你已委托代理人申报，请填写下列资料： 为代理一切税务事宜，现授权 （地址）　　为本纳税人的代理申报人，任何与本申报表有关的往来文件，都可寄予此人。 授权人签字：	申报人声明	本纳税申报表是根据国家税收法律法规及相关规定填报的，我确定它是真实的、可靠的、完整的。 声明人签字：

主管税务机关：　　接收人：　　接收日期：

（3）税款缴纳。

期初未缴税额＝134 383.77（元）。

本期已缴税额＝本期缴纳上期应纳税额＝134 383.77（元）。

期末未缴税额＝应纳税额合计＋期初未缴税额-本期已缴税额

＝60 533.10＋134 383.77-134 383.77＝60 533.10（元）。

本期应补（退）税额＝应纳税额合计-分次预缴税额-出口开具专用缴款书

＝60 533.10-0.00-0.00＝60 533.10（元）。

2．本年累计

本年累计为1～5月各项数据累计，此处省略。

项目小结

在项目引入部分，以鑫达有限责任公司2016年5月的纳税资料作为案例，提出了两项任务：计算该企业当月应纳增值税税额；正确填写增值税纳税申报表。

在相关知识部分，介绍了完成上述任务需要掌握的理论知识。解读增值税法规，包括增值税纳税义务人、征税范围、税率、税收优惠；计算增值税应纳税额，包括一般纳税人应纳税额的计算、小规模纳税人应纳税额的计算、进口货物应纳税额的计算；出口货物退（免）税；增值税专用发票的使用与管理；增值税的纳税申报，包括纳税义务发生时间、纳税期限、纳税地点和纳税申报。

在项目实施部分，在掌握了理论知识的基础上，较好地完成了第一部分提出的任务。

练习与实训

1．名词解释

增值税、增值额、生产型增值税、消费型增值税、加工、修理修配、应税服务、视同销售、混合销售、兼营销售、一般纳税人、小规模纳税人、零税率、进项税额、销项税额、增值税专用发票。

2．简答题

（1）如何理解增值税的概念和特点？

（2）简述增值税的类型。

（3）试述增值税的征税范围。

（4）简述一般纳税人和小规模纳税人的认定标准。

（5）试述一般纳税人销项税额的计算方法。

（6）试述一般纳税人进项税额的确定方法。

（7）试述一般纳税人应纳税额（包括销项税额和进项税额）的确认时间。

（8）简述小规模纳税人应纳税额的计算方法。

（9）简述进口货物应纳税额的计算方法。

（10）试述我国出口货物退（免）税的基本内容和方法。

（11）试述我国增值税专用发票使用管理方面的有关规定。

3．计算分析题

（1）某机床厂系增值税一般纳税人，2016 年 7 月发生下列经济业务。

① 外购原材料钢材一批，取得增值税专用发票，价款 200 000 元，增值税税额 34 000 元；原材料已验收入库。

② 外购低值易耗品工器具一批，取得增值税专用发票，价款 3 000 元，增值税税额 510 元；工器具已验收入库并部分地投入使用。

③ 外购办公用消耗性材料一批，取得增值税专用发票，价款 1 000 元，增值税税额 170 元；办公用材料直接交付办公科室使用。

④ 外购质量检测用设备一台，价税合计为 4 680 元；该台设备已投入使用。

⑤ 企业建职工宿舍，领用上月购进的原材料钢材一批，实际成本 50 000 元；该批钢材的进项税额已在购进期申报抵扣。

⑥ 销售机床 2 台并向购货单位开具普通发票，价税合计为 351 000 元；销售下脚料，取得含税收入 2 340 元。

已知该厂上月无留抵税额。请根据税法规定，计算该厂 7 月应缴纳的增值税税额（假定本月取得的相关发票均已通过认证并在当月抵扣）。

（2）某粮油加工厂系增值税一般纳税人。该厂 2016 年 9 月发生的经济业务如下。

① 从粮油供应公司购进小麦 20 万公斤，取得增值税专用发票价款为 140 000 元，增值税税款为 18 200 元；该批小麦已验收。

② 从农民手中收购小麦 10 万公斤，填具的经税务机关批准的收购凭证上注明买价为 70 000 元；该批小麦已运抵企业并入库。

③ 销售自制的面粉 18 万公斤，开具增值税专用发票，发票中注明的销售额为 180 000 元；销售挂面 5 万公斤，专用发票中销售额为 60 000 元；销售食用植物油 2 万公斤，专用发票中的销售额为 100 000 元。

请根据税法规定，计算该厂本期应纳的增值税税额（假定本月取得的相关发票均已通过认证并在当月抵扣）。

（3）某零售商店系增值税一般纳税人，主要从事各类商品的业务。该商店 2016 年 9 月发生的有关业务如下。

① 购进 A 类商品一批并取得增值税专用发票，发票中注明价款为 40 000 元，增值税税额为 6 800 元。款项已付讫，商品已验收入库。

② 购进 B 类商品一批，取得增值税专用发票，发票中注明价款为 200 000 元，增值税税额为 34 000 元。商品已运抵商店，货款未付。

③ 从小规模纳税人购进工艺品一批，取得普通发票，发票中注明的金额为 10 600 元。款项已付讫，商品已运达商店。

④ 购入一台空调设备，取得普通发票，金额为 5 850 元。款项已付，设备已投入使用。

⑤ 采取以旧换新方式销售某商品，取得现金收入 3 510 元，收购旧货物的金额为 1 170 元。

⑥ 零售其他商品，零售金额为 702 000 元。

已知该商店采取售价金额核算，其零售金额为含税收入；各种商品增值税税率均为 17%；上月留抵进项税额 1 200 元。请根据税法规定，计算该商店本期应纳的增值税税额（假定本月取得的相关发票均已通过认证并在当月抵扣）。

（4）某自营出口的生产企业为增值税一般纳税人，出口货物的征税税率为 17%，退税税率为 13%。2016 年 4 月的有关经营业务为：购进原材料一批，取得的增值税专用发票中注明的价款为 200 万元，外购货物准予抵扣的进项税额为 34 万元，货已验收入库。上月月末留抵税款 3 万元；本月内销货物不含税销售额 100 万元；收款 117 万元存入银行；本月出口货物的销售额折合人民币 200 万元。试计算该企业当期的免、抵、退税额。

（5）某企业为增值税小规模纳税人，主要从事汽车修理和装潢业务。2015 年 9 月提供汽车修理业务取得收入 21 万元，销售汽车装饰用品取得收入 15 万元；购进的修理用配件被盗，账面成本 0.6 万元，计算该企业应纳增值税税额。

（6）某企业进口童装一批，关税完税价格为 150 万元，假设进口关税税率为 20%，支付国内运输企业的运输费用为 0.2 万元（有货运发票）。本月售出进口童装的 40%，取得含税销售额 270 万元。计算该企业应纳增值税税额。

4．综合实训

实训一

【资料】 A 企业为增值税一般纳税人，生产各种日用家电产品，其存货采用实际价格核算，流转税纳税期限为一个月。2016 年 4 月 30 日，“应交税费——应交增值税”账户借方余额 2 000 元。2016 年 5 月企业发生的主要经济业务如下。

（1）5 月 8 日，购进甲种材料一批，取得增值税专用发票一张，金额 100 000 元，税额 17 000 元；取得运输部门开具的货物运输业专用发票，注明运费 6 000 元，税额 660 元，装卸费 3 000 元。材料已验收入库，货款未支付。

（2）5 月 13 日，售出产品一批，该企业开具的专用发票上注明不含税价款 20 000 元，税金 3 400 元；用已经收到的全部款项 23 400 元购入某煤炭公司煤炭 150 吨，取得合法增值税专用发票一张，该批煤炭已验收入库。

（3）5 月 15 日，从中国境内某国有机械制造厂购入工业锅炉脱硫脱硝设备一套，取得增值税专用发票一张。注明价款 400 000 元，税额 68 000 元，款项已付，供货方免费安装，调试完毕，已于 5 月 25 日交付使用。

（4）5 月 18 日，修理本单位机床，取得增值税专用发票一张，注明修理费 2 500 元，税额 425 元，款项已用银行存款支付。

（5）5 月 19 日，收到某公司退货一批，该批货物系 2008 年 2 月售出，因不符合购货方要求，双方协商未果，本月予以退回，货物已验收入库，根据国家有关规定开具红字增值税专用发票一张，全部款项 35 100 元已退。

（6）5 月 20 日，该企业将自产产品销售给出口企业，价款 200 000 元（不含税）。

（7）5 月 21 日，销售本企业使用过的小汽车一辆，账面原值 150 000 元，累计折旧为 120 000 元，售价 26 000 元；售出使用过的在企业固定资产目录中列明并作为固定资产管理的设备一台，原值 80 000 元，累计折旧 56 000 元，售价 60 000 元。上述业务分别开具普通发票各一张，货款收到（资产均属 2009 年 1 月 1 日以前购入）。

（8）5 月 21 日，经主管国税局检查，发现上月购进的甲材料用于单位基建工程，企业仅以账面金额 10 000 元（不含税价格）结转至“在建工程”科目核算（不考虑滞纳金、罚款）。

（9）5 月 26 日，销售产成品一批，开具增值税专用发票 15 张，累计注明不含税价款 800 000 元；开具普通发票 8 张，累计注明金额 70 200 元，货款全部收讫。

（10）5 月 28 日，购进乙材料一批，取得增值税专用发票 3 张，累计注明价款 50 000 元，税额 8 500 元，材料验收入库，货款已由银行支付（本题假设相关扣税凭证已经通过认证并在当月抵扣）。

【要求】（1）根据资料编制每笔经济交易的正确会计分录。

（2）计算当期应纳增值税税额。

实训二

【资料】 青岛市城阳区 B 公司为增值税小规模纳税人，2016 年 1～6 月累计销售收入 60 000 元（不含税，下同），7 月发生以下业务：①销售应税货物 10 000 元；②销售免税货物 5 000 元。

【要求】 根据上述材料填列增值税纳税申报表，如表 3-4 所示。

项目四 消费税法与纳税实务

知识目标

- 掌握消费税的纳税人、征税范围、税目与税率等税制要素的内容；
- 重点掌握消费税应纳税额的计算；
- 掌握消费税征收管理的规定；
- 了解出口应税消费品退（免）消费税的政策。

能力目标

- 能够正确计算消费税的应纳税额；
- 能够正确处理消费税的纳税申报事宜。

项目引入

【资料】济南富乐门烟草有限责任公司为生产性增值税一般纳税人，纳税识别号为370105104794948。2016年8月生产经营情况为：①期初库存外购烟丝金额为10 234元，当期外购烟丝金额为103 648元，期末库存外购烟丝金额为5 698元，所领用烟丝全部用于生产加工卷烟；②委托加工烟丝已纳消费税税款期初余额32 743元，本期收回委托加工烟丝已纳税款为5 970元，期末库存委托加工烟丝已纳税款为15 000元，所领用烟丝全部用于生产加工卷烟；③销售卷烟50标准箱，开具增值税专用发票注明价款672 340元，增值税税款114 297.80元；④2016年7月应纳消费税税款322 000元，并于2015年8月缴入国库。

【要求】计算并填列消费税纳税申报表。

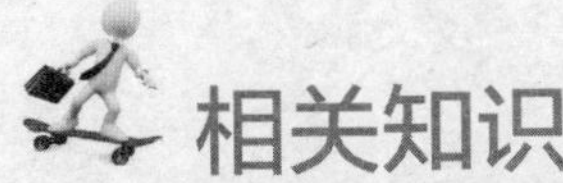

相关知识

一、消费税基础知识认知

1．消费税的概念

消费税是对我国境内从事生产、委托加工和进口应税消费品的单位和个人，就其销售额或销售数量，在特定环节征收的一种流转税。消费税是世界各国广泛实行的税种。我国现行的消费税是由原产品税脱胎出来的，与实行普遍调节的增值税配套，体现国家对某些产品进行特殊调节而设立的税种。

我国现行消费税的基本法律规范是2008年11月5日国务院第34次常务会议修订通过的《中华人民共和国消费税暂行条例》（以下简称《消费税暂行条例》），以及2008年12月15日财政部、国家税务总局第51号令公布的修订后的《中华人民共和国消费税暂行条例实施细则》（以下简称《消费税实施细则》）。

2．消费税的特点

一般来说，消费税的征税对象主要是与居民消费相关的最终消费品和消费行为。与其他税种比较，消费税具有以下几个特点。

（1）征税项目具有选择性。各国目前征收的消费税实际上都属于对特定消费品或消费行为征收的税种。尽管各国的征税范围宽窄有别，但都是在人们普遍消费的大量消费品中或消费行为中有选择地确定若干个征税项目，在税法中列举征税。我国的消费税目前主要包括特殊消费品，奢侈品，高能耗消费品，不可再生的资源消费品和税基宽广、消费普遍、不影响人民群众生活水平但又具有一定财政意义的普通消费品，共计有15个税目。

（2）征税环节具有单一性。消费税是在生产（进口）、流通或消费的某一环节一次征收，而不是在消费品生产、流通或消费的每个环节多次征收，即通常所说的一次课征制。

（3）征收方法具有多样性。消费税的计税方法比较灵活。为了适应不同应税消费品的情况，消费税在征收方法上不力求一致，对一部分价格差异较大，且便于按价格核算的应税消费品，依据消费品或消费行为的价格实行从价定率征收；对一部分价格差异较小，品种、规格比较单一的大宗应税消费品，依照消费品的数量实行从量定额征收。

（4）税收调节具有特殊性。消费税属于国家运用税收杠杆对某些消费品或消费行为特殊调节的税种。这一特殊性表现在两个方面：一是不同的征税项目税负差异较大，对需要限制或控制消费的消费品规定较高的税率，体现特殊的调节目的；二是消费税往往同增值税配合实行双重调节，即对某些需要特殊调节的消费品或消费行为在征收增值税的同时，再征收一道消费税，形成一种特殊的对消费品双层次调节的税收调节体系。

（5）消费税具有转嫁性。凡列入消费税征税范围的消费品，一般都是高价高税产品。消费税无论采取价内税形式还是价外税形式，也无论在哪个环节征收，消费品中所含的消费税税款最终都要转嫁到消费者身上，因此，由消费者负担，税负具有转嫁性。消费税的转嫁性特征，较其他

商品课税形式更为明显。

3．消费税的作用

（1）体现消费政策，调整产业结构。消费税的立法要集中体现国家的产业政策和消费政策。例如，为了抑制对人体健康不利或者是过度消费会对人体有害的消费品的生产，将烟、酒、鞭炮、焰火列入征税范围；为了调节特殊消费，将游艇、摩托车、小汽车、高档手表、高尔夫球及球具、贵重首饰及珠宝玉石列入征税范围；为了节约一次性能源，限制过量消费，将木制一次性筷子、实木地板、成品油列入征税范围。

（2）正确引导消费，抑制超前消费。目前，我国正处于社会主义初级阶段，总体财力还比较有限，个人的生活水平还不够宽裕，需要在政策上正确引导人们的消费方向。在消费税立法过程中，对人们日常消费的基本生活用品和企业正常的生产消费物品不征收消费税，只对目前属于奢侈品或超前消费的物品及其他非基本生产用品征收消费税，特别是对其中的某些消费品如烟、酒、高档汽车等适用较高的税率，加重调节，增加购买者（消费者）的负担，适当抑制高水平或超前消费。

（3）稳定财政收入，保持原有负担。消费税是在原流转税制进行较大改革的背景下出台的。原流转税主要税种——增值税和产品税，其收入主要集中在卷烟、酒、石化、化工等几类产品上，且税率档次多，税率较高。实行新的、规范化的增值税后，不可能设置多档次、相差悬殊的税率。所以，许多原高税率产品改征增值税后，基本税率为17%，税负下降过多，对财政收入的影响较大。为了确保税制改革后尽量不减少财政收入，同时不削弱税收对某些产品生产和消费的调控作用，需要通过征收消费税，把实行增值税后由于降低税负而可能减少的税收收入征收上来，基本保持原产品的税收负担，并随着应税消费品生产和消费的增长，使财政收入也保持稳定增长。

（4）调节支付能力，缓解分配不公。个人生活水平或贫富状况很大程度体现在其支付能力上。显然，受多种因素制约，仅依靠个人所得税不可能完全实现税负的公平分配目标，也不可能有效缓解社会分配不公的问题。通过对某些奢侈品或特殊消费品征收消费税，立足于从调节个人支付能力的角度间接增加某些消费者的税收负担或增加消费支出的超额负担，使高收入者的高消费受到一定抑制，低收入者或消费基本生活用品的消费者则不负担消费税，支付能力不受影响。所以，开征消费税有利于配合个人所得税及其他有关税种进行调节，缓解目前存在的社会分配不公的矛盾。

二、消费税的征税范围

根据税法的规定，消费税的征收范围为：在中华人民共和国境内生产、委托加工和进口《消费税暂行条例》规定的应税消费品，大体上可归为以下5类。

第1类：一些过度消费会对人身健康、社会秩序、生态环境等方面造成危害的特殊消费品，如烟、酒、鞭炮、焰火等。

第2类：奢侈品或非生活必需品，如化妆品、贵重首饰和珠宝玉石、高档手表、高尔夫球及球具等。

第3类：高能耗及高档消费品，如摩托车、小汽车、游艇等。

第 4 类：不可再生和替代的稀缺资源消费品，如成品油等。

第 5 类：不利于可持续发展和环保，或具有一定财政意义的消费品，如木制一次性筷子、实木地板、电池、涂料等。

消费税的征税范围不是一成不变的，随着我国经济的发展，今后还会根据国家的政策和经济情况及消费结构的变化适当调整。

三、消费税的纳税人

根据《消费税暂行条例》及其实施细则的规定，在中华人民共和国境内生产、委托加工和进口本条例规定的消费品的单位和个人，以及国务院确定的销售本条例规定的消费品的其他单位和个人，为消费税的纳税人，应当依法缴纳消费税。在中华人民共和国境内，是指生产、委托加工和进口属于应当缴纳消费税的消费品的起运地或者所在地在境内。单位，是指企业、行政单位、事业单位、军事单位、社会团体及其他单位。个人，是指个体工商户及其他个人。其具体包括以下几种。

（1）生产销售除金银首饰、钻石及钻石饰品、铂金首饰以外的应税消费品的单位和个人。

（2）零售金银首饰、钻石及钻石饰品、铂金首饰的单位和个人。

（3）委托加工应税消费品的单位和个人。

（4）进口应税消费品的单位和个人。

四、消费税的税目、税率

1．税目

现行消费税共有 15 个税目，部分税目又包含若干子目。其具体包括以下几项。

（1）烟。凡是以烟叶为原料加工生产的产品，不论使用何种辅料，均属于本税目的征收范围，包括卷烟、雪茄烟和烟丝 3 个子目。

① 卷烟。卷烟是指将各种烟叶切成烟丝，按照配方要求均匀混合，加入糖、酒、香料等辅料，用白色盘纸、棕色盘纸、涂布纸或烟草薄片经机器或手工卷制的普通卷烟和雪茄型卷烟。

② 雪茄烟。雪茄烟是指以晾晒烟为原料或者以晾晒烟和烤烟为原料，用烟叶或卷烟纸、烟草薄片作为烟支内包皮，再用烟叶作为烟支外包皮，经机器或手工卷制而成的烟草制品。按内包皮所用材料的不同可分为全叶卷雪茄烟和半叶卷雪茄烟。

③ 烟丝。烟丝是指将烟叶切成丝状、粒状、片状、末状或其他形状，再加入辅料，经过发酵、储存，不经卷制即可供销售吸用的烟草制品。烟丝的征收范围包括以烟叶为原料加工生产的不经卷制的散装烟，如斗烟、莫合烟、烟末、水烟、黄红烟丝等。

（2）酒。本税目下设粮食白酒、薯类白酒、黄酒、啤酒、其他酒 5 个子目。

① 粮食白酒。粮食白酒是指以高粱、玉米、大米、糯米、大麦、小麦、小米、青稞等各种粮食为原料，经过糖化、发酵后，采用蒸馏方法酿制的白酒。

② 薯类白酒。薯类白酒是指以白薯（红薯、地瓜）、木薯、马铃薯（土豆）、芋头、山药等各种干鲜薯类为原料，经过糖化、发酵后，采用蒸馏方法酿制的白酒。用甜菜酿制的白酒，比照薯

类白酒征税。

③ 黄酒。黄酒是指以糯米、粳米、籼米、大米、黄米、玉米、小麦、薯类等为原料，经加温、糖化、发酵、压榨酿制的酒。由于工艺、配料和含糖量的不同，黄酒分为干黄酒、半干黄酒、半甜黄酒、甜黄酒4类。征税的黄酒范围包括各种原料酿制的黄酒和酒度超过12度（含12度）的土甜酒。

④ 啤酒。啤酒是指以大麦或其他粮食为原料，加入啤酒花，经糖化、发酵、过滤酿制的含有二氧化碳的酒。啤酒按照杀菌方法的不同，可分为熟啤酒和生啤酒或鲜啤酒。啤酒的征收范围包括各种包装和散装的啤酒。无醇啤酒比照啤酒征税。果啤是一种口味介于啤酒和饮料之间的低度酒精饮料，主要成分为啤酒和果汁，应按啤酒征收消费税。

⑤ 其他酒。其他酒是指除粮食白酒、薯类白酒、黄酒、啤酒以外，酒度在1度以上的各种酒。其征收范围包括糠麸白酒、其他原料白酒、土甜酒、复制酒、果木酒、汽酒、药酒，等等。

（3）高档化妆品。本税目征收范围为高档美容、修饰类化妆品、高档护肤类化妆品和成套化妆品。高档美容、修饰类化妆品和高档护肤类化妆品是指生产（进口）环节销售（完税）价格（不含增值税）在10元/毫升（克）或15元/片（张）及以上的美容、修饰类化妆品和护肤类化妆品。

（4）贵重首饰及珠宝玉石。本税目包括：凡以金、银、白金、宝石、珍珠、钻石、翡翠、珊瑚、玛瑙等高贵稀有物质及其他金属、人造宝石等制作的各种纯金银首饰及镶嵌首饰和经采掘、打磨、加工的各种珠宝玉石。

（5）鞭炮、焰火。本税目包括各种鞭炮、焰火。体育上用的发令纸、鞭炮药引线，不按本税目征收。

（6）成品油。本税目包括汽油、柴油、石脑油、溶剂油、润滑油、燃料油、航空煤油7个子目。

（7）摩托车。本税目包括气缸容量250毫升和250毫升以上的摩托车，不包括气缸容量250毫升（不含）以下的小排量摩托车。

（8）小汽车。汽车是指由动力驱动，具有4个或4个以上车轮的非轨道承载的车辆。

本税目征收范围包括含驾驶员座位在内最多不超过9个座位（含）的在设计和技术特性上用于载运乘客和货物的各类乘用车，含驾驶员座位在内的座位数在10～23座（含23座）的在设计和技术特性上用于载运乘客和货物的各类中轻型商用客车。

用排气量小于1.5升（含）的乘用车底盘（车架）改装、改制的车辆属于乘用车征收范围。用排气量大于1.5升的乘用车底盘（车架）或用中轻型商用客车底盘（车架）改装、改制的车辆属于中轻型商用客车征收范围。

含驾驶员人数（额定载客）为区间值的（如8～10人、17～26人）小汽车，按其区间值下限人数确定征收范围。

电动汽车不属于本税目征收范围。

（9）高尔夫球及球具。本税目的征收范围包括高尔夫球、高尔夫球杆及高尔夫球包（袋）。高尔夫球杆的杆头、杆身和握把属于本税目的征收范围。

（10）高档手表。高档手表是指销售价格（不含增值税）每只在10 000元（含）以上的各类手表。本税目的征收范围包括符合以上标准的各类手表。

（11）游艇。游艇是指长度大于 8 米小于 90 米，船体由玻璃钢、钢、铝合金、塑料等多种材料制作，可以在水上移动的水上浮载体。按照动力划分，游艇分为无动力艇、帆艇和机动艇。本税目的征收范围包括艇身长度大于 8 米（含）小于 90 米（含），内置发动机，可以在水上移动，一般为私人或团体购置，主要用于水上运动和休闲娱乐等非牟利活动的各类机动艇。

（12）木制一次性筷子。木制一次性筷子又称卫生筷子。它是指以木材为原料经过锯段、浸泡、旋切、刨切、烘干、筛选、打磨、倒角、包装等环节加工而成的各类一次性使用的筷子。本税目的征收范围包括各种规格的木制一次性筷子。未经打磨、倒角的木制一次性筷子属于本税目的征税范围。

（13）实木地板。本税目的征收范围包括各类规格的实木地板、实木指接地板、实木复合地板及用于装饰墙壁、天棚的侧端面为榫、槽的实木装饰板。未经涂饰的素板属于本税目的征税范围。

（14）电池。电池是一种将化学能、光能等直接转换为电能的装置，一般由电极、电解质、容器、极端组成，通常还有隔离层组成的基本功能单元，以及用一个或多个基本功能单元装配成的电池组。电池包括原电池、蓄电池、燃料电池、太阳能电池和其他电池。

（15）涂料。涂料是指涂于物体表面能形成具有保护、装饰或特殊性能的固态涂膜的一类液体或固体材料的总称。按主要成膜物质，涂料可分为油脂类、天然树脂类、酚醛树脂类、沥青类、醇酸树脂类、氨基树脂类、硝基类、过滤乙烯树脂类、烯类树脂类、丙烯酸酯类树脂类、聚酯树脂类、环氧树脂类、聚氨酯树脂类、元素有机类、橡胶类、纤维素类、其他成膜物类等。

2．税率

消费税的基本税率形式有 3 种：比例税率、定额税率、比例和定额复合税率。根据不同的税目或子税目确定相应的税率或单位税额。其中，定额税率只适用于啤酒、黄酒、成品油，复合税率适用于卷烟和白酒，其他应税消费品适用比例税率。各税目消费税税率如表 4-1 所示。

表 4-1　　消费税税目税率表

税目	税率
一、烟	
1. 卷烟	
工业：（1）甲类卷烟	56%加 0.003 元/支
（2）乙类卷烟	36%加 0.003 元/支
商业批发	11%加 0.005 元/支
2. 雪茄烟	36%
3. 烟丝	30%
二、酒	
1. 白酒（包括粮食白酒和薯类白酒）	20%加 0.5 元/500 克
2. 黄酒	240 元/吨
3. 啤酒	
（1）甲类啤酒	250 元/吨
（2）乙类啤酒	220 元/吨
4. 其他酒	10%

续表

税目	税率
三、高档化妆品	15%
四、贵重首饰及珠宝玉石	
1. 金银首饰、铂金首饰和钻石及钻石饰品	5%
2. 其他贵重首饰和珠宝玉石	10%
五、鞭炮、焰火	15%
六、成品油	
1. 汽油（无铅汽油）	1.52 元/升
2. 柴油	1.2 元/升
3. 航空煤油	1.2 元/升
4. 石脑油	1.52 元/升
5. 溶剂油	1.52 元/升
6. 润滑油	1.52 元/升
7. 燃料油	1.2 元/升
七、摩托车	
1. 气缸容量（排气量，下同）为 250 毫升的	3%
2. 气缸容量在 250 毫升以上的	10%
八、小汽车	
1. 乘用车	
（1）气缸容量（排气量，下同）在 1.0 升（含 1.0 升）以下的	1%
（2）气缸容量在 1.0 升以上至 1.5 升（含 1.5 升）的	3%
（3）气缸容量在 1.5 升以上至 2.0 升（含 2.0 升）的	5%
（4）气缸容量在 2.0 升以上至 2.5 升（含 2.5 升）的	9%
（5）气缸容量在 2.5 升以上至 3.0 升（含 3.0 升）的	12%
（6）气缸容量在 3.0 升以上至 4.0 升（含 4.0 升）的	25%
（7）气缸容量在 4.0 升以上的	40%
2. 中轻型商用客车	5%
九、高尔夫球及球具	10%
十、高档手表	20%
十一、游艇	10%
十二、木制一次性筷子	5%
十三、实木地板	5%
十四、电池	4%
十五、涂料	4%

说明：① 航空煤油暂缓征收消费税。

② 甲类啤酒是指每吨啤酒出厂价格（含包装物及包装物押金）在 3 000 元（含 3 000 元，不含增值税）以上的及娱乐业、饮食业自制的啤酒；乙类啤酒是指每吨啤酒出厂价格在 3 000 元（不含 3 000 元，不含增值税）以下的。

③ 甲类卷烟是指每标准条卷烟（200 支）对外调拨价格高于 70 元的；乙类卷烟每标准条卷烟（200 支）对外调拨价格低于 70 元的。

④ 自 2015 年 5 月 10 日起，将卷烟批发环节从价税税率由 5%提高至 11%，并按 0.005 元/支加征从量税（财税〔2015〕60 号）。

⑤ 对无汞原电池、金属氢化物镍蓄电池（又称“氢镍蓄电池”或“镍氢蓄电池”）、锂原电池、锂离子蓄电池、太阳能电池、燃料电池和全钒液流电池免征消费税；对施工状态下挥发性有机物（Volatile Organic Compounds，VOC）含量低于 420 克/升（含）的涂料免征消费税。

⑥ 自 2016 年 10 月 1 日起，化妆品征收范围调整为高档化妆品，税率由 30%调整为 15%（财税〔2016〕103 号）。

3．消费税税率的特殊规定

（1）纳税人兼营不同税率的应当缴纳消费税的消费品（以下简称应税消费品），应当分别核算不同税率应税消费品的销售额、销售数量；未分别核算销售额、销售数量，或者将不同税率的应税消费品组成成套消费品销售的，从高适用税率。

纳税人兼营不同税率的应当缴纳消费税的消费品，是指纳税人生产销售两种税率以上的应税消费品。

（2）纳税人将自产的应税消费品与外购或自产的非应税消费品组成套装销售的，以套装产品的销售额（不含增值税）为计税依据。

4．消费税的纳税环节

消费税实行单环节一次征收，除金银首饰、钻石及钻石饰品改在零售环节征税外，其他消费税只在生产、委托加工或进口环节征税，除另有规定外，在以后的批发、零售等环节不再征收消费税。其具体有以下几种情况。

（1）纳税人生产的应税消费品，由生产者于销售时纳税。

（2）纳税人自产应税消费品，用于其他方面视同销售的，于移送使用时纳税。

（3）委托加工的应税消费品，由受托方在委托方提货时代收代缴税款。

（4）进口的应税消费品，于报关进口时纳税，由海关征收。个人携带或邮寄进境的应税消费品的消费税，连同关税一并计征。

（5）金银首饰消费税由生产销售环节征收改为零售环节征收（财税〔1994〕095号），钻石、钻石饰品消费税由生产环节、进口环节征收改为零售环节征收（财税〔2001〕176号），铂金首饰消费税由生产、进口环节征收改为零售环节征收（财税〔2003〕86号）。

（6）自2009年5月1日起，在卷烟批发环节加征一道从价税（财税〔2009〕84号）。

五、实行从价定率计征办法消费税应纳税额的计算

实行从价定率办法征税的应税消费品，其应纳税额的计算公式如下。

应纳税额＝销售额×比例税率

1．生产销售应税消费品

纳税人生产的应税消费品，于纳税人销售时纳税。销售，是指有偿转让应税消费品的所有权。有偿，是指从购买方取得货币、货物或者其他经济利益。

（1）销售额的一般规定。销售额为纳税人销售应税消费品向购买方收取的全部价款和价外费用，不包括应向购货方收取的增值税税款。价外费用，是指价外向购买方收取的手续费、补贴、基金、集资费、返还利润、奖励费、违约金、滞纳金、延期付款利息、赔偿金、代收款项、代垫款项、包装费、包装物租金、储备费、优质费、运输装卸费及其他各种性质的价外收费。但下列项目不包括在内，不能计为价外费用。

① 同时符合以下条件的代垫运输费用。

- 承运部门的运输费用发票开具给购买方的。
- 纳税人将该项发票转交给购买方的。

② 同时符合以下条件代为收取的政府性基金或者行政事业性收费。

- 由国务院或者财政部批准设立的政府性基金，由国务院或者省级人民政府及其财政、价格主管部门批准设立的行政事业性收费。
- 收取时开具省级以上财政部门印制的财政票据。
- 所收款项全额上缴财政。

纳税人销售的应税消费品，以人民币计算销售额。纳税人以人民币以外的货币结算销售额的，应当折合成人民币计算。

案例 4-1

某化妆品生产企业为增值税一般纳税人，10 月 15 日向某大型商场销售高档化妆品一批，开具增值税专用发票，取得不含增值税销售额 30 万元，增值税税额 5.1 万元；10 月 20 日向某单位销售高档化妆品一批，开具普通发票，取得含增值税销售额 4.68 万元。要求：计算该化妆品生产企业应缴纳的消费税额。

解析

① 化妆品应税销售额 = 30 + 4.68÷（1 + 17%）= 34（万元）。

② 应纳消费税税额 = 34 × 15% = 5.1（万元）。

（2）应税销售额的其他规定。

① 含增值税的销售额的换算。如果纳税人应税消费品的销售额中未扣除增值税税款或者因不得开具增值税专用发票而发生价款和增值税税款合并收取的，在计算消费税时，应当换算为不含增值税税款的销售额。其换算公式如下。

应税消费品的销售额 = 含增值税的销售额÷（1 + 增值税税率或征收率）

② 包装物与包装物押金的规定。应税消费品连同包装物销售的，无论包装物是否单独计价及在会计上如何核算，均应并入应税消费品的销售额中缴纳消费税。如果包装物不作价随同产品销售，而是收取押金，此项押金则不应并入应税消费品的销售额中征税。但对因逾期未收回的包装物不再退还的或者已收取的时间超过 12 个月的押金，应并入应税消费品的销售额，按照应税消费品的适用税率缴纳消费税。

对既作价随同应税消费品销售，又另外收取押金的包装物的押金，凡纳税人在规定的期限内没有退还的，均应并入应税消费品的销售额，按照应税消费品的适用税率缴纳消费税。

对酒类产品生产企业销售酒类产品（黄酒、啤酒除外）而收取的包装物押金，无论押金是否返还与会计上如何核算，均须并入酒类产品销售额中，依酒类产品的适用税率征收消费税。

③ 卷烟批发环节征收消费税的计税依据为纳税人批发卷烟的销售额（不含增值税），是指纳税人按卷烟销售数量和批发价格计算的销售额（不含增值税），不包括卷烟批发环节消费税纳税义务人直营店零售业务批零差价收入。

④ 纳税人销售的应税消费品，如因质量等原因由购买者退回时，经机构所在地或者居住地主管税务机关审核批准后，可退还已缴纳的消费税税款。

⑤ 纳税人应税消费品的计税价格明显偏低并无正当理由的，由主管税务机关核定其计税价

格。应税消费品的计税价格的核定权限规定如下。

- 卷烟、白酒和小汽车的计税价格由国家税务总局核定，送财政部备案。
- 其他应税消费品的计税价格由省、自治区和直辖市国家税务局核定。
- 进口的应税消费品的计税价格由海关核定。

2. 自产自用应税消费品

自产自用的应税消费品是指纳税人生产应税消费品后，不是直接用于对外销售，而是用于自己连续生产应税消费品，或用于其他方面的。

（1）用于连续生产应税消费品。用于连续生产应税消费品，是指纳税人将自产自用的应税消费品作为直接材料生产最终应税消费品，自产自用应税消费品构成最终应税消费品的实体。纳税人自产自用的应税消费品，用于连续生产应税消费品的，不纳税。

（2）用于其他方面。用于其他方面，是指纳税人将自产自用的应税消费品用于生产非应税消费品、在建工程、管理部门、非生产机构、提供劳务、馈赠、赞助、集资、广告、样品、职工福利、奖励等方面。纳税人自产自用的应税消费品，用于其他方面的，于移送使用时纳税。自产自用的应税消费品用于其他方面的，按以下顺序确定计税依据。

① 按照同类消费品的销售价格计算纳税。纳税人自产自用的应税消费品，按照纳税人生产的同类消费品的销售价格计算纳税。

同类消费品的销售价格，是指纳税人或者代收代缴义务人当月销售的同类消费品的销售价格，如果当月同类消费品各期销售价格高低不同，应按销售数量加权平均计算。但销售的应税消费品有下列情况之一的，不得列入加权平均计算。

- 销售价格明显偏低并无正当理由的。
- 无销售价格的。

如果当月无销售或者当月未完结，应按照同类消费品上月或者最近月份的销售价格计算纳税。

② 按照组成计税价格计算纳税。没有同类消费品销售价格的，按照组成计税价格计算纳税。组成计税价格计算公式如下。

组成计税价格＝（成本＋利润）÷（1-比例税率）

实行复合计税办法（卷烟、白酒）计算纳税的组成计税价格计算公式如下。

组成计税价格＝（成本＋利润＋自产自用数量×定额税率）÷（1-比例税率）

成本，是指应税消费品的产品生产成本；利润，是指根据应税消费品的全国平均成本利润率计算的利润，即利润＝成本×成本利润率。应税消费品全国平均成本利润率由国家税务总局确定，应税消费品的全国平均成本利润率如表4-2所示。

表4-2　应税消费品全国平均成本利润率

项目	成本利润率	项目	成本利润率
1. 甲类卷烟	10%	6. 薯类白酒	5%
2. 乙类卷烟	5%	7. 其他酒	5%
3. 雪茄烟	5%	8. 化妆品	5%
4. 烟丝	5%	9. 鞭炮、焰火	5%
5. 粮食白酒	10%	10. 贵重首饰及珠宝玉石	6%

续表

项目	成本利润率	项目	成本利润率
11. 摩托车	6%	16. 木制一次性筷子	5%
12. 乘用车	8%	17. 实木地板	5%
13. 中轻型商用客车	5%	18. 游艇	10%
14. 高尔夫球及球具	10%	19. 电池	4%
15. 高档手表	20%	20. 涂料	7%

案例 4-2

某企业生产成套化妆品作为年终奖励发给本厂职工，查知无同类产品销售价格，其生产成本为 15 000 元，国家税务总局核定的该产品的成本利润率为 5%，高档化妆品的适用消费税税率为 15%，计算应纳消费税税额。

解析

（1）组成计税价格 =（15 000 + 15 000 × 5%）÷（1-15%）=18 529.41（元）。

（2）应纳消费税税额 =18 529.41 × 15% =2 779.41（元）。

3．外购应税消费品已纳消费税税额的扣除

用外购已纳消费税的消费品继续加工生产应税消费品的，在计算征收消费税时，为避免重复征税，准予按当期生产领用数量扣除外购应税消费品已缴纳的消费税税款。

（1）准予扣除外购已税消费品消费税款的应税消费品范围。

① 以外购已税烟丝为原料生产的卷烟。

② 以外购已税化妆品为原料生产的化妆品。

③ 以外购已税珠宝玉石为原料生产的贵重首饰及珠宝玉石。

④ 以外购已税鞭炮焰火为原料生产的鞭炮焰火。

⑤ 以外购已税摩托车连续生产的摩托车。

⑥ 以外购已税杆头、杆身和握把为原料生产的高尔夫球杆。

⑦ 以外购已税木制一次性筷子为原料生产的木制一次性筷子。

⑧ 以外购已税实木地板为原料生产的实木地板。

⑨ 以外购已税石脑油为原料生产的应税消费品。

⑩ 以外购已税润滑油为原料生产的润滑油。

⑪ 对外购已税汽油、柴油用于连续生产的甲醇汽油、生物柴油。

⑫ 以外购已税汽油、柴油为原料连续生产的汽油、柴油。

⑬ 以外购已税电池、涂料为原料连续生产的电池、涂料。

（2）已纳消费税税款扣除的计算。

已纳税款的扣除计算公式如下。

当期准予扣除的外购应税消费品已纳税款 = 当期准予扣除的外购应税消费品买价 × 外购应税消费品适用税率

当期准予扣除的外购应税消费品买价＝期初库存的外购应税消费品买价＋当期购进的应税消费品买价－期末库存的外购应税消费品买价

外购已税消费品的买价是指购货发票上注明的销售额（不包括增值税税额）。

纳税人用外购的已税珠宝玉石生产的改在零售环节征收消费税的金银首饰（镶嵌首饰）、钻石首饰，在计税时，一律不得扣除外购珠宝玉石的已纳税款。

准予扣除已纳税款的应税消费品只限于从工业企业购进的应税消费品和进口环节已缴纳消费税的应税消费品，对从商业企业购进应税消费品的已纳税款除符合条件可以扣除的以外，一律不得扣除。

案例 4-3

某烟厂 5 月外购烟丝，取得增值税专用发票上注明的货款为 50 万元，税款为 8.5 万元，本月生产领用 80%，期初库存的外购烟丝 2 万元，期末库存的外购烟丝 12 万元。计算该企业本月应纳消费税中准予扣除的消费税（烟丝的消费税税率为 30%）。

解析

（1）生产领用部分买价＝50×80%＝40（万元）。

或生产领用部分买价＝2＋50−12＝40（万元）。

（2）准予扣除的消费税＝40×30%＝12（万元）。

4．委托加工应税消费品应纳消费税税额的计算

因为经济和技术等方面的原因，企业有时会委托外单位加工应税消费品，加工后或直接对外销售，或连续加工，或转作其他用途。按照税法规定，对委托加工的应税消费品，由受托方在向委托方交货时代收代缴消费税款；纳税人如果委托个人加工应税消费品，一律在委托方收回后在委托方所在地缴纳消费税。

（1）委托加工应税消费品的确定。委托加工应税消费品是指由委托方提供原材料和主要材料，受托方只收取加工费和代垫部分辅助材料加工的应税消费品。对于由受托方提供原料生产的应税消费品或者受托方先将原材料卖给委托方，然后再接受加工的应税消费品及由受托方以委托方的名义购进原材料生产的应税消费品，不论纳税人在财务上是否做销售处理，都不应作为委托加工应税消费品，而应当按照受托方销售自制应税消费品缴纳消费税。

（2）委托加工应税消费品代收代缴税款的计算。根据税法规定，委托加工的应税消费品，按照受托方的同类消费品的销售价格计算纳税；没有同类消费品销售价格的，按照组成计税价格计算纳税。

① 以同类消费品的销售价格作为计税依据。委托加工的应税消费品，按照受托方的同类消费品的销售价格计算纳税。受托加工同类消费品的销售价格的确定方法，与受托方自产自用应税消费品销售价格的方法相同，在此不再重复。

② 以组成计税价格为计税依据。纳税人委托加工的消费品，在没有同类消费品销售价格的情况下，按照组成计税价格计算纳税，计算公式如下。

组成计税价格＝（材料成本＋加工费）÷（1−消费税税率）

实行复合计税办法（卷烟、白酒）计算纳税的组成计税价格计算公式如下。

组成计税价格＝（材料成本＋加工费＋委托加工数量 × 定额税率）÷（1−比例税率）

材料成本，是指委托方所提供加工材料的实际成本。委托加工应税消费品的纳税人，必须在委托加工合同上如实注明（或者以其他方式提供）材料成本，凡未提供材料成本的，受托方主管税务机关有权核定其材料成本。

加工费，是指受托方加工应税消费品向委托方所收取的全部费用（包括代垫辅助材料的实际成本），不包括增值税税金。

案例 4-4

甲企业委托乙企业加工一批应税消费品，甲企业为乙企业提供原材料等，实际成本为 7 000 元，支付乙企业加工费 2 000 元，其中包括乙企业代垫的辅助材料 500 元。已知适用的消费税税率为 10%，受托方无同类消费品销售价格。试计算乙企业代收代缴应税消费品的消费税税款。

解析

组成计税价格=（材料成本＋加工费）÷（1−消费税税率）

=（7 000＋2 000）÷（1−10%）=10 000（元）。

乙企业代收代缴消费税税款＝10 000 × 10%＝1 000（元）。

（3）委托加工应税消费品收回后有关问题的处理。

① 委托方在委托加工应税消费品收回后，直接对外销售的不再征收消费税。

② 委托加工应税消费品收回后，用于连续生产应税消费品的，其已纳税款准予从生产的应税消费品应纳消费税税额中扣除。扣除标准按当期领用委托加工已税消费品的数量计算。计算公式如下。

当期准予扣除的委托加工应税消费品的已纳税款＝期初库存的委托加工应税消费品的已纳税款＋当期收回的委托加工应税消费品的已纳税款−期末库存的委托加工应税消费品的已纳税款

扣除范围如下。

① 以委托加工收回的已税烟丝为原料生产的卷烟。

② 以委托加工收回的已税化妆品为原料生产的化妆品。

③ 以委托加工收回的已税珠宝玉石为原料生产的贵重首饰及珠宝玉石。

④ 以委托加工收回的已税鞭炮焰火为原料生产的鞭炮焰火。

⑤ 以委托加工收回的已税摩托车连续生产的摩托车。

⑥ 以委托加工收回的已税杆头、杆身和握把为原料生产的高尔夫球杆。

⑦ 以委托加工收回的已税木制一次性筷子为原料生产的一次性木制筷子。

⑧ 以委托加工收回的已税实木地板为原料生产的实木地板。

⑨ 以委托加工收回的已税石脑油为原料生产的应税消费品。

⑩ 以委托加工收回的已税润滑油为原料生产的润滑油。

⑪ 对委托加工收回的已税汽油、柴油用于连续生产的甲醇汽油、生物柴油。

⑫ 以委托加工收回的已税汽油、柴油为原料，连续生产汽油、柴油。

⑬ 以委托加工收回的已税电池、涂料为原料生产的电池、涂料。

纳税人用委托加工收回的已税珠宝玉石生产的改在零售环节征收的金银首饰，计税时不得扣除委托加工收回的珠宝玉石的已税消费税款。扣除范围以外的以委托加工收回的已税白酒、小汽车、成品油等为原料生产的应税消费品对外销售，其已纳税款不准予抵扣。对用委托加工收回的已税汽油生产的乙醇汽油免税。

案例 4–5

某卷烟厂委托加工厂加工一批烟丝，双方签订的委托加工合同中注明卷烟厂提供的烟叶价值 80 000 元，加工费 15 000 元，加工厂代垫辅料价值 5 000 元（加工费和辅料费均为不含税价格），烟丝加工完毕，加工厂向卷烟厂交货时代收代缴消费税（烟丝的消费税税率为 30%），受托方无同类产品的销售价格。卷烟厂将委托加工收回的烟丝 50%直接对外销售，开具的普通发票上注明的销售额为 83 000 元；其余 50%全部用于生产卷烟，当月销售卷烟 100 箱，开具的增值税专用发票上注明的销售额为 120 000 元（假设卷烟的消费税定额税率为 150 元/箱，比例税率为 36%），委托方与受托方均为一般纳税人，委托方支付加工费时取得了增值税专用发票。计算加工厂代收代缴消费税和应缴增值税，计算卷烟厂应缴消费税及增值税。

解析

（1）加工厂代收代缴消费税和应缴增值税的计算。

① 组成计税价格 =（80 000 + 15 000 + 5 000）÷（1−30%）≈ 142 857.14（元）。

② 加工厂代收代缴消费税税额 = 142 857.14 × 30% ≈ 42 857.14（元）。

③ 加工厂应缴纳增值税税额 =（15 000 + 5 000）× 17% = 3 400（元）。

（2）卷烟厂应缴消费税及增值税的计算。

① 当期准予扣除烟丝已纳消费税税款 = 42 857.14 × 50% ≈ 21 428.57（元）。

② 卷烟厂销售卷烟应纳消费税税额 = 100 × 150 + 120 000 × 36% = 58 200（元）。

③ 卷烟厂应纳消费税税额 = 58 200−21 428.67 = 36 771.33（元）。

④ 卷烟厂当期增值税进项税额 = 3 400（元）。

卷烟厂当期增值税销项税额 = 83 000÷（1 + 17%）× 17% + 120 000 × 17%

≈ 12 059.83 + 20 400 = 32 459.83（元）。

当期卷烟厂应纳增值税 = 32 459.83−3 400 = 29 059.83（元）。

5．进口应税消费品应纳消费税税额的计算

根据《消费税暂行条例》的规定，进口的应税消费品，按照组成计税价格计算纳税，计算公式如下。

组成计税价格 =（关税完税价格 + 关税）÷（1−消费税税率）

纳税额 = 组成计税价格 × 适用税率

实行复合计税办法计算纳税的组成计税价格的计算公式如下。

组成计税价格 =（关税完税价格 + 关税 + 进口数量 × 消费税定额税率）÷（1−消费税比例税率）

公式中的“关税完税价格”是指海关核定的关税计税价格。

案例 4-6

某公司从境外进口一批化妆品，经海关核定，关税的完税价格为 54 000 元，进口关税税率为 25%，消费税税率为 15%。要求计算进口化妆品应纳消费税税额。

解析

（1）组成计税价格 =（54 000 + 54 000 × 25%）÷（1-15%）= 79 411.76（元）。

（2）应纳消费税税额 = 79 411.76 × 15% = 11 911.76（元）。

6．金银首饰、钻石、钻石饰品应纳税额的计算

金银首饰、钻石、钻石饰品的消费税改在零售环节征收，其应纳税额计算的相关规定请见本书附录 A。

六、实行从量定额计征办法消费税应纳税额的计算

从量定额办法计征消费税在生产销售、自产自用、委托加工、进口应税消费品等方面的应税规定与从价定率计征办法相同，只是计税依据和适用税率不同。

我国消费税对啤酒、黄酒、成品油等应税消费品实行定额税率，采用从量定额的办法征税，在从量定额计算方法下，应纳税额的计算取决于应税消费品的销售数量和单位税额两个因素。其基本计算公式如下。

应纳税额 = 应税消费品的销售数量 × 单位税额

1．销售数量的确定

销售数量是指纳税人生产、加工和进口应税消费品的数量，具体规定如下。

（1）销售应税消费品的，为应税消费品的销售数量。

（2）自产自用应税消费品用于其他方面的，为应税消费品的移送使用数量。

（3）委托加工应税消费品的，为纳税人收回的应税消费品数量。

（4）进口的应税消费品，为海关核定的应税消费品进口征税数量。

2．计量单位的换算标准

《消费税暂行条例》规定，黄酒、啤酒以吨为税额单位；汽油、柴油以升为税额单位。但是，考虑到在实际销售过程中，一些纳税人会把吨或升这两个计量单位混用，为了规范不同产品的计量单位，以准确计算应纳税额，对吨与升两个计量单位的换算标准介绍如下。

啤酒	1 吨 = 988 升
黄酒	1 吨 = 962 升
汽油	1 吨 = 1 388 升
柴油	1 吨 = 1 176 升
石脑油	1 吨 = 1 385 升
溶剂油	1 吨 = 1 282 升
润滑油	1 吨 = 1 126 升

燃料油　　　　1 吨 = 1 015 升
航空煤油　　　1 吨 = 1 246 升

案例 4-7

某啤酒厂 8 月销售啤酒 400 吨，每吨出厂价格 2 800 元。要求计算 8 月应纳消费税税额。

解析

（1）每吨售价在 3 000 元以下的，适用单位税额 220 元/吨。

（2）应纳税额 = 销售数量 × 单位税额 = 400 × 220 = 88 000（元）。

七、实行复合计征办法消费税应纳税额的计算

卷烟和白酒实行从量定额和从价定率相结合计算应纳税额的复合计征办法。其应纳税额的计算公式如下。

应纳税额 = 销售数量 × 定额税率 + 销售额 × 比例税率

从量定额和从价定率相结合的复合计征办法的具体内容，分别参照上述从量定额计征办法和从价定率计征办法的相关规定，此处不再赘述。

案例 4-8

某酒厂 2015 年 10 月销售粮食白酒 12 000 斤，售价为 5 元/斤，随同销售的包装物价格 6 200 元；本月销售礼品盒 6 000 套，售价为 300 元/套，每套包括粮食白酒 2 斤、单价 80 元，干红酒 2 斤、单价 70 元。计算该企业 12 月应纳消费税税额（题中的价格均为不含税价格）。

解析

该企业 10 月应纳消费税 =（12 000 × 5 + 6 200）× 20% + 12 000 × 0.5 + 6 000×300× 20%+ 6 000 × 4×0.5 = 13 240 + 6 000 + 360 000 + 12 000 = 391 240（元）。

八、出口应税消费品退（免）税

纳税人出口应税消费品，与出口货物一样，按照税法规定，享受退（免）税优惠。由于出口应税消费品同时涉及退（免）增值税和消费税，且退（免）消费税与出口货物退（免）增值税在退（免）税范围的限定、退（免）税办理程序、退（免）税审核及管理上都有许多一致的地方。因此，这里重点就出口应税消费品退（免）消费税的某些特殊规定做介绍。

1．出口应税消费品的免税规定

消费税由于是对少数需要调节的特定消费品进行征税，对不需要调节的消费品在确定征税范围时就没有列入。所以，除极特殊情况，一般不给予减免税优惠。但按照《消费税暂行条例》的规定，对纳税人出口的应税消费品，免征消费税；国务院另有规定的除外。国务院另有规定的，是指国家限制出口的应税消费品。

免征消费税的出口应税消费品应分为不同情况处理：①生产企业直接出口应税消费品或委托

外贸企业出口应税消费品，按规定直接予以免税的，可不计算应缴消费税；②外贸企业出口应税消费品，按规定计算（退）消费税。

2．出口应税消费品退（免）消费税政策

出口应税消费品退（免）消费税在政策上分为3种情况。

（1）出口免税并退税。适用这个政策的是：有出口经营权的外贸企业购进应税消费品直接出口及外贸企业受其他外贸企业委托代理出口应税消费品。这里需要注意的是：外贸企业只有受其他外贸企业委托，代理出口应税消费品才可办理退税；外贸企业受其他企业（主要指商贸企业）委托，代理出口应税消费品是不予退（免）消费税的。

（2）出口免税但不退税。适用这个政策的是：有出口经营权的生产性企业自营出口和生产企业委托外贸企业代理出口自产的应税消费品，依据其实际出口数量免征消费税，不予办理退还消费税。这里，生产性企业按其实际出口数量已被免征消费税，即该应税消费品出口时已不含消费税，因此无须办理退还消费税。

（3）出口不免税也不退税。除生产企业、外贸企业以外的其他企业（主要指一般商贸企业）委托外贸企业代理出口应税消费品的一律不予退（免）税。

3．出口应税消费品退税税率的确定

计算出口应税消费品应退消费税的退税率或单位税额严格按消费税税目税率表执行。当出口的货物是应税消费品时其退还的增值税要按规定的退税率计算；退还的消费税则要按消费税的适用税率（单位税额）计算。企业应将不同消费税税率的出口应税消费品分开核算和申报。凡划分不清适用税率的，一律从低适用税率计算应退消费税税额。

4．出口应税消费品退税的计算

外贸企业从生产企业购进货物直接出口或委托其他外贸企业代理出口应税消费品的应退消费税款，分2种情况处理。

（1）属于从价定率计征消费税的应税消费品，应依照外贸企业从工厂购进货物时征收消费税的价格计算应退消费税税款。

应退消费税税款＝出口消费品的工厂销售额×税率

公式中的“出口消费品的工厂销售额”不包括增值税，对含增值税的购进金额应换算为不含增值税的金额。

（2）属于从量定额计征消费税的应税消费品，应依照货物购进和报关出口的数量计算应退消费税税款。

应退消费税税款＝出口数量×单位税额

5．出口应税消费品退（免）税后的管理

出口的应税消费品办理退税后，发生退关，或者国外退货进口时予以免税的，报关出口者必须及时向其机构所在地或者居住地主管税务机关申报补缴已退的消费税税款。

纳税人直接出口的应税消费品办理免税后，发生退关或者国外退货，进口时已予以免税的，经机构所在地或者居住地主管税务机关批准，可暂不办理补税，待其转为国内销售时，再申报补缴消费税。

九、消费税的征收管理

1. 纳税义务发生时间

根据《消费税暂行条例》与实施细则的规定，将消费税纳税义务发生时间分列如下。

（1）纳税人销售应税消费品的，按不同的销售结算方式分为以下几种。

① 采取赊销和分期收款结算方式的，为书面合同约定的收款日期的当天，书面合同没有约定收款日期或者无书面合同的，为发出应税消费品的当天。

② 采取预收货款结算方式的，为发出应税消费品的当天。

③ 采取托收承付和委托银行收款方式的，为发出应税消费品并办妥托收手续的当天。

④ 采取其他结算方式的，为收讫销售款或者取得索取销售款凭据的当天。

（2）纳税人自产自用应税消费品的，为移送使用的当天。

（3）纳税人委托加工应税消费品的，为纳税人提货的当天。

（4）纳税人进口应税消费品的，为报关进口的当天。

2. 纳税地点

根据《消费税暂行条例》与实施细则的规定，对消费税的具体纳税地点分述如下。

（1）纳税人销售的应税消费品，以及自产自用的应税消费品，除国务院财政、税务主管部门另有规定外，应当向纳税人机构所在地或者居住地的主管税务机关申报纳税。

（2）委托加工的应税消费品，除受托方为个人外，由受托方向机构所在地或者居住地的主管税务机关解缴消费税税款。

（3）进口的应税消费品，应当向报关地海关申报纳税。

（4）纳税人到外县（市）销售或者委托外县（市）代销自产应税消费品的，于应税消费品销售后，向机构所在地或者居住地主管税务机关申报纳税。

（5）纳税人的总机构与分支机构不在同一县（市）的，应当分别向各自机构所在地的主管税务机关申报纳税；经财政部、国家税务总局或者其授权的财政、税务机关批准，可以由总机构汇总向总机构所在地的主管税务机关申报纳税。

（6）委托个人加工的应税消费品，由委托方向其机构所在地或者居住地主管税务机关申报纳税。

3. 纳税期限

根据《消费税暂行条例》的规定，消费税的纳税期限分别为 1 日、3 日、5 日、10 日、15 日、1 个月或者 1 个季度。纳税人的具体纳税期限，由主管税务机关根据纳税人应纳税额的大小分别核定；不能按照固定期限纳税的，可以按次纳税。

纳税人以 1 个月或者 1 个季度为 1 个纳税期的，自期满之日起 15 日内申报纳税；以 1 日、3 日、5 日、10 日或者 15 日为 1 个纳税期的，自期满之日起 5 日内预缴税款，于次月 1 日起 15 日内申报纳税并结清上月应纳税款。

纳税人进口应税消费品，应当自海关填发海关进口消费税专用缴款书之日起 15 日内缴纳税款。

十、消费税的纳税申报

消费税纳税申报是指消费税纳税人依照税收法律法规规定的申报期限，及时向主管税务机关办理消费税纳税申报的业务，如实填写并报送消费税纳税申报表等申报材料。纳税申报材料包括以下几项。

1．消费税纳税申报表（一式两份）及相关资料

为了在全国范围内统一、规范消费税纳税申报资料，加强消费税管理的基础工作，国家税务总局制定了烟类应税消费品消费税纳税申报表、酒类应税消费品消费税纳税申报表、成品油消费税纳税申报表、小汽车消费税纳税申报表、其他应税消费品消费税纳税申报表（如表4-3所示，填表说明略）、电池消费税纳税申报表、涂料消费税纳税申报表。

2．金银饰品购销存月报表（金银饰品经营单位填报）

表4-3　　　　其他应税消费品消费税纳税申报表

（本表限化妆品、贵重首饰及珠宝玉石、鞭炮焰火、摩托车、高尔夫球及球具、高档手表、游艇、木制一次性筷子、实木地板等消费税纳税人使用）

税款所属期：　　年　月　日至　　年　月　日

纳税人名称（公章）：　　纳税人识别号：

填表日期：　　年　月　日　　　　金额单位：元（列至角分）

项目 应税消费品名称	适用税率	销售数量	销售额	应纳税额
合计	—			

	声明
本期准予抵减税额：	此纳税申报表是根据国家税收法律的规定填报的，我确定它是真实的、可靠的、完整的。
本期减（免）税额：	经办人（签章）：
期初未缴税额：	财务负责人（签章）： 联系电话：
本期缴纳前期应纳税额：	（如果你已委托代理人申报，请填写）
本期预缴税额：	授权声明
本期应补（退）税额：	为代理一切税务事宜，现授权＿＿＿＿＿＿（地址）＿＿＿＿＿＿为本纳税人的代理申报人，任何与本申报表有关的往来文件，都可寄予此人。
期末未缴税额：	授权人签章：

以下由税务机关填写

受理人（签章）：　　受理日期：　　年　月　日　　受理税务机关（章）：

项目实施

济南富乐门烟草有限责任公司计算填列消费税纳税申报表如表4-4所示。

（1）卷烟应纳消费税额 = 应税销售额 × 适用税率 + 应税销售数量 × 单位数额= 672 340 × 36% + 50 × 150 = 249 542.40（元）。

说明：每标准条卷烟价格为 53.79（672 340/50/50 000 × 200）元，适用比例税率为 36%。

（2）烟丝当期准予扣除外购应税消费品已纳税款 =（期初库存外购应税消费品买价 + 当期购进外购应税消费品买价 - 期末库存外购应税消费品买价）× 外购应税消费品适用税率 =（10 234 + 103 648-5 698）× 30% = 108 184 × 30% = 32 455.20（元）。

（3）烟丝当期准予扣除委托加工应税消费品已纳税款 = 期初库存委托加工应税消费品已纳税款 + 当期收回委托加工应税消费品已纳税款 - 期末库存委托加工应税消费品已纳税款 = 32 743 + 5 970-15 000 = 23 713（元）。

（4）本期准予扣除税额 = 32 455.20 + 23 713 = 56 168.20（元）。

（5）期初未缴税额 = 322 000（元）。

（6）本期缴纳前期应纳税额 = 322 000（元）。

（7）本期应补（退）税额=应纳税额-本期准予扣除税额=249 542.40-56 168.20= 193 374.20（元）。

表 4-4　　烟类应税消费品消费税纳税申报表

税款所属期：2016 年 08 月 01 日 至 2016 年 08 月 31 日

纳税人名称（公章）：济南富乐门烟草有限责任公司　　纳税人识别号：370105104794948

填表日期：2016 年 09 月 03 日　单位：卷烟万支、雪茄烟支、烟丝千克；　金额单位：元（列至角分）

项目 应税消费品名称	适用税率		销售数量	销售额	应纳税额
	定额税率	比例税率			
卷烟	30 元/万支	56%			
卷烟	30 元/万支	36%	250	672 340.00	249 542.40
雪茄烟	—	36%			
烟丝	—	30%			
合计	—	—	—	—	249 542.40

本期准予扣除税额：	56 168.20	声明 此纳税申报表是根据国家税收法律的规定填报的，我确定它是真实的、可靠的、完整的。 经办人（签章）： 财务负责人（签章）： 联系电话：
本期减（免）税额：	0.00	
期初未缴税额：	322 000.00	
本期缴纳前期应纳税额：	322 000.00	（如果你已委托代理人申报，请填写） 授权声明 为代理一切税务事宜，现授权______（地址）______为本纳税人的代理申报人，任何与本申报表有关的往来文件，都可寄予此人。 授权人签章：
本期预缴税额：	0.00	
本期应补（退）税额：	193 374.20	
期末未缴税额：	193 374.20	

以下由税务机关填写

受理人（签章）：　　受理日期：　年　月　日　　受理税务机关（章）：

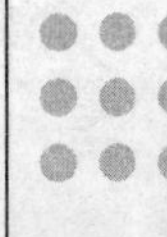

 项目小结

在项目引入部分，以济南富乐门烟草有限责任公司2016年8月的纳税资料作为案例，提出了两大任务：计算该企业当月应纳消费税税额；正确填写消费税纳税申报表。

在相关知识部分，介绍了完成上述任务需要掌握的理论知识。解读消费税法规，包括消费税纳税义务人、征税对象、税率、税收优惠；计算消费税应纳税额，包括自产自销应税消费品应纳税额的计算、自产自用应税消费品应纳税额的计算、委托加工应税消费品应纳税额的计算、进口应税消费品应纳税额的计算、准予从消费税应纳税额中抵扣税款的计算；消费税的纳税申报，包括纳税义务发生时间、纳税期限、纳税地点和纳税申报。

在项目实施部分，在掌握了理论知识的基础上，较好地完成了第一部分提出的两大任务。

练习与实训

1．简答题

（1）简述消费税的概念及特点。

（2）如何理解消费税的作用？

（3）消费税的税目有哪些？它们分别适用于哪种税率形式？

（4）纳税人直接生产销售应税消费品应纳税额应如何计算？

（5）纳税人自产自用应税消费品应纳税额应如何计算？

（6）纳税人委托加工应税消费品应纳税额应如何计算？

（7）纳税人进口应税消费品应纳税额应如何计算？

（8）简述出口应税消费品退（免）消费税政策。

（9）简述不同情况下消费税纳税义务的发生时间。

（10）试述消费税与增值税有哪些异同之处。

2．计算分析题

（1）某酒厂本月生产销售散装啤酒400吨，每吨售价2 800元。另外，该厂生产一种新的粮食白酒，广告样品使用0.2吨，已知该种白酒无同类产品出厂价，生产成本每吨35 000元，成本利润率为10%。要求：计算该厂当月应纳消费税税额。

（2）某汽车厂为增值税一般纳税人，2015年5月销售小轿车200辆，不含税单价12万元/辆，同时负责运输，取得运费收入0.5万元/辆；将1辆同型号的小轿车无偿赠送给“希望工程”；本月购进材料取得防伪税控系统开具的增值税专用发票，注明价款300万元，增值税51万元，支付购货运费15万元，取得税务机关认定的运输企业开具的运输发票。要求：计算该企业上述业务应纳增值税及消费税税额（小轿车消费税税率为5%，本月取得的相关发票均在本月认证并抵扣）。

（3）某日化厂为增值税一般纳税人，2016年3月香水生产成本20元/瓶，不含税售价25元/瓶；香粉生产成本18元/瓶，不含税售价20元/瓶；该企业将自产的3 000瓶香水和2 000瓶香粉移送用于连续生产套装化妆品；将香水和香粉各500瓶分给职工作为福利。要求：计算该企业上

述业务应纳消费税税额（化妆品消费税税率为30%）。

（4）某烟草公司2016年8月进口100箱卷烟，关税完税价格共计140万元人民币，进口卷烟关税税率为20%，消费税适用比例税率为56%，定额税率为150元/大箱。要求：计算该烟草公司进口卷烟应纳消费税税额。

（5）某钟表生产企业为增值税一般纳税人，2016年11月发生以下业务。

① 销售生产A型金表30只，取得价税合计金额40万元。

② 销售自产B型手表2 000只，取得不含增值税收入100万元。

③ 年底奖励先进工作者20只B型手表。

④ 销售自产挂钟500只，开具增值税专用发票注明价款50万元，但由于运输问题，月末仍未发货。

⑤ 自产挂钟20只被盗，每只成本750元（材料成本占70%）。

⑥ 收到购货方支付的包装物押金1万元。

⑦ 购进各种原料、配件，取得增值税专用发票价款70万元，税款11.9万元，支付运费4万元，保险费0.4万元，取得运输公司发票。

请根据上述资料，按下列序号计算有关纳税事项，每题需计算出合计数。

（1）计算该企业应纳消费税（消费税税率为20%）。

（2）计算该企业应纳增值税。

3．综合实训

【资料】 2016年10月，东方汽车制造有限公司生产销售排气量为1.8升的“东方之星”轿车150量，销售收入2 250万元；销售排气量为2.8升的“风云”轿车68量，销售收入2 176万元；销售排气量为3.8升的“先锋”轿车40量，销售收入1 470万元；销售15座轻型商用客车40量，销售收入720万元；当月还生产销售新研制的锂电池驱动电动汽车2量，取得销售收入40万元，以上收入均不含增值税。

【要求】 计算企业当月应纳消费税，并填制消费税纳税申报表，如表4-5所示。

表4-5　小汽车消费税纳税申报表

税款所属期：　　年　月　日至　　年　月　日

纳税人名称（公章）：　纳税人识别号：□□□□□□□□□□□□□□□□□□□□

填表日期：　年　月　日　　　单位：辆、元（列至角分）

应税消费品名称 ＼ 项目		适用税率	销售数量	销售额	应纳税额
乘用车	气缸容量≤1.0升	1%			
	1.0升＜气缸容量≤1.5升	3%			
	1.5升＜气缸容量≤2.0升	5%			
	2.0升＜气缸容量≤2.5升	9%			
	2.5升＜气缸容量≤3.0升	12%			
	3.0升＜气缸容量≤4.0升	25%			
	气缸容量＞4.0升	40%			

续表

项目 应税消费品名称	适用税率	销售数量	销售额	应纳税额
中轻型商用客车	5%			
合计	—	—	—	

<table>
<tr><td>本期准予扣除税额：</td><td rowspan="3">声明
此纳税申报表是根据国家税收法律的规定填报的，我确定它是真实的、可靠的、完整的。
经办人（签章）：
财务负责人（签章）：
联系电话：</td></tr>
<tr><td>本期减（免）税额：</td></tr>
<tr><td>期初未缴税额：</td></tr>
<tr><td>本期缴纳前期应纳税额：</td><td rowspan="4">（如果你已委托代理人申报，请填写）
授权声明
为代理一切税务事宜，现授权________（地址）________为本纳税人的代理申报人，任何与本申报表有关的往来文件，都可寄予此人。
授权人签章：</td></tr>
<tr><td>本期预缴税额：</td></tr>
<tr><td>本期应补（退）税额：</td></tr>
<tr><td>期末未缴税额：</td></tr>
</table>

以下由税务机关填写

受理人（签章）： 受理日期： 年 月 日 受理税务机关（章）：

项目五 关税税法与纳税实务

知识目标

- 了解关税的概念、特点和意义；
- 掌握关税征税对象、纳税人和税率等方面的基本内容；
- 重点掌握关税完税价格的确定和应纳税额的计算；
- 掌握关税征收管理方面的规定。

能力目标

- 能够正确计算关税的应纳税额；
- 能够正确处理关税的纳税申报事宜。

项目引入

【资料】 某企业基本情况如下。

公司名称：青岛市鑫龙进出口公司

营业执照号：3702031216547

企业机构代码：785304997

税务登记证号：370203252559768

进出口货物许可证号：3421567859

单位地址：青岛市滨海路 162 号

法定代表人：王兴华

注册资本及构成：5 000 万元

经营范围：产品进口、产品出口

开户银行及账号：工商银行青岛市滨海支行　201289806609

财务负责人：张理解

报关员：李法兴

青岛市鑫龙进出口公司为增值税一般纳税人，2016 年 9 月 18 日从中国香港进口一批录像机，批准文号为 150056487，进口关税税率为 5%，当日外汇牌价为 USD1 = RMB6.73。

【要求】 根据相关票证资料（报价单、商业发票、装箱单及海运货物保险单等，此处略），填写进口货物报关单并代海关填写进口货物关税专用缴款书、进口货物增值税专用缴款书。

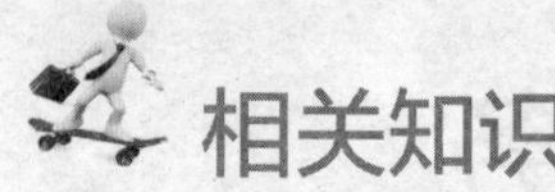

相关知识

一、关税基础知识认知

1．关税的概念

关税是海关依法对进出境货物、物品征收的一种税。所谓“境”指关境，又称“海关境域”或“关税领域”，是国家海关法全面实施的领域。关税是目前世界各国普遍征收的一种税。

现行关税法律规范以全国人民代表大会于 2000 年 7 月修正颁布的《中华人民共和国海关法》（以下简称《海关法》）为法律依据，以国务院于 2003 年 11 月发布的《中华人民共和国进出口关税条例》（以下简称《进出口关税条例》），以及由国务院关税税则委员会审定并报国务院作为条例组成部分的《中华人民共和国海关进出口税则》和《中华人民共和国海关入境旅客行李物品和个人邮递物品征收进口税办法》为基本法规，以负责关税政策制定和征收管理的主管部门依据基本法规拟定的管理办法和实施细则为主要内容。

2．关税的特点

与其他税种相比，关税具有以下特点。

（1）关税对进出国境或关境的货物和物品征税。关税的征税对象是进出国境或关境的货物和物品。属于贸易性进出口的商品称为货物；属于入境旅客携带的、个人邮递的、运输工具上服务人员携带的，以及用其他方式进口个人自用的非贸易性商品称为物品。因此，关税不同于因商品交换或提供劳务取得收入而课征的流转税，也不同于因取得所得或拥有财产而课征的所得税或财产税，而是因为特定货物和物品途经海关通道进出口而课征。

（2）关税具有涉外统一性，执行统一的对外经济政策。关税是世界各国普遍设置的一个重要税种。国家征收关税不单纯是为了满足政府财政上的需要，更重要的是利用关税来贯彻执行统一的对外经济政策，实现国家的政治经济目的。在我国现阶段，关税被用来争取实现平等互利的对外贸易，保护并促进国内工农业生产发展，为社会主义市场经济服务。

（3）关税由海关机构代表国家征收。海关是国家机器的组成部分，是代表国家在口岸行使监督管理职权的机关。征收关税、监督管理、查缉走私是我国海关的三项基本任务。因此，关税由海关代表国家征收，与其他税种由税务机关或财政机关代表国家征收完全不同。

（4）关税对货物或物品在进出国境或关境时实行一次课征制。关税是主权国家对进出国境或关境的货物和物品统一征收的税种。国境是指一个主权国家的领土范围；关境是指执行统一的关税税则法令的关税领域。新中国成立后废除了设在内地水陆交通要道的内地关，只设统一对外的国境关，对进口货物按照统一的关税条例仅在进入国境时征收一次关税，此后货物便可以在全国境内流通，不再课征关税。

3．关税的作用

新中国成立以来，关税在贯彻对外开放政策、促进对外经济贸易和国民经济的发展等方面，发挥了重要的作用，主要表现在以下几个方面。

（1）增加国家财政收入。新中国成立以来，关税作为国家财政的重要来源，为社会主义现代化建设积累了大量的资金。随着我国加入世贸组织，根据“入世”的承诺，目前已经逐步降低和削减了关税，关税税额占财政收入比重也已逐步下降。但随着我国综合国力的增强和对外经济贸易的不断扩大，关税在为国家筹集财政资金方面仍将发挥重要作用。

（2）经济调节作用。由于关税税率的高低和关税的征免直接影响到进出口货物的成本，进而影响到商品的市场价格和销售数量，影响到企业的生产和经济效益，所以，国家往往通过关税来调节经济、调节市场，从而达到调控国民经济、保护与扶持民族工业、促进经济健康发展的目的。

（3）维护国家权益，促进改革开放和对外贸易发展。对进出口货物征收关税，直接关系到国与国之间的主权和经济利益。在现代社会里，关税已成为各国政府维护本国政治、经济权益，乃至进行国际经济斗争的一个重要武器。我国根据平等互利和对等原则，遵循世界贸易组织规则，通过关税复式税则的运用等方式，维护国家权益。同时，通过《海关法》和《进出口关税条例》的制定，特别是鼓励国家经济建设必需物资和人民生活必需品的进口、鼓励引进外资、鼓励引进先进技术等一系列关税优惠措施的制定，促进了改革开放的深入发展，也促进了对外贸易的繁荣。

二、关税的征税对象

关税的征税对象是准许进出境的货物和物品。

货物是指贸易性商品；物品是指入境旅客随身携带的行李物品、个人邮递物品、各种运输工具上的服务人员携带进口的自用物品、馈赠物品及其他方式进境的个人物品。

三、关税的纳税人

进口货物的收货人、出口货物的发货人、进出境物品的所有人，是关税的纳税义务人。

进出口货物的收/发货人是依法取得对外贸易经营权，进口或者出口货物的法人或者其他社会团体。进出境物品的所有人包括该物品的所有人和推定为所有人的人。

一般情况下，对于携带进境的物品，推定其携带人为所有人；对分离运输的行李，推定相应的进出境旅客为所有人；对以邮递方式进境的物品，推定其收件人为所有人；以邮递或其他运输方式出境的物品，推定其寄件人或托运人为所有人。

四、关税税率

关税的税率分为进口税率和出口税率两个部分。国务院制定《中华人民共和国进出口税则》和《中华人民共和国进境物品进口税税率表》规定关税的税目、税则号列和税率，作为进出口关税条例的组成部分。

国务院设立关税税则委员会负责：进出口税则和进境物品进口税税率表的税目、税则号列和税率的调整和解释，报国务院批准以后执行；决定实行暂定税率的货物、税率和期限；决定关税

配额税率；决定征收反倾销税、反补贴税、保障措施关税、报复性关税和实施其他关税措施；决定特殊情况下税率的适用；履行国务院规定的其他职责。

1．进口关税税率

我国进口税则设置最惠国税率、协定税率、特惠税率、普通税率和关税配额税率等多种税率，对于进口货物在一定期限内可以实行暂定税率。

（1）最惠国税率。它适用原产于与我国共同适用最惠国待遇条款的 WTO 成员国或地区的进口货物，或原产于与我国签订有相互给予最惠国待遇条款的双边贸易协定的国家或地区进口的货物，以及原产于我国境内的进口货物。

（2）协定税率。它适用原产于我国参加的含有关税优惠条款的区域性贸易协定有关缔约方的进口货物。例如，对原产于韩国、斯里兰卡和孟加拉国 3 个《曼谷协定》成员国的 739 个税目进口商品实行协定税率（即《曼谷协定》税率）。

（3）特惠税率。它适用原产于与我国签订有特殊优惠关税协定的国家或地区的进口货物。例如，对原产于孟加拉国的 18 个税目进口商品实行特惠税率（即《曼谷协定》特惠税率）。

（4）普通税率。它适用于原产于上述国家或地区以外的其他国家或地区的进口货物。按照普通税率征税的进口货物，经国务院关税税则委员会特别批准，可以适用最惠国税率。

（5）暂定税率。根据经济发展的需要，国家对部分进口原材料、零部件、农药原药和中间体、乐器及生产设备实行暂定税率。适用最惠国税率的进口货物有暂定税率的，应当适用暂定税率；适用协定税率、特惠税率的进口货物有暂定税率的，应当从低适用税率；适用普通税率的进口货物，不适用暂定税率。

（6）关税配额税率。按照国家规定实行关税配额管理的进口货物，在关税配额以内的，适用关税配额税率；在关税配额以外的，其税率的适用按照上述最惠国税率、协定税率、特惠税率、普通税率和暂定税率的规定执行。例如，国家对部分农产品和化肥产品实行关税配额。

2．出口货物的税率

我国出口税则为一栏税率，即出口税率（主要是限制出口的不可再生的资源类产品和国内紧缺的原材料）。对于出口货物在一定期限内也可以实行暂定税率。

现行税则对 100 余种商品征收出口关税，主要是鳗鱼苗、部分有色金属矿砂及其精矿、生锑、氟钽酸钾、苯、山羊板皮、部分铁合金、钢铁废碎料、铜和铝原料及其制品、镍锭、锌锭、锑锭。但对上述范围内的部分商品实行 0～25%的暂定税率，根据需要对 200 多种商品征收暂定税率。

3．反倾销税、反补贴税、保障措施关税和报复性关税税率

按照有关法律、行政法规的规定对进口货物采取反倾销、反补贴和保障措施的，其税率的适用按照国务院发布的《中华人民共和国反倾销条例》《中华人民共和国反补贴条例》和《中华人民共和国保障措施条例》的有关规定执行。

任何国家（地区）违反与中国签订或者共同参加的贸易协定和相关协定，对中国在贸易方面采取禁止、限制、加征关税和其他影响正常贸易的措施的，对原产于该国家（地区）的进口货物可以征收报复性关税，适用报复性关税税率。征收报复性关税的货物、适用国别、税率、期限和征收办法，由国务院关税税则委员会决定并公布。

4．原产地的规定

确定进境货物原产国的主要原因之一，是便于正确运用进口税则的各栏税率，对产自不同国家或地区的进口货物适用不同的关税税率。我国基本上采用了“全部产地生产标准”和“实质性加工标准”2 种国际上通用的原产地标准。

（1）全部产地生产标准。全部产地生产标准是指进口货物“完全在一个国家内生产或制造”，生产或制造国即为该货物的原产国。完全在一国生产或制造的进口货物包括：①在该国领土或领海内开采的矿产品；②在该国领土上收获或采集的植物产品；③在该国领土上出生或由该国饲养的活动物及从其所得产品；④在该国领土上狩猎或捕捞所得的产品；⑤在该国的船只上卸下的海洋捕捞物，以及由该国船只在海上取得的其他产品；⑥在该国加工船加工上述第⑤项所列物品所得的产品；⑦在该国收集的只适用于做再加工制造的废碎料和废旧物品；⑧在该国完全使用上述①～⑦项所列产品加工成的制成品。

（2）实质性加工标准。实质性加工标准是适用于确定有两个或两个以上国家参与生产的产品的原产国的标准，其基本含义是：经过几个国家加工、制造的进口货物，以最后一个对货物进行经济上可以视为实质性加工的国家作为有关货物的原产国。

“实质性加工”是指产品加工后，在进出口税则中 4 位数税号一级的税则归类已经有了改变，或者加工增值部分所占新产品总值的比例已超过 30%及以上。

（3）其他。其他对机器、仪器、器材或车辆所用零件、部件、配件、备件及工具，如与主件同时进口且数量合理的，其原产地按主件的原产地确定，分别进口的则按各自的原产地确定。

五、关税税收优惠

1．法定减免

（1）下列进口货物，免征关税。

① 关税税额在人民币 50 元以下的一票货物，可免征关税。

② 无商业价值的广告品和货样，可免征关税。

③ 外国政府、国际组织无偿赠送的物资，可免征关税。

④ 海关放行前损失的货物。

⑤ 进出境运输工具装载的途中必需的燃料、物料和饮食用品，可予免税。

（2）经海关核准暂时进境或者暂时出境，并在 6 个月内复运出境或者复运进境的以下进口货物，可以暂不缴纳关税。

① 在展览会、交易会、会议及类似活动中展示或者使用的货物。

② 文化、体育交流活动中使用的表演、比赛用品。

③ 进行新闻报道或者摄制电影、电视节目使用的仪器、设备及用品。

④ 开展科研、教学、医疗活动使用的仪器、设备及用品。

⑤ 在第①～④项所列活动中使用的交通工具及特种车辆。

⑥ 货样。

⑦ 供安装、调试、检测设备时使用的仪器、工具。

⑧ 盛装货物的容器。

⑨ 其他用于非商业目的的货物。

（3）下列企业（项目）进口的规定的自用设备和按照合同随同设备进口的配套技术、配件和备件，可以免征关税。

① 国家鼓励、支持发展的外商投资项目和国内投资项目在投资总额内进口的。

② 企业为生产中国科学技术部制定的《国家高新技术产品目录》中所列的产品而进口的。

③ 软件企业进口的。

2．特定减免

特定减免税也称政策性减免税。在法定减免税之外，国家按照国际通行规则和我国的实际情况，制定发布的有关进出口货物减免关税的政策，称为特定或政策性减免税。特定减免税货物一般有地区、企业或用途的限制，海关需要进行后续管理，主要包括科教用品、残疾人专用品、扶贫、慈善性捐赠物资、加工贸易产品（加工装配和补偿贸易、进料加工）、边境贸易进口物资、保税区进出口货物、出口加工区进出口货物、进口设备等货物和特定行业或用途的减免税政策、特定地区的减免税政策。

3．临时减免

临时减免税是指以上法定和特定减免税以外的其他减免税，即由国务院根据《海关法》对某个单位、某类商品、某个项目或某批进出口货物的特殊情况，给予特别照顾，一案一批，专文下达的减免税。一般有单位、品种、期限、金额或数量等限制，不能比照执行。

六、进出口货物关税应纳税额的计算

1．从价征收办法关税应纳税额的计算

海关应当按照规定以从价征收的方式对进出口货物征收关税，根据进出口货物的税则号列、完税价格、原产地、适用税率和汇率计算应纳税额。从价税应纳税额的计算公式如下。

应纳税额＝应税进（出）口货物完税价格 × 税率

案例 5-1

某电子进出口公司从日本进口机器一批共 10 000 台，其单位完税价格为 500 元人民币，关税税率为 20%。请计算其应纳税额。

解析

应纳税额＝10 000 × 500 × 20%＝100（万元）。

（1）进口货物完税价格的确定。进口货物的完税价格，由海关以该货物的成交价格为基础审查确定。成交价格不能确定时，完税价格由海关依法估定。

① 进口货物完税价格的海关审定方法。进口货物的完税价格包括货物的货价、货物运抵我国境内输入地点起卸前的运输及其相关费用、保险费。货物的货价以成交价格为基础。进口货物的成交价格是指买方为购买该货物，并按《完税价格办法》的有关规定调整后的实付或应付价格。

“实付或应付价格”是指买方为购买进口货物直接或间接支付的总额，即作为卖方销售进口货

物的条件，由买方向卖方或为履行卖方义务向第三方已经支付或将要支付的全部款项。

对进口货物成交价格应当符合以下要求。

- 买方对进口货物的处置或使用不受限制，但国内法律、行政法规规定的限制和对货物转售地域的限制，以及对货物价格无实质影响的限制除外。
- 货物的价格不得受到使该货物成交价格无法确定的条件或因素的影响。
- 卖方不得直接或间接获得因买方转售、处置或使用进口货物而产生的任何收益，除非能够按照《完税价格办法》有关规定做出调整。
- 买卖双方之间没有特殊关系，如果有特殊关系，应当符合《完税价格办法》的有关规定。

如果下列费用或者价值未包括在进口货物的实付或者应付价格中，则应当计入完税价格。

- 由买方负担的除购货佣金以外的佣金和经纪费。“购货佣金”是指买方为购买进口货物向自己的采购代理人支付的劳务费用。“经纪费”是指买方为购买进口货物向代表买卖双方利益的经纪人支付的劳务费用。
- 由买方负担的与该货物视为一体的容器费用。
- 由买方负担的包装材料和包装劳务费用。
- 与该货物的生产和向中华人民共和国境内销售有关的，由买方以免费或者以低于成本的方式提供并可以按适当比例分摊的料件、工具、模具、消耗材料及类似货物的价款，以及在境外开发、设计等相关服务的费用。
- 与该货物有关并作为卖方向我国销售该货物的一项条件，应当由买方直接或间接支付的特许权使用费。“特许权使用费”是指买方为获得与进口货物相关的、受著作权保护的作品、专利、商标、专有技术和其他权利的使用许可而支付的费用。但是在估定完税价格时，进口货物在境内的复制权费不得计入该货物的实付或应付价格之中。
- 卖方直接或间接从买方对该货物进口后转售、处置或使用所得中获得的收益。

上列所述的费用或价值，应当由进口货物的收货人向海关提供客观量化的数据资料。如果没有客观量化的数据资料，完税价格由海关按《完税价格办法》规定的方法进行估定。

以下费用，如果能与该货物实付或者应付价格区分，则不计入完税价格。

- 厂房、机械、设备等货物进口后的基建、安装、装配、维修和技术服务的费用。
- 货物运抵境内输入地点之后的运输费用、保险费和其他相关费用。
- 进口关税及其他国内税收。

② 进口货物完税价格的海关估价方法。进口货物的价格不符合成交价格条件或者成交价格不能确定的，海关经了解有关情况，并与纳税人进行磋商以后，依次以下列价格固定该货物的完税价格。

- 相同货物成交价格方法：即以与被估的进口货物同时或大约同时（在海关接受申报进口之日的前后各 45 日以内）进口的相同货物的成交价格为基础，估定完税价格。“相同货物”是指与进口货物在同一国家或地区生产的，在物理性质、质量和信誉等所有方面都相同的货物，但表面的微小差异允许存在。
- 类似货物成交价格方法：即以与被估的进口货物同时或大约同时（在海关接受申报进口之日的前后各 45 日以内）进口的类似货物的成交价格为基础，估定完税价格。“类似货物”是指与进口货物在同一国家或地区生产的，虽然不是在所有方面都相同，但却具有相似的特征、相似的组成材料、同样的功能，并且在商业中可以互换的货物。

• 倒扣价格方法：即以被估的进口货物、相同或类似进口货物在境内销售的价格为基础估定完税价格。按该价格销售的货物应当同时符合5个条件，即在被估货物进口时或大约同时销售；按照进口时的状态销售；在境内第一环节销售；合计的货物销售总量最大；向境内无特殊关系方的销售。以该方法估定完税价格时，下列各项应当扣除：该货物的同等级或同种类货物，在境内销售时的利润和一般费用及通常支付的佣金；货物运抵境内输入地点之后的运费、保险费、装卸费及其他相关费用；进口关税、进口环节税和其他与进口或销售上述货物有关的国内税。

• 计算价格方法：即按下列各项的总和计算出的价格估定完税价格。生产该货物所使用的原材料价值和进行装配或其他加工的费用；与向境内出口销售同等级或同种类货物的利润、一般费用相符的利润和一般费用；货物运抵境内输入地点起卸前的运输及相关费用、保险费。

• 其他合理方法：纳税人向海关提供有关资料后，可以提出申请，颠倒上述“倒扣价格方法”和“计算价格方法”的适用次序。

③ 特殊进口货物的完税价格。

• 加工贸易进口料件及其制成品。加工贸易进口料件及其制成品需征税或内销补税的，海关按照一般进口货物的完税价格规定，审定完税价格。

• 保税区、出口加工区货物。从保税区或出口加工区销往区外、从保税仓库出库内销的进口货物（加工贸易进口料件及其制成品除外），以海关审定的价格估定完税价格。

• 运往境外修理的货物。运往境外修理的机械器具、运输工具或其他货物，出境时已向海关报明并在海关规定期限内复运进境的，应当以海关审定的境外修理费和料件费为完税价格。

• 运往境外加工的货物。运往境外加工的货物，出境时已向海关报明并在海关规定期限内复运进境的，应当以海关审定的境外加工费、料件费、复运进境的运输及其相关费用和保险费审定完税价格。

• 暂时进境货物。对于经海关批准的暂时进境需要缴纳关税的货物，应当按照一般进口货物估价办法的规定，估定完税价格。

• 租赁方式进口货物。租赁方式进口的货物中，以租金方式对外支付的租赁货物，在租赁期间以海关审定的租金作为完税价格；留购的租赁货物，以海关审定的留购价格作为完税价格；承租人申请一次性缴纳税款的，经海关同意，按照一般进口货物估价办法的规定估定完税价格。

• 留购的进口货样等。对于境内留购的进口货样、展览品和广告陈列品，以海关审定的留购价格作为完税价格。

• 予以补税的减免税货物。减税或免税进口的货物需予补税时，应当以海关审定的该货物原进口时的价格，扣除折旧部分价值作为完税价格，其计算公式如下。

完税价格＝海关审定的该货物原进口时的价格×［1−申请补税时实际已使用的时间（月）/（监管年限×12)］

• 以其他方式进口的货物。以易货贸易、寄售、捐赠、赠送等其他方式进口的货物，应当按照一般进口货物估价办法的规定，估定完税价格。

（2）出口货物的完税价格确定。出口货物的完税价格，由海关以该货物的成交价格为基础审查确定。成交价格不能确定时，完税价格由海关依法估定。

① 出口货物成交价格的海关审定方法。出口货物的完税价格，由海关以该货物向境外销售的成交价格为基础审查确定，并应包括货物运至我国境内输出地点装载前的运输及其相关费用、保险费，但其中包含的出口关税税额应当扣除。出口货物的成交价格，是指该货物出口销售时，卖方为出口该货物应当向买方直接和间接收取的价款总额。出口货物的成交价格中含有支付给境外的佣金的，如果单独列明，应当扣除。

② 出口货物完税价格的海关估定方法。出口货物的成交价格不能确定时，完税价格由海关依次使用以下方法估定。

- 同时或大约同时向同一国家或地区出口的相同货物的成交价格。
- 同时或大约同时向同一国家或地区出口的类似货物的成交价格。
- 根据境内生产相同或类似货物的成本、利润和一般费用、境内发生的运输及其相关费用、保险费计算所得的价格。
- 按照合理方法估定的价格。

（3）进出口货物完税价格中的运输及相关费用、保险费的计算。

① 以一般陆运、空运、海运方式进口的货物。在进口货物的运输及相关费用、保险费计算中，海运进口货物计算至该货物运抵境内的卸货口岸，如果该货物的卸货口岸是内河（江）口岸，则应当计算至内河（江）口岸；陆运进口货物计算至该货物运抵境内的第一口岸，如果运输及其相关费用、保险费支付至目的地口岸，则计算至目的地口岸；空运进口货物计算至该货物运抵境内的第一口岸，如果该货物的目的地为境内的第一口岸外的其他口岸，则计算至目的地口岸。

陆运、空运和海运进口货物的运费和保险费，应当按照实际支付的费用计算。如果进口货物的运费无法确定或未实际发生，海关应当按照该货物进口同期运输行业公布的运费率（额）计算运费；按照“货价加运费”两者总额的0.3%计算保险费。

② 以其他方式进口的货物。邮运的进口货物应当以邮费作为运输及其相关费用、保险费；以境外边境口岸价格条件成交的铁路或公路运输进口货物，海关应当按照货价的1%计算运输及其相关费用、保险费；作为进口货物的自驾进口的运输工具，海关在审定完税价格时，可以不另行计入运费。

③ 出口货物。出口货物的销售价格如果包括离境口岸至境外口岸之间的运输、保险费的，该运费、保险费应当扣除。

2．从量征收办法关税应纳税额的计算

海关应当按照规定以从量征收的方式对进出口货物征收关税，根据进出口货物的税则号列、完税数量、原产地、适用税额计算应纳税额。从量税应纳税额的计算公式如下。

应纳税额 = 应税进（出）口货物数量 × 单位货物税额

案例 5-2

某公司进口美国产“蓝带”啤酒 600 箱，每箱 24 瓶，每瓶容积 500 毫升，价格 CIF3 000 美元，计算应纳税额（征税日人民币与美元汇价为 1∶7.24，适用税率为 3 元/升）。

解析

应纳关税税额 = 600 × 24 × 500 ÷ 1 000 × 3 = 21 600（元）。

3．复合征收办法关税应纳税额的计算

我国目前实行的复合税都是先计征从量税，再计征从价税。复合税应纳税额的计算公式如下。

应纳税额=应税进（出）口货物数量×单位货物税额+应税进（出）口货物完税价格×税率

案例 5-3

某公司进口 2 台日本产电视摄像机，价格为 CIF13 000 美元，计算应纳关税（征税日人民币与美元的外汇折算率为 1∶7.24，适用优惠税率为每台完税价格高于 5 000 美元的，从量税为每台 13 280 元，从价税为 3%。

解析

应纳关税税额=2×13 280+13 000×7.24×3%=26 560+2 823.6=29 383.6（元）。

4．滑准税征收办法关税应纳税额的计算

滑准税应纳税额的计算公式如下。

关税税额＝应税进（出）口货物完税价格×滑准税税率

现行税则《进（出）口商品从量税、复合税、滑准税税目税率表》后注明了滑准税税率的计算公式，该公式是一个与应税进（出）口货物完税价格相关的取整函数。

七、行李和邮递物品进口税

非贸易性进境物品（行李和邮递物品）的关税和海关代征的增值税、消费税合并为进口税，简称“行邮税”，由海关依法征收。行邮税从价计征，完税价格由海关参照该进境物品的境外正常零售平均价格确定。

其应纳税额计算公式如下。

应纳进口税税额＝应税进境物品数量×单位完税价格×适用税率

目前的征税项目共有 4 类，都采用比例税率。

① 烟、酒、化妆品，税率为 50%。

② 高尔夫球及球具、高档手表（完税价格一万元以上），税率为 30%。

③ 纺织品原料及其制成品，皮革、皮毛及其制成品，表（不包括高档手表）、钟及其配件、附件，电器类厨房、卫生用具，空调、电冰箱、洗衣设备、电视机、摄影（像）设备、影音家电、吸尘器等居家室内常用电气器具，自行车、三轮车及其配件、附件，计算机及其外围设备，适用税率为 20%。

④ 食品、饮料、鞋靴，金、银、珠宝及其制品，医疗、保健和美容器材，非电器类厨房、卫生用具，书报和其他印刷品，教育专用电影片、幻灯片、原版录音带、录像带，文具用品，邮票，乐器，体育用品（不包括高尔夫球及球具），电话机，游戏机，玩具，艺术品，收藏品等，税率为 10%。

进境物品适用海关填发税款缴款书之日起实施的完税价格和适用税率。

八、关税的征收管理

1．关税缴纳

进口货物自运输工具申报进境之日起 14 日内，出口货物在货物运抵海关监管区后装货的 24

小时以前，应由进出口货物的纳税义务人向货物进（出）境地海关申报，海关根据税则归类和完税价格计算应缴纳的关税和进口环节代征税，并填发税款缴款书。纳税义务人应当自海关填发税款缴款书之日起 15 日内，向指定银行缴纳税款。

关税纳税义务人因不可抗力或者在国家税收政策调整的情形下，不能按期缴纳税款的，经海关总署批准，可以延期缴纳税款，但最长不得超过 6 个月。

为进一步适应区域经济发展的要求，简化海关手续，提高通关效率，海关总署决定于 2006 年 9 月 1 日起实施跨关区“属地申报，口岸验收”通关模式。即符合海关规定条件的企业进出口货物时，可自主选择向属地任一海关单位申报，在货物实际进出境的口岸海关办理货物验放手续的一种通关方式。

2．关税的强制执行

纳税义务人未在关税缴纳期内缴纳税款，即构成关税滞纳。为保证海关征收关税决定的有效执行和国家财政收入的及时入库，《海关法》赋予海关对滞纳关税的纳税义务人强制执行的权力。强制措施主要有 2 类。

（1）征收关税滞纳金。滞纳金自关税缴纳期限届满之日起，至纳税义务人缴纳关税之日止，按滞纳税款万分之五的比例按日征收，周末或法定节假日不予扣除。

具体计算公式如下。

关税滞纳金金额 = 滞纳关税税额 × 滞纳金征收比率 × 滞纳天数

（2）强制征收。如果纳税义务人自海关填发缴款书之日起 3 个月仍未缴纳税款，经海关关长批准，海关可以采取强制扣缴、变价抵缴等强制措施。

① 强制扣缴即海关从纳税义务人在开户银行或者其他金融机构的存款中直接扣缴税款。

② 变价抵缴即海关将应税货物依法变卖，以变卖所得抵缴税款。

3．关税退还

按规定，有下列情形之一的，进出口货物的纳税义务人可以自缴纳税款之日起 1 年内，书面声明理由，连同原纳税收据向海关申请退税并加算银行同期活期存款利息，逾期不予受理。

（1）因海关误征，多纳税款的。

（2）海关核准免验进口的货物，在完税后，发现有短卸情形，经海关审查认可的。

（3）已征出口关税的货物，因故未将其运出口，申报退关，经海关查验属实的。

对已征出口关税的出口货物和已征进口关税的进口货物，因货物品种或规格原因（非其他原因）原状复运进境或出境的，经海关查验属实的，也应退还已征关税。海关应当自受理退税申请之日起 30 日内，做出书面答复并通知退税申请人。

4．关税补征和追征

补征和追征是海关在关税纳税义务人按海关核定的税额缴纳关税后，发现实际征收税额少于应当征收的税额（称为短征关税）时，责令纳税义务人补缴所差税款的一种行政行为。《海关法》根据短征关税的原因，将海关征收原短征关税的行为分为补征和追征 2 种。由于纳税人违反海关规定造成短征关税的，称为追征；非因纳税人违反海关规定造成短征关税的，称为补征。

根据《海关法》的规定，进出境货物和物品放行后，海关发现少征或者漏征税款，应当自缴

纳税款或者货物、物品放行之日一年内，向纳税义务人补征；因纳税义务人违反规定而造成的少征或者漏征的税款，自纳税人应缴纳税款之日起 3 年内可以追征，并从缴纳税款之日起按日加收少征或者漏征税款万分之五的滞纳金。

5．关税纳税争议

为保护纳税人合法权益，我国《海关法》和《进出口关税条例》都规定了纳税义务人对海关确定的进出口货物的征税、减税、补税或者退税等有异议时，有提出申诉的权利。在纳税义务人同海关发生纳税争议时，可以向海关申请复议，但同时应当在规定期限内按海关核定的税额缴纳关税，逾期则构成滞纳，海关有权按规定采取强制执行措施。

纳税争议的申诉程序：纳税义务人自海关填发税款缴款书之日起 30 日内，向原征税海关的上一级海关书面申请复议。逾期申请复议的，海关不予受理。海关应当自收到复议申请之日起 60 日内做出复议决定，并以复议决定书的形式正式答复纳税义务人；纳税义务人对海关复议决定仍然不服的，可以自收到复议决定书之日起 15 日内，向人民法院提起诉讼。

九、关税的纳税申报

1．一般进出口货物的报关

一般进出口货物的收货人，或者他们委托的代理人都必须在货物进出口时填写进出口货物报关单，向海关申报，同时提供货物进出口的证件和货运、商业单据，以便海关据此审查货物的进出口是否合法，确定关税的征、减、免事宜并编制海关统计。其中，向海关递交进口报关单一式四份，出口报关单一式五份，但转口、转关输出的货物应填写六份出口货物报关单。

2．对邮递物品的报关

凡进出口和过境的邮袋，由邮局向海关交验单证和办理手续。海关可在经营国际邮件交换业务的邮局设立监管邮递物品的办事机构。进出口包裹需填写报税单，小包邮件需填写“绿色标签”向海关申报，由海关办理查验和征税手续。

项目实施

1．青岛市鑫龙进出口公司根据业务资料填写报关单

青岛市鑫龙进出口公司在进口货物自运输工具申报进境之日起 14 日内，填写进口货物报关单，向海关申报，如表 5-1 所示。

表 5–1　　　　中华人民共和国进口货物报关单

预录入编号：　　　　海关编号：

进口口岸 青岛海关 4200		备案号	进口日期 20160918	申报日期
经营单位 青岛市鑫龙进出口（3702******）		运输方式 2	运输工具名称 HEXIE/V354	提运单号 20160089
收货单位 青岛市鑫龙进出口（3702******）		贸易方式 0110	征免性质 101	征税比例
许可证号 3421567859		起运国（地区）110	装货港 中国香港	境内目的地 青岛
批准文号	成交方式 FOB	运费 502/3 050/3	保费 502/1 215/3	杂费

续表

合同协议号 09763456134	件数 50	包装种类纸箱	毛重（公斤）280	净重（公斤）200
集装箱号	随附单据		用途 01	

标记麦码及备注 QDXL
20160089
QINGDAO
1-50

项号	商品编号	商品名称、规格型号	数量及单位	原产国（地区）	单价	总价	币值	征免
01	85211011	录像机 DS-816H	50 台	中国香港	8 100	405 000	502	照章征税

税费征收情况

录入员　　录入单位	兹证明以上申报无讹并承担法律责任	海关审单批注及放行日期（签章）
报关员 单位地址 邮编　　电话	申报单位（签章） 填制日期	审单　　审价 征税　　统计 查验　　放行

2．提交各类单证

青岛市鑫龙进出口公司同时需向海关提交报价单、商业发票、装箱单及海运货物保险单等各类单证（此处略）。

3．海关填发进口货物关税专用缴款书、增值税专用缴款书

海关根据税则归类和完税价格计算应缴纳的关税和进口环节代征税，并填发税款缴款书，如表 5-2 和表 5-3 所示。纳税义务人应当自海关填发税款缴款书之日起 15 日内，向指定银行缴纳税款。

表 5-2　　海关进口关税专用缴款书（收据联）

收入系统：海关系统　　填发日期：2016 年 09 月 18 日　　No.1252009090912×××-101

收款单位	收入机关	中央国库			缴款单位（人）	名　称	青岛市鑫龙进出口公司
	科　目	进口关税	预算级次	中央		账　号	201289806609
	收税国库	工商滨海分理处				开户银行	工商银行青岛市滨海支行

税号	货物名称	数量	单位	完税价格（￥）	税率（%）	税额（￥）
L85211011	录像机	50	台	2 754 353.45	5	137 717.67
金额人民币（大写）壹拾叁万柒仟柒佰壹拾柒元陆角柒分						合计（￥）137 717.67

申请单位编号	3421567859	报关单编号	略	填制单位 （章） 制单人：××× 复核人：×××	收缴国库 （银行）
合同（批文号）	150056487	运输工具编号	略		
缴款日期	2016 年 9 月 18 日	提/装货单号	略		
备注	一般贸易　　照章征税　　2016 年 9 月 18 日 国际代码：略				

表 5-3　　　　海关进口增值税专用缴款书（收据联）

收入系统：海关系统　　填发日期：2016 年 09 月 18 日　　No.1252009090912×××-102

<table>
<tr><td rowspan="3">收款单位</td><td>收入机关</td><td colspan="3">中央国库</td><td rowspan="3">缴款单位（人）</td><td>名　　称</td><td>青岛市鑫龙进出口公司</td></tr>
<tr><td>科　　目</td><td>进口关税</td><td>预算级次</td><td>中央</td><td>账　　号</td><td>201289806609</td></tr>
<tr><td>收税国库</td><td colspan="3">工商滨海分理处</td><td>开户银行</td><td>工商银行青岛市滨海支行</td></tr>
<tr><td>税号</td><td>货物名称</td><td>数量</td><td>单位</td><td>完税价格（￥）</td><td>税率（%）</td><td>税额（￥）</td></tr>
<tr><td>L85211011</td><td>录像机</td><td>50</td><td>台</td><td>2 892 071.12</td><td>17</td><td>491 652.09</td></tr>
<tr><td></td><td></td><td></td><td></td><td></td><td></td><td></td></tr>
<tr><td colspan="6">金额人民币（大写）肆拾玖万壹仟陆佰伍拾贰元零角玖分</td><td>合计（￥）491 652.09</td></tr>
<tr><td>申请单位编号</td><td>3421567859</td><td>报关单编号</td><td>略</td><td rowspan="4">填制单位
（章）
制单人：
复核人：</td><td rowspan="4">收缴国库
（银行）</td></tr>
<tr><td>合同（批文号）</td><td>150056487</td><td>运输工具编号</td><td>略</td></tr>
<tr><td>缴款日期</td><td>2016 年 9 月 18 日</td><td>提/装货单号</td><td>略</td></tr>
<tr><td>备注</td><td colspan="3">一般贸易　照章征税　2016 年 9 月 18 日
国际代码：略</td></tr>
</table>

项目小结

在项目引入部分，以青岛市鑫龙进出口公司 2016 年 9 月的进出口业务作为案例，提出了 2 大任务：计算该企业进口关税应纳税额；计算该企业出口关税应纳税额。

在相关知识部分，介绍了完成上述任务需要掌握的理论知识。解读关税法规，包括关税的纳税义务人、征税对象、税则、税目、税率、减免税优惠；计算关税应纳税额，包括进口关税的计算和出口关税的计算；关税的纳税申报，包括一般进出口货物的报关和对邮递物品的报关。

在项目实施部分，在掌握了理论知识的基础上，较好地完成了第一部分提出的两大任务。

练习与实训

1．名词解释

关税、最惠国待遇、普惠制、反倾销税、反补贴税、关税完税价格、成交价格、相同货物、类似货物、行邮税、关税补征、追征。

2．简答题

（1）关税的特点是什么？

（2）简述我国进出口税则的概况。

（3）说明货物原产地的规定。

（4）如何对进口货物的成交价格进行调整？

3．计算分析题

（1）某公司从新加坡进口钻石一批，到岸价格共计 200 000 元，另外在成交过程中，公司还向卖方支付了佣金 30 000 元，卖方付给买方的正常价格回扣（发票中已列出的）10 000 元，已知钻石进口税率为 50%。计算该批钻石应纳关税税额。

（2）某进出口公司进口一批货物，境外口岸离岸价格折算成人民币 2 000 万元，支付运费 50 万元，保险费 40 万元，10%的关税税率。货物到达我国口岸后，海关填发了税款缴纳证，但该公司因故自填发税款缴纳证的次日起第 20 天方缴纳税款。请分别计算该公司应缴关税和关税的滞纳金。

4．综合实训

实训一

【资料】 某商贸公司为增值税一般纳税人，并具有进出口经营权。2016 年 5 月发生的经营业务如下。

（1）从国外进口小轿车一辆，支付买价 400 000 元，相关税金 30 000 元，支付到达我国海关前的运输费用 40 000 元、保险费用 20 000 元。

（2）将生产用的价值 500 000 元的旧设备运往国外修理，出境时已向海关报明，支付给境外的修理费用 50 000 元、料件费 100 000 元，并在海关规定的期限内收回了修理设备。

（3）从国外进口卷烟 80 000 条（每条 200 支），支付买价 2 000 000 元，支付到达我国海关前的运输费用 120 000 元、保险费用 80 000 元（进口关税税率均为 20%，小轿车消费税税率为 8%）。

【要求】 （1）计算进口小轿车、修理旧设备和进口卷烟应缴纳的关税。

（2）计算小轿车在进口环节应缴纳的消费税。

（3）计算卷烟在进口环节应缴纳的消费税。

（4）计算小轿车、修理旧设备和卷烟在进口环节应缴纳的增值税。

实训二

【资料】 鑫龙进出口公司（公司详细资料参见本章开始“项目引入”部分）2016 年 9 月 25 日出口鳗鱼苗，批准文号为 120082654，出口关税税率为 10%，当日外汇牌价为 USD1 = RMB6.76。

【要求】 根据相关资料填写出口货物报关单，如表 5-4 所示，并代海关填写进口货物关税专用缴款书。

表 5-4　　中华人民共和国出口货物报关单

预录入编号：　　　　海关编号：

出口口岸		备案号	出口日期	申报日期
经营单位		运输方式	运输工具名称	提运单号
收货单位		贸易方式	征免性质	结汇方式
许可证号		运抵国（地区）	指运港	境内货源地
批准文号	成交方式	运费	保费	杂费

续表

<table>
<tr><td>合同协议号</td><td>件数</td><td>包装种类</td><td>毛重（公斤）</td><td>净重（公斤）</td></tr>
<tr><td>集装箱号</td><td>随附单据</td><td colspan="3">生产厂家</td></tr>
<tr><td colspan="5">标记麦码及备注</td></tr>
<tr><td colspan="5">项号 商品编号 商品名称、规格型号 数量及单位 原产国（地区） 单价 总价 币值 征免</td></tr>
<tr><td colspan="5"></td></tr>
<tr><td colspan="5">税费征收情况</td></tr>
<tr><td>录入员 录入单位</td><td rowspan="2">兹证明以上申报无讹并承担法律责任
申报单位（签章）
填制日期</td><td>海关审单批注及放行日期（签章）
审单 审价</td></tr>
<tr><td rowspan="2">报关员
单位地址
邮编 电话</td><td>征税 统计</td></tr>
<tr><td></td><td>查验 放行</td></tr>
</table>

单元测试题（二）

一、单项选择题

1. 增值税暂行条例中所称的货物，是指（　　）。

A. 有形动产　　B. 有形资产　　C. 不动产　　D. 无形资产

2. 下列业务中，属于增值税征税范围“销售服务”的是（　　）。

A. 销售房屋　　B. 饮食服务业务　　C. 转让商标权　　D. 汽车修理业务

3. 单位或个人经营者发生的下列行为中，应视同销售货物计算增值税销项税额或应纳税额的是（　　）。

A. 将购买的货物用于非应税项目

B. 将购买的货物用于职工福利或个人消费

C. 将购买的货物用于对外投资

D. 将购买的货物用于生产应税产品

4. 新开业的符合一般纳税人条件的企业，应在（　　）申请办理一般纳税人认定手续。

A. 办理税务登记的同时　　B. 发生首笔增值税业务时

C. 开业 6 个月之内　　D. 次年 1 月底以前

5. 某商场采取“以旧换新”方式销售 D 商品，取得现金收入 5 850 元；取得旧货物若干件，收购金额为 2 340 元。该货物适用税率为 17%。此项业务应申报的销项税额是（　　）。

A. 1 392.30 元　　B. 1 190 元　　C. 850 元　　D. 510 元

6. 下列项目中，即使取得法定扣税凭证，其进项税额也不从销项税额中抵扣的是（　　）。

A. 购进的用于本单位集体福利的材料　　B. 购进的用于应税项目的免税农业产品

C. 进口的用于生产应税产品的料件　　D. 接受投资的用于应税项目的原材料

7. 一般纳税人发生的项目中，应将其已申报抵扣的进项税额从发生期进项税额中扣减出来的是（　　）。

A. 将购进货物用于集体福利　　B. 将购进货物无偿赠送给他人

C. 将委托加工收回的货物用于对外投资　　D. 将委托加工收回的货物用于个人消费

8. 纳税人采取赊销和分期收款方式销售货物，其增值税纳税义务发生时间为（　　）。

A. 合同约定的收款日期　　B. 收到第一笔货款的当天

C. 收到全部货款的当天　　D. 发出商品的当天

9. 增值税纳税人以一个月为一期缴纳税款的，应自期满之日起（　　）内申报纳税。

A. 5 日　　B. 10 日　　C. 15 日　　D. 30 日

10. 以下（　　）情况，应向购买方开具专用发票。

A. 商业企业一般纳税人零售的烟、酒

B. 小规模纳税人销售货物或者提供应税劳务

C. 工业企业一般纳税人销售免税货物

D. 加油站销售成品油

11. 下列各项中，适用从量定额办法计算缴纳消费税的是（　　）。

A. 酒精　　B. 化妆品　　C. 汽车轮胎　　D. 汽油

12. 纳税人自产自用的属于从价定率征收消费税的消费品，其组成计税价格的计算公式是（　　）。

A.（成本+利润）÷（1+消费税税率）　　B.（成本+利润）÷（1-消费税税率）

C.（完税价格+关税）÷（1+消费税税率）　　D.（完税价格+关税）÷（1-消费税税率）

13. 根据消费税暂行条例及其实施细则的规定，下列项目中应视同销售缴纳消费税的是（　　）。

A. 外购已税消费品继续加工成应税消费品

B. 委托加工收回的应税消费品继续加工成应税消费品

C. 自制应税消费品继续加工成应税消费品

D. 自制应税消费品用于对外单位投资

14. 按照增值税专用发票管理制度的规定，在一定条件下，可以开具专用发票的是（　　）。

A. 销售免税货物　　B. 将货物无偿赠送他人

C. 销售不动产　　D. 将货物用于非应税项目

15. 纳税人销售应税消费品时，因按规定不得开具增值税专用发票而发生价款和增值税合并收取的，在计算消费税时，其应税消费品的销售额等于（　　）。

A. 含增值税的销售额÷（1＋增值税税率或征收率）

B. 含增值税的销售额÷（1-增值税税率或征收率）

C. 含增值税的销售额÷（1-消费税税率）

D. 含增值税的销售额÷（1＋消费税税率）

16. 纳税人用外购应税消费品连续生产应税消费品，在计算纳税时，其外购应税消费品的已纳消费税税款的处理办法是（　　）。

A. 该已纳税款当期可全部扣除

B. 该已纳税款当期可扣除50%

C. 可对外购应税消费品当期生产领用部分的已纳税款予以扣除

D. 该已纳税款不得扣除

17. 纳税人将自产的应税消费品用于（　　）的，不征收消费税。

A. 连续生产应税消费品　　B. 连续生产非应税消费品

C. 职工福利、赞助、广告　　D. 管理部门

18. 现行消费税纳税人概念中所称的“中华人民共和国境内”是指销售应税消费品的（　　）在我国境内。

A. 起运地　　B. 最终销售地　　C. 支付地　　D. 企业所在地

19. 现行消费税从价计征的计税依据是指（　）。

A. 含消费税而不含增值税的销售额　　B. 含消费税且含增值税的销售额

C. 不含消费税而含增值税的销售额　　D. 不含消费税也不含增值税的销售额

20. 按照现行消费税制度的规定，纳税人外购以下已税消费品可以从应缴纳的消费税税额中扣除的有（　）。

A. 外购的已税散装白酒装瓶出售的白酒　　B. 外购的已税汽车轮胎生产的汽车

C. 外购的已税化妆品生产的化妆品　　D. 外购的已税珠宝玉石生产的金银首饰

21. 2016 年 3 月 23 日，财政部、国家税务总局发布《关于全面推开营业税改征增值税试点的通知》，自（　）起在全国范围内全面推开营业税改征增值税试点。

A. 2016 年 3 月 23 日　　B. 2016 年 4 月 1 日

C. 2016 年 5 月 1 日　　D. 2016 年 6 月 1 日

22. 装卸搬运业务属于"营改增"试点政策规定的（　）的征税范围。

A. 交通运输服务　　B. 建筑服务

C. 生活服务　　D. "现代服务"税目中的物流辅助服务

23. 经营游览场所属于"营改增"试点政策规定的"生活服务"税目中（　）的征税范围。

A. 旅游娱乐服务　　B. 居民日常服务

C. 文化体育服务　　D. 其他生活服务

24. 下列有关"营改增"应税服务范围的表述中不正确的是（　）。

A. 出租车公司向使用本公司自有出租车的出租车司机收取的管理费用，按陆路运输服务征收增值税

B. 航空运输的湿租业务，属于航空运输服务

C. 远洋运输的程租、期租业务，属于水路运输服务

D. 航空地面服务属于航空运输服务的范围

25. 根据"营改增"的相关规定，下列情形中属于视同提供应税服务的有（　）。

A. 某运输公司为其他单位无偿提供交通运输服务

B. 某动画公司聘用动画人才为本公司设计动画

C. 某单位为希望小学无偿提供电影放映服务

D. 某运输企业为地震灾区无偿提供公路运输服务

26. 疏浚、钻井、打井业务，属于"营改增"试点政策中规定的（　）的征税范围。

A. "建筑服务"税目中的工程服务

B. "建筑服务"税目中的其他建筑服务

C. "现代服务"税目中的研发和技术服务

D. 生活服务

27. 下列关于"营改增"纳税人认定标准的相关表述中，不正确的是（　）。

A. 纳税人按照应税服务年销售额大小的不同，划分为一般纳税人和小规模纳税人

B. 纳税人应税服务年销售额是指在连续不超过 12 个月的经营期内累计应征增值税销售

额，不含减、免税销售额等

C. 纳税人应税服务年销售额超过500万元的为一般纳税人

D. 纳税人应税服务年销售额未超过500万元的为小规模纳税人

28. 某歌舞厅为增值税小规模纳税人，当月收取门票费20 000元，台位费50 000元，点歌费30 000元，烟酒、饮料收费147 200元。该歌舞厅本月应纳增值税税额为（ ）。

A. 5 210元　　B. 7 416元　　C. 7 200元　　D. 8 600元

29. 根据“营改增”试点税收政策的规定，下列各项中，不属于营业税改征增值税中所称应税服务项目的是（ ）。

A. 加工修理修配服务　　B. 交通运输服务

C. 邮政服务　　D. 电信服务

30. 纳税人提供建筑服务采取预收款方式的，其增值税纳税义务发生时间为（ ）。

A. 收到预收款的当天　　B. 收到全部款项的当天

C. 产权转移的当天　　D. 交易双方协定的价款结算的当天

31. 纳税人销售不动产，应当向（ ）主管税务机关申报缴纳增值税。

A. 不动产所在地　　B. 纳税人机构所在地

C. 价款结算地　　D. 纳税人居住地

32. 增值税一般纳税人提供交通运输服务适用（ ）税率。

A. 17%　　B. 13%　　C. 11%　　D. 6%

33. 下列混合销售行为，应按照销售货物缴纳增值税的是（ ）。

A. 饭店提供餐饮服务并销售酒水　　B. 厂家销售空调并安装

C. 电信部门提供电信服务并销售话机　　D. 装修公司提供装修服务并销售建材

34. 提供文艺演出场所单位的场租收入应按（ ）税目征收增值税。

A. 生活服务—文化体育服务　　B. 生活服务—旅游娱乐服务

C. 现代服务—文化创意服务　　D. 现代服务—租赁服务

35. 按照“营改增”试点政策的规定，纳税人取得下列收入，可以免征增值税的有（ ）。

A. 科研单位转让商标使用权　　B. 科研单位转让专利技术的所有权

C. 个人销售自建自用住房　　D. 录像厅放映录像

36. 关税的纳税义务人或其代理人应在海关填发税款缴纳证之日起（ ）内向指定银行缴纳，并由当地银行解缴中央金库。

A. 7日　　B. 14日　　C. 15日　　D. 30日

37. 进出口货物的收发货人或者其代理人，因海关误征而多缴税款，或税法规定的其他情形需要办理退税的，可以自缴纳税款之日起（ ）内，书面声明理由，连同原纳税收据向海关申请退税，逾期不予受理。

A. 半年　　B. 1年　　C. 3年　　D. 5年

38. 关税纳税义务人因不可抗力或者在国家税收政策调整的情形下，不能按期缴纳税款的，经海关总署批准，可以延期缴纳税款，但最多不得超过（ ）。

A. 3个月　　B. 6个月　　C. 9个月　　D. 12个月

39. 进口货物的保险费应计入进口完税价格中，但陆、空、海运进口货物的保险费无法确定时，可按“货价加运费”之和的（　　）计算保险费。

A. 3‰　　B. 3%　　C. 1‰　　D. 5‰

二、多项选择题

1. 下列各项中，应按税法规定计算征收增值税的有（　　）。

A. 典当业的死当物品销售

B. 银行销售金银的业务

C. 邮政部门销售集邮商品

D. 经营娱乐业向顾客收取的烟酒费、茶水饮料费

2. 纳税人销售货物或提供应税劳务向购买方收取的价外费用应并入销售额计算纳税，但价外费用不包括（　　）。

A. 向购买方收取的销项税额

B. 受托加工应征消费税的消费品所代收代缴的消费税

C. 承运部门将运费发票开具给购买方并由纳税人将该项发票转交给购买方的代垫运费

D. 符合条件代为收取的政府性基金或者行政事业性收费

3. 下列项目中，应视同销售计算增值税销项税额或应纳税额的有（　　）。

A. 将购进的货物无偿赠送给他人

B. 将购进的货物分配给职工

C. 将委托加工收回的货物用于本企业不动产在建工程

D. 将自制的货物用于对外投资

4. 一般纳税人发生的下列项目中，应将其已申报抵扣的进项税额从发生期进项税额中抵减出来的有（　　）。

A. 在产品、产成品发生非正常损失　　B. 将自制货物用于本单位在建工程

C. 将委托加工收回的货物用于个人消费　　D. 将购进货物用于集体福利设施

5. 下列各项中，免征增值税的有（　　）。

A. 各类药品、医疗器械

B. 向社会收购的古书和旧书

C. 科学研究、科学试验和教学用的仪器、设备

D. 外国政府、国际组织无偿援助的进口物资和设备

6. 单位及个人发生“营改增”试点政策中规定的增值税的混合销售行为，其税务处理方法包括（　　）。

A. 分别核算货物销售额和服务销售额，据以计算缴纳增值税；未分别核算的，从高适用税率

B. 对从事货物生产、批发或零售的单位和个体工商者发生的混合销售行为，按照销售货物缴纳增值税

C. 对以从事货物生产、批发或零售为主，并兼营销售服务的单位和个体工商户发生的混合销售行为，按照销售货物缴纳增值税

D. 对以从事销售服务为主的单位和个体工商户发生的混合销售行为，按照销售服务缴纳增值税

7. 下列企业出口的货物，除属于税法列举规定的免税货物或限制、禁止出口的货物外，给予免税并退税的有（　　）。

A. 有出口经营权的内资生产企业自营出口自产货物

B. 无出口经营权的内资生产企业委托外贸企业代理出口自产货物

C. 有出口经营权的外贸企业收购后直接出口的货物

D. 无出口经营权的一般商贸企业委托外贸企业出口的货物

8. 按照现行增值税制度的规定，下列行为应按“提供加工和修理修配劳务”征收增值税的是（　　）。

A. 商店服务部为其本店职工修理手表　　B. 企业受托为另一企业加工服装

C. 企业为另一企业修理锅炉　　D. 汽车修配厂为本厂修理汽车

9. 按照现行增值税制度的规定，纳税人提供下列劳务，应当征收增值税的是（　　）。

A. 汽车的修配　　B. 房屋的修理（修缮）

C. 房屋的装潢　　D. 机器设备的修理

10. 按照现行增值税制度的规定，下列行为中，应确认为增值税销项税额的有（　　）。

A. 将委托加工的货物用于对外投资　　B. 将购买的货物用于职工福利

C. 销售代销货物向委托方收取的手续费　　D. 将自产的货物用于本企业的在建工程

E. 将购买的货物无偿赠送他人

F. 统一核算的两个机构在同一县内移送用于销售

11. 混合销售行为的基本特征为（　　）。

A. 既涉及销售货物又涉及销售服务　　B. 发生在同一项销售行为中

C. 从一个购买方取得货款　　D. 从不同购买方取得货款

12. 下列行为中，属于混合销售应按销售货物征收增值税的是（　　）。

A. 饭店提供餐饮服务并销售酒水

B. 电信部门自己销售移动电话并为客户有偿电信服务

C. 装潢公司为客户包工包料装修房屋

D. 零售商店销售家具并实行有偿送货上门

E. 电视机厂销售电视机并向买方收取手续费

13. 按照现行增值税制度的规定，下列行为应纳增值税的有（　　）。

A. 银行销售金银　　B. 商品期货

C. 个人销售集邮商品　　D. 邮政部门销售集邮商品

14. 按照现行增值税制度的规定，下列纳税中，可以按 3%的征收率计算缴纳增值税的有（　　）。

A. 县级及县级以下小型水力发电单位生产的电力

B. 销售棉布的小规模商业企业

C. 典当业销售死当物品

D. 自来水公司（一般纳税人）销售自来水

15. 按照现行增值税制度的规定，下列货物中适用 13%税率的是（　　）。

A. 煤气　　B. 古旧图书　　C. 图书　　D. 酸奶

E. 鲜奶　　F. 煤炭

16. 下列货物的销售中，免征增值税的是（　　）。

A. 烟丝　　B. 古旧图书

C. 图书　　D. 农民销售的自产淡水鱼

17. 自 2009 年 1 月 1 日起，增值税一般纳税人的下列凭据中，（　　）可据以计算进项税额，从销项税额中准予抵扣。

A. 购进免税农产品取得的普通发票

B. 购进固定资产支付运费取得的普通发票（“营改增”后为运输业增值税专用发票）

C. 进口生产设备取得的关税完税凭证

D. 购进原材料取得的增值税专用发票，用于生产免税药品

18. 根据税法规定，下列各项货物中可以实行增值税即征即退政策的有（　　）。

A. 以工业废气为原料生产的高纯度二氧化碳产品

B. 以废旧沥青混凝土为原料生产的再生沥青混凝土

C. 以垃圾为燃料生产的电力或者热力

D. 采用旋窑法工艺生产并且生产原料中掺兑废渣比例不低于 30%的水泥

19. 按照现行增值税规定，纳税人为固定业户，其总机构和分支机构不在同一县（市）的，其纳税地点应为（　　）。

A. 统一在总机构所在地纳税，分支机构不纳税

B. 只在各分支机构所在地纳税，总机构不纳税

C. 由总机构和分支机构分别在各自所在地纳税

D. 经批准，可由总机构汇总在总机构所在地纳税，各分支机构不再纳税

20. 按照增值税专用发票管理制度的规定，增值税一般纳税人出现下列哪些情况不得开具增值税专用发票？（　　）

A. 烟厂将香烟作为礼品无偿赠送某单位的有关人员

B. 轮胎厂将轮胎销售给汽车厂（一般纳税人）

C. 酒厂直接向消费者销售白酒

D. 国有粮食购销企业销售救灾救济粮

21. 下列行为中，属于自制应税消费品的有（　　）。

A. 由受托方提供原材料生产的应税消费品

B. 由受托方先将原材料卖给委托方，然后再接受加工的应税消费品

C. 由委托方提供原料和主要材料，受托方只收取加工费和代垫部分辅助材料加工的应税消费品

D. 由受托方以委托方名义购进原材料生产的应税消费品

22. 下列连续生产的应税消费品，在计算消费税时准予按当期生产领用数量计算扣除外购应

税消费品已纳消费税税款的有（ ）。

A. 以外购已税粮食白酒生产的粮食白酒

B. 以外购已税两轮摩托车改装的三轮摩托车

C. 以外购已税小轿车用于生产小轿车

D. 以外购已税珠宝生产的贵重首饰及珠宝玉石

23. 下列项目中，构成计征消费税的商品价格的有（ ）。

A. 成本　B. 利润　C. 消费税税金　D. 增值税税金

24. 纳税人销售的应税消费品，以外汇结算销售额的，其销售额可选择（ ）中国人民银行人民币市场汇价折合人民币计算应纳税额。

A. 结算当天的　B. 上年12月31日的　C. 结算当月1日的　D. 上次纳税当天的

25. 下列对有关消费税的表述中，正确的是（ ）。

A. 消费税的税目有14个

B. 征税环节在生产、流通和消费环节多次征收

C. 征收方法多样性，包括从价征收、从量征收和复合征收

D. 消费税属于价内税，具有转嫁性

26. 现行消费税涉及的纳税环节包括（ ）。

A. 生产环节　B. 委托加工环节　C. 进口环节

D. 零售环节　E. 批发环节

27. 按照现行消费税政策的规定，在零售环节征收消费税的有（ ）。

A. 啤酒　B. 珠宝玉石　C. 金银首饰

D. 钻石　E. 钻石饰品

28. 下列项目中，属于消费税征税范围的是（ ）。

A. 进口雪茄烟　B. 饭店自酿啤酒

C. 农用拖拉机专用轮胎　D. 体育用鞭炮引线

29. 下列项目中，属于消费税税目征税范围的是（ ）。

A. 挖土机　B. 桑塔纳轿车　C. 化妆品　D. 护肤护发品

30. 下列消费税项目中，属于从量征收和从价征收复合征税范围的是（ ）。

A. 卷烟　B. 雪茄烟　C. 薯类白酒　D. 啤酒

31. 按现行消费税政策的规定，下列关于消费税计税数量的说法中，正确的是（ ）。

A. 销售应税消费品的，为应税消费品的销售数量

B. 自产自用应税消费品的，为应税消费品的移送使用数量

C. 自产自用应税消费品的，不纳税，不必核定计税数量

D. 委托加工应税消费品的，为纳税人收回的应税消费品数量

32. 按现行消费税政策的规定，纳税人自产自用的应税消费品，（ ）。

A. 如果用于连续生产应税消费品的，不纳税

B. 如果用于连续生产应税消费品的，纳税

C. 如果用于连续生产非应税消费品的，不纳税

D. 如果用于连续生产非应税消费品的，纳税

33. 某金银珠宝店，既经营金银首饰，又经营珠宝玉石，已分别核算销售额，则下列经营品种，应在生产环节征收消费税的有（　　）。

A. 纯金项链、手链、戒指　　B. 珍珠项链

C. 镀金工艺项链　　D. 铂金镶嵌钻戒、项链

34. 下列项目中，应按规定征收增值税的有（　　）。

A. 在境内组织旅客出境旅游

B. 所转让的无形资产在境内使用

C. 销售坐落在境内的房屋

D. 境外保险机构以境内物品为标的提供的保险劳务

35. 下列各项中，属于营业税改征增值税征税范围的有（　　）。

A. 远洋运输的承租业务　　B. 铁路运输

C. 建筑服务　　D. 广播影视节目播映服务

36. 下列业务中，应按“建筑服务”税目征收增值税的有（　　）。

A. 代办电信工程　　B. 安装电话机　　C. 拆除建筑物　　D. 爆破

37. 下列项目中，应按“销售不动产”税目征收增值税的有（　　）。

A. 转让不动产所有权　　B. 转让不动产永久使用权

C. 将不动产无偿赠与他人　　D. 将不动产出租给他人使用

38. 下列各项中，属于“营改增”试点政策中规定的免征增值税的项目有（　　）。

A. 医疗机构提供的医疗服务

B. 从事学历教育的学校提供的教育服务

C. 养老机构提供的养老服务

D. 纪念馆、博物馆、文化馆、文物保护单位管理机构、美术馆、展览馆、书画院、图书馆在自己的场所提供文化体育服务取得的第一道门票收入

39. 下列行为中，应缴纳增值税的是（　　）。

A. 桥梁大修工程作业服务　　B. 厂家销售空调并安装

C. 个人销售自建自用建筑物　　D. 转让在建建筑物

40. “营改增”试点政策中的交通运输服务包括（　　）。

A. 铁路运输服务　　B. 陆路旅客运输服务

C. 航空运输服务　　D. 管道运输服务

41. 下列行为中，属于混合销售应按销售服务征收增值税的是（　　）。

A. 饭店提供餐饮服务并销售酒水

B. 电信部门自己销售移动电话并为客户有偿提供电信服务

C. 装潢公司为客户包工包料装修房屋

D. 零售商店销售家具并实行有偿送货上门

42. 有关“营改增”纳税人增值税税率，下列表述中正确的是（　　）。

A. 提供有形动产租赁服务，税率为17%　　B. 提供交通运输业服务，税率为11%

C. 提供现代服务业服务，税率为6%　　D. 提供国际运输服务，税率为零

43. 下列属于“营改增”有形动产租赁服务的是（　　）。

A. 远洋运输的程租业务　　B. 远洋运输的光租业务

C. 航空运输的湿租业务　　D. 航空运输的干租业务

44. 按照“营改增”试点政策的规定，“现代服务”税目中的设计服务包括（　　）。

A. 服装设计　　B. 理发美容设计　　C. 工程设计　　D. 动漫设计

45. 下列哪些项目的进项税额不得从销项税额中抵扣？（　　）

A. 兼用于增值税应税项目和免税项目的购进货物、加工修理修配劳务、服务、无形资产和不动产

B. 非正常损失的购进货物及相关的加工修理修配劳务和交通运输业服务

C. 非正常损失的不动产，以及该不动产所耗用的购进货物、设计服务和建筑服务

D. 购进的旅客运输服务

46. 根据“营改增”试点税收政策的规定，下列各项中，应按邮政普遍服务缴纳增值税的有（　　）。

A. 函件、包裹等邮件的寄递

B. 邮票发行、报刊发行和邮政汇兑业务

C. 邮政代理业务

D. 义务兵平常信函、机要通信、盲人读物和革命烈士遗物的寄递

47. 按照“营改增”规定，下列业务应按“交通运输服务”征收增值税的有（　　）。

A. 程租业务　　B. 期租业务　　C. 承租业务　　D. 湿租业务

48. 根据“营改增”试点税收政策的规定，下列各项中，应按现代服务缴纳增值税的有（　　）。

A. 研发和技术服务　　B. 信息技术服务　　C. 文化创意服务　　D. 物流辅助服务

49. 下列行为中，应按“销售无形资产”税目征收增值税的有（　　）。

A. 甲企业将土地使用权有偿转让给乙企业　　B. 某画家转让其作品的著作权

C. 甲企业转让其经销权　　D. A公司向B公司销售土地使用权

50. 按照现行“营改增”政策的规定，下列普通住宅的销售，免征增值税的有（　　）。

A. 个人自建自用住房销售

B. 企业、行政事业单位按房改成本价、标准价出售住房取得的收入

C. 个人购买并居住超过2年的普通住宅销售

D. 个人购买并居住不足2年的普通住宅销售

51. 进口货物的成交价格中，未包括下列（　　）的，应加以调整，计入完税价格。

A. 进口人为在国内生产、制造、出版、发行或使用该项货物而向国外支付的软件费

B. 货物运抵我国关境内输入地点起卸前的包装费、运费和其他劳务费用

C. 该项货物成交过程中，进口人向卖方支付的佣金

D. 保险费

52. 下列费用，如果单独计价，且已包括在进口货物成交价格中，经海关审查属实的，可以从完税价格中扣除的有（　　）。

A. 进口人向其境外采购代理人支付的买方佣金

B. 进口人向卖方支付的佣金

C. 卖方给买方的正常回扣

D. 工业设施、机械设备类货物进口后基建、安装、装配、调试或技术指导的费用

53. 关税减免类型，主要可分为（　　）。

A. 法定减免　　B. 特定减免　　C. 临时减免　　D. 困难减免

54. 下列各项中，属于关税法定纳税义务人的有（　　）。

A. 进口货物的收货人　　B. 进口货物的代理人

C. 出口货物的发货人　　D. 出口货物的代理人

55.《进出口关税条例》规定，有下列（　　）情形之一的，进出口货物的收发货人或者他们的代理人，可以在 1 年内向海关申请退税。

A. 因海关误征，多纳税款的

B. 海关核准免验进口的货物，在完税后，发现有短缺情况，经海关审查认可的

C. 起卸后海关放行前，因不可抗力遭受损坏或者损失的

D. 海关查验时已经破漏、损坏或者腐烂，经证明不是保管不慎造成的

三、判断题

1. 企业租赁或承包给他人经营的，仍以原出租或发包企业为增值税的纳税人。（　　）

2. 对增值税一般纳税人因销售货物向购买方收取的价外费用和逾期包装物押金，在征税时，一律视为含税收入，将其换算为不含税收入后并入销售额，据以计税。（　　）

3. 纳税人采取折扣方式销售货物的，如果销售额和折旧额在同一张发票上分别注明的，可按折扣后的余额作为销售额计算增值税；如果将折扣额另开发票，不论其在财务上如何处理，均不得从销售额中减除折扣额。（　　）

4. 某增值税一般纳税人销售从农业生产者处购进的自产谷物，其缴纳增值税时适用零税率。（　　）

5. 纳税人兼营不同税率的货物或者应税劳务，应当分别核算不同税率货物或者应税劳务的销售额。未分别核算销售额的，从高适用税率。（　　）

6. 纳税人代政府机关收取的经国务院批准的收费，不属于价外费用，不征收增值税。（　　）

7. 已抵扣进项税额的购进货物，如果作为集体福利发放给职工个人的，发放时应视同销售计算增值税的销项税额。（　　）

8. 增值税一般纳税人购进的旅客运输服务的进项税额不得从销项税额中抵扣。（　　）

9. 委托加工应税消费品的单位和个人应缴纳增值税和消费税。（　　）

10. 纳税人委托加工应税消费品，一律在委托方收回后在委托方所在地缴纳消费税。（　　）

11. 某汽车制造厂销售自产小汽车计算应纳消费税时，准予按生产领用数量扣除外购汽车轮胎已纳消费税税额。（　　）

12. 纳税人的总机构与分支机构不在同一县（市）的，一律在生产应税消费品的分支机构所在地缴纳消费税。（ ）

13. 作为消费税计税依据的销售额，是指向购买方收取的全部价款和价外费用，也包括向购买方收取的增值税税金。（ ）

14. 纳税人自产自用的应税消费品用于连续生产应税消费品的，应在移送时缴纳消费税。（ ）

15. 委托加工应税消费品的组成计税价格计算公式中的加工费，是指受托方加工应税消费品向委托方收取的全部费用，包括代垫辅助材料的实际成本。（ ）

16. 金融商品转让，按照卖出价的全额作为计税销售额。（ ）

17. "营改增"试点纳税人提供建筑服务适用简易计税方法的，以取得的全部价款和价外费用扣除支付的分包款后的余额为销售额。（ ）

18. 纳税人从事融资租赁业务，应以向承租人收取的全部价款和价外费用作为销售额，计算缴纳增值税。（ ）

19. 自2016年3月1日起，对纳税信用A级增值税一般纳税人取消增值税专用发票扫描认证。（ ）

20. 境外单位或者个人向境内单位或者个人销售完全在境外发生的服务不征收增值税。（ ）

21. 航天运输服务，按照航空运输服务缴纳增值税。（ ）

22. 无船承运业务应该按照"现代服务—租赁服务"税目征收增值税。（ ）

23. 广告代理和广告的发布、播映、宣传、展示等按照"生活服务—文化体育服务"税目征收增值税。（ ）

24. "营改增"试点纳税人提供增值电信服务适用11%的税率。（ ）

25. 计算出口货物完税价格时，出口货物的销售价格如果包括离境口岸至境外口岸之间的运费、保险费的，该运费、保险费应当扣除。（ ）

26. 关税的征税对象仅限于进出我国境内的贸易性商品。对入境旅客随身携带的行李和物品，不征收关税。（ ）

27. 为鼓励出口，我国对出口关税采用差别税率，分为普通税率和优惠税率。（ ）

28. 行李和邮递物品进口税简称行邮税，是海关对入境旅客行李物品和个人邮递物品征收的进口税，其中包含在进口环节征收的增值税、消费税。（ ）

四、计算题

1. 某卷烟厂为增值税一般纳税人，2015年10月有关生产经营情况如下。

（1）从某烟丝厂购进已税烟丝200吨，每吨不含税单价2万元，取得烟丝厂开具的增值税专用发票，注明货款400万元、增值税68万元，烟丝已验收入库。

（2）向农业生产者收购烟叶30吨，收购凭证上注明支付收购货款42万元，另支付运输费用3万元，取得运输公司开具的普通发票；烟叶验收入库后，又将其运往烟丝厂加工成烟丝，取得烟丝厂开具的增值税专用发票，注明支付加工费8万元、增值税1.36万元，卷烟厂收回烟丝时烟丝厂未代收代缴消费税。

（3）卷烟厂生产领用外购已税烟丝 150 吨，生产卷烟 20 000 标准箱（每箱 50 000 支，每条 200 支，每条调拨价在 70 元以上），当月销售给卷烟专卖商 18 000 箱，取得不含税销售额 36 000 万元。

要求：（1）计算卷烟厂 10 月应缴纳的增值税。

（2）计算卷烟厂 10 月应缴纳的消费税。

2. 甲公司（增值税一般纳税人，按一般计算方法计税）专门从事认证服务，2016 年 4 月发生如下业务。

（1）4 月 8 日，取得认证服务收入 212 万元，开具增值税专用发票。

（2）4 月 12 日，购进一台经营用设备，取得的增值税专用发票上注明价款 20 万元，增值税税额 3.4 万元。

（3）4 月 14 日，接受乙公司提供的设计服务，取得的增值税专用发票上注明价款 8 万元，增值税税额 0.48 万元。

（4）4 月 16 日，接受丙公司提供的交通运输服务，取得的货物运输业增值税专用发票上注明价款 1 万元，增值税税额 0.11 万元。

已知：甲公司适用的增值税税率为 6%。

要求：计算该公司 4 月应纳增值税税额。

3. 某印刷厂的一台印刷机械于 2015 年 1 月运往日本修理，出境时已向海关报明该台机械价值 200 万元人民币，2015 年 8 月此台机械按海关规定期限复运进境，海关审查确定的修理费为 50 万元人民币，料件费为 60 万元人民币。机械复运进境时的市价已达 300 万元人民币，进口关税税率为 5%。请计算该机械应纳关税、增值税税额。

五、综合题

1. 某礼花厂为增值税一般纳税人，生产出口鞭炮烟火，实行“免、抵、退”办法。2012 年第 4 季度发生以下业务。

（1）自营出口自产的鞭炮烟火一批，其离岸价格为 5 000 万元人民币。

（2）销售给某外贸企业鞭炮烟火一批，开具的专用发票上注明的销售额为 3 000 万元人民币，税额为 510 万元人民币。

（3）本期购进原材料一批，准予抵扣的进项税额为 980 万元。支付生产用的水电费取得的专用发票上注明的税金为 0.1 万元，支付承运部门的销货运费 8 万元（有货票），运输保险费 0.01 万元。上期未抵扣完的进项税额 20 万元。

并且已知上述的外贸企业收购鞭炮焰火后，其中 60%外销，离岸价格为 2 500 万元人民币，其余的鞭炮烟火内销，收入为 1 500 万元（该外贸企业对出口货物单独设立库存账和销售账）。

要求：计算礼花厂和外贸企业当期各自应纳和应退的税款（退税率为 9%）。

2. 某化妆品生产企业为增值税一般纳税人，2016 年 10 月进口化妆品一批，支付给国外的货款 2 400 000 元，相关税金 200 000 元，卖方佣金 40 000 元，运抵我国海关前的运杂费、手续费和保险费 360 000 元，化妆品全部验收入库。进口化妆品生产设备一台，支付给国外的货款 700 000

元，运抵我国海关前的运杂费、手续费和保险费 80 000 元。本月内企业将进口化妆品的 90%继续加工为成套化妆品 8 200 件，对外批发销售 6 500 件，取得不含税销售额 6 800 000 元；向消费者零售 800 件，取得含税销售额 1 286 500 元。假设化妆品进口关税税率为 20%，进口生产设备关税税率为 25%，化妆品消费税税率为 15%，化妆品及生产设备增值税税率为 17%。

要求：依法计算应缴纳的关税、消费税和增值税税额。

3. 某电器专卖店（一般纳税人）2016 年 8 月发生下列购销业务。

（1）销售空调 300 台，每台零售价格 3 000 元，商场派人负责安装，每台收取安装费 200 元。

（2）采取有奖销售方式销售电冰箱 100 台，每台零售价格 2 800 元；将外购的 50 只石英手表对外投资，市场零售价格为每只 200 元。

（3）以预收款方式销售 20 台空调，每台 3 000 元（含增值税），按 60 000 元金额开具了普通发票，因供货商的原因本期未能向客户交货。

（4）将本专卖店自用 3 年的小汽车一辆，账面原价 300 000 元，已提折旧 30 000 元，以 180 000 元的价格售出。

（5）购进空调 200 台，取得增值税专用发票注明价款 420 000 元，已通过认证，货款已支付；另支付不含税运输费 15 000 元，取得运输企业开具的货运增值税专用发票。

（6）购进 A 牌电冰箱 150 台，取得增值税专用发票注明价款 300 000 元，已通过认证，因资金周转困难只支付给厂商 70%的货款，余款在下月初支付；将上月外购的 10 台 B 牌冰箱作为福利奖励给优秀职工；另将上月外购的 10 台 B 牌冰箱用于新建职工宿舍，B 牌冰箱购进时均取得了增值税专用发票，每台支付的价税合计金额为 2 340 元。

要求：（1）计算业务 2 的销项税额。

（2）计算该企业当期准予抵扣的进项税额。

（3）计算该企业当期销项税额。

（4）计算该企业当期应纳增值税税额。

项目六 资源税类与纳税实务

知识目标

- 了解我国现行资源税制的构成，了解资源税类各税种的概念、开征的目的和意义；
- 掌握资源税类各税种的基本税制要素，如征税对象、纳税人、税率和征收管理等方面的内容；
- 熟练掌握资源税类各税种计税依据的确定和应纳税额的计算。

能力目标

- 正确计算资源税应纳税额并完成纳税申报事宜；
- 正确计算城镇土地使用税应纳税额并完成纳税申报事宜；
- 正确计算耕地占用税应纳税额并完成纳税申报事宜；
- 正确计算土地增值税应纳税额并完成纳税申报事宜。

项目引入

【资料】山东北海油田纳税人识别号为370705930859385，2016年6月生产原油10万吨，其中销售 7 万吨，实现销售收入1 120万元，加热、修井用1万吨，库存2万吨。当月在采油过程中回收并销售天然气2 000万立方米，实现销售收入320万元。已知该油田原油适用资源税税率为5%，天然气适用资源税税率为5%。

【要求】（1）计算资源税应纳税额。

（2）填列资源税纳税申报表。

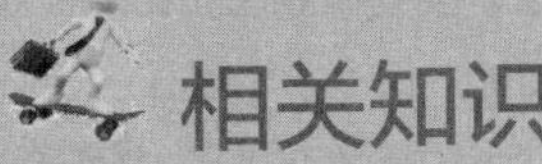

相关知识

一、资源税认知

我国的资源税是为了保护和促进自然资源的合理开发与利用，适当调节自然资源的级差收入，对自然资源征收的一种税收。我国现行资源税法的基本规范，是2011年9月21日国务院修订颁布的《中华人民共和国资源税暂行条例》（以下简称《资源税暂行条例》）。2011年10月28日，财政部、国家税务总局发布修订后的《中华人民共和国资源税暂行条例实施细则》（以下简称《实施细则》）。2016年5月9日，财政部、国家税务总局发布《财政部、国家税务总局关于全面推进资源税改革的通知》（财税〔2016〕53号，以下简称《通知》）和《关于资源税改革具体政策问题的通知》（财税〔2016〕54号）。

自然资源是生产资料或生活资料的天然来源，它包括的范围很广，如矿产资源、土地资源、水资源、森林资源、动植物资源、海洋资源、太阳能资源等。目前，我国的资源税征税范围较窄，仅将部分级差收入差异较大、资源较为普遍、易于征收管理的矿产品和盐等列为征税范围，另外，根据党中央、国务院决策部署，自2016年7月1日起在河北省实施水资源税改革试点。在我国，国家是自然资源的所有者，资源税同时具有收益税的性质。

资源税的征收，通过合理调节资源级差收入水平，有利于促进企业之间开展公平竞争；可以促进国有资源的合理开采，节约使用，有效配置；有利于配合其他税种，发挥税收的整体功能，并为国家增加一定的财政收入。随着我国经济的快速发展，对自然资源的合理利用和有效保护将越来越重要，资源税的征税范围将逐步扩大。

1．征税范围

根据《资源税暂行条例》《实施细则》及《通知》的规定，资源税的征税范围具体内容如下。

（1）原油。原油是指开采的天然原油，不包括人造石油。

（2）天然气。天然气是指专门开采或者与原油同时开采的天然气。

（3）煤炭。煤炭包括原煤和以未税原煤（即自采原煤）加工的洗选煤。

（4）其他非金属矿。其他非金属矿是指上述产品和井矿盐以外的非金属矿，包括石墨、硅藻土、高岭土、萤石、石灰石、硫铁矿、磷矿、氯化钾、硫酸钾、井矿盐、湖盐、提取地下卤水晒制的盐、煤层（成）气、黏土、砂石及其他未列举名称的非金属矿产品。

（5）金属矿。金属矿包括稀土矿、钨矿、钼矿、铁矿、金矿、铜矿、铝土矿（包括耐火级矾土、研磨级矾土等高铝黏土）、铅锌矿、镍矿、锡矿及未列举名称的其他金属矿产品。

（6）海盐。海盐是指海水晒制的盐，不包括提取地下卤水晒制的盐。

2．纳税义务人

根据《资源税暂行条例》及《实施细则》的规定，资源税的纳税义务人是指在中华人民共和国领域及管辖海域开采条例规定的矿产品或者生产盐（以下称开采或者生产应税产品）的单位和个人。单位，是指企业、行政单位、事业单位、军事单位、社会团体及其他单位。个人，是指个体工商户和其他个人。

《资源税暂行条例》还规定，收购未税矿产品的单位为资源税的扣缴义务人。扣缴义务人，是指独立矿山、联合企业及其他收购未税矿产品的单位。

自2011年11月1日起，中外合作开采陆上石油资源的企业、中外合作开采海洋石油资源的中国企业和外国企业依法缴纳资源税，不再缴纳矿区使用费。

3．税目、税额

资源税实行从价定率和从量定额征收的办法，贯彻“普遍征收，级差调节”的原则。资源税的税目、税率如表 6-1 所示。

表 6–1　　　　　　　　资源税税目、税率表

税目			税率
（一）原油			销售额的 6%～10%
（二）天然气			销售额的 6%～10%
（三）煤炭			销售额的 2%～10%
（四）其他非金属矿	石墨	精矿	3%～10%
	硅藻土	精矿	1%～6%
	高岭土	原矿	1%～6%
	萤石	精矿	1%～6%
	石灰石	原矿	1%～6%
	硫铁矿	精矿	1%～6%
	磷矿	原矿	3%～8%
	氯化钾	精矿	3%～8%
	硫酸钾	精矿	6%～12%
	井矿盐	氯化钠初级产品	1%～6%
	湖盐	氯化钠初级产品	1%～6%
	提取地下卤水晒制的盐	氯化钠初级产品	3%～15%
	煤层（成）气	原矿	1%～2%
	黏土、砂石	原矿	每吨或立方米 0.1～5 元
	未列举名称的其他非金属矿产品	原矿或精矿	从量税率每吨或立方米不超过 30 元；从价税率不超过 20%
（五）金属矿	稀土	精矿	轻稀土按地区执行不同的适用税率，其中，内蒙古为 11.5%、四川为 9.5%、山东为 7.5%；中重稀土资源税适用税率为 27%
	钨	精矿	6.5%
	钼	精矿	11%
	铁矿	精矿	1%～6%
	金矿	金锭	1%～4%
	铜矿	精矿	2%～8%
	铝土矿	原矿	3%～9%
	铅锌矿	精矿	2%～6%
	镍矿	精矿	2%～6%
	锡矿	精矿	2%～6%
	未列举名称的其他金属矿产品	原矿或精矿	税率不超过 20%
（六）海盐		氯化钠初级产品	1%～5%

说明：（1）铝土矿包括耐火级矾土、研磨级矾土等高铝黏土。

（2）氯化钠初级产品是指井矿盐、湖盐原盐、提取地下卤水晒制的盐和海盐原盐，包括固体和液体形态的初级产品。

（3）海盐是指海水晒制的盐，不包括提取地下卤水晒制的盐。

4．应纳税额的计算

（1）实行从价定率办法应纳税额的计算。资源税的应纳税额，实行从价定率计征办法的，以应税产品的销售额乘以纳税人具体适用的比例税率计算，即

应纳税额＝销售额×比例税率

① 销售额的一般规定。销售额为纳税人销售应税产品向购买方收取的全部价款和价外费用，但不包括收取的增值税销项税额。价外费用，包括价外向购买方收取的手续费、补贴、基金、集资费、返还利润、奖励费、违约金、滞纳金、延期付款利息、赔偿金、代收款项、代垫款项、包装费、包装物租金、储备费、优质费、运输装卸费及其他各种性质的价外收费，但下列项目不包括在内。

• 同时符合以下条件的代垫运输费用：承运部门的运输费用发票开具给购买方的；纳税人将该项发票转交给购买方的。

• 同时符合以下条件代为收取的政府性基金或者行政事业性收费：由国务院或者财政部批准设立的政府性基金，由国务院或者省级人民政府及其财政、价格主管部门批准设立的行政事业性收费；收取时开具省级以上财政部门印制的财政票据；所收款项全额上缴财政。

纳税人以人民币以外的货币结算销售额的，应当折合成人民币计算。其销售额的人民币折合率可以选择销售额发生的当天或者当月1日的人民币汇率中间价。纳税人应在事先确定采用何种折合率计算方法，确定后1年内不得变更。

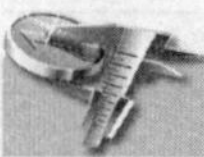

案例 6-1

东北某油田2016年1月销售原油20万吨，每吨售价5 000元人民币，该油田适用的资源税税率为5%。请计算该油田本月应纳资源税税额。

解析

应纳税额＝5 000×200 000×5%＝50 000 000（元）。

② 销售额的特殊规定。

• 关于原矿销售额与精矿销售额的换算或折算。

为公平原矿与精矿之间的税负，对同一种应税产品，征税对象为精矿的，纳税人销售原矿时，应将原矿销售额换算为精矿销售额缴纳资源税；征税对象为原矿的，纳税人销售自采原矿加工的精矿，应将精矿销售额折算为原矿销售额缴纳资源税。换算比或折算率原则上应通过原矿售价、精矿售价和选矿比计算，也可通过原矿销售额、加工环节平均成本和利润计算。

金矿以标准金锭为征税对象，纳税人销售金原矿、金精矿的，应比照上述规定将其销售额换算为金锭销售额缴纳资源税。

换算比或折算率应按简便可行、公平合理的原则，由省级财税部门确定，并报财政部、国家税务总局备案。

• 纳税人开采或者生产应税产品，自用于连续生产应税产品的，不缴纳资源税；自用于其他方面的（包括用于非生产项目和生产非应税产品两部分），视同销售，缴纳资源税。本条规定同样适用于从量定额办法计征资源税的应税产品，后面不再重述。

• 纳税人申报的应税产品销售额明显偏低并且无正当理由的、有视同销售应税产品行为而无

销售额的，除财政部、国家税务总局另有规定外，按下列顺序确定销售额。

第一，按纳税人最近时期同类产品的平均销售价格确定。

第二，按其他纳税人最近时期同类产品的平均销售价格确定。

第三，按组成计税价格确定。组成计税价格如下。

组成计税价格＝成本×（1＋成本利润率）÷（1-税率）

公式中的成本是指应税产品的实际生产成本。公式中的成本利润率由省、自治区、直辖市税务机关确定。

- 纳税人开采应税产品由其关联单位对外销售的，按其关联单位的销售额征收资源税。
- 纳税人将其开采的应税产品直接出口的，按其离岸价格（不含增值税）计算销售额征收资源税。
- 纳税人开采或者生产不同税目应税产品的，应当分别核算不同税目应税产品的销售额；未分别核算或者不能准确提供不同税目应税产品销售额的，从高适用税率。
- 煤炭资源税应纳税额按照原煤或者洗选煤计税销售额乘以适用税率计算。原煤计税销售额是指纳税人销售原煤向购买方收取的全部价款和价外费用，不包括收取的增值税销项税额以及从坑口到车站、码头或购买方指定地点的运输费用。

洗选煤计税销售额按洗选煤销售额乘以折算率计算。纳税人将其开采的原煤加工为洗选煤销售的，以洗选煤销售额乘以折算率作为应税煤炭销售额计算缴纳资源税。

洗选煤应纳税额=洗选煤销售额×折算率×适用税率

- 稀土、钨、钼应税产品包括原矿和以自采原矿加工的精矿。纳税人将其开采的原矿加工为精矿销售的，按精矿销售额（不含增值税）和适用税率计算缴纳资源税。纳税人开采并销售原矿的，将原矿销售额（不含增值税）换算为精矿销售额计算缴纳资源税。应纳税额的计算公式如下。

应纳税额=精矿销售额×适用税率

（2）实行从量定额办法应纳税额的计算。资源税的应纳税额，实行从量定额计征办法的，以应税产品（原矿或精矿）的销售数量乘以纳税人具体适用的定额税率计算。

应纳税额＝销售数量×单位税额

销售数量，包括纳税人开采或者生产应税产品的实际销售数量和视同销售的自用数量。

纳税人不能准确提供应税产品销售数量的，以应税产品的产量或者主管税务机关确定的折算比换算成的数量为计征资源税的销售数量，具体规定如下。

金属和非金属矿产品原矿，因无法准确掌握纳税人移送使用原矿数量的，可将其精矿（或原矿）按选矿比折算成的原矿（或精矿）数量作为课税数量。

纳税人开采或者生产不同税目应税产品的，应当分别核算不同税目应税产品的销售数量；未分别核算或者不能准确提供不同税目应税产品销售数量的，从高适用税率。

（3）扣缴义务人扣缴资源税的规定。

① 独立矿山、联合企业收购未税资源税应税产品的单位，按照本单位应税产品税额（率）标准，依据收购的数量（金额）代扣代缴资源税。

② 其他收购单位收购的未税资源税应税产品，按主管税务机关核定的应税产品税额（率）标准，依据收购的数量（金额）代扣代缴资源税。

收购数量（金额）的确定比照课税数量（销售额）的规定执行。

5．税收优惠

（1）关于原油、天然气资源税的优惠政策。

① 开采原油过程中用于加热、修井的原油免税。

② 对油田范围内运输稠油过程中用于加热的原油、天然气免征资源税。

③ 对稠油、高凝油和高含硫天然气资源税减征40%。

④ 对三次采油资源税减征30%。

⑤ 对低丰度油气田资源税暂减征20%。

⑥ 对深水油气田资源税减征30%。

（2）关于煤炭资源税的优惠政策。

① 对衰竭期煤矿开采的煤炭，资源税减征30%。

② 对充填开采置换出来的煤炭，资源税减征50%。

（3）对依法在建筑物下、铁路下、水体下通过充填开采方式采出的矿产资源，资源税减征50%。

（4）对实际开采年限在15年以上的衰竭期矿山开采的矿产资源，资源税减征30%。

（5）对鼓励利用的低品位矿、废石、尾矿、废渣、废水、废气等提取的矿产品，由省级人民政府根据实际情况确定是否给予减税或免税。

（6）国务院规定的其他减税、免税项目。

纳税人的减税、免税项目，应当单独核算销售额或者销售数量；未单独核算或者不能准确提供销售额或者销售数量的，不予减税或者免税。

6．征收管理

（1）纳税义务发生时间。

① 纳税人销售应税产品，其纳税义务发生时间如下。

- 纳税人采取分期收款结算方式的，其纳税义务发生时间为销售合同规定的收款日期的当天。
- 纳税人采取预收货款结算方式的，其纳税义务发生时间为发出应税产品的当天。
- 纳税人采取其他结算方式的，其纳税义务发生时间为收讫销售款或者取得索取销售款凭据的当天。

② 纳税人自产自用应税产品的纳税义务发生时间为移送使用应税产品的当天。

③ 扣缴义务人代扣代缴税款的纳税义务发生时间为支付货款的当天。

（2）纳税期限。纳税人的纳税期限为1日、3日、5日、10日、15日或者1个月，由主管税务机关根据实际情况具体核定。不能按固定期限计算纳税的，可以按次计算纳税。

纳税人以1个月为一期纳税的，自期满之日起10日内申报纳税；以1日、3日、5日、10日或者15日为一期纳税的，自期满之日起5日内预缴税款，于次月1日起10日内申报纳税并结清上月税款。

扣缴义务人的解缴税款期限，比照前两款的规定执行。

（3）纳税地点。纳税人应纳的资源税，应当向应税产品的开采或者生产所在地主管税务机关缴纳。纳税人在本省、自治区、直辖市范围内开采或者生产应税产品，其纳税地点需要调整的，由省、自治区、直辖市税务机关决定。

跨省、自治区、直辖市开采或者生产资源税应税产品的纳税人，其下属生产单位与核算单位不在同一省、自治区、直辖市的，对其开采或者生产的应税产品，一律在开采地或者生产地纳税。

扣缴义务人代扣代缴的资源税，应当向收购地主管税务机关缴纳。

二、城镇土地使用税认知

我国的城镇土地使用税是为了促进合理使用城镇土地，适当调节城镇土地级差收入，对使用的城镇土地征收的一种税收。现行城镇土地使用税的基本规范是2006年12月31日国务院修订后的《中华人民共和国城镇土地使用税暂行条例》（以下简称《城镇土地使用税暂行条例》）。

城镇土地使用税的征税对象是城镇土地，征税范围广，实行差别幅度税额。开征城镇土地使用税，有利于通过经济手段，加强对土地的管理，变土地的无偿使用为有偿使用，促进合理、节约使用土地，提高土地使用效益；有利于适当调节不同地区、不同地段之间的土地级差收入，促进企业加强经济核算，理顺国家与土地使用者之间的分配关系；有利于筹集地方财政资金。

1．征税对象和范围

城镇土地使用税以城镇土地为征税对象，具体征税范围包括在城市、县城、建制镇和工矿区内的国家所有和集体所有的土地。

上述城市、县城、建制镇和工矿区分别按以下标准确认。

（1）城市是指国务院批准设立的市。

（2）县城是指县人民政府所在地。

（3）建制镇是指经省、自治区、直辖市人民政府批准设立的建制镇。

（4）工矿区是指工商业比较发达，人口比较集中，符合国务院规定的建制镇标准，但尚未设立建制镇的大中型工矿企业所在地，工矿区须经省、自治区、直辖市人民政府批准。

上述城镇土地使用税的征税范围中，城市的土地包括市区和郊区的土地，县城的土地是指县人民政府所在地的城镇土地，建制镇的土地是指镇人民政府所在地的土地。

建立在城市、县城、建制镇和工矿区以外的工矿企业则无须缴纳城镇土地使用税。

2．纳税义务人

在中国境内的城市、县城、建制镇和工矿区范围内使用土地的单位和个人，为城镇土地使用税的纳税人。这里所称的单位，包括国有企业、集体企业、私营企业、股份制企业、外商投资企业、外国企业及其他企业和事业单位、社会团体、国家机关、军队，以及其他单位；这里所称的个人，包括个体工商户及其他个人。

城镇土地使用税的纳税人通常包括以下几类。

（1）拥有土地使用权的单位和个人。

（2）拥有土地使用权的单位和个人不在土地所在地的，其土地的实际使用人和代管人为纳税人。

（3）土地使用权未确定或权属纠纷未解决的，其实际使用人为纳税人。

（4）土地使用权共有的，共有各方都是纳税人，由共有各方分别纳税。

3．税率

城镇土地使用税采用定额税率，即采用有幅度的差别税额，按大、中、小城市和县城、建制

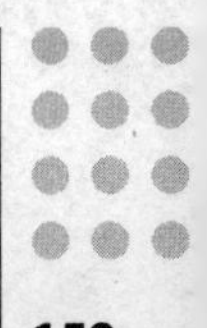

镇、工矿区分别规定每平方米土地使用税年应纳税额，具体标准如下。

（1）大城市1.5～30元；

（2）中等城市1.2～24元；

（3）小城市0.9～18元；

（4）县城、建制镇、工矿区0.6～12元。

大、中、小城市以公安部门登记在册的非农业正式户口人数为依据，按照国务院颁布的《城市规划条例》中规定的标准划分：人口在50万以上者为大城市；人口在20万～50万者为中等城市；人口在20万以下者为小城市。

各省、自治区、直辖市人民政府可根据市政建设情况和经济繁荣程度在规定税额幅度内，确定所辖地区的适用税额幅度。经省、自治区、直辖市人民政府批准，经济落后地区的土地使用税适用税额标准可以适当降低，但降低额不得超过规定的最低税额的30%。经济发达地区土地使用税的适用税额标准可以适当提高，但须报经财政部批准。

4．应纳税额的计算

（1）计税依据。城镇土地使用税以纳税人实际占用的土地面积为计税依据，土地面积计量标准为每平方米。即税务机关根据纳税人实际占用的土地面积，按照规定的单位税额计算应纳税额。

纳税人实际占用的土地面积按下列办法确定。

① 凡有由省、自治区、直辖市人民政府确定的单位组织测定土地面积的，以测定的面积为准。

② 尚未组织测量，但纳税人持有政府部门核发的土地使用证书的，以证书确认的土地面积为准。

③ 尚未核发出土地使用证书的，应由纳税人申报土地面积，据以纳税，待核发土地使用证以后再做调整。

（2）应纳税额的计算。城镇土地使用税的应纳税额可以通过纳税人实际占用的土地面积乘以该土地所在地段的适用税额求得。其计算公式如下。

应纳税额＝应税土地的实际占用面积（平方米）×适用单位税额

案例6-2

某公司有一栋有土地使用权的建筑物。该建筑物占用土地面积2 000平方米，建筑物面积10 000平方米，该公司所在市城镇土地使用税单位税额每平方米5元。计算该公司全年应纳城镇土地使用税。

解析

应纳税额=应税土地的实际占用面积×适用单位税额=2 000×5=10 000（元）。

5．税收优惠

下列土地可以免征城镇土地使用税。

（1）国家机关、人民团体、军队自用的土地。

（2）由国家财政部门拨付事业经费的单位自用的土地。

（3）宗教寺庙、公园、名胜古迹自用的土地。

（4）市政街道、广场、绿化地带等公共用地。

（5）直接用于农、林、牧、渔业的生产用地。

（6）经批准开山填海整治的土地和改造的废弃土地，从使用的月份起免缴土地使用税5～10年。

（7）对非营利性医疗机构、疾病控制机构和妇幼保健机构等卫生机构自用的土地，免征城镇土地使用税。

（8）企业办的学校、医院、托儿所、幼儿园，其用地能与企业其他用地明确区分的，免征城镇土地使用税。

（9）免税单位无偿使用纳税单位的土地（如公安机关、海关等单位使用铁路、民航等单位的土地），免征城镇土地使用税。

（10）对行使国家行政管理职能的中国人民银行总行（含国家外汇管理局）所属分支机构自用的土地，免征城镇土地使用税。

（11）为了体现国家的产业政策，支持重点产业的发展，对石油、电力、煤炭等能源用地，民用港口、铁路等交通用地和水利设施用地，三线调整企业、盐业、采石场、邮电等一些特殊用地划分了征免税界限和给予政策性减免税照顾。

除以上各项外，纳税人缴纳土地使用税如确有困难需定期减免的，由县以上地方税务机关批准。

6．征收管理

（1）纳税义务发生时间。

① 纳税人购置新建商品房，自房屋交付使用的次月起，缴纳城镇土地使用税。

② 纳税人购置存量房，自办理房屋权属转移、变更登记手续，房地产权属登记机关签发房屋权属证书的次月起，缴纳城镇土地使用税。

③ 纳税人出租、出借房产，自交付出租、出借房产的次月起，缴纳城镇土地使用税。

④ 以出让或转让方式取得土地使用权的，应当由受让方从合同约定交付土地时间的次月起缴纳城镇土地使用税；合同未约定交付时间的，由受让方从合同签订的次月起缴纳城镇土地使用税。

⑤ 纳税人新征用的耕地，自批准征用之日起满一年时开始缴纳城镇土地使用税。

⑥ 纳税人新征用的非耕地，自批准征用的次月起缴纳城镇土地使用税。

⑦ 自2009年1月1日起，纳税人因土地的权利发生变化而依法终止城镇土地使用税纳税义务的，其应纳税款的计算截止到土地权利发生变化的当月月末。

（2）纳税期限。城镇土地使用税实行按年计算，分期缴纳的征收方法，具体缴纳期限由各省、自治区、直辖市人民政府确定。

（3）纳税地点。城镇土地使用税的纳税地点为土地所在地，由土地所在地的税务机关负责征收。

纳税人使用的土地不属于同一省（自治区、直辖市）管辖范围内的，由纳税人分别向土地所在地的税务机关申报缴纳；在同一省（自治区、直辖市）管辖范围内，纳税人跨地区使用的土地，其纳税地点由省（自治区、直辖市）地方税务局确定。

（4）申报要求。城镇土地使用税的纳税人应按照税法规定纳税期限及时办理纳税申报，并如实填写城镇土地使用税纳税申报表（表略）。

三、土地增值税认知

我国的土地增值税是为了规范房地产交易的市场秩序，适当调节土地增值收益，对转让房地产取得的增值额征收的一种税收。现行土地增值税的基本规范是1993年12月13日国务院颁布的《中华人民共和国土地增值税暂行条例》（以下简称《土地增值税暂行条例》）和1995年1月27日财政部发布的《中华人民共和国土地增值税暂行条例实施细则》（以下简称《土地增值税实施细则》）。

土地增值税以转让房地产所取得的增值额为计税依据，具有征税面较广、采用扣除法和评估法计算增值额、实行超率累进税率、在房地产的转让环节按次征收等特点。

土地增值税是为了贯彻国家宏观调控政策而出台的一个税种，是利用税收杠杆对经济进行必要的调节。我国开征土地增值税的主要作用在于：进一步改革和完善税制，增强国家对房地产开发和房地产市场调控力度的客观需要；抑制炒买炒卖土地投机获取暴利的行为；规范国家参与土地增值收益的分配方式，增加国家财政收入，为经济建设积累资金。

1．征税范围

（1）征税范围的一般规定。根据《土地增值税暂行条例》及其实施细则的规定，土地增值税的征税范围包括以下内容。

① 转让国有土地使用权。这里所说的“国有土地”，是指按国家法律规定属于国家所有的土地。

② 地上的建筑物及其附着物连同国有土地使用权一并转让。“地上建筑物”，是指建于土地上的一切建筑物，包括地上和地下的各种附属设施。“附着物”，是指附着于土地上的不能移动或一经移动即遭损坏的物品。

准确界定土地增值税的征税范围十分重要，在实际工作中，要注意以下几点。

- 土地增值税是对转让国有土地使用权及其地上建筑物和附着物的行为征税。
- 土地增值税是对国有土地使用权及其地上建筑物和附着物的转让行为征税。
- 土地增值税是对转让的房地产并取得收入的行为征税。

（2）征税范围的若干具体规定。

① 以出售方式转让国有土地使用权、地上建筑物及附着物的。

- 出售国有土地使用权的，属于国有土地使用权的有偿转让，应纳入土地增值税的征税范围。
- 取得土地使用权后进行房屋开发建造然后出售的，由于既发生了产权的转让又取得了收入，应纳入土地增值税的征税范围。
- 存量房地产的买卖，既发生了产权的转让又取得了收入，应纳入土地增值税的征税范围。

② 以继承、赠与方式转让房地产的，由于只发生房地产产权的转让，没有取得相应的收入，属于无偿转让房地产的行为，不征收土地增值税。这里的“赠与”是指公益、救济性赠与和赠与直系亲属或承担直接赡养义务的人，不包括非公益性赠与。

③ 房地产的出租。出租人虽然取得了收入，但没有发生房产产权、土地使用权的转让，因此，不属于土地增值税的征税范围。

④ 房地产的抵押。房地产在抵押期间不征收土地增值税。待抵押期满后，视该房地产是否转移产权来确定是否征收土地增值税。对于以房地产抵债而发生房地产产权转让的，属于征收土地增值税的范围。

⑤ 房地产交换。一方以房地产与另一方的房地产进行交换，既发生了房产产权、土地使用权的转移，交换双方又取得了实物形态的收入，属于土地增值税的征税范围。但个人之间互换自有居住用房地产的，经当地税务机关核实，可以免征土地增值税。

⑥ 以房地产进行投资、联营。对于以房地产进行投资、联营的，投资、联营的一方以土地（房地产）作价入股进行投资或作为联营条件，将房地产转让到所投资、联营的企业中时，暂免征收土地增值税。对投资、联营企业将上述房地产再转让的，应征收土地增值税。

⑦ 合作建房。对于一方出地，另一方出资金，双方合作建房，建成后按比例分房自用的，暂免征收土地增值税；建成后转让的，应征收土地增值税。

⑧ 企业兼并转让房地产。在企业兼并中，对被兼并企业将房地产转让到兼并企业中的，暂免征收土地增值税。

⑨ 房地产代建房行为。房地产代建房行为不属于征收土地增值税的范围。

⑩ 房地产评估增值。房地产评估增值不属于征收土地增值税的范围。

2. 纳税义务人

土地增值税的纳税义务人为在中国境内以出售和其他方式转让国有土地使用权、地上建筑物及其附着物并取得收入的单位和个人。单位包括各类企业、事业单位、国家机关和社会团体及其他组织；个人包括个体经营者。《土地增值税暂行条例》适用于外商投资企业、外国企业及外国机构、华侨、港澳台同胞和外籍人员。

3. 税率

土地增值税的税率采用四级超率累进税率。其中，最低税率为30%，最高税率为60%，如表6-2所示。

表6-2　土地增值税四级超率累进税率

级次	增值额与扣除项目金额的比率	税率（%）	速算扣除系数（%）
1	不超过50%（含）的部分	30	0
2	超过50%，不超过100%（含）的部分	40	5
3	超过100%，不超过200%（含）的部分	50	15
4	超过200%的部分	60	35

4. 应纳税额的计算

（1）计税依据的确定。土地增值税的计税依据是纳税人转让房地产取得的增值额。转让房地产的增值额，是纳税人转让房地产的收入额减去税法规定的扣除项目金额后的余额，即

增值额 = 转让房地产取得的收入 − 准予扣除项目金额

① 应税收入的确定。纳税人转让房地产取得的应税收入，包括转让房地产的全部价款及有关的经济收益。从收入的形式来看，包括货币收入、实物收入和其他收入。

货币收入是指纳税人转让房地产而取得的现金、银行存款、支票、银行本票、汇票等各种信用票据和国库券、金融债券、企业债券、股票等有价证券。货币收入一般比较容易确定。实物收入是指纳税人转让房地产而取得的各种实物形态的收入，如钢材、水泥等建材，房屋、土地等不动产等。实物收入的价值不太容易确定，一般要对这些实物形态的财产进行估价。其他收入是指纳税人转让房地产而取得的无形资产收入或具有财产价值的权利，如专利权、商标权、著作权、专有技术使用权、土地使用权、商誉权等。这种类型的收入比较少见，其价值需要进行专门的评估。

自2016年5月1日起，转让房地产缴纳增值税，纳税人转让房地产取得的收入为不含增值税收入。

② 扣除项目的确定。在确定房地产转让的增值额和计算缴纳土地增值税时，允许从房地产转让收入总额中扣除的项目及其金额。扣除项目可分为以下6类。

第一，取得土地使用权所支付的金额。它是指纳税人为取得土地使用权所支付的地价款和按国家统一规定交纳的有关费用。取得土地使用权所支付的地价款，是指以协议、拍卖等出让方式取得土地使用权的，为支付的土地出让金；以行政划拨方式取得土地使用权的，为转让土地使用权时按规定补缴的出让金；以转让方式取得土地使用权的，为支付的地价款。按国家统一规定交纳的有关费用，是指在取得土地使用权的过程中为办理有关手续，交纳的有关登记费、过户手续费等。

第二，房地产开发成本。它是指纳税人开发房地产项目实际发生的成本，主要包括土地征用及拆迁补偿费、前期工程费、建筑安装工程费、基础设施费、公共配套设施费、开发间接费用等。

土地征用及拆迁补偿费，包括土地征用费、耕地占用税、劳动力安置费及有关地上、地下附着物拆迁补偿的净支出、安置动迁用房支出等。前期工程费，包括规划、设计、项目可行性研究和水文、地质、勘察、测绘、“三通一平”等支出。建筑安装工程费，是指以出包方式支付给承包单位的建筑安装工程费，以自营方式发生的建筑安装工程费。基础设施费，包括开发小区内道路、供水、供电、供气、排污、排洪、通信、照明、环卫、绿化等工程发生的支出。公共配套设施费，包括不能有偿转让的开发小区内公共配套设施发生的支出。开发间接费用，是指直接组织、管理开发项目发生的费用，包括工资、职工福利费、折旧费、修理费、办公费、水电费、劳动保护费、周转房摊销等。

第三，房地产开发费用。它是指与房地产开发项目有关的销售费用、管理费用和财务费用。在会计处理上，这3项费用作为期间费用，直接计入当期损益，不按成本核算对象进行分摊。为了便于计算操作，《土地增值税实施细则》中对有关费用的扣除，尤其是财务费用中数额较大的利息支出的扣除，做了较为详细的规定。

- 能够按转让房地产项目计算分摊利息支出，并提供金融机构贷款证明的房地产开发费用的计算公式如下。

房地产开发费用=利息+（取得土地使用权所支付的金额+房地产开发成本）×5%以内

利息最高不能超过按商业银行同类同期贷款利率计算的金额。

- 凡不能按转让房地产项目计算分摊利息支出，或不能提供金融机构贷款证明的房地产开发费用的计算公式如下。

房地产开发费用＝（取得土地使用权所支付的金额＋房地产开发成本）×10%以内

注意 一是计算扣除的具体比例，由省、自治区、直辖市人民政府规定；二是利息的上浮幅度按国家的有关规定执行，超过上浮幅度的部分不允许扣除，对于超过贷款期限的利息部分和加罚的利息也不允许扣除。

第四，与转让房地产有关的税金。它是指在转让房地产时缴纳的增值税、城市维护建设税、印花税。因转让房地产缴纳的教育费附加，也可视同税金予以扣除。

需要明确的是，房地产开发企业按照会计法规的有关规定，在转让房地产时缴纳的印花税列入管理费用中，印花税不再单独扣除。其他纳税人在房地产转让环节缴纳的印花税允许在此扣除。

第五，其他扣除项目。对从事房地产开发的纳税人可按取得土地使用权所支付的金额和房地产开发成本两项金额之和，加计20%的扣除。在此特别指出的是，此规定只适用于从事房地产开发的纳税人，除此以外的其他纳税人不适用。这样规定的目的是抑制炒买炒卖房地产的投机行为，保护正常开发投资者的积极性。

自2016年5月1日起，转让房地产缴纳增值税，土地增值税扣除项目涉及的增值税进项税额，允许在销项税额中计算抵扣的，不计入扣除项目，不允许在销项税额中计算抵扣的，可以计入扣除项目。

第六，旧房及建筑物的评估价格。旧房及建筑物的评估价格是指在转让已使用的房屋及建筑物时，由政府批准设立的房地产评估机构评定的重置成本价乘以成新度折扣率后的价格。评估价格须经当地税务机关确认。

此外，转让旧房时，应按房屋及建筑物的评估价格、取得土地使用权所支付的地价款和按国家统一规定缴纳的有关费用及在转让环节缴纳的税金作为扣除项目金额计征土地增值税。对取得土地使用权时未支付地价款或不能提供已支付的地价款凭据的，在计征土地增值税时不允许扣除。

③ 增值额的确定。土地增值税纳税人转让房地产所取得的收入减除规定的扣除项目金额后的余额为增值额。计算土地增值税是以增值额与扣除项目金额的比率大小，按所适用的累进税率计算征收的，增值额与扣除项目金额的比率越大，适用的税率就越高，缴纳的税款就越多。因此，准确核算增值额是十分重要的。在核算增值额的同时，还需要有准确的房地产转让收入额和扣除项目金额。

在实际房地产交易活动中，有些纳税人由于不能准确提供房地产转让价格或扣除项目金额，致使增值额不准确，直接影响应纳税额的计算和缴纳。因此，纳税人有下列情况之一的，按照房地产评估价格计算征收。

- 隐瞒、虚报房地产成交价格的。
- 提供扣除项目金额不实的。
- 转让房地产的成交价格低于房地产评估价格，又无正当理由的。

隐瞒、虚报房地产成交价格，应由评估机构参照同类房地产的市场交易价格进行评估。税务机关根据评估价格确定转让房地产的收入。

提供扣除项目金额不实的，应由评估机构按照房屋重置成本价乘以成新度折扣率计算的房屋成本价和取得土地使用权时的基准地价进行评估，税务机关根据评估价格确定扣除项目金额。

转让房地产的成交价格低于房地产评估价格，又无正当理由的，由税务机关参照房地产评估价格确定转让房地产的收入。

（2）应纳税额的计算。土地增值税按照纳税人转让房地产所取得的增值额和规定的税率计算征收。土地增值税的计算公式如下。

应纳税额=∑（每级距的土地增值额 × 适用税率）

但在实际工作中，分步计算比较烦琐，可以采用速算扣除法计算，即用增值额乘以适用的税率减去扣除项目金额乘以速算扣除系数，具体公式如下。

应纳税额 = 增值额 × 适用税率−扣除项目金额 × 速算扣除系数

因此，在计算土地增值税时，可按如下步骤。

第 1 步，计算收入总额。

第 2 步，计算扣除项目金额。

第 3 步，计算增值额。

第 4 步，计算增值额占扣除项目金额的比例以确定适用的税率和速算扣除系数。

第 5 步，套用速算法的计算公式。

案例 6-3

2016 年 1 月 31 日，某房地产开发公司转让写字楼一幢，共取得转让收入 5 000 万元，公司即按税法规定缴纳了有关税金（增值税税率为 11%，城市维护建设税等其他税费 44 万元）。已知该公司为取得土地使用权而支付的地价款和按国家统一规定交纳的有关费用为 500 万元，投入的房地产开发成本为 1 500 万元，房地产开发费用中的利息支出为 120 万元（能够按转让房地产项目计算分摊并提供金融机构证明），比按工商银行同类同期贷款利率计算的利息多出 10 万元。另知公司所在地政府规定的其他房地产开发费用的计算扣除比例为 5%，请计算该公司转让此楼应纳的土地增值税税额。

解析

（1）确定转让房地产的收入，转让收入为 5 000 万元。

（2）确定转让房地产的扣除项目金额。

① 取得土地使用权所支付的金额为 500 万元。

② 房地产开发成本为 1 500 万元。

③ 房地产开发费用 =（120−10）+（500 + 1 500）× 5% = 210（万元）。

④ 转让房地产有关的税金 =（5 000−500）÷（1+11%）×11% + 44 = 490（万元）。

⑤ 从事房地产开发的加计扣除 =（500 + 1 500）× 20% = 400（万元）。

⑥ 转让房地产的扣除项目金额 = 500 + 1 500 + 210 + 490 + 400 = 3 100（万元）。

（3）转让房地产的增值额 = 5 000 − 3 100 = 1 900（万元）。

（4）增值额与扣除项目金额的比例 = 1 900÷3 100≈61.3%。

（5）应纳土地增值税税额 = 1 900 × 40% − 3 100 × 5% = 605（万元）。

5．税收优惠

（1）纳税人建造普通标准住宅出售，增值额未超过扣除项目金额 20%的，免征土地增值税。

增值额超过扣除项目金额 20%的，应就其全部增值额按规定计税。

（2）因国家建设需要依法征用、收回的房地产，免征土地增值税。

（3）自 1999 年 8 月 1 日起，对居民个人拥有的普通住宅，在其转让时暂免征土地增值税。个人因工作调动或改善居住条件而转让原自用住房（非普通住宅），经向税务机关申报核准，凡居住满 5 年或 5 年以上的，免予征收土地增值税；居住满 3 年未满 5 年的，减半征收土地增值税；未满 3 年的，按规定征收土地增值税。自 2008 年 11 月 1 日起，对居民个人转让住房一律免征土地增值税。

6．征收管理

（1）纳税期限。纳税人应在转让房地产合同签订后的 7 日内，到房地产所在地主管税务机关办理纳税申报。

纳税人因经常发生房地产转让而难以在每次转让后申报的，经税务机关审核同意后，可以定期进行纳税申报，具体期限由税务机关根据情况确定。

（2）纳税地点。土地增值税的纳税人应向房地产所在地主管税务机关办理纳税申报，并在税务机关核定的期限内缴纳土地增值税。

这里所说的“房地产所在地”，是指房地产的坐落地。纳税人转让的房地产坐落在两个或两个以上地区的，应按房地产所在地分别申报纳税。

（3）纳税申报。纳税人应在转让房地产合同签订后的 7 日内，到房地产所在地主管税务机关办理纳税申报。纳税人办理纳税申报时，应先填报项目登记表和纳税申报表，如表 6-4 所示，并向税务机关提交房屋及建筑物产权证书、土地使用权证书、土地转让合同、房产买卖合同、房地产评估报告及其他与转让房地产有关的资料。

四、耕地占用税认知

我国的耕地占用税是为了加强土地管理，合理利用土地资源，保护农用耕地，对占用耕地征收的一种税收。现行耕地占用税的基本规范是 1987 年 4 月 1 日国务院颁布的《中华人民共和国耕地占用税暂行条例》（以下简称《耕地占用税暂行条例》），国务院修改，2008 年 1 月 1 日起施行。2008 年 2 月 26 日，财政部、国家税务总局公布的《中华人民共和国耕地占用税暂行条例实施细则》。

耕地占用税作为一个出于特定目的、对特定的土地资源课征的税种，与其他税种相比，具有鲜明的特点：兼具资源税与特定行为税的性质，采用地区差别税率，在占用耕地环节一次性课征，税收收入专用于耕地开发与改良。

开征耕地占用税的目的是促使建房和从事其他非农业建设的单位和个人尽量不占用或者少占用耕地，以保护现有耕地；同时也可以筹集资金，加快耕地开发建设，开垦更多宜农荒地，提高耕地质量，改善灌溉条件，增加农业产量，用以抵补被占耕地给农业生产造成的损失。

1．征税范围

耕地占用税的征税范围包括纳税人为建房或从事其他非农业建设而占用国家所有和集体所有的耕地。所谓“耕地”是指种植农业作物的土地，包括菜地、园地。其中，园地包括花圃、苗圃、茶园、果园、桑园和其他种植经济林木的土地。

占用鱼塘及其他农用土地建房或从事其他非农业建设，也视同占用耕地，必须依法征收耕地占用税。占用已开发从事种植、养殖的滩涂、草场、水面和林地等从事非农业建设，由省、自治区、直辖市本着有利于保护土地资源和生态平衡的原则，结合具体情况确定是否征收耕地占用税。

占用之前3年内属于上述范围的耕地或农用土地，亦视为耕地。

2．纳税义务人

耕地占用税的纳税人，是在我国境内占用耕地建房或从事其他非农业建设的单位和个人。

这里所称的单位，包括国有企业、集体企业、私营企业、股份制企业、外商投资企业、外国企业及其他企业和事业单位、社会团体、国家机关、军队，以及其他单位；这里所称的个人，包括个体工商户及其他个人。

3．税率（税额）

耕地占用税实行地区差别定额税率。以县为单位，按人均占有耕地多少和经济发展情况规定高低不同的税额。

（1）人均耕地在1亩以下（含1亩）的地区，每平方米为10～50元。

（2）人均耕地在1～2亩（含2亩）的地区，每平方米为8～40元。

（3）人均耕地在2～3亩（含3亩）的地区，每平方米为6～30元。

（4）人均耕地在3亩以上的地区，每平方米为5～25元。

经济特区、经济技术开发区和经济发达、人均耕地特别少的地区，适用税额可以适当提高，但是最高不得超过上述规定税额的50%。

财政部、国家税务总局根据人均耕地面积和经济发展情况分别确定各省、自治区、直辖市的平均税额标准如下：上海市45元，北京市40元，天津市35元，江苏、浙江、福建、广东4省30元，辽宁、湖北、湖南3省25元，河北、安徽、江西、山东、河南、重庆、四川7省市22.5元，广西、海南、贵州、云南、陕西5省区20元，山西、吉林、黑龙江3省17.5元，内蒙古、西藏、甘肃、青海、宁夏、新疆6省区12.5元。

4．应纳税额的计算

（1）计税依据。耕地占用税以纳税人实际占用的耕地面积为计税依据。

纳税人占用的耕地面积，主要依据是土地管理部门批准占用的文件。但在实际工作中，往往出现批准占地与实际占地数量不等、批非占耕、批而不用、不批先用等情况。因此，在确定耕地占用税的计征税额时，必须以占地单位或个人实际占用耕地的面积为依据。

（2）应纳税额的计算。耕地占用税按规定税额一次性征收，计算公式如下。

应纳税额＝实际占用耕地面积（平方米）×单位税额

案例 6-4

某县房地产开发公司占用耕地10 000平方米用于住宅小区建设，其中3 000平方米将建设一所全日制中学，已知该县耕地占用税适用税额为每平方米9元，计算该房地产公司应缴纳的耕地占用税税额。

解析

用于建学校占用的耕地免征耕地占用税。

应纳耕地占用税税额 =（10 000–3 000）× 9 = 63 000（元）。

5．税收优惠

（1）免税规定。

① 军事设施占用耕地。

② 学校、幼儿园、敬老院、医院占用耕地。

（2）减税规定。

享有减税的占用耕地有以下几种。

① 铁路线路、公路线路、飞机场跑道、停机坪、港口、航道占用耕地，减按每平方米 2 元的税额征收耕地占用税。

② 农村居民占用耕地新建住宅，按照当地适用税额减半征收耕地占用税。

③ 农村革命烈士家属、革命残废军人、鳏寡孤独，以及革命老根据地、少数民族聚居地区和边远贫困山区生活困难的农户，在规定用地标准以内新建住宅纳税确有困难的，由纳税人提出申请，经所在地乡（镇）人民政府审核，报经县人民政府批准后，可以给予减税或者免税。

免征或减征耕地占用税后，纳税人改变原占地用途，不再属于免征或者减征耕地占用税情形的，应当按照当地适用税额补缴耕地占用税。

6．征收管理

（1）纳税义务发生时间。经批准占用耕地的，耕地占用税纳税义务发生时间为纳税人收到土地管理部门办理占用农用地手续通知的当天；未经批准占用耕地的，耕地占用税纳税义务发生时间为纳税人实际占用耕地的当天。

（2）纳税期限。耕地占用税的纳税期限为 30 天。即获准占用耕地的单位或者个人应当在收到土地管理部门的通知之日起 30 日内缴纳耕地占用税。

（3）纳税地点。耕地占用税由地方税务机关负责征收。土地管理部门在通知单位或者个人办理占用耕地手续时，应当同时通知耕地所在地同级地方税务机关。土地管理部门凭耕地占用税完税凭证或者免税凭证和其他有关文件发放建设用地批准书。

（4）其他规定。纳税人临时占用耕地，应当依照税法规定缴纳耕地占用税。纳税人在批准临时占用耕地的期限内恢复所占用耕地原状的，全额退还已经缴纳的耕地占用税。

项目实施

1．计算资源税应纳税额

① 原油应纳资源税税额 = 1120÷7×（7+ 1）× 5%=64（万元）。

② 天然气应纳资源税税额 = 320 × 5%=16（万元）。

③ 应纳税额 = 64 + 16 =80（万元），其中：减免税额= 1120÷7× 1×5%=8（万元）。

2．填列资源税纳税申报表

填列资源税纳税申请表如表 6-3 所示。

表 6-3

资源税纳税申报表

根据国家税收法律法规及资源税有关规定制定本表。纳税人不论有无销售额，均应按照税务机关核定的纳税期限填写本表，并向当地税务机关申报。

税款所属时间：自 2016 年 6 月 1 日至 2016 年 6 月 30 日　　填表日期：2016 年 7 月 5 日　　金额单位：元至角分

纳税人识别号：3 7 0 7 0 5 9 3 0 8 5 9 3 8 5

纳税人名称	山东北海油田（公章）	法定代表人姓名	略	注册地址	略	生产经营地址	略
开户银行及账号	略	登记注册类型	略			电话号码	略

税目	子目	折算率或换算比	计量单位	计税销售量	计税销售额	适用税率	本期应纳税额	本期减免税额	本期已缴税额	本期应补(退)税额
1	2	3	4	5	6	7	8①=6×7; 8②=5×7	9	10	11=8-9-10
原油		1	吨	8	12 800 000	5%	640 000	80 000	0	560 000
天然气		1	立方米	20 000 000	3 200 000	5%	160 000	0	0	160 000
合　计		—	—			—	800 000	80 000	0	720 000

授权声明	如果你已委托代理人申报，请填写下列资料： 为代理一切税务事宜，现授权　　　（地址） 为本纳税人的代理申报人，任何与本申报表有关的往来文件，都可寄予此人。 授权人签字：	申报人声明	本纳税申报表是根据国家税收法律法规及相关规定填写的，我确定它是真实的、可靠的、完整的。 声明人签字：

主管税务机关：　　接收人：　　接收日期：　　年　　月　　日

本表一式两份，一份纳税人留存，一份税务机关留存。

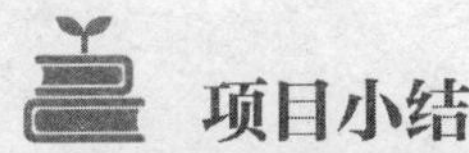

项目小结

在项目引入部分，以山东北海油田的纳税资料作为案例，提出了两个任务：计算该公司应纳的资源税税额；填写资源税纳税申报表。

在相关知识部分，介绍了完成上述任务需要掌握的理论知识。资源税，包括资源税概述、应纳税额的计算、纳税申报；城镇土地使用税，包括城镇土地使用税概述、应纳税额的计算、纳税申报；耕地占用税，包括耕地占用税概述、应纳税额的计算、纳税申报；土地增值税，包括土地增值税概述、应纳税额的计算、纳税申报。

在项目实施部分，在掌握了理论知识的基础上，较好地完成了第一部分提出的两个任务。

练习与实训

1．名词解释

资源税、城镇土地使用税、土地增值税、耕地占用税。

2．简答题

（1）资源税的税目包括哪些内容？

（2）简述我国开征土地增值税的目的和意义。

（3）简述耕地占用税的特点。

（4）简述土地增值税扣除项目的内容。

3．计算分析题

（1）某油田某月开采原油 12.5 万吨，其中已销售 10 万吨，自用 0.5 万吨（不是用于加热、修井），尚待销售 2 万吨。该油田适用每吨原油售价 5 200 元，适用的税率为 5%，计算其当月应纳的资源税。

（2）某盐场 7 月自产液体盐 30 000 吨，以自产液体盐 25 000 吨和外购液体盐 6 000 吨（每吨已缴纳资源税 2 元），加工成固体盐 7 000 吨对外销售，已知固体盐每吨资源税税额为 10 元，计算该盐场当月应纳资源税。

（3）A 企业（国有企业）生产经营用地分布于甲、乙、丙 3 个区域，甲地的土地使用权属于甲企业，面积为 10 000 平方米，其中幼儿园占地 1 000 平方米，厂区绿化占地 2 000 平方米；乙地的土地使用权属 A 企业与 B 企业共同拥有，面积为 5 000 平方米，实际使用面积各半；丙地面积为 3 000 平方米，甲企业一直使用但土地使用权未确定。假设甲、乙、丙三地的城镇土地使用税的单位税额为每平方米 5 元，计算甲企业全年应纳城镇土地使用税。

（4）市房地产开发企业建造商品房一幢，建房总支出 3 000 万元，有关费用如下。

① 支付地价款 200 万元。

② 土地征用及拆迁补偿费 120 万元。

③ 前期工程费 180 万元。

④ 基础设施费200万元。

⑤ 建筑安装工程费1 500万元。

⑥ 公共配套设施费200万元。

⑦ 期间费用600万元，其中利息支出500万元（利息能按房地产项目分摊，并有金融机构贷款证明）。其他房地产开发费用扣除比例为5%。

该房地产开发企业将商品房卖出，取得收入6 000万元，并按规定缴纳了营业税、城市维护建设税、印花税和教育费附加。计算应缴纳的土地增值税。

4．讨论题

开征资源税收的主要目的是调节资源级差收入、加强对资源的管理和利用。目前，我国资源税收的征收范围过于狭窄，仅限于矿产资源和土地资源。由于众多资源不在资源税的征税范围之内，造成资源浪费严重。分析我国目前资源税收存在的弊端及解决途径。

5．综合实训

【资料】 2016年1月，济南鑫达房地产开发公司转让写字楼一幢，共取得转让收入5 000万元，公司即按税法规定缴纳了有关税金（营业税税率为5%，城市维护建设税等其他税费25万元）。已知该公司为取得土地使用权而支付的地价款和按国家统一规定交纳的有关费用为500万元，投入的房地产开发成本为1 500万元，房地产开发费用中的利息支出为120万元（能够按转让房地产项目计算分摊并提供金融机构证明），比按工商银行同类同期贷款利率计算的利息多出10万元。另知公司所在地政府规定的其他房地产开发费用的计算扣除比例为5%，该公司纳税人识别号为370105930853359。

【要求】（1）请计算该公司转让此楼应纳的土地增值税税额。

（2）编制该公司1月土地增值税纳税申报表，如表6-4所示。

表6-4　土地增值税纳税申报表（一）

（从事房地产开发的纳税人适用）

纳税人识别号 | | | | | | | | | | | | | | | | | | | | |

纳税人名称：（公章）

税款所属期限：自　年　月　日至　年　月　日

填表日期：　年　月　日　　金额单位：元（列至角分）

项目地址	项目名称		
项目		行次	金额
一、转让房地产收入总额 1=2+3		1	
其中	货币收入	2	
	实物收入及其他收入	3	
二、扣除项目金额合计 4=5+6+13+16+20+21		4	
其中：1．取得土地使用权所支付的金额		5	
2．房地产开发成本 6=7+8+9+10+11+12		6	
其中	土地征用及拆迁补偿费	7	
	前期工程费	8	

续表

<table>
<tr><th>项目地址</th><th colspan="5">项目名称</th></tr>
<tr><th colspan="3">项目</th><th>行次</th><th colspan="2">金额</th></tr>
<tr><td rowspan="4">其中</td><td colspan="2">建筑安装工程费</td><td>9</td><td colspan="2"></td></tr>
<tr><td colspan="2">基础设施费</td><td>10</td><td colspan="2"></td></tr>
<tr><td colspan="2">公共配套设施费</td><td>11</td><td colspan="2"></td></tr>
<tr><td colspan="2">开发间接费用</td><td>12</td><td colspan="2"></td></tr>
<tr><td colspan="3">3. 房地产开发费用 13=14+15</td><td>13</td><td colspan="2"></td></tr>
<tr><td rowspan="2">其中</td><td colspan="2">利息支出</td><td>14</td><td colspan="2"></td></tr>
<tr><td colspan="2">其他房地产开发费用</td><td>15</td><td colspan="2"></td></tr>
<tr><td colspan="3">4. 与转让房地产有关的税金等 16=17+18+19</td><td>16</td><td colspan="2"></td></tr>
<tr><td rowspan="3">其中</td><td colspan="2">营业税</td><td>17</td><td colspan="2"></td></tr>
<tr><td colspan="2">城市维护建设税</td><td>18</td><td colspan="2"></td></tr>
<tr><td colspan="2">教育费附加</td><td>19</td><td colspan="2"></td></tr>
<tr><td colspan="3">5. 财政部、省政府规定的其他扣除项目</td><td>20</td><td colspan="2"></td></tr>
<tr><td colspan="3">6. 加计扣除项目 21=（5+6）×20%</td><td>21</td><td colspan="2"></td></tr>
<tr><td colspan="3">三、增值额 22=1-4</td><td>22</td><td colspan="2"></td></tr>
<tr><td colspan="3">四、增值额与扣除项目金额之比（%）23=22÷4</td><td>23</td><td colspan="2"></td></tr>
<tr><td colspan="3">五、适用税率（预征率）（%）</td><td>24</td><td colspan="2"></td></tr>
<tr><td colspan="3">六、速算扣除系数（%）</td><td>25</td><td colspan="2"></td></tr>
<tr><td colspan="3">七、应缴土地增值税税额 26=22×24-4×25（预缴土地增值税 26=1×24）</td><td>26</td><td colspan="2"></td></tr>
<tr><td colspan="3">八、已缴（预缴）土地增值税税额</td><td>27</td><td colspan="2"></td></tr>
<tr><td colspan="3">九、应补（退）土地增值税税额 28=26-27</td><td>28</td><td colspan="2"></td></tr>
<tr><td>土地使用权取得时间</td><td>土地面积</td><td>土地坐落地点</td><td>证书编号</td><td colspan="2">取得土地的方式</td></tr>
<tr><td>（略）</td><td>（略）</td><td>（略）</td><td>（略）</td><td colspan="2">（略）</td></tr>
<tr><td rowspan="6">纳税人或代理人声明：
此纳税申报表是根据国家税收法律的规定填报的，我确信它是真实的、可靠的、完整的。</td><td colspan="5">如纳税人填报，由纳税人填写以下各栏</td></tr>
<tr><td>经办人（签章）</td><td></td><td>会计主管（签章）</td><td></td><td>法定代表人（签章）</td></tr>
<tr><td colspan="5">如委托代理人填报，由代理人填写以下各栏</td></tr>
<tr><td colspan="2">代理人名称</td><td colspan="2"></td><td rowspan="3">代理人（公章）</td></tr>
<tr><td colspan="2">经办人（签章）</td><td colspan="2"></td></tr>
<tr><td colspan="2">联系电话</td><td colspan="2"></td></tr>
</table>

以下由税务机关填写

受理人	受理日期	受理税务机关（签章）

项目七 财产税类与纳税实务

知识目标

- 了解本章财产税类各税种的概念、特点和作用；
- 掌握本章财产税类各税种税制要素的基本内容；
- 熟练掌握财产税类各税种应纳税额的计算；
- 掌握本章财产税类各税种征收管理方面的规定。

能力目标

- 正确计算房产税应纳税额并完成纳税申报事宜；
- 正确计算契税应纳税额并完成纳税申报事宜；
- 正确计算车船税应纳税额并完成纳税申报事宜。

项目引入

【资料】 某内资企业 2016 年度拥有房产 16 栋，其中经营用房 12 栋，原值为 14 000 万元。当地规定的允许减除比例为 20%，适用税率为 1.2%。出租房 4 栋，年租金总计 160 万元。计算该企业应纳房产税税额。

【要求】（1）计算企业全年应缴纳房产税税额。

（2）编制房产税纳税申报表（该企业房产税每年 4 月、10 月分两次缴纳）。

相关知识

一、房产税认知

房产税是对在我国境内拥有房屋产权的单位和个人，以房产为征税对象，以房产的评估价值或房产租金收入为计税依据征收的一种税收。房产税具有以下特点：房产税属于财产税中的个别财产税；征收范围限于城镇的经营性房屋；区别房屋的经营使用方式规定征税方法。

房产税的开征，有利于加强国家对房屋的监督管理，有利于贯彻执行国家的房产政策，提高房屋的使用效率，适当调节纳税人收入，并增加地方财政收入。

我国现行房产税的基本法律规范是国务院于1986年9月15日颁布并于同年10月1日起施行的《中华人民共和国房产税暂行条例》(以下简称《房产税暂行条例》)。

1．征税对象和范围

房产税的征税对象是坐落在征税范围的房产。所谓房产是以房屋形态表现的财产，是指有屋面和围护结构（有墙或两边有柱)，能遮风避雨，可供人们在其中生产、工作、学习、娱乐、居住或储藏物资的场所。

房产税的征税范围为城市、县城、建制镇和工矿区，不包括农村。

（1）城市是经国务院批准设立的市。

（2）县城是指县人民政府所在地。

（3）建制镇是指省、自治区、直辖市人民政府批准设立的建制镇。

（4）工矿区是指工商业比较发达，人口比较集中，符合国务院规定的建制镇标准，但尚未设立镇建制的大中型工矿企业所在地。开征房产税的工矿区须经省、自治区、直辖市人民政府批准。

2．纳税义务人

房产税以征税范围内拥有房屋产权的单位和个人为纳税人。单位包括国有企业、集体企业、私营企业、股份制企业、其他企业和事业单位、社会团体、国家机关、军事单位及其他单位；个人包括个体工商户及其他个人。

（1）产权属国家所有的，由经营管理单位纳税；产权属集体和个人所有的，由集体单位和个人纳税。

（2）产权出典的，以承典人纳税。产权出典是指产权所有人（出典人）将房屋、生产资料等产权在一定期限内典当给他人（承典人）使用，而取得资金的一种融资业务。

（3）产权所有人、承典人不在房产所在地的，或者产权未确定及租典纠纷未解决的，以房产代管人或者使用人为纳税义务人。

自2009年1月1日起，外商投资企业、外国企业和组织及外籍个人，依照《房产税暂行条例》缴纳房产税。

3．税率

房产税税率采用比例税率，计税依据是房产的计税余值或房产的租金收入。按照房产计税余值征税的，称为从价计征；按照房产租金收入计征的，称为从租计征。

（1）从价计征。按房产余值计征，税率为1.2%。

（2）从租计征。按房产出租的租金收入计征，税率为12%。

自2001年1月1日起，对个人按市场价格出租的居民用房，用于居住的，可暂减按4%的税率征收房产税。自2008年3月1日起，对个人出租住房，不区分用途，按4%的税率征收房产税；对企事业单位、社会团体及其他组织按市场价格向个人出租用于居住的住房，减按4%的税率征收房产税。

4．应纳税额的计算

（1）计税依据。目前，我国房产税征收方式是对不同用途的应税房屋，根据不同的计税依据和税率，采用不同的计征方法。

① 对经营自用的房屋，以房屋的计税余值作为计税依据。房屋的计税余值是指房产原值一次减除10%～30%后的余值，房产原值是指纳税人“固定资产”科目中记载的房屋原价，扣除比例由当地省、自治区、直辖市人民政府确定。对于纳税人未按会计制度规定记载房产原值或记载房产原值不合理的，由税务机关根据同类房屋市价或评估价确定。

② 对于出租的房屋，以租金收入为计税依据。房屋的租金收入是指房屋产权所有人出租房产使用权所得的报酬，包括货币收入和实物收入，当取得劳务或其他形式的报酬时，应根据当地同类房产的租金水平，确定一个标准租金从租计征。房产出租的，计征房产税的租金收入不含增值税。

（2）计算公式。

① 按房产原值一次减除10%～30%后的余值计算的，计算公式如下。

应纳税额＝房产原值×（1−原值减除比例）×适用税率（1.2%）

② 按租金收入计算的，计算公式如下。

应纳税额＝租金收入×适用税率（12%或4%）

案例 7-1

某内资企业2015年度拥有房产16栋，其中经营用房12栋，原值为14 000万元。当地规定的允许减除比例为20%，适用税率为1.2%。出租房4栋，年租金总计160万元。计算该企业应纳房产税税额。

解析

（1）自有房屋应纳房产税税额＝14 000×（1－20%）×1.2%＝134.4（万元）。

（2）出租房屋应纳房产税税额＝160×12%＝19.2（万元）。

（3）企业全年应纳房产税税额＝134.4＋19.2＝153.6（万元）。

案例 7-2

某企业2015年1月1日“固定资产”分类账中，房产原值为240万元，自当年2月起，企业将其中的50万元的房产租给其他单位使用（房产已于1月底交付承租方），每年的租金为6万元，租期两年。当地政府规定：企业自有房屋，按房产原值一次性减除20%后作为房产余值纳税。房产税按年计算，分季度缴纳。计算该企业2015年第一季度应缴纳的房产税税额。

解析

（1）按房产余值计算。

① 按房产余值计算1月应纳房产税。

年应纳税额＝2 400 000×（1−20%）×1.2%＝23 040（元）。

1 月应纳税额 = 23 040 ÷ 12 = 1 920（元）。

② 按房产余值计算 2 月应纳房产税。

年应纳税额 =（2400 000−500 000）×（1−20%）× 1.2% = 18 240（元）。

2 月应纳税额 = 18 240 ÷ 12 = 1 520（元）。

（2）按租金收入计算 2 月应纳房产税。

2 月应纳税额 = 60 000 × 12% ÷ 12 = 600（元）。

2 月应纳房产税税额合计 = 1 520 + 600 = 2 120（元）。

（3）3 月应纳房产税税额与 2 月相同。

（4）企业 2015 年第一季度应纳房产税税额合计=1 920+2 120+2 120=6 160（元）。

5．征收管理

（1）税收优惠。房产税的税收优惠政策是根据国家政策需要和纳税人的负担能力制定的。由于房产税属地方税，因此给予地方一定减免权限，有利于地方因地制宜地处理问题。

① 国家机关、人民团体、军队自用的房产免征房产税。这具体是指这些单位本身的办公用房和公务用房。这些单位出租的房产及非本身业务用的生产、营业用房产不属于免税范围。人民团体，是指经国务院授权的政府部门批准设立或登记备案并由国家拨付行政事业经费的各种社会团体。

② 由国家财政部门拨付事业经费的单位，包括学校、医疗卫生单位、托儿所、敬老院、文化、体育、艺术等事业单位，其所有的、本身业务范围内自用的房产免征房产税。事业单位自用的房产，是指这些单位本身的业务用房，其所属的附属工厂、商店、招待所等不属于单位公务、业务的用房，不属于免税范围，应照章纳税。上述“由国家财政部门拨付事业经费的单位”不仅包括由国家财政部门拨付事业经费，实行全额预算管理的事业单位，还包括实行差额预算管理的事业单位。为了鼓励事业单位经济自立，税法还规定，由国家财政部门拨付事业经费的单位，其经费来源实行自收自支后，免征房产税 3 年。

③ 宗教寺庙、公园、名胜古迹自用的房产免征房产税。宗教寺庙自用的房产，是指举行宗教仪式等的房屋和宗教人员使用的生活用房屋。公园、名胜古迹自用的房产，是指供公共参观游览的房屋及其管理单位的办公用房屋。

但上述免税单位出租的房产及非本身业务用的生产、营业用房产不属于免税范围。例如，对于宗教寺庙、公园、名胜古迹中附设的营业单位，如影剧院、饮食部、茶庄、照相馆等所使用的房产及出租的房产，应征收房产税。

④ 个人所有非营业用的房产免征房产税。个人所有的非营业用的房产，主要是指居民用房，不论面积大小，均免征房产税。对于个人所有的营业用房及出租的房产，不属于免税房产，应照章纳税。

⑤ 对行使国家行政管理职能的中国人民银行总行（含国家外汇管理局）所属分支机构自用的房产，免征房产税。

⑥ 经财政部批准免税的其他房产。

除了上述各种免税情况以外，《房产税暂行条例》还规定：对于纳税人纳税确有困难的，可由省、自治区、直辖市人民政府确定，定期给予减征或者免征房产税。

（2）纳税义务发生时间。

① 纳税人将原有房产用于生产经营，从生产经营之月起缴纳房产税。

② 纳税人自建的房屋，自建成的次月起缴纳房产税。

③ 纳税人委托施工企业建设的房屋，从办理验收手续的次月起缴纳房产税。

④ 纳税人购置新建商品房，自房屋交付使用的次月起缴纳房产税。

⑤ 纳税人购置存量房、自办理房屋产权属转移、变更登记手续，房地产权属登记机关签发房屋权属证书之次月起缴纳房产税。

⑥ 纳税人出租、出借房产，自交付出租、出借房产的次月起缴纳房产税。

⑦ 房地产开发企业自用、出租、出借本企业的建造商品房，自房屋使用或交付的次月起缴纳房产税。

⑧ 自2009年1月1日起，纳税人因房产的实物或权利状态发生变化而依法终止房产税纳税义务的，其应纳税款的计算应截至房产的实物或权利状态发生变化的当月月末。

（3）纳税期限。房产税应按年计算、分期缴纳，具体纳税期限可由省、自治区、直辖市人民政府规定。

（4）纳税地点。房产税在房产所在地缴纳。房产不在同一地方的纳税人，应按房产的坐落地点分别向房产所在地的税务机关缴纳。

（5）纳税申报。房产税的纳税人应当按照《房产税暂行条例》的有关规定，及时办理纳税申报，并如实填写房产税纳税申报表。

二、契税认知

契税是因房屋买卖、典当、赠与或交换而发生产权转移时，依据当事人双方订立的契约，由承受人缴纳的一种财产税收。

契税的特点：属于财产转移税；在转让环节征收；按次课税；由财产承受人缴纳。

契税的征收，有利于加强对土地、房屋权属转移的管理，调节纳税人的收入分配，增加财政收入，保护合法权益，避免产权纠纷。

我国现行契税的基本规范是国务院于1997年7月7日颁布并于同年10月1日起施行的《中华人民共和国契税暂行条例》和同年10月28日财政部发布的《中华人民共和国契税暂行条例实施细则》。

1．征税对象和范围

契税的征税对象是境内转移的土地、房屋权属，具体包括以下内容。

（1）国有土地使用权出让。国有土地使用权出让，是指土地使用者向国家交付土地使用权出让费用，国家将国有土地使用权在一定年限内让与土地使用者的行为。

（2）土地使用权转让。土地使用权转让，是指土地使用者以出售、赠与、交换或者其他方式，将土地使用权转移给其他单位和个人的行为，不包括农村集体土地承包经营权的转移。

（3）房屋买卖。房屋买卖，是指房屋所有者将其房屋出售，由承受者交付货币、实物、无形资产或者其他经济利益的行为。以下几种特殊情况视同买卖房屋。

① 以土地、房屋权属作价投资、入股。

② 以土地、房屋权属抵债。

③ 以获奖方式承受土地、房屋权属。

④ 以预购方式或者预付集资建房款方式承受土地、房屋权属。

（4）房屋赠与。房屋赠与，是指房屋所有者将其房屋无偿转让给受赠者的行为。

（5）房屋交换。房屋交换，是指房屋所有者之间交换房屋的行为。

2．纳税义务人

契税的纳税人是境内转移的土地、房屋权属承受的单位和个人。境内是指中华人民共和国实际税收行政管辖范围内。土地、房屋权属是指土地使用权和房屋所有权。

单位，是指企业单位、事业单位、国家机关、军事单位和社会团体及其他组织。个人，是指个体经营者及其他个人。

3．税率

契税采用幅度比例税率，契税税率为 3%～5%。契税的适用税率，由省、自治区、直辖市人民政府在规定的幅度内按照本地区的实际情况确定。

4．应纳税额的计算

（1）计税依据。契税的计税依据是土地使用权、房屋所有权发生转移，权属承受人应支付的价格，即不动产的价格。计征契税的成交价格不含增值税。依不动产的转移方式、定价方法不同，契税的计税依据有以下几种情况。

① 国有土地使用权出让、土地使用权出售、房屋买卖，以成交价格为计税依据。成交价格，是指土地、房屋权属转移合同确定的价格，包括承受者应交付的货币、实物、无形资产或其他经济利益。

② 土地使用权赠与、房屋赠与，由征收机关参照土地使用权出售、房屋买卖的市场价格核定。

③ 土地使用权交换、房屋交换，以所交换的土地使用权、房屋的价格差额为计税依据。

土地使用权交换、房屋交换，交换价格不相等的，由多交付货币、实物、无形资产或其他经济利益的一方缴纳税款；交换价格相等的，免征契税。

④ 没有成交价格或成交价格明显低于市价并且无正当理由的，或者所交换土地使用权、房屋价格的差额明显不合理并且无正当理由的，由征收机关参照市场价格核定。

⑤ 以划拨方式取得土地使用权的，经批准转让房地产时，应由房地产转让者补缴契税。其计税依据为补缴的土地使用权出让费用或者土地收益。

⑥ 土地使用者将土地使用权和所附建筑物、构筑物转让他人的，以转让的总价款为计税依据。

（2）计算公式。契税的应纳税额，按照规定的税率和计税依据计算征收，应纳税额的计算公式如下。

应纳税额 = 计税依据 × 税率

应纳税额以人民币计算，转移土地、房屋权属以人民币以外的货币结算的，按照纳税义务发生之日中国人民银行公布的人民币市场汇率折算成人民币，然后计算缴纳契税。

案例 7-3

M 公司接受张某赠与房屋一栋，赠与契约未标明价格，经主管税务机关核定房屋现值为 460

万元，假设契税税率为4%。计算M公司应纳的契税税额。

解析

应纳的契税税额＝460×4%＝18.4（万元）。

案例 7-4

A企业以一栋房屋换取B公司的一栋厂房，房屋契约写明：A企业房屋价值5 000万元，B公司厂房价值3 800万元。经税务机关核定，认为A和B双方房产价值与契约写明价值基本相符。此项房屋交换，B公司应是房屋产权的承受方，是多得的一方，应为契税的纳税人；假定B公司所在地契税税率为5%。计算B公司应纳契税税额。

解析

B公司应纳契税税额＝（5 000-3 800）×5%＝60（万元）。

5．征收管理

（1）税收优惠。有下列情形之一的，减征或者免征契税。

① 国家机关、事业单位、社会团体、军事单位承受土地、房屋，用于办公、教学、医疗、科研和军事设施的，免征契税。

② 城镇职工按规定第一次购买公有住房，免征契税。

此外，财政部、国家税务总局规定，自2000年11月29日起，对各类公有制单位为解决职工住房而采取集资建房方式建成的普通住房，或由单位购买的普通商品住房，经当地县级以上人民政府房改部门批准，按照国家房改政策出售给本单位职工的，如果属于职工首次购买住房，可免征契税。

自2008年11月1日起，对个人首次购买90平方米以下普通住房的，契税税率统一下调到1%。

③ 因不可抗力灭失住房而重新购买住房的，酌情准予减征或免征契税。

④ 土地、房屋被县级以上人民政府征用、占用后，重新承受土地、房屋权属的，由省级人民政府确定减免。

⑤ 纳税人承受荒山、荒沟、荒丘、荒滩土地使用权，用于农、林、牧、渔业生产的，免征契税。

⑥ 按照我国有关法律规定及我国缔结或参加的双边和多边条约或协定的规定，应当予以免税的外国驻华使馆、领事馆、联合国驻华机构及其外交代表、领事官员和其他外交人员承受土地、房屋权属的，经外交部确认，可以免征契税。

经批准减征、免征契税的纳税人改变有关土地、房屋的用途，不再属于减免税范围的，应当补缴已经减征、免征的税款。

（2）纳税义务发生时间。契税的纳税义务发生时间，为纳税人在签订土地、房屋权属转移合同的当天，或者取得其他具有土地、房屋权属转移合同性质的凭证的当天。

（3）纳税期限。纳税人应当自纳税义务发生之日起10日内，向土地、房屋所在地的契税征收机关办理契税申报，并在契税征收机关核定的期限内缴纳税款。

（4）纳税地点。契税在土地、房屋所在地的征收机关缴纳。

（5）其他规定。纳税人办理纳税事宜后，契税征收机关应当向纳税人开具契税完税凭证。

纳税人应当持契税完税凭证和其他规定的文件材料，依法向土地管理部门、房产管理部门办理有关土地、房屋权属变更登记手续。纳税人未出具契税完税凭证的，土地管理部门、房产管理部门不予办理有关土地、房屋的权属变更手续。

三、车船税认知

车船税是对在我国境内依法应当在车船登记管理部门登记的机动车辆和船舶，以及依法不需要在车船登记管理部门登记的在单位内部场所行驶或者作业的机动车辆和船舶，按照规定的计税单位和年税额标准对车船的所有人或者管理人征收的一种税收。

车船税具有财产税的性质，实行分类、分级定额税率，由地方税务机关负责征收。车船税的征收，可以促使纳税人提高车船使用效益，督促纳税人合理使用车船；可以开辟财源、集中财力，缓解发展交通运输事业资金短缺的矛盾；可以加强对车船的管理，有利于调节财富差异。

我国现行车船税的基本规范是 2011 年 2 月 25 日第十一届全国人民代表大会常务委员会第十九次会议通过并自 2012 年 1 月 1 日起施行的《中华人民共和国车船税法》（以下简称《车船税法》）和 2011 年 11 月 23 日国务院第 182 次常务会议通过并公布，且自 2012 年 1 月 1 日起施行的《中华人民共和国车船税法实施条例》（以下简称《实施条例》）。

1．征税对象和范围

车船税的征税对象是车船税法所附的车船税税目税额表中车辆、船舶（以下简称车船）。车辆、船舶，是指依法应当在车船登记管理部门登记的机动车辆和船舶，以及依法不需要在车船登记管理部门登记的在单位内部场所行驶或者作业的机动车辆和船舶。其具体内容包括以下几类。

（1）乘用车，是指在设计和技术特性上主要用于载运乘客及随身行李，核定载客人数包括驾驶员在内不超过 9 人的汽车。

（2）商用车，是指除乘用车外，在设计和技术特性上用于载运乘客、货物的汽车，划分为客车和货车。

（3）半挂牵引车，是指装备有特殊装置用于牵引半挂车的商用车。

（4）三轮汽车，是指最高设计车速不超过每小时 50 公里，具有 3 个车轮的货车。

（5）低速载货汽车，是指以柴油机为动力，最高设计车速不超过每小时 70 公里，具有 4 个车轮的货车。

（6）挂车，是指就其设计和技术特性需由汽车或者拖拉机牵引，才能正常使用的一种无动力的道路车辆。

（7）专用作业车，是指在其设计和技术特性上用于特殊工作的车辆。

（8）轮式专用机械车，是指有特殊结构和专门功能，装有橡胶车轮可以自行行驶，最高设计车速大于每小时 20 公里的轮式工程机械车。

（9）摩托车，是指无论采用何种驱动方式，最高设计车速大于每小时 50 公里，或者使用内燃机，其排量大于 50 毫升的两轮或者三轮车辆。

（10）船舶，是指各类机动、非机动船舶及其他水上移动装置，但是船舶上装备的救生艇筏和长度小于 5 米的艇筏除外。其中，机动船舶是指用机器推进的船舶；拖船是指专门用于拖（推）动运输船舶的专业作业船舶；非机动驳船是指在船舶登记管理部门登记为驳船的非机动船舶；游艇是指具备内置机械推进动力装置，长度在90米以下，主要用于游览观光、休闲娱乐、水上体育运动等活动，并应当具有船舶检验证书和适航证书的船舶。

2．纳税义务人

在中华人民共和国境内属于车船税法所附的车船税税目税额表规定的车辆、船舶的所有人或者管理人，为车船税的纳税人。其中，所有人是指在我国境内拥有车船的单位和个人，对于私家车来说，也就是我们通常所说的车主；管理人是指对车船具有管理权或者使用权，不具有所有权的单位。

从事机动车第三者责任强制保险业务的保险机构为机动车车船税的扣缴义务人，应当在收取保险费时依法代收车船税。

3．税率（税额）

车船税实行幅度税额，车船税税目税额表如表7-1所示。车辆的具体适用税额由省、自治区、直辖市人民政府依照车船税税目税额表规定的税额幅度和国务院的规定确定。省、自治区、直辖市人民政府确定的车辆具体适用税额，应当报国务院备案。

表7–1 车船税税目税额表

税目	计税单位	年基准税额（元）	备注
（一）乘用车（按发动机气缸容量分档）			
（1）1.0升（含）以下的	辆	60～360	核定载客人数9人（含）以下
（2）1.0升以上至1.6升（含）的	辆	300～540	
（3）1.6升以上至2.0升（含）的	辆	360～660	
（4）2.0升以上至2.5升（含）的	辆	660～1 200	
（5）2.5升以上至3.0升（含）的	辆	1 200～2 400	
（6）3.0升以上至4.0升（含）的	辆	2 400～3 600	
（7）4.0升以上的	辆	3 600～5 400	
（二）商用车客车	辆	480～1 440	核定载客人数9人以上，包括电车
（三）商用车货车	整备质量每吨	16～120	包括半挂牵引车、三轮汽车和低速载货汽车等
（四）挂车	整备质量每吨	按照货车税额的50%计算	
（五）其他车辆专用作业车	整备质量每吨	16～120	不包括拖拉机
（六）其他车辆轮式专用机械车	整备质量每吨	16～120	不包括拖拉机
（七）摩托车	辆	36～180	
（八）机动船舶			拖船、非机动驳船分别按照机动船舶税额的50%计算；拖船按照发动机功率每1千瓦折合净吨位0.67吨计算征收车船税
（1）净吨位不超过200吨的	净吨位每吨	3	
（2）净吨位超过200吨但不超过2 000吨的	净吨位每吨	4	
（3）净吨位超过2 000吨但不超过10 000吨的	净吨位每吨	5	
（4）净吨位超过10 000吨的	净吨位每吨	6	
（九）游艇			
（1）艇身长度不超过10米的	艇身长度每米	600	
（2）艇身长度超过10米但不超过18米的	艇身长度每米	900	
（3）艇身长度超过18米但不超过30米的	艇身长度每米	1 300	
（4）艇身长度超过30米的	艇身长度每米	2 000	
（5）辅助动力帆艇	艇身长度每米	600	

4．应纳税额的计算

（1）计税依据。车船税法和实施条例所涉及的排气量、整备质量、核定载客人数、净吨位、千瓦、艇身长度，以车船登记管理部门核发的车船登记证书或者行驶证所载数据为准。

依法不需要办理登记的车船和依法应当登记而未办理登记或者不能提供车船登记证书、行驶证的车船，以车船出厂合格证明或者进口凭证标注的技术参数、数据为准；不能提供车船出厂合格证明或者进口凭证的，由主管税务机关参照国家相关标准核定，没有国家相关标准的参照同类车船核定。

（2）应纳税额的计算。车船税以应税车辆的数量或者整备质量和应纳税船舶净吨位或艇身长度为计税依据，根据适用税额标准计算应纳税额。

① 乘用车、商用车客车和摩托车车船税应纳税额的计算公式如下。

应纳税额＝应税车辆数×单位税额

② 商用车货车、挂车、其他车辆专用作业车和其他车辆轮式专用机械车车船税应纳税额的计算公式如下。

应纳税额＝整备质量吨数×单位税额

③ 船舶（除游艇外）车船税应纳税额的计算公式如下。

应纳税额＝净吨位数×单位税额

④ 游艇车船税应纳税额的计算公式如下。

应纳税额＝艇身长度数×单位税额

案例 7-5

某运输公司拥有载货汽车 12 辆（其中 2 辆报停，货车整备质量全部为 5 吨），乘人大客车 30 辆（其中 32 座车 10 辆，28 座车 20 辆），小客车 5 辆（均为 10 座车）。假设载货汽车单位税额为每吨 40 元，乘人汽车 20 座以上的每辆 960 元，20 座以下的每辆 480 元。计算公司应纳车船税税额。

解析

（1）货车应纳税额＝10×5×40＝2 000（元）。

（2）乘人汽车应纳税额＝30×960＋5×480＝31 200（元）。

（3）全年应纳车船税额合计＝2 000＋31 200＝33 200（元）。

案例 7-6

某航运公司拥有机动船 20 艘，其中净吨位为 600 吨的 10 艘，2 000 吨的 8 艘，5 000 吨的 2 艘。计算公司当年应纳车船税税额。

解析

应纳车船税税额=600×4×10+2 000×4×8+ 5 000×5×2=138 000（元）。

5. 征收管理

（1）税收优惠。

① 下列车船免征车船税。

- 捕捞、养殖渔船。
- 军队、武装警察部队专用的车船。
- 警用车船。
- 依照法律规定应当予以免税的外国驻华使领馆、国际组织驻华代表机构及其有关人员的车船。

② 节约能源、使用新能源的车船可以免征或者减半征收车船税。免征或者减半征收车船税的车船的范围，由国务院财政、税务主管部门及国务院有关部门制订，报国务院批准。

③ 对受地震、洪涝等严重自然灾害影响纳税困难及其他特殊原因确需减免税的车船，可以在一定期限内减征或者免征车船税。具体减免期限和数额由省、自治区、直辖市人民政府确定，报国务院备案。

④ 省、自治区、直辖市人民政府根据当地的实际情况，可以对公共交通车船，农村居民拥有并主要在农村地区使用的摩托车、三轮汽车和低速载货汽车定期减征或者免征车船税。

（2）纳税义务发生时间。车船税纳税义务发生时间为取得车船所有权或者管理权的当月。取得车船所有权或者管理权的当月，应当以购买车船的发票或者其他证明文件所载日期的当月为准。

（3）纳税期限。车船税按年申报，分月计算，一次性缴纳。纳税年度为公历1月1日至12月31日。具体申报纳税期限由省、自治区、直辖市人民政府规定。扣缴义务人解缴税款的具体期限，由省、自治区、直辖市地方税务机关依照法律、行政法规的规定确定。

（4）纳税地点。车船税的纳税地点为车船的登记地或者车船税扣缴义务人所在地。依法不需要办理登记的车船，车船税的纳税地点为车船的所有人或者管理人所在地。税务机关可以在车船登记管理部门、车船检验机构的办公场所集中办理车船税征收事宜。

（5）申报缴纳。车船税由地方税务机关负责征收。从事机动车第三者责任强制保险业务的保险机构为机动车车船税的扣缴义务人，应当在收取保险费时依法代收车船税。机动车车船税扣缴义务人在代收车船税时，应当在机动车交通事故责任强制保险的保险单及保费发票上注明已收税款的信息，作为代收税款凭证。纳税人没有按照规定期限缴纳车船税的，扣缴义务人在代收代缴税款时，可以一并代收代缴欠缴税款的滞纳金。

扣缴义务人已代收代缴车船税的，纳税人不再向车辆登记地的主管税务机关申报缴纳车船税。没有扣缴义务人的，纳税人应当向主管税务机关自行申报缴纳车船税。已完税或者依法减免税的车辆，纳税人应当向扣缴义务人提供登记地的主管税务机关出具的完税凭证或者减免税证明。

纳税人缴纳车船税时，应当提供反映排气量、整备质量、核定载客人数、净吨位、千瓦、艇身长度等与纳税相关信息的相应凭证及税务机关根据实际需要要求提供的其他资料。纳税人以前年度已经提供前款所列资料信息的，可以不再提供。

项目实施

1．计算企业全年应缴纳房产税税额

（1）自有房屋应纳房产税税额 = 14 000 ×（1−20%）× 1.2% = 134.4（万元）。

（2）出租房屋应纳房产税税额 = 160 × 12% = 19.2（万元）。

（3）企业全年应缴纳房产税税额 = 134.4 + 19.2 = 153.6（万元）。

2．编制房产税纳税申报表

编制房产税纳税申报表如表 7-2 所示。

表 7-2　　　　　　　　房产税（城市房地产税）纳税申报表

纳税人识别号 □□□□□□□□□□□□□□□

纳税人名称：（公章）某企业

税款所属期限：自 2016 年 1 月 1 日至 2016 年 6 月 30 日

填表日期：2016 年 4 月 5 日　　　　金额单位：元（列至角分）

项目	从价计税的房产原值	税率	本期应纳税额	本期已缴税额	本期应补（退）税额
从价计税的房产	1	2	3	4	5=3−4
	14 000 000.00	1.2%	672 000.00	0.00	672 000.00
小计	14 000 000.00	—	672 000.00	0.00	672 000.00
项目	本期租金收入	税率	本期应纳税额	本期已缴税额	本期应补（退）税额
从租计税的房产	1	2	3=1×2	4	5=3−4
	1 600 000.00	12%	96 000.00	0.00	96 000.00
小计		—			
合计					

<table>
<tr><td rowspan="4">纳税人或代理人声明：
此纳税申报表是根据国家税收法律的规定填报的，我确信它是真实的、可靠的、完整的。</td><td colspan="2">如纳税人填报，由纳税人填写以下各栏</td><td colspan="3">如委托代理人填报，由代理人填写以下各栏</td></tr>
<tr><td>经办人（签章）</td><td></td><td>代理人名称</td><td></td><td rowspan="3">代理人（公章）</td></tr>
<tr><td>会计主管（签章）</td><td></td><td>经办人（签章）</td><td></td></tr>
<tr><td>法定代表人（签章）</td><td></td><td>联系电话</td><td></td></tr>
</table>

以下由税务机关填写

受理人	受理日期	受理税务机关（签章）

项目小结

在项目引入部分，以某内资企业 2016 年度房产税的纳税资料作为案例，提出了两个任务：计算该公司应纳的房产税税额；填写房产税纳税申报表。

在相关知识部分，介绍了完成上述任务需要掌握的理论知识。房产税，包括房产税概述、应纳税额的计算、纳税申报；车船税，包括车船税概述、应纳税额的计算、纳税申报；契税，包括

契税概述、应纳税额的计算、纳税申报。

在项目实施部分，在掌握了理论知识的基础上，较好地完成了第一部分提出的两个任务。

练习与实训

1．名词解释

房产税、契税、车船税。

2．简答题

（1）房产税的纳税人及其征税范围是如何规定的?

（2）契税的纳税人及其征税范围是如何规定的?

（3）车船税的征税范围是如何规定的?

3．分析计算题

（1）某企业有房屋 12 栋，其中 10 栋用于生产经营，房产原值共计 12 000 万元，1 栋（原值 400 万元）用来作为幼儿园和职工学校，1 栋（原值 600 万元）出租给其他企业，年租金 80 万元。房产原值减除比例为 30%。计算该企业当年应缴纳的房产税。

（2）2015 年 4 月，某企业将其与办公楼相连的地下停车场和另一独立的地下建筑物改为地下生产车间，停车场原值 100 万元，地下建筑物原价 200 万元，该企业所在地省财政和地方税务部门确定地下建筑物的房产原价的折算比例为 50%，房产原值减除比例为 30%。计算该企业以上两处地下建筑物 2015 年 4 月至 12 月应缴纳的房产税。

（3）甲企业因经营需要，将市内某处空置厂房与乙企业的某土地使用权交换，由乙企业支付价款差额 100 万元；甲企业还接受丙企业以房产进行投资，丙企业投资入股的房产市场价值为 300 万元。计算甲企业应缴纳的契税（契税税率为 4%）。

（4）李某 2015 年年初购买 80 平方米的商品房一处，价款 100 万元，并以 10 万元购买单独计价的汽车库，均采用分期付款方式，分 20 年支付，假定 2015 年支付 12 万元，根据当地规定，商品房的契税税率为 4%，汽车库的契税税率为 3%。计算李某应缴纳的契税。

（5）某公司 2015 年有载客汽车 2 辆，核定载客人数均为 50 人；载货汽车 3 辆，整备质量分别为 20 吨、15 吨、18 吨，当地省政府规定，载客汽车年税额为 960 元/辆，载货汽车年税额为 40 元/吨。计算该公司 2015 年应缴纳的车船税。

（6）某航运公司 2016 年拥有机动船 4 艘，每艘净吨位为 3 000 吨；拖船 1 艘，发动机功率为 1 800 千瓦。计算该航运公司 2016 年应缴纳的车船税。

4．综合实训

【资料】 居民王彦家住大连市瓦房店龙祥新家园，其身份证号为 210281197601054339，有一套 82 平方米砖混结构的商品房，地处大连市瓦房店龙祥新家园，于 2016 年 5 月 15 日出售给李林，成交价格为 82 万元。居民李林的身份证号为 210281196302051985，家住大连经济技术开发区中华路。其契税纳税期限为 1 个月。

【要求】 填报契税纳税申报表。

项目八 特定行为、目的税类与纳税实务

知识目标

- 理解特定行为、目的税类各税种的概念、开征的目的和意义；
- 掌握特定行为、目的税类各税种税制要素，如征税对象、纳税人、税率和征收管理等方面的基本内容；
- 熟练掌握特定行为、目的税类各税种计税依据的确定和应纳税额的计算。

能力目标

- 正确计算印花税应纳税额并完成纳税申报事宜；
- 正确计算车辆购置税应纳税额并完成纳税申报事宜；
- 正确计算城市维护建设税应纳税额并完成纳税申报事宜；
- 正确计算烟叶税应纳税额并完成纳税申报事宜。

项目引入

【资料】 济南市东方公司的纳税人识别号为 370101022084830，2016 年 8 月实际缴纳增值税 50 万元，缴纳消费税 40 万元。

【要求】 （1）计算该企业应纳的城市维护建设税税额和教育费附加。

（2）计算并填列该公司城市维护建设税与教育费附加纳税申报表，地方教育费附加的计征率为 1%。

相关知识

一、印花税认知

印花税，是指对经济活动和经济交往中书立、领受具有法律效力的凭证的行为征收的一种税。印花税因其采用在应税凭证上粘贴印花税票作为完税

的标志而得名。印花税兼有凭证税和行为税的性质，具有覆盖面广、税率低、税负轻、纳税人自行完税等特点。

我国现行的印花税基本规范是1988年8月6日国务院发布并于同年10月1日实施的《中华人民共和国印花税暂行条例》（以下简称《印花税暂行条例》）和同年9月29日财政部发布的《中华人民共和国印花税暂行条例实施细则》。

印花税的开征，有利于广集财政收入，促进我国经济法制化建设，培养公民的依法纳税观念，维护我国涉外经济权益，加强对其他税种的监督管理。

1．征税范围

印花税的征税范围包括5大类。

（1）应税合同，包括购销、加工承揽、建设工程承包、财产租赁、货物运输、仓储保管、借款、财产保险、技术合同或者具有合同性质的凭证。

所称合同，是指根据原《中华人民共和国经济合同法》《中华人民共和国涉外经济合同法》和其他有关合同法规订立的合同。这里所称的具有合同性质的凭证，是指具有合同效力的协议、契约、合约、单据、确认书及其他各种名称的凭证。

（2）产权转移书据，包括财产所有权、版权、商标专用权、专利权、专有技术使用权等转移书据。

（3）营业账簿，包括单位和个人从事生产经营活动所设立的各种账簿。

（4）权利、许可证照，包括房屋产权证、工商营业执照、商标注册证、专利证、土地使用证等。

（5）经财政部确定征税的其他凭证。对不论任何形式或名称书立的凭证，只要性质属于印花税暂行条例列举的征税范围的，均照章征收印花税。

2．纳税义务人

纳税义务人是在中国境内书立、使用、领受印花税法所列举的凭证并应依法履行纳税义务的单位和个人，包括各类企业、事业、机关、团体、部队，以及中外合资企业、合作企业、外资企业、外国公司、企业和其他经济组织及其在华机构等单位和个人。

上述单位和个人，按照书立、使用、领受应税凭证的不同，可以分别确定为立合同人、立据人、立账簿人、领受人和使用人。

（1）立合同人，指合同的当事人。所谓当事人，是指对凭证有直接权利义务关系的单位和个人，但不包括合同的担保人、证人、鉴定人。各类合同的纳税人是立合同人。

当事人的代理人有代理纳税的义务，他与纳税人负有同等的税收法律义务和责任。

（2）立据人。产权转移书据的纳税人是立据人。

（3）立账簿人。营业账簿的纳税人是立账簿人。所谓立账簿人，是指设立并使用营业账簿的单位和个人。例如，企业单位因生产、经营需要，设立了营业账簿，该企业即为纳税人。

（4）领受人。权利、许可证照的纳税人是领受人。领受人，是指领取或接受并持有该项凭证的单位和个人。例如，某人因其发明创造，经申请依法取得国家专利机关颁发的专利证书，该人即为纳税人。

（5）使用人。在国外书立、领受，但在国内使用的应税凭证，其纳税人是使用人。

（6）各类电子应税凭证的签订人。即以电子形式签订的各类应税凭证的当事人。

值得注意的是，对应税凭证，凡由两方或两方以上当事人共同书立的，其当事人各方都是印花税的纳税人，应各就其所持凭证的计税金额履行纳税义务。

3．税目、税率

（1）税目。印花税的税目，是指印花税暂行条例明确规定的应当纳税的项目，它具体划定了印花税的征税范围。印花税共有 13 个税目。

① 购销合同，包括供应、预购、采购、购销结合及协作、调剂、补偿、易货等合同。

② 加工承揽合同，包括加工、定做、修缮、修理、印刷、广告、测绘、测试等合同。

③ 建设工程勘察设计合同，包括勘察、设计合同。

④ 建筑安装工程承包合同，包括建筑、安装工程承包合同。承包合同包括总承包合同、分包合同和转包合同。

⑤ 财产租赁合同，包括租赁房屋、船舶、飞机、机动车辆、机械、器具、设备等合同，还包括企业、个人出租门店、柜台等签订的合同。

⑥ 货物运输合同，包括民用航空运输、铁路运输、海上运输、内河运输、公路运输和联运合同，以及作为合同使用的单据。

⑦ 仓储保管合同，包括仓储、保管合同，以及作为合同使用的仓单、栈单等。

⑧ 借款合同，包括银行及其他金融机构与借款人（不包括银行同业拆借）所签订的合同，以及只填开借据并作为合同使用、取得银行借款的借据。

⑨ 财产保险合同，包括财产、责任、保证、信用保险合同，以及作为合同使用的单据。

⑩ 技术合同，包括技术开发、转让、咨询、服务等合同，以及作为合同使用的单据。

⑪ 产权转移书据，包括财产所有权和版权、商标专用权、专利权、专有技术使用权等转移书据和土地使用权出让合同、土地使用权转让合同、商品房销售合同等权力转移合同。

⑫ 营业账簿，是指单位或者个人记载生产经营活动的财务会计核算账簿。营业账簿按其反映内容的不同，可分为记载资金的账簿和其他账簿。

记载资金的账簿，是指反映生产经营单位资本金数额增减变化的账簿。其他账簿，是指除上述账簿以外的有关其他生产经营活动内容的账簿，包括日记账簿和各明细分类账簿。

⑬ 权利、许可证照，包括政府部门发给的房屋产权证、工商营业执照、商标注册证、专利证、土地使用证。

（2）税率。印花税的税率设计，遵循“税负从轻、共同负担”的原则，税率比较低。印花税的税率有两种形式，即比例税率和定额税率。

① 比例税率。在印花税的 13 个税目中，各类合同及具有合同性质的凭证、产权转移书据、营业账簿中记载资金的账簿，适用比例税率。

印花税的比例税率分为 4 个档次，分别是 0.05‰、0.3‰、0.5‰、1‰。

- 适用 0.05‰税率的为“借款合同”。
- 适用 0.3‰税率的为“购销合同”“建筑安装工程承包合同”“技术合同”。
- 适用 0.5‰税率的是“加工承揽合同”“建筑工程勘察设计合同”“货物运输合同”“产权转

移书据”“营业账簿”税目中记载资金的账簿。

• 适用1‰税率的为“财产租赁合同”“仓储保管合同”“财产保险合同”。

• 适用1‰税率的还有“股权转让书据”，包括A股和B股。

② 定额税率。在印花税的13个税目中，“权利、许可证照”和“营业账簿”税目中的其他账簿，适用定额税率，均为按件贴花，税额为5元。

4．应纳税额的计算

（1）计税依据的一般规定。实行从价计税的凭证，印花税的计税依据为各种应税凭证上所记载的计税金额；实行从量计税的凭证，以应税凭证件数为计税依据。具体规定如下。

① 购销合同的计税依据为合同记载的购销金额。

② 加工承揽合同的计税依据是加工或承揽收入的金额。

• 对于由受托方提供原材料的加工、定做合同，凡在合同中分别记载加工费金额和原材料金额的，应分别按“加工承揽合同”“购销合同”计税，两项税额相加数，即为合同应贴印花；若合同中未分别记载，则应就全部金额依照加工承揽合同计税贴花。

• 对于由委托方提供主要材料或原料，受托方只提供辅助材料的加工合同，无论加工费和辅助材料金额是否分别记载，均以辅助材料与加工费的合计数，依照加工承揽合同计税贴花。对委托方提供的主要材料或原料金额不计税贴花。

③ 建设工程勘察设计合同的计税依据为收取的费用（即勘察、设计收入）。

④ 建筑安装工程承包合同的计税依据为承包金额，不得扣除任何费用。

⑤ 财产租赁合同的计税依据为租赁金额（即租金收入）。

⑥ 货物运输合同的计税依据为取得的运输费金额（即运费收入），不包括所运货物的金额、装卸费和保险费等。

⑦ 仓储保管合同的计税依据为收取的仓储保管费用（即保管费收入）。

⑧ 借款合同的计税依据为借款金额。针对实际借贷活动中不同的借款形式，税法规定了不同的计税方法。

• 凡是一项信贷业务既签订借款合同，又一次或分次填开借据的，只以借款合同所载金额为计税依据计税贴花；凡是只填开借据并作为合同使用的，应以借据所载金额为计税依据计税贴花。

• 借贷双方签订的流动资金周转性借款合同，一般按年（期）签订，规定最高限额，借款人在规定的期限和最高限额内随借随还。为避免加重借贷双方的负担，对这类合同只以其规定的最高额为计税依据，在签订时贴花一次，在限额内随借随还不签订新合同的，不再另贴印花。

• 对借款方以财产做抵押，从贷款方取得一定数量抵押贷款的合同，应按借款合同贴花；在借款方因无力偿还借款而将抵押财产转移给贷款方时，应再就双方书立的产权书据，按产权转移书据的有关规定计税贴花。

• 对银行及其他金融组织的融资租赁业务签订的融资租赁合同，应按合同所载租金总额，暂按借款合同计税。

• 在贷款业务中，如果贷方系由若干银行组成的银团，银团各方均承担一定的贷款数额，借款合同由借款方与银团各方共同书立，各执一份合同正本。对这类合同，借款方与贷款银团各方应分别在所执的合同正本上，按各自的借款金额计税贴花。

• 在基本建设贷款中，如果按年度用款计划分年签订借款合同，在最后一年按总概算签订借款总合同，且总合同的借款金额包括各个分合同的借款金额的，应按分合同分别贴花，最后签订的总合同，只就借款总额扣除分合同借款金额后的余额计税贴花。

⑨ 财产保险合同的计税依据为支付（收取）的保险费，不包括所保财产的金额。

⑩ 技术合同的计税依据为合同所载的价款、报酬或使用费。为了鼓励技术研究开发，对技术开发合同，只就合同所载的报酬金额计税，研究开发经费不作为计税依据。单对合同约定按研究开发经费一定比例作为报酬的，应按一定比例的报酬金额贴花。

⑪ 产权转移书据的计税依据为书据所载金额。

⑫ 营业账簿税目中记载资金的账簿的计税依据为“实收资本”与“资本公积”两项的合计金额。实收资本，包括现金、实物、无形资产和材料物资。现金按实际收到或存入纳税人开户银行的金额确定。实物，指房屋、机器等，按评估确认的价值或者合同、协议约定的价格确定。无形资产和材料物资，按评估确认的价值确定。

资本公积，包括接受捐赠、法定财产重估增值、资本折算差额、资本溢价等。如果是实物捐赠，则按同类资产的市场价格或有关凭据确定。

其他账簿的计税依据为应税凭证件数。

权利、许可证照的计税依据为应税凭证件数。

（2）计税依据的特殊规定。

① 上述凭证以“金额”“收入”和“费用”作为计税依据的，应当全额计税，不得做任何扣除。

② 同一凭证载有两个或两个以上经济事项而适用不同税目税率，如分别记载金额的，应分别计算应纳税额，相加后按合计税额贴花；如未分别记载金额的，按税率高的计税贴花。

③ 按金额比例贴花的应税凭证，未标明金额的，应按照凭证所载数量及国家牌价计算金额；没有国家牌价的，按市场价格计算金额，然后按规定税率计算应纳税额。

④ 应税凭证所载金额为外国货币的，应按照凭证书立当日国家外汇管理局公布的外汇牌价折合成人民币，然后计算应纳税额。

⑤ 应纳税额不足1角的，免纳印花税；1角以上的，其税额尾数不满5分的不计，满5分的按1角计算。

⑥ 有些合同，在签订时无法确定计税金额，如技术转让合同中的转让收入，是按销售收入的一定比例收取或是按实现利润分成的；财产租赁合同，只是规定了月（日）租金标准而无租赁期限的。对这类合同，可在签订时先按定额5元贴花，以后结算时再按实际金额计税，补贴印花。

⑦ 应税合同在签订时纳税义务即已产生，应计算应纳税额并贴花。所以，不论合同是否兑现或是否按期兑现，均应贴花。

对已履行并贴花的合同，所载金额与合同履行后实际结算金额不一致的，只要双方未修改合同金额，一般不再办理完税手续。

⑧ 对有经营收入的事业单位，凡属由国家财政拨付事业经费，实行差额预算管理的单位，其记载经营业务的账簿，按其他账簿定额贴花，不记载经营业务的账簿不贴花；凡属经费来源实行自收自支的单位，对其营业账簿，应就记载资金的账簿和其他账簿分别按规定贴花。

跨地区经营的分支机构使用的营业账簿，应由各分支机构于其所在地计税贴花。对上级单位核拨资金的分支机构，其记载资金的账簿按核拨的账面资金额计税贴花，其他账簿按定额贴花；对上级单位不核拨资金的分支机构，只就其他账簿按件定额贴花。为避免对同一资金重复计税贴花，上级单位记载资金的账簿，应按扣除拨给下属机构资金数额后的其余部分计税贴花。

⑨ 商品购销活动中，采用以货换货方式进行商品交易签订的合同，是反映既购又销双重经济行为的合同。对此，应按合同所载的购、销合计金额计税贴花。合同未列明金额的，应按合同所载购、销数量依照国家牌价或者市场价格计税贴花。

⑩ 施工单位将自己承包的建设项目，分包或者转包给其他施工单位所签订的分包合同或者转包合同，应按新的分包合同或转包合同所载金额计税贴花。

⑪ 股份制企业向社会公开发行的股票，因购买、继承、赠与所书立的股权转让书据，均依书立时证券市场当日实际成交价格计算的金额，由立据双方当事人分别按1‰的税率缴纳印花税（需注意税率的调整，自2008年9月19日起实行单边征收）。

⑫ 对国内各种形式的货物联运，凡在起运地统一结算全程运费的，应以全程运费作为计税依据，由起运地运费结算双方缴纳印花税；凡分程结算运费的，应以分程的运费作为计税依据，分别由办理运费结算的各方缴纳印花税。

对国际货运，凡由我国运输企业运输的，不论在我国境内、境外起运或中转分程运输，我国运输企业所持的一份运费结算凭证，均按本程运费计算应纳税额；托运方所持的一份运费结算凭证，按全程运费计算应纳税额。由外国运输企业运输进出口货物的，外国运输企业所持的一份运费结算凭证免纳印花税；托运方所持的一份运费结算凭证应缴纳印花税。国际货运运费结算凭证在国外办理的，应在凭证转回我国境内时按规定缴纳印花税。

必须明确的是，印花税票为有价证券，其票面金额以人民币为单位，分为1角、2角、5角、1元、2元、5元、10元、50元、100元9种。

（3）应纳税额的计算方法。纳税人的应纳税额，根据应纳税凭证的性质，分别按比例税率或者定额税率计算，其计算公式如下。

应纳税额＝应税凭证计税金额（或应税凭证件数）×适用税率（或税额）

案例8-1

某企业某年2月开业，当年发生以下有关业务事项：领受房屋产权证、工商营业执照、土地使用证各1份；与其他企业订立转移专用技术使用权书据1份，所载金额为100万元；订立产品购销合同1份，所载金额为200万元；订立借款合同1份，所载金额为400万元；企业记载资金的账簿：“实收资本”“资本公积”为800万元；其他营业账簿10本。试计算该企业当年应缴纳的印花税税额。

解析

① 企业领受权利、许可证照应纳税额＝3×5＝15（元）。

② 企业订立产权转移书据应纳税额＝1 000 000×0.5‰＝500（元）。

③ 企业订立购销合同应纳税额＝2 000 000×0.3‰＝600（元）。

④ 企业订立借款合同应纳税额＝4 000 000×0.05‰＝200（元）。

⑤ 企业记载资金的账簿应纳税额＝8 000 000×0.5‰＝4 000（元）。

⑥ 企业其他营业账簿应纳税额 = 10 × 5 = 50（元）。

⑦ 企业当年应纳印花税税额 = 15 + 500 + 600 + 200 + 4 000 + 50 = 5 365（元）。

5．征收管理

（1）税收优惠。按照减免内容的划分，现行印花税的减免主要有以下几类。

① 已交纳印花税的凭证的副本或抄本免征印花税，但以副本或抄本视为正本使用的，应缴税。

② 财产所有人将财产赠给政府、社会福利单位、学校所立的书据，免征印花税。

③ 国家指定的收购部门与村民委员会、农民个人所书立的农副产品收购合同，免征印花税。

④ 无息、贴息的贷款合同，免征印花税。

⑤ 外国政府或国际金融机构向我国政府及国家金融机构提供优惠贷款所书立的合同，免征印花税。

⑥ 对房地产管理部门与个人签订的用于生活居住的租赁合同免税。

⑦ 对农牧业保险合同免税。

⑧ 对特殊货运凭证（包括军事物资运输凭证、抢险救灾物资运输凭证、新建铁路的工程临管线运输凭证等）免税。

⑨ 企业改制工程中印花税的征免规定。

（2）纳税方法。根据税额大小、贴花次数及税收征收管理的需要，分别采用以下 3 种纳税办法。

① 自行贴花办法。这种办法一般适用于应税凭证较少或者贴花次数较少的纳税人。纳税人书立、领受或者使用印花税法列举的应税凭证的同时，纳税义务即已产生，应当根据应税凭证的性质和适用的税目税率，自行计算应纳税额，自行购买印花税票，自行一次贴足印花税票并加以注销或划销，纳税义务才算全部履行完毕。值得注意的是，纳税人购买了印花税票，支付了税款，国家就取得了财政收入。但就印花税来说，纳税人支付了税款并不等于已履行了纳税义务，纳税人必须自行贴花并注销或划销，这样才算完整地完成了纳税义务，这也就是通常所说的“三自”纳税办法。

对已贴花的凭证，修改后所载金额增加的，其增加部分应当补贴印花税票。凡多贴印花税票者，不得申请退税或者抵用。

② 汇贴或汇缴办法。这种办法一般适用于应纳税额较大或者贴花次数频繁的纳税人。一份凭证应纳税额超过 500 元的，应向当地税务机关申请填写缴款书或者完税证，将其中一联粘贴在凭证上或者由税务机关在凭证上加注完税标记代替贴花。这就是通常所说的“汇贴”办法。

同一种类的应纳税凭证，需频繁贴花的，应向当地税务机关申请按期汇总缴纳印花税，即“汇缴”的办法。获准汇总缴纳印花税的纳税人，应持有税务机关发给的汇缴许可证。汇总缴纳的期限由当地税务机关确定，但最长不得超过 1 个月。

实行印花税按期汇总缴纳的单位，对征税凭证和免税凭证汇总时，凡分别汇总的，应按本期征税凭证的汇总金额计算缴纳印花税；凡确属不能分别汇总的，应按本期全部凭证的实际汇总金额计算缴纳印花税。

③ 委托代征办法。这种办法主要是通过税务机关的委托，经由发放或者办理应纳税凭证的单

位代为征收印花税税款，税务机关应与代征单位签订代征委托书。所谓发放或者办理应纳税凭证的单位，是指发放权利、许可证照的单位和办理凭证的鉴证、公证及其他有关事项的单位。如按照《印花税法》的规定，工商行政管理机关核发各类营业执照和商标注册证的同时，负责代售印花税票，征收印花税税款，并监督领受单位或个人贴花。税务机关委托工商行政管理机关代售印花税票，按代售金额5%的比例支付代售手续费。

《印花税法》规定，发放或者办理应纳税凭证的单位，负有监督纳税人依法纳税的义务，要依法对以下纳税事项进行监督：应税凭证是否已粘贴印花；粘贴的印花是否足额；粘贴的印花是否按规定注销。对未完成以上纳税手续的，应督促纳税人当场完成。

（3）纳税环节。印花税应当在书立或领受时贴花，具体是指在合同签订时、账簿启用时和证照领受时贴花。如果合同是在国外签订，并且不便在国外贴花的，应在将合同带入境时办理贴花纳税手续。

（4）纳税地点。印花税一般实行就地纳税。对于全国性商品物资订货会（包括展销会、交易会等）上所签订合同应纳的印花税，由纳税人回其所在地后及时办理贴花完税手续；对地方主办、不涉及省际关系的订货会、展销会上所签合同的印花税，其纳税地点由各省、自治区、直辖市人民政府自行确定。

（5）纳税申报。印花税的纳税人应按照条例的有关规定及时办理纳税申报，并如实填写印花税纳税申报表（表略）。

（6）违章处罚。自2004年1月29日起，印花税的纳税人有下列行为之一的，由税务机关根据情节轻重予以处罚。

① 在应纳税凭证上未贴或者少贴印花税票的或者已粘贴在应税凭证上的印花税票未注销或者未划销的，由税务机关追缴其不缴或者少缴的税款、滞纳金，并处不缴或者少缴的税款50%以上5倍以下的罚款。

② 已贴用的印花税票揭下重用造成未缴或少缴印花税的，由税务机关追缴其不缴或者少缴的税款、滞纳金，并处不缴或者少缴的税款50%以上5倍以下的罚款；构成犯罪的，依法追究刑事责任。

③ 伪造印花税票的，由税务机关责令改正，处2 000元以上1万元以下的罚款；情节严重的，处1万元以上5万元以下的罚款；构成犯罪的，依法追究刑事责任。

④ 按期汇总缴纳印花税的纳税人，超过税务机关核定的纳税期限，未缴或少缴印花税款的，视其违章性质，由税务机关追缴其不缴或者少缴的税款、滞纳金，并处不缴或者少缴的税款50%以上5倍以下的罚款；情节严重的，同时撤销其汇缴许可证；构成犯罪的，依法追究刑事责任。

⑤ 纳税人违反以下规定的，由税务机关责令限期改正，可以处2 000元以下的罚款；情节严重的，处2 000元以上1万元以下的罚款。

- 凡汇总缴纳印花税的凭证，应加注税务机关指定的汇缴戳记、编号并装订成册，将已贴印花或者缴款书的一联粘附册后，盖章注销，保存备查。

- 纳税人对纳税凭证应妥善保存。凭证的保存期限，凡国家已有明确规定的，按规定办；没有明确规定的，其余凭证均应在履行完毕后保存1年。

二、车辆购置税认知

车辆购置税是以在中国境内购置规定的车辆为课税对象、在特定的环节向车辆购置者征收的一种税。就其性质而言，属于直接税的范畴。车辆购置税具有征收范围单一、征收环节单一、税率单一、征收方法单一，征税具有特定目的、价外征收、不转嫁税负等特点。

车辆购置税的开征，有利于筹集建设资金，积累国家财政收入，促进交通基础设施建设事业的健康发展；有利于规范政府行为，理顺税费关系，深化和完善财税制度改革；有利于调节收入差别，缓解社会分配不公的矛盾；有利于配合打击走私，保护民族工业，维护国家权益。

现行车辆购置税的基本法律依据是 2000 年 10 月 22 日，国务院发布的《中华人民共和国车辆购置税暂行条例》(以下简称《车辆购置税暂行条例》)，自 2001 年 1 月 1 日起实施。

1．征税范围

车辆购置税以在中华人民共和国境内购置规定的车辆为课税对象，具体包括购买、进口、自产、受赠、获奖和以其他方式取得并自用应税车辆的行为。“中华人民共和国境内”，是指应税车辆的购置或使用地在中华人民共和国境内。其征收范围包括汽车、摩托车、电车、挂车、农用运输车。

(1) 汽车，包括各类汽车。

(2) 摩托车。

① 轻便摩托车，是最高设计时速不大于 50 公里/小时，发动机总排量不大于 50 立方厘米的 2 个或 3 个车轮的机动车。

② 二轮摩托车，是最高设计车速大于 50 公里/小时，或发动机气缸总排量大于 50 立方厘米的 2 个车轮的机动车。

③ 三轮摩托车，是最高设计车速大于 50 公里/小时，或发动机气缸总排量大于 50 立方厘米，空车质量不大于 400 千克的 3 个车轮的机动车。

(3) 电车。

① 无轨电车，是以电能为动力，由专用输电电缆线供电的轮式公共车辆。

② 有轨电车，是以电能为动力，在轨道上行驶的公共车辆。

(4) 挂车。

① 全挂车，是无动力设备，独立承载，由牵引车牵引行驶的车辆。

② 半挂车，是无动力设备，与牵引车共同承载，由牵引车牵引行驶的车辆。

(5) 农用运输车。

① 三轮农用运输车，是使用柴油发动机，功率不大于 7.4 千瓦，载重量不大于 500 千克，最高车速不大于 40 公里/小时的 3 个车轮的机动车。

② 四轮农用运输车，是使用柴油发动机，功率不大于 28k 千瓦，载重量不大于 1 500 千克，最高车速不大于 50 公里/小时的 4 个车轮的机动车。

2．纳税义务人

车辆购置税的纳税义务人是指在中华人民共和国境内购置应税车辆的单位和个人。单位，包括国有企业、集体企业、私营企业、股份制企业、外商投资企业、外国企业及其他企业，事业单位、社会团体、国家机关、部队及其他单位；个人，包括个体工商业户及其他个人。

3．税率

我国车辆购置税实行统一比例税率，税率为10%。

4．应纳税额的计算

（1）计税依据的确定。应税车辆的价格即计税价格为车辆购置税的计税依据。应税车辆的来源不同，应税行为的发生不同，计税价格的组成也不一样。

① 购买自用应税车辆计税价格的确定。购买自用应税车辆的计税价格为纳税人购买应税车辆而支付给销售者的全部价款和价外费用（不包括增值税税款）。价外费用，是指销售方价外向购买方收取的基金、集资费、返还利润、补贴、违约金、手续费、包装费、储备费、优质费、运输装卸费、代收款项、代垫款项及其他各种性质的价外收费。

② 进口自用应税车辆计税价格的确定。纳税人进口自用应税车辆的计税价格的计算公式如下。

计税价格＝关税完税价格＋关税＋消费税=（关税完税价格＋关税）÷（1-消费税税率）

③ 其他自用应税车辆计税价格的确定。纳税人自产、受赠、获奖和以其他方式取得并自用的应税车辆的计税价格，按购置该型号车辆的价格确认；不能取得购置价格的，则由主管税务机关参照国家税务总局规定相同类型应税车辆的最低计税价格核定。

④ 以最低计税价格为计税依据的确定。现行政策规定：“纳税人购买自用或者进口自用应税车辆，申报的计税价格低于同类型应税车辆的最低计税价格，又无正当理由的，按照最低计税价格征收车辆购置税。”

应税车辆的最低计税价格由国家税务总局根据车辆生产企业提供的车辆价格信息，并参照市场平均交易价格核定。其中，几种特殊情形应税车辆的最低计税价格规定如下。

- 对已缴纳车辆购置税并办理了登记注册手续的车辆，其底盘发生更换，其最低计税价格按同类型新车最低计税价格的70%计算。
- 免税、减税条件消失的车辆，其最低计税价格的确定方式如下。

最低计税价格=同类型新车最低计税价格×［1-（已使用年限÷规定使用年限）］×100%

其中，规定使用年限为：国产车辆按10年计算；进口车辆按15年计算。超过使用年限的车辆，不再征收车辆购置税。

- 非贸易渠道进口车辆的最低计税价格，为同类型新车最低计税价格。
- 进口旧车、因不可抗力因素导致受损的车辆、库存超过3年的车辆、行驶8万公里以上的试验车辆、国家税务总局规定的其他车辆，计税依据为纳税人提供的机动车销售统一发票或有效凭证注明的计税价格。

（2）应纳税额的计算。车辆购置税实行从价定率、价外征收的办法计算应纳税额。应纳税额的计算公式如下。

应纳税额＝计税价格×税率

案例8-2

2016年3月，李某从某销售公司购买轿车一辆供自己使用，支付含增值税的价款221 000元，另支付购置工具件和零配件价款1 000元，车辆装饰费4 000元，销售公司代收保险费等8 000

元，支付的各项价款除保险费外均由销售公司开具统一发票。要求计算李某应纳车辆购置税税额。

解

应纳车辆购置税税额=（221 000+1 000+4 000）÷（1+17%）×10%=19 316.24（元）。

5．税收优惠

（1）车辆购置税的减免税规定。

① 外国驻华使馆、领事馆和国际组织驻华机构及其外交人员自用车辆免税。

② 中国人民解放军和中国人民警察部队列入军队武器装备订货计划的车辆免税。

③ 设有固定装置的非运输车辆免税。

④ 防汛部门和森林消防等部门购置的由指定厂家生产的指定型号的用于指挥、检查、调度、报汛（警）、联络的车辆免税。

⑤ 回国服务的留学人员用现汇购买 1 辆个人自用国产小汽车免税。

⑥ 长期来华定居专家购买 1 辆自用小汽车免税。

⑦ 自 2004 年 10 月 1 日起对三轮农用运输车免征车辆购置税。

（2）车辆购置税的退税。

① 公安机关车辆管理机构不予办理车辆登记注册手续的，凭公安机关车辆管理机构出具的证明办理退税手续。

② 因质量等原因发生退回所购车辆的，凭经销商的退货证明办理退税手续。

6．征收管理

（1）纳税环节。车辆购置税对应税车辆的购置行为课征，征税环节选择在使用环节。具体而言，纳税人应当在向公安机关车辆管理机构办理车辆登记注册前，缴纳车辆购置税。车辆购置税实行一次课征制，即购置已征车辆购置税的车辆不再征税。

（2）纳税期限。纳税人购买自用的应税车辆，自购买之日起 60 日内申报纳税；进口自用的应税车辆，应当自进口之日起 60 日内申报纳税；自产、受赠、获奖和以其他方式取得并自用应税车辆的，应当在取得之日起 60 日内申报纳税。

（3）纳税地点。纳税人购置应纳税车辆，应当向车辆登记注册地的主管税务机关申报纳税；购置无须办理车辆登记注册手续的应税车辆，应当向纳税人所在地的主管税务机关申报纳税。车辆登记注册地是指车辆的上牌落籍地或落户地。

（4）纳税申报。车辆购置税实行一车一申报制度。纳税人在办理纳税申报时应如实填写车辆购置税纳税申报表（表略），同时提供车主身份证明、车辆价格证明、车辆合格证明及税务机关要求提供的其他资料的原件和复印件，经车购办审核后，由税务机关保存复印件。

三、城市维护建设税认知

城市维护建设税简称城建税，是对缴纳增值税、消费税和营业税的单位和个人，按其增值税、消费税、营业税（简称“三税”，自 2016 年 5 月 1 日起，随着“营改增”全面实施，“三税”变成“两税”：即增值税、消费税）实缴税额为计税依据而征收的一种税。它属于特定目的税，是国家为加强城市的维护建设，扩大和稳定城市维护建设资金的来源而采取的一项税收措施。城市维护建设税是一种附加税，具有税款专款专用、根据城建规模设计税率、征收范围较广等特点。

现行城市维护建设税的基本规范是1985年2月8日国务院发布的《中华人民共和国城市维护建设税暂行条例》（同年自1月1日起实施）。城市维护建设税的开征有利于补充城市维护建设资金的不足，限制对企业的乱摊派，调动地方政府进行城市建设和维护的积极性。

1．征税范围

城市维护建设税的征税范围比较广，具体包括城市、县城和建制镇，以及税法规定征收“两税”的其他地区。城市、县城和建制镇的范围，应以行政区划为标准，不能随意扩大或缩小各自行政区域的管辖范围。

2．纳税义务人

城市维护建设税的纳税人是在征税范围内从事生产经营，并缴纳增值税、消费税的单位和个人，包括国有企业、集体企业、私营企业、股份制企业、其他企业和行政单位、事业单位、军事单位、社会团体、其他单位，以及个体工商户及其他个人。自2010年12月1日起，外商投资企业和外国企业也缴纳城市维护建设税。

3．税率

城市维护建设税的税率实行地区差别比例，按纳税人所在地的不同，设置了以下3档差别比例税率。

（1）纳税人所在地为城市市区的，税率为7%。

（2）纳税人所在地为县城、建制镇的，税率为5%。

（3）纳税人所在地不在市区、县城或者建制镇的，税率为1%。

城市维护建设税的适用税率，应当按纳税人所在地的规定税率执行。对下列两种情况，可按缴纳“两税”所在地的规定税率就地缴纳城市维护建设税：其一，由受托方代扣代缴、代收代缴“两税”的单位和个人；其二，流动经营等无固定纳税地点的单位和个人。

4．应纳税额的计算

城市维护建设税的计税依据，是指纳税人实际缴纳的“两税”税额。其应纳税额的计算公式如下。

应纳城市维护建设税税额＝（实际缴纳的增值税＋实际缴纳的消费税）×适用税率

对纳税人违反“两税”有关税法规定而加收的滞纳金和罚款，是税务机关对纳税人违法行为的经济制裁，不作为城市维护建设税的计税依据。但查补“两税”和处以罚款时，应同时对纳税人偷漏的城市维护建设税进行补税、征收滞纳金和罚款。

案例 8-3

某市区一企业2016年8月实际缴纳增值税60万元，缴纳消费税40万元。计算该企业应纳的城市维护建设税税额。

解析

应纳城市维护建设税税额＝（60+40）×7%＝100×7%＝7（万元）。

5．税收优惠

城市维护建设税原则上不单独减免，但因城市维护建设税又具附加税性质，当主税发生减免时，城市维护建设税也相应地发生税收减免。城市维护建设税的税收减免具体有以下几种情况。

（1）城市维护建设税按减免后实际缴纳的“两税”税额计征，即随“两税”的减免而减免。

（2）对于因减免税而需进行“两税”退库的，城市维护建设税也可同时退库。

（3）海关对进口产品代征的增值税、消费税，不征收城市维护建设税；对出口货物退还增值税、消费税的，不退还已缴纳的城市维护建设税。

（4）对“两税”实行先征后返、先征后退、即征即退办法的，除另有规定外，对随“两税”附征的城市维护建设税一律不予退（返）还。

6．征收管理

（1）纳税环节。城市维护建设税的纳税环节，是指《城市维护建设税暂行条例》规定的纳税人应当缴纳城市维护建设税的环节。城市维护建设税的纳税环节，实际就是纳税人缴纳“两税”的环节。纳税人只要发生“两税”的纳税义务，就要在同样的环节，计算缴纳城市维护建设税。

（2）纳税地点。城市维护建设税以纳税人实际缴纳的增值税、消费税税额为计税依据，分别与“两税”同时缴纳。所以，纳税人缴纳“两税”的地点，就是该纳税人缴纳城市维护建设税的地点。

（3）纳税期限。城市维护建设税的纳税期限分别与“两税”的纳税期限一致。增值税、消费税的纳税人的具体纳税期限，由主管税务机关根据纳税人应纳税额的大小分别核定；不能按照固定期限纳税的，可以按次纳税。

（4）纳税申报。纳税人需按税法规定纳税期限进行纳税申报，如实填写城市维护建设税纳税申报表。

四、烟叶税认知

烟叶税是对烟叶征收的一种税收。2006 年 4 月 28 日，国务院颁布《中华人民共和国烟叶税暂行条例》，即日起实施，开征烟叶税代替原烟叶特产农业税。根据规定，烟叶税征收的基本内容如下。

1．纳税人

在中华人民共和国境内收购烟叶的单位（是指依照《中华人民共和国烟草专卖法》的规定有权收购烟叶的烟草公司或者受其委托收购烟叶的单位）为烟叶税的纳税人。

2．征税范围

烟叶税的征税范围为烟叶，是指晾晒烟叶（包括列入名晾晒烟名录的晾晒烟叶和未列入名晾晒烟名录的其他晾晒烟叶）、烤烟叶。

3．税率

烟叶税实行比例税率，税率为 20%，烟叶税税率的调整，由国务院决定。

4．应纳税额的计算

烟叶税以纳税人收购烟叶的收购金额为计税依据。应纳税额以人民币计算，计算公式如下。

$$应纳税额 = 烟叶收购金额 \times 税率$$

收购金额，包括纳税人支付给烟叶销售者的烟叶收购价款和价外补贴。按照简化手续、方便征收的原则，对价外补贴统一暂按烟叶收购价款的 10%计入收购金额征税。收购金额的计算公式如下。

$$收购金额 = 收购价款 \times (1+10\%)$$

5．征收管理

（1）烟叶税由地方税务机关征收。

（2）纳税人收购烟叶，应当向烟叶收购地的主管税务机关申报纳税。

（3）烟叶税的纳税义务发生时间为纳税人收购烟叶的当日。

（4）纳税人应当自纳税义务发生之日起 30 日内申报纳税，具体纳税期限由主管税务机关核定。

（5）烟叶税的征收管理，依照《中华人民共和国税收征收管理法》及国家的有关规定执行。

项目实施

1．计算应纳的城市维护建设税税额和教育费附加

（1）应纳城市维护建设税税额 =（50 + 40）× 7% = 90 × 7% = 6.3（万元）。

（2）应纳教育费附加 =（50 + 40）× 3% = 90 × 3% = 27（万元）。

2．计算并填列城市维护建设税与教育费附加纳税申报表

该公司计算并填列城市维护建设税与教育费附加纳税申报表如表 8-1 所示。

表 8-1　　城市维护建设税与教育费附加纳税申报表

纳税人识别号	3	7	0	1	0	1	0	2	2	0	8	4	8	3	0					

纳税人名称：（公章）济南市东方公司

税款所属期限：自 2016 年 8 月 1 日至 2016 年 8 月 31 日

填表日期：2016 年 9 月 3 日　　金额单位：元（列至角分）

计税依据（计征依据）		计税金额（计征金额）	税率（征收率）	本期应纳税额	本期已缴税额	本期应补（退）税额
		1	2	3=1×2	4	5=3−4
城市维护建设税	增值税	500 000.00	7%	35 000.00	0.00	35 000.00
	消费税	400 000.00	7%	28 000.00	0.00	28 000.00
	合计	900 000.00	—	63 000.00	0.00	63 000.00
		1	2	3=1×2	4	5=3−4
教育费附加	增值税	500 000.00	3%	15 000.00	0.00	15 000.00
	消费税	400 000.00	3%	12 000.00	0.00	12 000.00
	合计	900 000.00	—	27 000.00	0.00	27 000.00
地方教育附加	增值税	500 000.00	1%	5 000.00	0.00	5 000.00
	消费税	400 000.00	1%	4 000.00	0.00	4 000.00

续表

<table>
<tr><td colspan="2" rowspan="2">计税依据（计征依据）</td><td>计税金额
（计征金额）</td><td>税率
（征收率）</td><td>本期应纳税额</td><td>本期已缴税额</td><td>本期应补
（退）税额</td></tr>
<tr><td>1</td><td>2</td><td>3=1×2</td><td>4</td><td>5=3-4</td></tr>
<tr><td></td><td>合计</td><td>900 000.00</td><td>—</td><td>9 000.00</td><td>0.00</td><td>9 000.00</td></tr>
<tr><td colspan="2" rowspan="7">纳税人或代理人声明：
此纳税申报表是根据国家税收法律的规定填报的，我确信它是真实的、可靠的、完整的。</td><td colspan="5">如纳税人填报，由纳税人填写以下各栏</td></tr>
<tr><td>经办人
（签章）</td><td></td><td>会计主管
（签章）</td><td>法定代表人
（签章）</td><td></td></tr>
<tr><td colspan="5">如委托代理人填报，由代理人填写以下各栏</td></tr>
<tr><td>代理人名称</td><td colspan="2"></td><td colspan="2" rowspan="3">代理人（公章）</td></tr>
<tr><td>经办人（签章）</td><td colspan="2"></td></tr>
<tr><td>联系电话</td><td colspan="2"></td></tr>
</table>

以下由税务机关填写

受理人	受理日期	受理税务机关（签章）

填表说明：本表适用于城市维护建设税、教育费附加、地方教育附加纳税人填报。

项目小结

在项目引入部分，以济南市东方公司2016年8月的纳税资料作为案例，提出了2大任务：计算该公司8月应纳的城市维护建设税税额和教育费附加；填写城市维护建设税和教育费附加纳税申报表。

在相关知识部分，介绍了完成上述任务需要掌握的理论知识。城市维护建设税，包括城市维护建设税概述、应纳税额的计算、纳税申报；印花税，包括印花税概述、应纳税额的计算、纳税申报；车辆购置税，包括车辆购置税概述、应纳税额的计算、纳税申报。

在项目实施部分，在掌握了理论知识的基础上，较好地完成了第一部分提出的两大任务。

练习与实训

1．名词解释

印花税、城市维护建设税、车辆购置税、烟叶税。

2．简答题

（1）印花税的纳税人是如何规定的？税目包括哪些内容？税率主要采取哪几种形式？

（2）简述城市维护建设税的基本内容。

（3）简述车辆购置税的基本内容。

（4）教育费附加的征收依据和附加率是如何规定的？

3．计算分析题

（1）某企业2016年度有关资料如下。

① 实收资本比上年增加150万元。

② 与银行签订一年期周转借款合同，借款最高限额为500万元，企业本年3月借款300万元，8月借款400万元，年利率为5%，实际发生借款时没有再另签合同。

③ 与甲公司签订以货易货合同，本企业的货物价值220万元，甲公司的货物价值210万元，甲公司支付补价10万元。

④ 与乙公司签订受托加工合同，乙公司提供价值80万元的原材料，本企业提供价值15万元的辅助材料并收加工费20万元。

⑤ 与丙公司签订转让技术合同，转让收入由丙公司按2016～2018年实现利润的20%支付。

⑥ 与运输公司签订货物运输合同1份，合同金额10万元（其中，装卸费用0.5万元，保险费0.3万元）。

⑦ 与丁公司签订租赁合同1份，将公司闲置的价值30万元的设备出租，租期1年，租金合计5万元。

⑧ 向营利性养老机构捐赠楼房，所立书据金额为400万元。

要求：逐项计算该企业2016年应缴纳的印花税。

（2）某县城一生产企业为增值税一般纳税人。5月进口原材料一批，向海关缴纳进口环节增值税10万元；当月在国内销售甲产品缴纳增值税30万元、消费税50万元，由于缴纳消费税时超过了纳税期限，被罚滞纳金1万元；本期出口乙产品一批，按规定退回增值税5万元。计算该企业本期应缴纳的城市维护建设税和教育费附加。

（3）某企业2016年3月购买富康轿车一辆（自用），取得的普通发票金额为25万元，另外收取手续费2万元。

4．综合实训

【资料】 广东省中青有限责任公司于2016年8月开业，纳税人识别号为441900572319468，纳税人计算机代码为 05378891。开户行为中国建设银行广东省东莞市石龙支行，账号为3230510100150204106。其印花税汇总缴纳期限为一个月。该公司8月发生如下交易事项。

（1）领取工商营业执照正副本各1件，税务登记证国税、地税正副本各1件，房屋产权证1件，商标注册证2件。

（2）实收资本200万元，资本公积100万元，除记载资金的账簿外，还建有4本营业账簿。

（3）签订财产保险合同一份，投保金额120万元，缴纳保险费2万元。

（4）签订货物买卖合同一份，所载金额100万元。

【要求】 计算本公司8月应纳印花税税额并填制印花税纳税申报表，如表8-2所示。

表8-2　　印花税纳税申报表

纳税人识别号 □□□□□□□□□□□□□□□□□□□□

纳税人名称：（公章）

税款所属期限：自　　年　　月　　日至　　年　　月　　日

填表日期：　　年　　月　　日　　　　金额单位：元（列至角分）

应税凭证	计税金额或件数	适用税率	核定征收		本期应纳税额	本期已缴税额	本期应补（退）税额
			核定依据	核定比例			
	1	2	3	4	5=1×2+2×3×4	6	7=5-6
购销合同		0.3‰					

续表

应税凭证	计税金额或件数	适用税率	核定征收		本期应纳税额	本期已缴税额	本期应补（退）税额
			核定依据	核定比例			
	1	2	3	4	5=1×2+2×3×4	6	7=5-6
加工承揽合同		0.5‰					
建设工程勘察设计合同		0.5‰					
建筑安装工程承包合同		0.3‰					
财产租赁合同		1‰					
货物运输合同		0.5‰					
仓储保管合同		1‰					
借款合同		0.05‰					
财产保险合同		1‰					
技术合同		0.3‰					
产权转移书据		0.5‰					
营业账簿（记载资金的账簿）		0.5‰	—	—			
营业账簿（其他账簿）		5	—	—			
权利、许可证照		5	—	—			
合计	—	—	—	—			

<table>
<tr><td rowspan="6">纳税人或代理人声明：
此纳税申报表是根据国家税收法律的规定填报的，我确信它是真实的、可靠的、完整的。</td><td colspan="6">如纳税人填报，由纳税人填写以下各栏</td></tr>
<tr><td>经办人（签章）</td><td></td><td>会计主管（签章）</td><td></td><td>法定代表人（签章）</td><td></td></tr>
<tr><td colspan="6">如委托代理人填报，由代理人填写以下各栏</td></tr>
<tr><td>代理人名称</td><td colspan="5"></td></tr>
<tr><td>经办人（签章）</td><td colspan="2"></td><td colspan="3" rowspan="2">代理人（公章）</td></tr>
<tr><td>联系电话</td><td colspan="2"></td></tr>
</table>

以下由税务机关填写

受理人	受理日期	受理税务机关（签章）

单元测试题（三）

一、单项选择题

1. 下列油类产品中，应征收资源税的为（　　）。

A. 人造石油　　B. 天然原油　　C. 汽油　　D. 柴油

2. 资源税的扣缴义务人是（　　）。

A. 收购矿产品的企业　　B. 购进原矿独立矿山

C. 收购零星矿产品的联合企业　　D. 收购未税矿产品的独立矿山

3. 单位或个人发生下列（　　）行为，在缴纳相关税种的同时，还应缴纳城市维护建设税。

A. 企业购置车辆　　B. 科研单位取得技术转让收入

C. 个人取得偶然所得　　D. 商场销售货物

4. 我国现行城镇土地使用税的税率形式为（　　）。

A. 比例税率　　B. 累进税率　　C. 定额税率　　D. 率式税率

5. 下列应征土地使用税的是（　　）。

A. 财政局办公楼　　B. 学校出租的房屋　　C. 公园自用土地　　D. 军队训练场

6. 下列免征房产税的是（　　）。

A. 企业的职工宿舍　　B. 公园　　C. 学校出租的房屋　　D. 工厂的厂房

7. 按房产余值征收房产税，其减除比例为（　　）。

A. 10%～20%　　B. 20%～30%　　C. 10%～30%　　D. 5%～25%

8. 车船税按（　　）征收。

A. 年　　B. 月　　C. 季　　D. 半年

9. 机动船的计税依据单位为（　　）。

A. 自重吨位　　B. 艘　　C. 净吨位　　D. 面积

10. 土地增值税准予免税的房地产交易包括（　　）。

A. 因工作调动出租现有住房　　B. 出售超面积住宅

C. 城建规划征用收回的房地产　　D. 转让营业性非住房

11. 纳税人如果不能按转让房地产项目计算分摊利息支出，其房地产开发费用按地价款加开发成本之和的（　　）计算扣除。

A. 5%以内　　B. 10%　　C. 10%以内　　D. 20%以内

12. 甲乙双方合作开发房地产建成后即转让的税收处理是（　　）。

A. 按转让收入征收土地增值税　　B. 暂免征收土地增值税

C. 减免部分税额　　D. 按转让增值额征收土地增值税

13. 印花税票为有价证券，其票面金额以人民币为单位，共分 9 种，其中票面金额最大的为人民币（　　）。

A. 10 元　　B. 100 元　　C. 1 000 元　　D. 10 000 元

14. 纳税人在应税凭证上未贴或少贴印花税票的，税务机关除责令其补贴印花税票外，可以处以补贴印花税票金额（　　）的罚款。

A. 1 倍至 3 倍　　B. 3 倍至 5 倍

C. 5 倍至 10 倍　　D. 50%以上 5 倍以下

15. 下列项目中，与应税合同有关的印花税纳税人是（　　）。

A. 合同担保人　　B. 合同鉴定人　　C. 合同证人　　D. 合同订立人

16.《印花税暂行条例》规定，适用定额税率的应税凭证，按件贴花，每件的固定税额为（　　）。

A. 1 元　　B. 5 元　　C. 10 元　　D. 15 元

17. 城市维护建设税的计税依据是（　　）。

A. 增值税、消费税、营业税的计税依据

B. 印花税、车船税的计税依据

C. 纳税人实际缴纳的增值税、消费税、营业税税额

D. 纳税人实际缴纳的印花税、车船税税额

18. 城市维护建设税纳税人所在地在县城、镇的，其适用的城市维护建设税税率为（　　）。

A. 7%　　B. 5%　　C. 3%　　D. 1%

19. 由受托方代征代扣增值税、消费税、营业税的单位和个人，其代征代扣的城市维护建设税按（　　）所在地适用税率。

A. 受托方　　B. 委托方

C. 双方约定的第三方　　D. 纳税人

二、多项选择题

1. 资源税的税目包括（　　）。

A. 天然气　　B. 天然矿泉水　　C. 海盐　　D. 煤炭制品

2. 资源税的纳税义务人包括从事应税资源开采或生产而进行销售或自用的所有单位和个人，但不包括（　　）。

A. 外商投资企业和外国企业　　B. 进口应税产品的单位

C. 进口应税产品的个人　　D. 私有企业

3. 矿产品资源税的纳税人包括（　　）。

A. 经销单位　　B. 开采个人

C. 收购未税产品单位　　D. 开采单位

4. 下列关于城市维护建设税的正确说法是（　　）。

A. 城建税属价内税　　B. 城建税为特定目的税

C. 进口货物不征城建税　　D. 出口货物不退城建税

5. 下列各项中，可以作为城建税计税依据的是（　　）。

A. 纳税人滞纳营业税而加收的滞纳金

B. 纳税人享受减免税后实际缴纳的营业税

C. 纳税人偷逃增值税被处的罚款

D. 纳税人偷逃消费税被查补的税款

6. 城镇土地使用税的纳税人包括（　　）。

A. 拥有土地使用权的单位　　B. 拥有土地使用权的个人

C. 土地使用人　　D. 土地代管人

E. 土地使用权共有的双方

7. 下列选项中征收房产税的有（　　）。

A. 厂房　　B. 水塔　　C. 办公楼　　D. 宿舍楼

8. 按照我国现行税制的有关规定，车船税的计税依据有（　　）。

A. 车船的价格　　B. 车船的净值　　C. 车的辆数　　D. 船的净吨位数

9. 下列凭证中应纳（贴）印花税的凭证有（　　）。

A. 预购合同　　B. 供应合同　　C. 仓储合同　　D. 财产保险合同

10. 土地增值税的扣除项目有（　　）。

A. 与转让房地产有关的税金　　B. 土地征用费

C. 营业性公共配套设施　　D. 房地产开发销售费用

11. 转让旧房的，应按（　　）作为扣除项目金额计征土地增值税。

A. 房屋及建筑物的评估价格　　B. 取得土地使用权所支付的地价款

C. 按国家规定缴纳的有关费用　　D. 转让环节缴纳的税金

12. 下列应税凭证中，应采用定额税率计算缴纳印花税的有（　　）。

A. 产权转移书据　　B. 工商营业执照

C. 商标注册证　　D. 技术合同

13. 印花税按照税额大小、应税项目纳税次数多少及税源控制管理需要，分别采取了多种纳税办法。下列项目中，属于印花税采用的纳税办法的有（　　）。

A. 自行贴花　　B. 代扣代缴　　C. 汇贴或汇缴　　D. 委托代征

14. 已贴用的印花税票揭下重用的，税务机关根据情节轻重予以的处罚措施包括（　　）。

A. 处以重用印花税票金额 3～5 倍罚款

B. 税务机关追缴其不缴或者少缴的税款、滞纳金

C. 处以重用印花税票金额 50%以上、5 倍以下罚款

D. 构成犯罪的，依法追究刑事责任

15. 下列各项中，符合城市维护建设税法规规定的有（　　）。

A. 城市维护建设税的计税依据是纳税人实际缴纳的增值税、消费税、营业税税额，包括对“三税”加收的滞纳金和罚款

B. 海关对进口产品代征增值税、消费税时，同时代征城市维护建设税

C. 对出口产品退还增值税、消费税的，不退还已缴纳的城市维护建设税

D. 免征或减征增值税、消费税、营业税的，要同时免征或减征城市维护建设税

三、判断题

1. 资源税实行差别税额，从量征收。（ ）

2. 原煤、洗煤、选煤及其他煤制品均应缴纳资源税。（ ）

3. 资源税扣缴义务人代扣代缴税款的纳税义务发生时间，为支付货款的当天。（ ）

4. 凡是按我国税法规定缴纳“两税”的单位和个人，都是城市维护建设税的纳税人。（ ）

5. 土地使用权未确定的，不用缴纳城镇土地使用税。（ ）

6. 个人拥有房产权，不用缴纳房产税。（ ）

7. 车船税实行从量定额征收。（ ）

8. 对应税凭证，凡由两方或两方以上当事人共同书立的，其当事人各方都是印花税的纳税人，应各就其所持凭证的计税金额履行纳税义务。（ ）

9. 一份由两个企业签订的以物易物合同，应按各自提供货物的金额计税，并由双方共同承担印花税税额。（ ）

10. 就印花税来说，纳税人支付了税款并不等于已履行了纳税义务。纳税人必须在贴花并注销或画销后，才算完整地完成了纳税义务。（ ）

11.《城市维护建设税暂行条例》不适用于我国境内的外商投资企业和外国企业。（ ）

12. 根据城市维护建设税暂行条例的有关规定，纳税人在被查补增值税、消费税、营业税和被处以罚款时，应同时对其偷漏的城市维护建设税进行补税和罚款。（ ）

13. 纳税人建造普通标准住宅出售，增值额超过扣除项目金额20%的就其超过部分征税。（ ）

14. 凡是土地使用权转让的行为都属于土地增值税的征税范围。（ ）

15. 房地产开发企业在管理费用中列支的印花税应单独计算并从扣除项目中予以扣除。（ ）

四、计算题

1. 某房地产开发公司出售一幢写字楼，收入总额为 10 000 万元。开发该写字楼的有关支出为：支付地价款及各种费用 1 000 万元；房地产开发成本 3 000 万元；财务费用中的利息支出为 500 万元（可按转让项目计算分摊并提供金融机构证明），但其中有 50 万元属加罚的利息；转让环节缴纳的有关税费共计为 555 万元；该单位所在地政府规定的其他房地产开发费用计算扣除比例为 5%。试计算该房地产开发公司应纳的土地增值税。

2. 某外贸进出口公司 2015 年 11 月 12 日从国外进口 10 辆宝马公司生产的宝马 BMW3181 型小轿车，气缸容量为 1 800 毫升。该公司报关进口这批小轿车时，经报关地口岸海关对有关报关资料的审查，确定关税计税价格为 198 000 元/辆（人民币），海关按关税政策规定课征关税 217 800 元/辆，并按消费税、增值税的有关规定分别代征进口消费税 21 884 元/辆、增值税 74 406 元/辆。由于业务工作的需要，该公司将两辆小轿车用于本单位。试根据纳税人提供的有关报关进

口资料和经海关审查确认的有关完税证明资料，计算应纳的车辆购置税税额。

3. 某军事科学研究所2015年12月底实际占用土地3 600平方米，其中自用办公用地和公务用地为2 000平方米，出租房屋经营用地和开办商店用地为1 600平方米。该单位地处某大城市，当地人民政府确定该土地的单位税额为每年每平方米15元，此外该单位2000年6月与近郊区农场联合征用非耕地2 000平方米，该单位实际占用1 000平方米，当地人民政府所确定该土地的单位税额为每平方米8元。试计算该单位应缴纳的土地使用税税额。

4. 某海洋运输公司2015年拥有机动船20艘，其中15 000吨位机动船1艘，10 000吨位机动船2只，5 000吨位机动船10艘，2 500吨位机动船4艘，1 000吨位机动船2艘，800吨位机动船1艘。另有非机动驳船5艘，其中300吨位机动船3艘，200吨位机动船2艘。企业另有机动车20辆，其中载货货车15辆，包括4.5吨汽车12辆，2吨汽车2辆，1.5吨客货两用汽车1辆，可载5人，载人汽车5辆，核定载客人数均为50人。当地人民政府规定载货货车按整备质量每吨年单位税额40元，乘人汽车每辆1 200元，试计算该企业本年度应纳车船税税额。

五、综合题

1. 位于市区的某国有独资公司在改制过程中于2015年8月转让新建的3座办公楼中的1座，取得销售收入7 800万元，公司即按税法规定缴纳了有关税金。已知该公司取得该办公楼占地的土地使用权而支付的地价款和按国家统一规定交纳的有关费用为1 800万元；投入的该楼开发成本为2 400万元；建造3座楼的借款利息支出共计400万元（不能按转让项目计算分摊利息支出，也不能提供金融机构证明）。已知该公司所在省人民政府规定的房地产开发费用的计算扣除比例为10%。要求：计算以上业务涉及各税的应纳税额。

2. 位于市区的某轿车厂属于增值税一般纳税人，生产单一型号排气量为2 000毫升的中档小轿车。本月主要业务如下。

（1）销售轿车85辆，每辆不含税单价为12万元，货款已收。

（2）本厂行政部门领用轿车3辆，按每辆7万元的成本结转。

（3）购进轿车零配件一批，取得增值税专用发票上注明货款470万元，进项税税额79.9万元，货已入库，款未付。

（4）本厂在销售轿车和购进轿车零配件的过程中，各签订购销合同一份。

要求：（1）计算以上业务涉及各税的应纳税额。

（2）说明印花税计缴的方法。

项目九 企业所得税法与纳税实务

知识目标

- 了解企业所得税的概念、特点和意义；
- 掌握企业所得税税制要素的基本内容；
- 重点掌握企业所得税应纳税所得额的确定和应纳税额的计算；
- 了解资产的税务处理和特别纳税调整方面的规定；
- 掌握企业所得税征收管理方面的规定。

能力目标

- 会准确确定企业所得税应纳税所得额和正确计算应纳税额；
- 会正确处理企业所得税的纳税申报事宜。

项目引入

【资料】 企业基本情况如下。

公司名称：青岛市海龙电器有限责任公司

营业执照号：3702030516748

企业机构代码：785309947

税务登记证号：370203252559447

单位地址：青岛市滨海路234号

法定代表人：王鑫龙

注册资本及构成：5 000万元

企业类型：有限责任公司

经营范围：电器制造、销售

开户银行及账号：工商银行青岛市滨海支行 8622781270980854913

财务负责人：李春峰

办税员：安全鑫

青岛市海龙电器有限责任公司为增值税一般纳税人，2015年度有员工

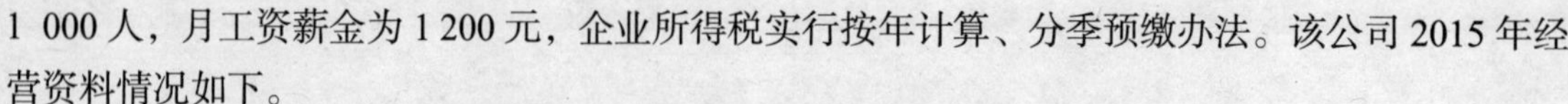

1 000 人，月工资薪金为 1 200 元，企业所得税实行按年计算、分季预缴办法。该公司 2015 年经营资料情况如下。

1．企业收入汇总表（如表 9-1 所示）

表 9-1　　海龙电器有限责任公司 2015 年收入汇总表　　单位：万元

项目	第 1 季度	第 2 季度	第 3 季度	第 4 季度	总计
主营业务收入小计	1 925	1 700	2 000	2 100	7 725
销售货物收入	1 925	1 700	2 000	2 100	7 725
其他业务收入小计	20	40	40	60	160
材料销售收入	20	30	20	30	100
提供运输服务收入		10	20	30	60
投资收益小计	15	15	20	15	65
营业外收入小计			10	40	50
处置固定资产净收益				20	20
出售无形资产收益			10	20	30
总计	1 960	1 755	2 070	2 215	8 000

2．企业成本费用汇总表（如表 9-2 所示）

表 9-2　　海龙电器有限责任公司 2015 年成本费用汇总表　　单位：万元

项目	第 1 季度	第 2 季度	第 3 季度	第 4 季度	总计
主营业务成本小计	1 225	1 030	1 330	1 365	4 950
销售货物成本	1 225	1 030	1 330	1 365	4 950
其他业务成本小计	15	20	20	35	90
材料销售成本	15	15	10	20	60
提供运输服务成本		5	10	15	30
期间费用小计	700	690	690	740	2 820
销售费用	300	290	290	320	1 200
管理费用	395	395	395	415	1 600
财务费用	5	5	5	5	20
营业外支出小计			20	50	70
固定资产盘亏				11	11
罚款支出			20	19	39
捐赠支出				20	20
总计	1 940	1 740	2 060	2 190	7 930

3．企业流转税汇总表（如表 9-3 所示）

表 9-3　　海龙电器有限责任公司 2015 年流转税费汇总表　　单位：万元

项目	第 1 季度	第 2 季度	第 3 季度	第 4 季度	总计
增值税	75	60	63	72	270
营业税		0.5	1.0	1.22	2.72
城市维护建设税	5.25	4.24	4.48	5.13	19.10
教育费附加	2.25	1.81	1.92	2.20	8.18
总计	82.5	66.55	70.40	80.55	300

4．第 1～3 季度企业会计利润和已缴企业所得税汇总表（如表 9-4 所示）

表 9-4　　2015 年第 1～3 季度企业会计利润和已缴企业所得税汇总表　　单位：万元

项目	第 1 季度	第 2 季度	第 3 季度	第 4 季度	总计
会计利润额	12.5	8.45	2.60		
企业所得税	3.13	2.11	0.65		

5．2015 年度其他税收事项

（1）扣除的成本费用中包括全年的工资费用，职工福利费 203 万元，职工工会经费 30 万元和职工教育经费 37 万元。

（2）企业全年提取无形资产减值准备金 1.38 万元。

（3）收入总额 8 000 万元中含国债利息收入 7 万元，金融债券利息收入 20 万元，从被投资的未上市的国有公司分回的税后股息 38 万元（被投资企业的企业所得税税率为 15%）。

（4）当年 1 月向银行借款 200 万元购建固定资产，借款期限为 1 年。购建的固定资产于当年 9 月 30 日完工交付使用（本题不考虑固定资产折旧），企业支付给银行的年利息费用共计 12 万元，全部计入了财务费用。

（5）企业全年发生的业务招待费 45 万元，广告费和业务宣传费 1 190 万元，全部做了扣除。

（6）12 月以使用不久的一辆公允价值 47 万元的进口小轿车（固定资产）清偿应付账款 50 万元，公允价值与债务的差额债权人不再追要。小轿车原值 50 万元，已提取折旧 20%，清偿债务时 直接以 50 万元冲减了应付账款和固定资产原值。

（7）12 月转让一项无形资产的所有权，取得收入 60 万元，未做收入处理，该项无形资产的账面成本 35 万元也未转销。

（8）12 月通过当地政府机关向贫困山区捐献家电一批，成本价 20 万元，市场销售价格 23 万元，企业清算时，按成本价值冲减了库存商品，按市场销售价格计算的增值税销项税额 3.91 万元与成本价合计 23.91 万元计入"营业外支出"账户。

（9）"营业外支出"账户还列支税收滞纳金 3 万元，银行借款超期罚息 6 万元，给购货方的回扣 12 万元，意外事故净损失 8 万元，非广告性赞助 10 万元，全都如实做了扣除。

（10）"管理费用"中含有新技术的研究费用 30 万元。

【要求】（1）海龙电器公司是否需要纳税调整？如果需要，应如何调整？

（2）计算海龙电器公司2015年度应补缴的企业所得税。

（3）正确填写海龙电器公司企业所得税纳税申报表。

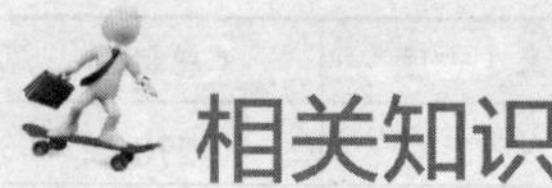

相关知识

一、企业所得税基础知识认知

1．企业所得税的概念

企业所得税是对在我国境内的企业和其他取得收入的组织，就其生产经营所得和其他所得征收的一种税。现行企业所得税法的基本规范是2007年3月16日第十届全国人民代表大会等五次会议通过的《中华人民共和国企业所得税法》（以下简称《企业所得税法》）和2007年11月28日国务院第197次常务会议通过的《中华人民共和国企业所得税法实施条例》（以下简称《实施条例》，自2008年1月1日起开始实施）。

《企业所得税法》的颁布实施，体现了“四个统一”：内资企业、外资企业适用统一的企业所得税法；统一并适当降低企业所得税税率；统一和规范税前扣除办法和标准；统一税收优惠政策，实行“产业优惠为主、区域优惠为辅”的新税收优惠体系。

2．企业所得税的特点

（1）实行综合课征制，征税范围广。我国在企业所得税征收管理中，采用的是综合课征制，即不论是生产经营所得（通常是指企业从事产品生产、交通运输、商品流通、劳务服务和其他盈利事业等取得的所得），还是其他所得（通常是指提供资金或财产取得的所得，包括利息、股息、红利、租金、转让资产收益和特许权使用费等所得），都按统一的比例税率征税。同时，规定在中华人民共和国境内，企业和其他取得收入的组织都是企业所得税的纳税人，都要依照税法的规定缴纳企业所得税，具有征收上的广泛性。

（2）计税依据为年应纳税所得额，税基约束力强，计算也比较复杂。企业所得税的计税依据，即应纳税所得额，是按照税法规定的收入总额扣除允许扣除的项目金额后的余额。所得税的计税涉及纳税人财务会计核算的各个方面，与企业会计核算关系密切。为了保护税基，企业所得税明确了收入总额、扣除项目金额的确定及资产的税务处理等内容，使应税所得额的计算相对独立于企业的会计核算，体现了税法的强制性与统一性，使应纳税所得额的计算也比较复杂。

（3）纳税人与负税人一致，体现了量能负担的原则。企业所得税对企业，不分所有制，不分地区、行业和层次，实行统一的比例税率，纳税人缴纳的所得税一般不易转嫁，而由纳税人自己负担。在普遍征收的基础上，能使各类企业税负较为公平。由于企业所得税是对企业的经营所得征收的，企业一般都具有所得税的承受能力，而且企业所得税的负担水平与纳税人所得多少直接关联，所得多的多纳税，所得少的少纳税，无所得的不纳税，充分体现了税收的量能负担原则。

（4）实行按年计征、分期预缴、年终汇算清缴的征收管理方法。企业的经营业绩通常是按年衡量的，企业所得税实行按年计征、分期预缴、年终汇算清缴的征收管理方法，与会计核算周期相对应，有利于税款的征收管理和税收收入及时入库。

3. 企业所得税的作用

《企业所得税法》的颁布实施，适应科学发展观和完善社会主义市场经济体制的总体要求，建立了各类企业统一适用的科学、规范的企业所得税制度，对组织财政收入、促进社会经济发展、实施宏观调控等方面具有重要的职能作用，也有利于为各类企业创造公平的市场竞争环境。企业所得税的作用主要体现在以下几个方面。

（1）为国家建设筹集财政资金。企业所得税是我国税制的主体税种，对组织国家税收收入起着非常重要的作用。随着我国国民经济的快速发展和企业经济效益的不断提高，企业所得税也取得了较快的增长。作为税收收入的主体税种之一，占全部税收收入的比重越来越高。

（2）调节产业结构，促进经济发展。企业所得税是国家实施税收优惠政策的最主要的税种，有减免税、降低税率、加计扣除、加速折旧、投资抵免、减计收入等众多税收优惠措施，是贯彻国家产业政策和社会政策、实施宏观调控的主要政策工具。在为国家组织财政收入的同时，企业所得税作为国家宏观调控的一种重要手段，也促进了我国产业结构调整和经济又好又快的发展。

（3）促进企业改善经营管理，提升企业赢利能力。由于企业所得税是对企业的纯所得征税，往往采用比例税率，因此对大多数企业来说承担相同的税负水平。相对于累进税率，采用比例税率的企业所得税更有利于促进企业改善经营管理，努力降低成本，提高赢利能力和水平。

二、企业所得税的纳税人

在中华人民共和国境内，企业和其他取得收入的组织（以下统称企业）为企业所得税的纳税人。企业所得税的纳税人分为居民企业和非居民企业。

1. 居民企业

居民企业是指依法在中国境内成立，或者依照外国（地区）法律成立但实际管理机构在中国境内的企业。

（1）依法在中国境内成立的企业。在中国境内成立的企业，是指依照中国法律、行政法规在中国境内成立的，除个人独资企业和合伙企业以外的国有企业、集体企业、私营企业、联营企业、股份制企业、中外合资经营企业、中外合作经营企业、外国企业、事业单位、社会团体、民办非企业单位和其他从事经营活动的组织。

（2）依照外国（地区）法律成立但实际管理机构在中国境内的企业。依照外国（地区）法律成立的企业，是指依照外国（地区）法律成立的企业和其他取得收入的组织；实际管理机构，是指对企业的生产经营、人员、账务、财产等实施实质性全面管理和控制的机构，是行使居民税收管辖权的国家判定法人居民身份的主要标准。实际管理机构所在地的认定，一般以召开股东大会的场所、董事会行使指挥监督权力的场所、公布分红的场所、企业账簿保管的场所等因素来综合判断。

2. 非居民企业

非居民企业，是指依照外国（地区）法律成立且实际管理机构不在中国境内，但在中国境内设立机构、场所的，或者在中国境内未设立机构、场所但有来源于中国境内所得的企业。

（1）依照外国（地区）法律成立且实际管理机构不在中国境内，但在中国境内设立机构、场所的企业。

机构、场所，是指在中国境内从事生产经营活动的机构、场所，包括以下内容。

① 管理机构、营业机构、办事机构。

② 农场、工厂、开采自然资源的场所。

③ 提供劳务的场所。

④ 从事建筑、安装、装配、修理、勘探等工程作业的场所。

⑤ 营业代理人。

⑥ 其他从事经营活动的机构、场所。

其中，营业代理人是指具有下列情形之一的，受非居民企业委托，代理从事经营的公司、企业和其他经济组织或者个人。

- 经常代表委托人接洽采购业务，并签订购货合同，代为采购商品。
- 与委托人签订代理协议或者合同，经常储存属于委托人的产品或者商品，并代表委托人向他人交付其产品或者商品。
- 有权经常代表委托人签订销货合同或者接受订货。
- 经常代理委托人从事货物采购、销售以外的经营活动。

专门从事仓储、货栈的场所；多方代理，广为客户服务，并不受控于某一家外国企业或专为某一家外国企业进行营业活动的中间商和经纪人，不构成机构、场所的“营业代理人”。

（2）在中国境内未设立机构、场所，但有来源于中国境内所得的企业。

3．扣缴义务人

非居民企业在中国境内未设立机构、场所的，或者虽设立机构、场所但取得的所得与其所设机构、场所没有实际联系的，应当就其来源于中国境内的所得应缴纳的所得税，实行源泉扣缴，以支付人为扣缴义务人。对非居民企业在中国境内取得工程作业和劳务所得应缴纳的所得税，税务机关可以指定工程价款或者劳务费的支付人为扣缴义务人。

4．相关规定

个人独资企业、合伙企业不缴纳企业所得税（按“个体工商户生产经营所得”缴纳个人所得税），但一人有限公司属于企业所得税纳税人。

三、企业所得税的征税范围

企业所得税的征税对象是企业取得的生产经营所得和其他所得，包括销售货物所得、提供劳务所得、转让财产所得、股息红利所得、利息所得、租金所得、特许权使用费所得、接受捐赠所得和其他所得。

（1）居民企业应当就其来源于中国境内、境外的所得缴纳企业所得税。

（2）非居民企业在中国境内设立机构、场所的，应当就其所设机构、场所取得的来源于中国境内的所得，以及发生在中国境外但与其所设机构、场所有实际联系的所得，缴纳企业所得税；非居民企业在中国境内未设立机构、场所的，或者虽设立机构、场所但取得的所得与其所设机构、场所没有实际联系的，应当就其来源于中国境内的所得缴纳企业所得税。

这里所称的实际联系，是指非居民企业在中国境内设立的机构、场所拥有据以取得所得的股权、债权，以及拥有、管理、控制据以取得所得的财产等。

（3）来源于中国境内、境外的所得的确定原则。

① 销售货物所得：按照交易活动发生地确定。

② 提供劳务所得：按照劳务发生地确定。

③ 转让财产所得：不动产转让所得按照不动产所在地确定；动产转让所得按照转让动产的企业和机构、场所所在地确定；权益性投资资产转让所得按照被投资企业所在地确定。

④ 股息红利等权益性投资所得：按照分配所得的企业所在地确定。

⑤ 利息所得、租金所得、特许权使用费所得：按照负担或者支付所得的企业或者机构、场所所在地，负担或支付所得的个人住所所在地确定。

⑥ 其他所得：由国务院财政、税务主管部门确定。

四、企业所得税的税率

企业所得税实行比例税率，现行税法规定如下。

1．基本税率为 25%

基本税率适用于居民企业和在中国境内设立机构、场所且所得与该机构、场所有实际联系的非居民企业。

2．低税率为 20%

非居民企业在中国境内未设立机构、场所的，或者虽设立机构、场所但取得的所得与其所设机构、场所没有实际联系的，适用税率为 20%，但在实际征税时适用 10%的税率（参见税收优惠的有关规定）。

五、税收优惠规定

国家对重点扶持和鼓励发展的产业和项目，给予企业所得税优惠。

1．免税收入

企业的以下收入为免税收入。

（1）国债利息收入，即企业购买财政部发行的国家公债所取得的利息收入。

（2）符合条件的居民企业之间的股息、红利等权益性投资收益，即居民企业直接投资于另一居民企业所取得的投资收益，不包括连续持有居民企业公开发行并上市流通的股票不足 12 个月取得的投资收益。

（3）在中国境内设立机构、场所的非居民企业从居民企业取得与该机构、场所有实际联系的股息、红利等权益性投资收益，不包括连续持有居民企业公开发行并上市流通的股票不足 12 个月取得的投资收益。

（4）符合条件的非营利组织的收入，即符合以下条件的组织。

① 依法履行非营利组织登记手续。

② 从事公益性或非营利性活动。

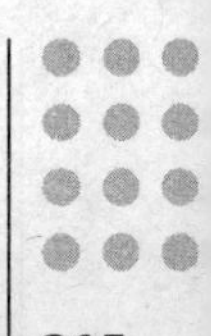

③ 取得的收入除用于与组织有关的、合理的支出外，全部用于章程规定的公益性或非营利性事业。

④ 财产及其孳息不用于分配。

⑤ 注销后的剩余财产按照其章程的规定用于公益性或非营利性目的；无法按照章程规定处理的，由登记管理机关转赠给同该组织性质、宗旨相同的组织，并向社会公告。

⑥ 创设者和主要投入人不担任该组织领取工资薪酬的管理职务，投入人对投入该组织的财产不保留或享有任何财产权利。

⑦ 工作人员及其高级管理人员的报酬应当控制在当地平均工资水平一定的幅度内，不变相分配组织财产。

⑧ 国务院财政、税务主管部门规定的其他条件。

符合条件的非营利组织的收入，不包括从事营利性活动所取得的收入。

2．免征与减征优惠

企业的以下所得，可以免征、减征企业所得税。

（1）从事农、林、牧、渔业项目的所得。企业从事农、林、牧、渔业项目，可以免征、减征企业所得税。

① 企业从事以下项目的所得，免征企业所得税。

- 蔬菜、谷物、薯类、油料、豆类、棉花、麻类、糖料、水果、坚果的种植。
- 农作物新品种的选育。
- 中药材的种植。
- 林木的培育和种植。
- 牲畜、家禽的饲养。
- 林产品的采集。
- 灌溉、农产品初加工、兽医、农技推广、农机作业和维修等农、林、牧、渔服务业项目。
- 远洋捕捞。

② 企业从事以下项目的所得，减半征收企业所得税。

- 花卉、茶及其他饮料作物和香料作物的种植。
- 海水养殖、内陆养殖。

国家禁止和限制发展的项目，不得享受本条规定的税收优惠。

（2）从事国家重点扶持的公共基础设施项目投资经营的所得。企业从事税法规定的国家重点扶持公共基础设施项目的投资经营所得，从项目取得第一笔生产经营收入所属年度起，第 1～3 年免征企业所得税，第 4～6 年减半征收企业所得税。

国家重点扶持的公共基础设施项目是指《公共基础设施项目企业所得税优惠目录》内的港口码头、机场、铁路、公路、电力、水利等项目。《公共基础设施项目企业所得税优惠目录》由国务院财政、税务主管部门会同有关部门共同制定。

企业承包经营、承包建设和内部自建自用以上项目，不得享受企业所得税优惠。

（3）从事符合条件的环境保护、节能节水项目的所得。符合条件的环境保护、节能节水项目

的所得，从项目取得第一笔生产经营收入所属年度起，第1～3年免征企业所得税，第4～6年减半征收企业所得税。

符合条件的环境保护、节能节水项目，包括公共污水处理、公共垃圾处理、沼气综合开发利用、风力发电、太阳能发电、潮汐发电、海水淡化等。具体条件和范围由国务院财政、税务主管部门另行制定。

（4）符合条件的技术转让所得。企业取得税法规定的符合条件的技术转让所得，500 万元以内的部分免征企业所得税，500万元以上的部分减半征收企业所得税。

关联方之间发生技术转让所取得的技术转让所得，不适用本规定。

3．小型微利企业税收优惠

符合条件的小型微利企业，减按20%的税率征收企业所得税。

小型微利企业，是指从事国家非限制和禁止行业，并符合下列条件的企业。

（1）工业企业，年度应纳税所得额不超过30万元，从业人数不超过100人，资产总额不超过3 000万元。

（2）其他企业，年度应纳税所得额不超过30万元，从业人数不超过80人，资产总额不超过1 000万元。

自2012年1月1日至2015年12月31日，对年应纳税所得额低于6万元（含6万元）的小型微利企业，其所得减按50%计入应纳税所得额。

自2014年1月1日至2016年12月31日，对年应纳税所得额低于10万元（含10万元）的小型微利企业，其所得减按50%计入应纳税所得额。

自2015年1月1日至2017年12月31日，对年应纳税所得额低于20万元（含20万元）的小型微利企业，其所得减按50%计入应纳税所得额，按20%的税率缴纳企业所得税。（财税〔2015〕34号）。

自2015年10月1日至2017年12月31日，对年应纳税所得额在20万元到30万元（含30万元）之间的小型微利企业，其所得减按50%计入应纳税所得额，按20%的税率缴纳企业所得税（财税〔2015〕99号）。

4．高新技术企业税收优惠

国家需要重点扶持的高新技术企业，减按15%的税率征收企业所得税。国家需要重点扶持的高新技术企业，是指拥有核心自主知识产权，并同时符合以下条件的企业。

（1）产品（服务）属于《国家重点支持的高新技术领域》规定的范围。

（2）研究开发费用占销售收入不低于规定比例。

（3）高新技术产品（服务）收入占企业总收入不低于规定比例。

（4）科技人员占企业职工总数不低于规定比例。

（5）高新技术企业认定管理办法规定的其他条件。

《国家重点支持的高新技术领域》和《高新技术企业认定管理办法》由国务院科技、财政、税务主管部门会同有关部门制定报国务院批准后公布施行。

5．未设有机构场所的非居民企业税收优惠

非居民企业在中国境内未设立机构、场所的，或者虽设立机构、场所但取得的所得与其所设

机构、场所没有实际联系的，减按10%税率征收企业所得税。

该类非居民企业下列所得可以免征所得税。

（1）国际金融组织贷款给中国政府、中国境内银行和居民企业取得的利息所得。

（2）外国银行以优惠利率向中国境内银行提供贷款或购买债券所取得的利息所得。

（3）在中国境内没有设立机构、场所的非居民企业，从其直接投资的国家需要重点扶持的高新技术企业取得的股息、红利收入。

自2014年11月17日起，对合格境外机构投资者（Qualified Foreign Institutional Investors，QFII）、人民币合格境外机构投资者（RMB Qualified Foreign Institutional Investors，RQFII）取得来源于中国境内的股票等权益性投资资产转让所得，暂免征收企业所得税。在2014年11月17日之前QFII和RQFII取得的上述所得应依法征收企业所得税（财税〔2014〕79号）。

6．民族自治地方税收优惠

民族自治地方的自治机关对本民族自治地方的企业应缴纳的企业所得税中属于地方分享的部分，可以决定减征或者免征。自治州、自治县决定减征或者免征的，须报省、自治区、直辖市人民政府批准。

民族自治地方，是指按照《中华人民共和国民族区域自治法》的规定，实行民族区域自治的自治区、自治州、自治县。民族自治地方内国家限定发展行业的企业，不得减征或者免征企业所得税。

7．加计扣除税收优惠

企业的下列支出，可以在计算应纳税所得额时加计扣除。

（1）开发新技术、新产品、新工艺发生的研究开发费用。企业为开发新技术、新产品、新工艺发生的研究开发费用，未形成无形资产计入当期损益的，在按照规定据实扣除的基础上，按照研究开发费用的50%加计扣除；形成无形资产的，按照无形资产成本的150%摊销。

（2）安置残疾人员及国家鼓励安置的其他就业人员所支付的工资。企业安置残疾人员的，在按照支付给残疾职工工资据实扣除的基础上，按照支付给上述人员工资的100%加计扣除。残疾人员的范围适用《中华人民共和国残疾人保障法》的有关规定。企业安置国家鼓励安置的其他就业人员所支付的工资的加计扣除办法，由国务院另行规定。

8．创业投资企业税收优惠

创业投资企业从事国家需要重点扶持和鼓励的创业投资，可以按投资额的一定比例抵扣应纳税所得额。创业投资企业采取股权投资方式投资于未上市的中小高新技术企业2年以上的，可以按照其投资额的70%在股权持有满2年的当年抵扣该创业投资企业的应纳税所得额；当年不足抵扣的，可以在以后纳税年度结转抵扣。

有限合伙制创业投资企业采取股权投资方式投资于未上市的中小高新技术企业2年（24个月）以上，该有限合伙制创业投资企业的法人合伙人可按照其对未上市中小高新技术企业投资额的70%抵扣该法人合伙人从该有限合伙制创业投资企业分得的应纳税所得额，当年不足抵扣的，可以在以后纳税年度结转抵扣。

9．固定资产加速折旧的税收优惠

可以采取缩短折旧年限或者采取加速折旧方法的固定资产，包括以下内容。

（1）由于技术进步、产品更新换代较快的固定资产。

（2）常年处于强震动、高腐蚀状态的固定资产。

采取缩短折旧年限方法的，最低折旧年限不得低于税法规定折旧年限的60%；采取加速折旧方法的，可以采取双倍余额递减法或者年数总和法。

根据财税〔2014〕75号规定，对生物药品制造业，专用设备制造业，铁路、船舶、航空航天和其他运输设备制造业，计算机、通信和其他电子设备制造业，仪器仪表制造业，信息传输、软件和信息技术服务业等行业企业，2014年1月1日后购进的固定资产（包括自行建造），允许按不低于企业所得税法规定折旧年限的60%缩短折旧年限，或选择采取双倍余额递减法或年数总和法进行加速折旧。

对上述6个行业的小型微利企业2014年1月1日后新购进的研发和生产经营共用的仪器、设备，单位价值不超过100万元的，允许一次性计入当期成本费用在计算应纳税所得额时扣除，不再分年度计算折旧；单位价值超过100万元的，可缩短折旧年限或采取加速折旧的方法。

对所有行业企业新购进的专门用于研发的仪器、设备，单位价值不超过100万元的，允许一次性计入当期成本费用在计算应纳税所得额时扣除，不再分年度计算折旧；单位价值超过100万元的，可缩短折旧年限或采取加速折旧的方法。对所有行业企业持有的单位价值不超过5 000元的固定资产，允许一次性计入当期成本费用在计算应纳税所得额时扣除，不再分年度计算折旧。

根据财税〔2015〕106号规定，对轻工、纺织、机械和汽车4个领域重点行业（以下简称4个领域重点行业）企业2015年1月1日后新购进的固定资产（包括自行建造，下同），允许缩短折旧年限或采取加速折旧的方法。

对4个领域重点行业小型微利企业2015年1月1日后新购进的研发和生产经营共用的仪器、设备，单位价值不超过100万元（含）的，允许在计算应纳税所得额时一次性全额扣除；单位价值超过100万元的，允许缩短折旧年限或采取加速折旧的方法。

集成电路生产企业的生产设备，其折旧年限可以适当缩短，最短可为3年（含）。企业外购的软件，凡符合固定资产或无形资产确认条件的，可以按照固定资产或无形资产进行核算，其折旧或摊销年限可以适当缩短，最短可为2年（含）。

10．减计收入税收优惠

企业综合利用资源，生产符合国家产业政策规定的产品所取得的收入，可以在计算应纳税所得额时减计收入。

企业以《资源综合利用企业所得税优惠目录》规定的资源作为主要原材料，生产非国家限制和禁止并符合国家和行业相关标准的产品取得的收入，减按90%计入收入总额。主要原材料，是指利用的资源材料占生产产品材料比例不低于《资源综合利用企业所得税优惠目录》所规定标准的原材料。

《资源综合利用企业所得税优惠目录》由国务院财政、税务主管部门会同有关部门共同制定。

11．专用设备投资抵免税额税收优惠

企业购置用于环境保护、节能节水、安全生产等专用设备的投资额，可以按一定比例实行税额抵免。

企业购置并实际使用《环境保护专用设备企业所得税优惠目录》《节能节水专用设备企业所得税优惠目录》和《安全生产专用设备企业所得税优惠目录》规定的环境保护、节能节水、安全生产等专用设备，其设备投资额的10%可以从企业当年的应纳税额中抵免；当年不足抵免的，可以在以后5个纳税年度结转抵免。

享受所得税优惠的环境保护、节能节水、安全生产等专用设备，应当是企业实际购置并自身实际投入使用的设备；企业购置上述设备在5年内转让、出租的，应当停止执行本条规定的企业所得税优惠政策，并补缴已经抵免的企业所得税税款。

享受所得税优惠的环境保护专用设备、节能节水专用设备、安全生产专用设备目录，由国务院财政、税务主管部门会同有关部门共同制定。

12．集成电路产业发展企业所得税优惠政策

符合条件的集成电路封装、测试企业以及集成电路关键专用材料生产企业、集成电路专用设备生产企业，在2017年（含2017年）前实现获利的，自获利年度起，第1～2年免征企业所得税，第3～5年按照25%的法定税率减半征收企业所得税，并享受至期满为止；2017年前未实现获利的，自2017年起计算优惠期，享受至期满为止（财税〔2015〕6号）。

集成电路关键专用材料或专用设备的范围，分别按照《集成电路关键专用材料企业所得税优惠目录》《集成电路专用设备企业所得税优惠目录》的规定执行。

国家规划布局内的集成电路设计企业，如当年未享受免税优惠的，可减按10%的税率征收企业所得税。

13．《西部地区鼓励类产业目录》企业所得税优惠政策

对设在西部地区以《西部地区鼓励类产业目录》中新增鼓励类产业项目为主营业务，且其当年度主营业务收入占企业收入总额70%以上的企业，自2014年10月1日起，可减按15%税率缴纳企业所得税（国家税务总局公告2015年第14号）。

14．其他减免税项目

（1）取得的地方政府债券利息收入免征企业所得税。

（2）内地居民企业连续持有H股满12个月取得的股息红利所得免征企业所得税。

（3）中国清洁发展机制基金取得的收入免征企业所得税。

（4）投资者从证券投资基金分配中取得的收入暂不征收企业所得税。

（5）中国期货保证金监控中心有限责任公司取得的银行存款利息等收入暂免征收企业所得税。

（6）中国保险保障基金有限责任公司取得的保险保障基金等收入免征企业所得税。

（7）金融、保险等机构取得的涉农贷款利息收入、保费收入在计算应纳税所得额时减计收入。

对金融机构农户小额贷款的利息收入在计算应纳税所得额时，按90%计入收入总额；对保险公司为种植业、养殖业提供保险业务的保费收入，在计算应纳税所得额时，按90%计入收入。中和农信项目管理有限公司和中国扶贫基金会举办的农户自立服务社（中心）从事农户小额贷款取得的利息收入按照对金融机构农户小额贷款的利息收入在计算应纳税所得额时按90%计入收入总额的规定执行。

（8）取得企业债券利息收入减半征收企业所得税。企业持有中国铁路建设等企业债券取得的利息收入，减半征收企业所得税。

（9）实施清洁发展机制项目的所得定期减免企业所得税。清洁发展机制项目（Clean Development Mechanism，CDM）实施企业将温室气体减排量转让收入的65%上缴给国家的HFC和PFC类CDM项目，以及将温室气体减排量转让收入的30%上缴给国家的N20类CDM项目，其实施该类 CDM 项目的所得，自项目取得第一笔减排量转让收入所属纳税年度起，第 1～3 年免征企业所得税，第 4～6 年减半征收企业所得税。

（10）符合条件的节能服务公司实施合同能源管理项目的所得定期减免企业所得税。对符合条件的节能服务公司实施合同能源管理项目，符合企业所得税税法有关规定的，自项目取得第一笔生产经营收入所属纳税年度起，第 1～3 年免征企业所得税，第 4～6 年按照 25%的法定税率减半征收企业所得税。

（11）经济特区和上海浦东新区新设立的高新技术企业在区内取得的所得定期减免企业所得税。经济特区和上海浦东新区内，在 2008 年 1 月 1 日（含）之后完成登记注册的国家需要重点扶持的高新技术企业，在经济特区和上海浦东新区内取得的所得，自取得第一笔生产经营收入所属纳税年度起，第 1～2 年免征企业所得税，第 3～5 年按照 25%的法定税率减半征收企业所得税。

（12）经营性文化事业单位转制为企业的免征企业所得税。从事新闻出版、广播影视和文化艺术的经营性文化事业单位转制为企业的，自转制注册之日起免征企业所得税。

（13）动漫企业自主开发、生产动漫产品定期减免企业所得税。生产动漫产品，可申请享受国家现行鼓励软件产业发展的所得税优惠政策。即在 2017 年 12 月 31 日前自获利年度起，第 1～2 年免征企业所得税，第 3～5 年按照 25%的法定税率减半征收企业所得税，并享受至期满为止。

（14）技术先进型服务企业减按 15%的税率征收企业所得税。在北京、天津、上海、重庆、大连、深圳、广州、武汉、哈尔滨、成都、南京、西安、济南、杭州、合肥、南昌、长沙、大庆、苏州、无锡、厦门 21 个中国服务外包示范城市，对经认定的技术先进型服务企业，减按 15%的税率征收企业所得税。

（15）新疆困难、特殊地区新办企业所得税优惠政策。对在新疆困难地区新办的属于《新疆困难地区重点鼓励发展产业企业所得税优惠目录》范围内的企业，自取得第一笔生产经营收入所属纳税年度起，第 1～2 年免征企业所得税，第 3～5 年减半征收企业所得税。

对在新疆喀什、霍尔果斯两个特殊经济开发区内新办的属于《新疆困难地区重点鼓励发展产业企业所得税优惠目录》范围内的企业，自取得第一笔生产经营收入所属纳税年度起，5 年内免征企业所得税。

（16）支持和促进重点群体创业就业企业限额减征企业所得税。商贸等企业，在新增加的岗位中，当年新招用持就业创业证或就业失业登记证的人员，与其签订 1 年以上期限劳动合同并依法缴纳社会保险费的，在 3 年内按实际招用人数予以定额依次扣减营业税、城市维护建设税、教育费附加、地方教育附加和企业所得税。纳税年度终了，如果纳税人实际减免的营业税、城市维护建设税、教育费附加和地方教育附加小于核定的减免税总额，纳税人在企业所得税汇算清缴时，以差额部分扣减企业所得税。当年扣减不足的，不再结转以后年度扣减。

（17）扶持自主就业退役士兵创业就业企业限额减征企业所得税。商贸等企业，在新增加的岗

位中，当年新招用自主就业退役士兵，与其签订1年以上期限劳动合同并依法缴纳社会保险费的，在3年内按实际招用人数予以定额依次扣减营业税、城市维护建设税、教育费附加、地方教育附加和企业所得税。纳税年度终了，如果企业实际减免的营业税、城市维护建设税、教育费附加和地方教育附加小于核定的减免税总额，企业在企业所得税汇算清缴时扣减企业所得税。当年扣减不足的，不再结转以后年度扣减。

（18）符合条件的软件企业企业所得税优惠政策。我国境内符合条件的软件企业，经认定后，在2017年12月31日前自获利年度起，第1～2年免征企业所得税，第3～5年按照25%的法定税率减半征收企业所得税，并享受至期满为止。

国家规划布局内的重点软件企业，如当年未享受免税优惠的，可减按10%的税率征收企业所得税。

（19）符合条件的生产和装配伤残人员专门用品企业免征企业所得税。

（20）广东横琴、福建平潭、深圳前海等地区的鼓励类产业企业减按15%的税率征收业所得税。

15．相关规定

企业同时从事适用不同企业所得税待遇项目的，其优惠项目应当单独计算所得，并合理分摊企业的期间费用；没有单独计算的，不得享受企业所得税优惠。

六、居民企业和设有机构、场所的非居民企业应纳税额的计算

企业所得税以应纳税所得额为计税依据。企业每一纳税年度的收入总额，减除不征税收入、免税收入、各项扣除及允许弥补的以前年度亏损后的余额，为应纳税所得额，适用于税率25%的企业，以及符合规定条件减按20%（小型微利企业）或15%（高新技术企业）税率征税的企业。计算公式如下。

应纳税所得额=收入总额-不征税收入-免税收入-扣除额-允许弥补的以前年度亏损

除国务院财政、税务主管部门另有规定者外，企业应纳税所得额的计算，应遵循以下原则。

（1）权责发生制原则。属于当期的收入和费用，不论款项是否收付，均应作为当期的收入和费用；不属于当期的收入和费用，即使款项已经在当期收付，也不作为当期的收入和费用。

（2）净所得征税原则。对企业的纯收益征税，具有“量能负担”的特征，不影响企业的简单再生产。

（3）税法优先原则。企业在计算应纳税所得额时，企业财务、会计处理方法同税收法律、行政法规的规定不一致的，应依照税收法律、法规的规定计算纳税。

1．应税收入总额

企业以货币形式和非货币形式从各种来源取得的收入，为收入总额。

（1）收入取得的形式。

① 货币形式。企业取得收入的货币形式，包括现金、银行存款、应收账款、应收票据、准备持有至到期的债券投资以及债务的豁免等。

② 非货币形式。企业取得收入的非货币形式，包括存货、固定资产、投资性房地产、生物资

产、无形资产、股权投资、劳务、不准备持有至到期的债券投资等资产及其他权益。以非货币形式取得的收入，应当按公允价值确定收入额。

公允价值，是指按照市场价格确定的价值。

（2）收入总额的具体内容。上述收入总额由以下项目构成。

① 销售货物收入，是指企业销售商品、产品、原材料、包装物、低值易耗品及其他存货取得的收入。

② 提供劳务收入，是指企业从事建筑安装、修理修配、交通运输、仓储租赁、金融保险、邮电通信、咨询经纪、文化体育、科学研究、技术服务、教育培训、餐饮住宿、中介代理、卫生保健、社区服务、旅游、娱乐、加工和其他劳务服务活动取得的收入。

③ 转让财产收入，是指企业转让固定资产、投资性房地产、生物资产、无形资产、股权、债权等所取得的收入。

④ 股息、红利等权益性投资收益，是指企业的权益性投资从被投资方取得的分配收入。股息、红利等权益性投资收益，除国务院、税务主管部门另有规定外，按照被投资方做出利润分配决定的时间确认收入的实现。

⑤ 利息收入，是指企业将资金提供给他人使用但不构成权益性投资或因他人占用本企业资金所取得的利息收入，包括存款利息、贷款利息、债券利息、欠款利息等收入。

⑥ 租金收入，是指企业提供固定资产、包装物和其他资产的使用权取得的收入。租金收入按照合同约定的承租人应付租金的日期确认收入的实现。

⑦ 特许权使用费收入，是指企业提供专利权、非专利技术、商标权、著作权及其他特许权的使用权而取得的收入。特许权使用费收入按照合同约定的特许权使用人应付特许权使用费的日期确认收入的实现。

⑧ 接受捐赠收入，是指企业接受的来自其他企业、组织和个人自愿和无偿给予的货币性或非货币性资产。接受捐赠收入在实际收到捐赠资产时确认收入的实现。

⑨ 其他收入，是指企业取得的除以上第①～⑧项收入以外的一切收入，包括企业资产溢余收入、逾期未退包装物没收的押金、确实无法偿付的应付款项、企业已作坏账损失处理后又收回的应收账款、债务重组收入、补贴收入、教育费附加返还款、违约金收入、汇兑收益等。

（3）收入确认的一些相关规定。

① 企业下列经营业务可以分期确认收入的实现。

- 以分期收款方式销售货物的，应当按照合同约定的收款日期确认收入的实现。
- 企业受托加工制造大型机械设备、船舶、飞机等，以及从事建筑、安装、装配工程业务或者提供劳务等，持续时间超过 12 个月的，应当按照纳税年度内完工进度或者完成的工作量确认收入的实现。

② 采取产品分成方式取得收入的，以企业分得产品的时间确认收入的实现，其收入额按照产品的公允价值确定。

③ 企业发生非货币性资产交换，以及将货物、财产、劳务用于捐赠、赞助、集资、广告、样品、职工福利和利润分配的，应当视同销售货物、转让财产和提供劳务，国务院财政、税务主管部门另有规定的除外。

2．不征税收入

收入总额中的以下收入为不征税收入。

（1）财政拨款，是指各级政府对纳入预算管理的事业单位、社会团体等组织拨付的财政资金，但国务院和国务院财政、税务主管部门另有规定的除外。

（2）依法收取并纳入财政管理的行政事业性收费、政府性基金。行政事业性收费，是指根据法律法规等有关规定，依照国务院规定程序批准，在实施社会公共管理，以及在向公民、法人或者其他组织提供特定公共服务的过程中，向特定对象收取并纳入财政管理的费用；政府性基金，是指企业根据法律、行政法规等有关规定，代政府收取的具有专项用途的财政资金。

（3）国务院规定的其他不征税收入，是指企业取得的，经国务院批准的国务院财政、税务主管部门规定专项用途的财政性资金。

3．免税收入（参见税收优惠的相关内容）

不征税收入与免税收入的区别如下。

（1）不征税收入是对非经营活动或非营利活动带来的经济利益流入从应税总收入中排除，不属于税收优惠的范围，从所得税原理上应永久不列为征税范围。

（2）免税收入是国家为了实现某些经济和社会目标，在特定时期或对特定项目取得的经济利益给予的税收优惠照顾，属于税收优惠的范围。

4．扣除项目（成本、费用、税金、损失）

（1）税前扣除的基本条件及一般原则。《企业所得税法》规定：企业实际发生的与取得收入有关的、合理的支出，可以扣除。企业发生的支出应当区分收益性支出和资本性支出，其中发生的收益性支出，在发生当期直接扣除；资本性支出，不得在发生当期直接扣除，应当分期扣除或计入有关资产成本。

扣除项目要具备真实性、合法性、合理性，同时遵循以下原则。

① 权责发生制原则。纳税人应在费用发生时而不是实际支付时确认扣除。

② 配比原则。纳税人发生的费用应在费用应配比或应分配的当期申报扣除，纳税人某一纳税年度应申报的可扣除费用不得提前或滞后申报扣除。

③ 确定性原则。纳税人可扣除的费用不论何时支付，其金额必须是确定的。

④ 相关性原则。纳税人可扣除的费用从性质和根源上必须与取得应税收入相关。

（2）扣除项目的一般规定。企业实际发生的与取得收入有关的、合理的支出，包括成本、费用、税金、损失和其他支出，准予在计算应纳税所得额时扣除。企业实际发生的与取得收入有关的支出，是指与取得收入直接相关的支出。不征税收入用于支出所形成的费用或财产，不得扣除或计算折旧扣除；合理的支出，是指符合经营活动常规应计入资产成本或当期损益的必要与正常的支出，具体包括以下几个方面的内容。

① 成本，是指企业在生产产品及提供劳务等过程中发生的直接材料、直接人工及按照合理的方法分配的制造费用。

② 费用，是指企业在生产产品及提供劳务等过程中发生的销售费用、管理费用和财务费用。已计入成本的有关费用除外。

③ 税金，是指企业实际发生的除所得税和允许抵扣的增值税以外的各项税金及附加。

④ 损失，是指企业经营活动中实际发生的固定资产和存货的盘亏、毁损、报废净损失，转让财产损失，呆账损失，坏账损失，以及遭受自然灾害等不可抗力因素造成的非常损失及其他损失。

资产盘亏、毁损、报废净损失，是指资产盘亏、毁损、报废损失减除责任人赔偿和保险赔款后的余额，按照国务院财政、税务主管部门的规定扣除。企业已作为损失处理的资产，在以后年度全部或部分收回时，应计入当期收入。

⑤ 其他支出，是指除成本、费用、税金、损失外，企业经营活动中发生的有关的、合理的支出。

（3）扣除项目的具体规定。

① 工资、薪金支出。企业发生的合理的工资薪金，准予扣除。工资薪金，是指企业每一纳税年度支付给在本企业任职或者受雇的员工的所有现金或者非现金形式的劳动报酬，包括基本工资、奖金、津贴、补贴、年终加薪、加班工资，以及与任职或者受雇有关的其他支出。

“合理的工资薪金”是指企业按照股东大会、董事会、薪酬委员会或相关管理机构制定的工资薪金制度规定实际发放给员工的工资、薪金。

② 职工福利费、工会经费、职工教育经费。企业发生的职工福利费、工会经费、职工教育经费有扣除标准的规定，未超过标准的按实际数扣除，超过标准的按标准扣除。

- 企业发生的职工福利费支出，不超过工资薪金总额14%的部分，准予扣除。
- 企业拨缴的职工工会经费支出，不超过工资薪金总额2%的部分，准予扣除。
- 除国务院财政、税务主管部门另有规定外，企业发生的职工教育经费支出，不超过工资薪金总额2.5%的部分，准予扣除；超过部分，准予在以后纳税年度结转扣除。

③ 社会保险费和住房公积金。企业按照国务院有关主管部门或者省级人民政府规定的范围和标准为职工缴纳的基本养老保险费、基本医疗保险费、失业保险费、工伤保险费、生育保险费等基本社会保险费和住房公积金，准予扣除。

企业为其投资者或者职工支付的补充养老保险费、补充医疗保险费，在国务院财政、税务主管部门规定的范围和标准内，准予扣除。

④ 为职工支付的商业保险。除企业按照国家有关规定为特殊工种职工支付的人身安全保险费和国务院财政、税务主管部门规定可以扣除的其他商业保险费外，企业为其投资者或者职工支付的商业保险费，不得扣除。

⑤ 借款费用。企业在生产经营活动中发生的合理的不需要资本化的借款费用，准予扣除。

企业为购置、建造固定资产、无形资产和经过12个月以上的建造才能达到预定可销售状态的存货发生借款的，在有关资产购置、建造期间发生的合理的借款费用，应当作为资本性支出计入有关资产的成本，并按照有关规定扣除。

⑥ 利息支出。企业在生产经营活动中发生的下列利息支出，准予扣除。

- 非金融企业向金融企业借款的利息支出、金融企业的各项存款利息支出和同业拆借利息支出、企业经批准发行债券的利息支出。
- 非金融企业向非金融企业借款的利息支出，不超过按照金融企业同期同类贷款利率计算的数额的部分。

⑦ 汇兑损失。企业在货币交易中，以及纳税年度终了将人民币以外的货币性资产、负债按照期末即期人民币汇率中间价折算为人民币时产生的汇兑损失，除已经计入有关资产成本以及与向所有者进行利润分配相关的部分外，准予扣除。

⑧ 业务招待费。企业发生的与生产经营活动有关的业务招待费，按照发生额的 60%扣除，但最高不得超过当年销售（营业）收入的 5‰。

⑨ 广告费和业务宣传费。企业每一纳税年度发生的符合条件的广告费和业务宣传费，除国务院财政、税务主管部门另有规定外，不超过当年销售（营业）收入 15%的部分，准予扣除；超过部分，准予在以后纳税年度结转扣除。

⑩ 专项资金。企业依照法律、行政法规有关规定提取的用于环境保护、生态恢复等专项资金，准予扣除。上述专项资金提取后改变用途的，不得扣除。

⑪ 财产保险费。企业参加财产保险，按照规定缴纳的保险费，准予扣除。

⑫ 固定资产租赁费。企业根据生产经营活动的需要租入固定资产支付的租赁费，按照以下方法扣除。

• 以经营租赁方式租入固定资产发生的租赁费，按照租赁期限均匀扣除。

• 以融资租赁方式租入固定资产发生的租赁费，按照规定构成融资租入固定资产价值的部分应当提取折旧费用，分期扣除。

⑬ 劳动保护支出。企业发生的合理的劳动保护支出，准予扣除。

⑭ 企业之间支付的费用。

• 企业之间支付的管理费、企业内营业机构之间支付的租金和特许权使用费，以及非银行企业内营业机构之间支付的利息，不得扣除。

• 非居民企业在中国境内设立的机构、场所，就其中国境外总机构发生的与本机构、场所生产经营有关的费用，能够提供总机构出具的费用汇集范围、定额、分配依据和方法等证明文件，并合理计算分摊的，准予扣除。

⑮ 公益性捐赠支出。企业发生的公益性捐赠支出，在年度利润总额 12%以内的部分，准予在计算应纳税所得额时扣除。

• 公益性捐赠，是指企业通过公益性社会团体或者县级以上人民政府及其部门，用于《中华人民共和国公益事业捐赠法》规定的公益事业的捐赠。

• 公益性社会团体，是指同时符合下列条件的基金会、慈善组织等社会团体：依法登记，具有法人资格；以发展公益事业为宗旨，并不以营利为目的；全部资产及其增值为该法人所有；收益和营运结余主要用于设立目的的事业；终止后的剩余财产不归属任何个人或者营利组织；不经营与其设立目的无关的业务；有健全的财务会计制度；捐赠者不以任何形式参与社会团体财产的分配；国务院财政、税务主管部门会同民政主管部门等登记管理部门规定的其他条件。

• 年度利润总额，是指企业按照国家统一会计制度的规定计算的年度会计利润。

（4）不得扣除项目。计算应纳税所得额时，下列支出不得扣除。

① 向投资者支付的股息、红利等权益性投资收益款项。

② 企业所得税税款。

③ 税收滞纳金。

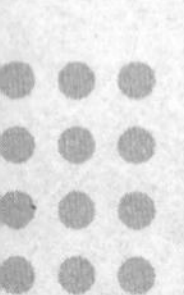

④ 罚金、罚款和被没收财物的损失。

⑤ 捐赠支出（公益性捐赠支出可以按规定扣除）。

⑥ 赞助支出，是指企业发生的与生产经营活动无关的各种非广告性质的支出。

⑦ 未经核定的准备金支出，是指不符合国务院财政、税务主管部门规定的各项资产减值准备、风险准备等准备金支出。

⑧ 与取得收入无关的其他支出。

5．亏损弥补

企业纳税年度发生的亏损，可以用下一纳税年度的所得弥补，下一纳税年度的所得不足以弥补的，可以逐年延续弥补；最长不得超过5年。

亏损，是指企业根据税法的规定将每一纳税年度的收入总额减除不征税收入、免税收入和各项扣除后小于零的数额。

企业境外营业机构的亏损，不得抵减境内营业机构的盈利；境外同一国家内的盈亏仍然可以相互弥补。

亏损弥补有两层含义：一是自亏损年度的下一个年度起连续5年不间断地计算；二是连续发生年度亏损，也必须从每一个亏损年度算起，先亏先补，按顺序连续计算亏损弥补期，不得将每个亏损年度的连续弥补期相加，更不得断开计算。

6．居民企业和设有机构、场所的非居民企业应纳税额的计算

企业应当建立健全财务会计制度，并按照企业所得税法的有关规定计算应纳税所得额。企业确实不能提供真实、完整、准确的收入、支出凭证，不能正确申报应纳税所得额的，税务机关可以采取成本加合理利润、费用换算及其他合理方法核定其应纳税所得额。

企业的应纳税所得额乘以适用税率，减除依照税法关于税收优惠的规定减免和抵免的税额后的余额，为应纳税额。

应纳税额=应纳税所得额×适用税率－减免税额－抵免税额

=（收入总额－不征税收入－免税收入－扣除额－允许弥补的以前年度亏损）×适用税率－减免税额－抵免税额

减免税额和抵免税额，是指依照税法和国务院的税收优惠规定减征、免征和抵免的应纳税额。

案例9-1

假定某企业为居民企业，2015年经营业务如下：（1）取得销售收入2 500万元；（2）销售成本1 100万元；（3）发生销售费用670万元（其中广告费450万元），管理费用480万元（其中业务招待费15万元，开发的新产品研究开发费用20万元），财务费用60万元；（4）销售税金160万元（含增值税120万元）；（5）营业外收入70万元，营业外支出50万元（含通过公益性社会团体向贫困山区捐款30万元，支付税收滞纳金6万元）；（6）计入成本、费用中的实发工资总额150万元，拨缴职工工会经费3万元，支出职工福利费和职工教育经费29万元；（7）购置并投入使用安全生产专用设备，投资额30万元。

要求：计算该企业2015年度实际应纳的企业所得税。

解析

（1）会计利润总额 = 2 500 + 70−1 100−670−480−60−40−50 = 170（万元）。

（2）广告费调增所得额 = 450−2 500 × 15% = 450−375 = 75（万元）。

（3）业务招待费调增所得额 = 15−15 × 60% = 15−9 = 6（万元）（2 500 × 5‰ = 12.5 万元 > 15 × 60% = 9 万元）。

（4）研究开发费用可以加计扣除 20 × 50% = 10（万元），可以调减所得额。

（5）捐赠支出应调增所得额 = 30−170 × 12% = 9.6（万元）。

（6）3 项经费应调增所得额 = 3 + 29−150 × 18.5% = 4.25（万元）。

（7）应纳税所得额 = 170 + 75 + 6−10 + 9.6 + 6 + 4.25 = 260.85（万元）。

（8）2015 年应缴企业所得税 = 260.85 × 25%−30 × 10% = 62.21（万元）。

7．税额抵免

（1）企业取得的下列所得已在境外缴纳的所得税税额，可以从其当期应纳税额中抵免，抵免限额为该项所得依照我国税法规定计算的应纳税额；超过抵免限额的部分，可以在以后 5 个年度内，用每年度抵免限额抵免当年应抵税额后的余额进行抵补。

① 居民企业来源于中国境外的应税所得。

② 非居民企业在中国境内设立机构、场所，取得发生在中国境外但与该机构、场所有实际联系的应税所得。

其中，已在境外缴纳的所得税税额，是指企业来源于中国境外的所得按照境外税收法律及相关规定应该缴纳并已经实际缴纳的企业所得税性质的税款。

境外所得依税法规定计算的抵免限额，是指企业来源于中国境外的所得，依照我国企业所得税法和实施条例的规定计算的应纳税额。该抵免限额应当分国（地区）不分项计算。其计算公式如下。

境外所得税税额的抵免限额 = 境内、境外所得按税法计算的应纳税总额×来源于某国（地区）的所得额÷境内、境外所得总额

5 个年度，是指从企业取得的来源于中国境外的所得，已经在中国境外缴纳的企业所得税性质的税额超过抵免限额的当年的次年起连续 5 个纳税年度。

案例 9-2

某国有企业 2015 年取得境内应税所得额为 680 万元，适用 25%的企业所得税税率，该企业在 A、B 两国设有分支机构。其在 A 国的分支机构，取得该国应纳税所得额 280 万元，A 国所得税税率为 30%，并给予减半征税的优惠（该国与我国没有签订避免双重征税协定）。在 B 国的分支机构，取得该国应纳税所得额 200 万元，适用税率为 40%，享受减半征税的优惠（该国与我国已缔结避免双重征税协定）。计算年终该国有企业汇算时应纳所得税税额。

解析

（1）计算 A 国的扣除限额和抵免税额。

① 在 A 国应纳税额 = 280 × 30% = 84（万元）。

② 在A国实纳税额＝84×50%＝42（万元），获得减免税42万元，因A国与中国未缔结避免双重征税协定，减免税的42万元不能视为已纳税额进行扣除。

③ 该国有企业境内、外所得应纳所得税税额=（680+280+200）×25%=290（万元）。

④ A国所得的扣除限额＝290×[280÷（680＋280＋200）]=70（万元）。

A国的已纳税额为42万元，低于扣除限额70万元，可全额扣除。

（2）计算B国的扣除限额和抵免税额。

① 在B国应纳税额＝200×40%＝80（万元）。

② 在B国实纳税额＝80×50%＝40（万元），获得减免税40万元，因B国与中国缔结了避免双重征税协定，减免税40万元可视为已纳税额进行扣除。

③ B国所得的扣除限额＝290×[200÷（680＋280＋200）]＝50（万元）。

B国的已纳税额为80万元，高于扣除限额50万元，超过扣除限额部分的30万元当年不能抵扣。

（3）该企业年终汇算清缴应缴纳的所得税税额＝290－42－50＝198（万元）。

（2）居民企业从其直接或者间接控制的外国企业分得的来源于中国境外的股息、红利等权益性投资收益，外国企业在境外实际缴纳的所得税税额中属于该项所得负担的部分，可以作为该居民企业的可抵免境外所得税税额。

直接控制，是指居民企业直接持有外国企业20%以上股份；间接控制，是指居民企业以间接持股方式持有外国企业20%以上股份，具体认定办法由国务院财政、税务主管部门另行规定。

企业在依照税法规定抵免税款时，应当提供境外税务机关填发的税款所属年度的纳税凭证。

七、未设有机构、场所的非居民企业应纳税额的计算

1．应纳税所得额的确认

在中国境内未设立机构、场所的，或者虽设立机构、场所但取得的所得与其所设机构、场所没有实际联系的非居民企业，按照下列方法计算其应纳税所得额。

（1）股息、红利等权益性投资收益和利息、租金、特许权使用费所得，以收入全额为应纳税所得额。

（2）转让财产所得，以收入全额减除财产净值后的余额为应纳税所得额。

（3）其他所得，参照前两项规定的方法计算应纳税所得额。

2．应纳税额的计算

未设有机构、场所的非居民企业应纳税额的计算公式如下。

应纳税额=应纳税所得额×适用税率

案例9-3

某外国企业未在中国境内设有机构、场所，因拥有国内居民企业B公司股票，2015年获得B公司分派股息120万元；同年，出租给B公司通信设备一台，全年租金收入80万元，该外国企业

在中国境内未设机构、场所。请问：该外国企业所得税如何在中国缴纳，应纳税额是多少？

解析

该外国企业应缴纳的所得税由 B 公司在支付其所得时代扣代缴。

B 公司代扣代缴所得税税额=（120 + 80）× 10% = 20（万元）。

八、资产的税务处理

企业的各项资产，包括固定资产、生物资产、无形资产、长期待摊费用、投资资产、存货等，以历史成本作为计税基础。历史成本，是指企业取得该项资产时实际发生的支出。企业持有各项资产期间产生资产增值或损失，除税收规定可以确认损益的外，不得调整有关资产的计税基础。

1．固定资产的税务处理

固定资产，是指企业为生产产品、提供劳务、出租或经营管理而持有的、使用时间超过 12 个月（不含 12 个月）的非货币性资产，包括房屋、建筑物、机器、机械、运输工具及其他与生产经营有关的设备、器具、工具等。

（1）固定资产的计税基础。企业按照下列原则确定固定资产的计税基础。

① 外购的固定资产，以购买价款和相关税费作为计税基础。

② 自行建造的固定资产，以竣工结算前实际发生的支出作为计税基础。

③ 融资租入的固定资产，以租赁开始日租赁资产的公允价值与最低租赁付款额现值中的较低者，加上承租人在签订租赁合同过程中发生的相关费用，作为计税基础。

④ 盘盈的固定资产，以同类固定资产的重置完全价值作为计税基础。

⑤ 通过捐赠、投资、非货币性资产、债务重组取得的固定资产，以该资产的公允价值和应支付的相关税费作为计税基础。

⑥ 改建的固定资产，除企业所得税法规定已足额提取折旧的固定资产的改建支出和租入固定资产的改建支出外，以改建过程中发生的改建支出增加计税基础。

（2）固定资产的折旧。固定资产按照直线法计算的折旧，准予扣除。

企业应当从固定资产使用月份的次月起计算折旧；停止使用的固定资产，应当从停止使用月份的次月起停止计算折旧。

企业应当根据固定资产的性质和使用情况，合理确定固定资产的预计净残值。固定资产预计净残值一经确定，不得变更。净值，是指企业按上述规定确定的资产的计税基础扣除按税法规定计提的资产的折旧、摊销、折耗、呆账准备后的余额。企业不能提供上述财产取得或持有时的支出及税前扣除情况有效凭证的，税务机关有权采用合理的方法估定其财产净值。

（3）固定资产的折旧年限。除国务院财政、税务主管部门另有规定外，固定资产计算折旧的最短年限规定如下。

① 房屋、建筑物为 20 年。

② 飞机、火车、轮船、机器、机械和其他生产设备为 10 年。

③ 与生产经营活动有关的器具、工具、家具等为 5 年。

④ 飞机、火车、轮船以外的运输工具为 4 年。

⑤ 电子设备为 3 年。

从事开采石油、天然气等矿产资源的企业，在开始商业性生产前发生的费用和有关固定资产的折耗、折旧方法，由国务院财政、税务主管部门另行规定。

2．生产性生物资产的税务处理

生产性生物资产，是指为产出农产品、提供劳务或出租等目的而持有的生物资产，包括经济林、薪炭林、产畜和役畜等。

（1）生产性生物资产的计税基础。生产性生物资产以实际发生的支出作为计税基础。

① 外购生产性生物资产以购买价款和相关税费等作为计税基础。

② 通过捐赠、投资、非货币性资产、债务重组取得的生产性生物资产以该资产的公允价值和应支付的相关税费作为计税基础。

（2）生产性生物资产的折旧。生产性生物资产按照直线法计算的折旧，准予扣除。

企业应当从生产性生物资产投入使用月份的次月起计算折旧；停止使用的生产性生物资产，应当从停止使用月份的次月起停止计算折旧。

（3）生产性生物资产的折旧年限。企业应当根据生产性生物资产的性质和使用情况，合理确定生产性生物资产的预计净残值。生产性生物资产的预计净残值一经确定，不得随意变更。

生产性生物资产计算折旧的最低年限。

① 林木类生产性生物资产为 10 年。

② 畜类生产性生物资产为 3 年。

3．无形资产的税务处理

无形资产，是指企业为生产商品、提供劳务、出租给他人，或为管理目的而持有的、没有实物形态的非货币性长期资产，包括专利权、商标权、著作权、土地使用权、非专利技术、商誉等。

（1）无形资产的计税基础。无形资产以取得时的实际支出作为计税基础。

① 外购的无形资产以购买价款、相关税费及直接归属于使该项资产达到预定用途所发生的其他支出作为计税基础。

② 自行开发的无形资产以开发过程中符合资本化条件后至达到预定用途前发生的实际支出作为计税基础。

③ 通过捐赠、投资、非货币性资产交换、债务重组取得的无形资产以该资产的公允价值和应支付的相关税费作为计税基础。

（2）无形资产的摊销。无形资产按照直线法计算的摊销费用，准予扣除。

（3）无形资产的摊销年限。无形资产的摊销年限不得少于 10 年。外购商誉的支出，在企业整体转让或者清算时，准予扣除。

作为投资或者受让的无形资产，在有关法律或协议、合同中规定使用年限的，可依其规定使用年限分期计算摊销。

4．长期待摊费用的税务处理

（1）长期待摊费用的范围。在计算应纳税所得额时，企业发生的下列支出作为长期待摊费用，按照规定摊销的，准予扣除。

① 已足额提取折旧的固定资产的改建支出。

② 租入固定资产的改建支出。

③ 固定资产的大修理支出。

④ 其他应当作为长期待摊费用的支出。

同时符合下列条件的大修理支出可作为长期待摊费用。

① 修理支出达到取得固定资产时的计税基础50%以上。

② 修理后固定资产的使用年限延长2年以上。

（2）长期待摊费用的折旧方法。

① 已足额提取折旧的固定资产的改建支出，按照固定资产预计尚可使用年限分期摊销。

② 租入固定资产的改建支出，按合同约定的剩余租赁期限分期摊销。

③ 固定资产的大修理支出，按照固定资产尚可使用年限分期摊销。

④ 其他应当作为长期待摊费用的支出，自支出发生月份的次月起，分期摊销，摊销年限不得低于3年。

5．投资资产的税务处理

投资资产，是指企业对外进行权益性投资和债权性投资形成的资产。

（1）投资资产的成本的确定。投资资产按发生的实际支出作为计税基础。

① 以支付现金取得的投资，按实际支付的购买价款作为计税基础。

② 通过支付现金以外的方式取得的投资资产，以该资产的公允价值和支付的相关税费为成本。

（2）投资资产的成本扣除。企业对外投资期间，投资资产的成本在计算应纳税所得额时不得扣除。企业在转让或者处置投资资产时，投资资产的成本准予扣除。

6．存货的税务处理

存货，是指企业持有以备出售的产成品或商品、处在生产过程中的在产品、在生产过程或提供劳务过程中耗用的材料和物料等。

（1）存货的成本的确定。存货以取得时的实际支出作为计税基础。

① 外购存货以购买价款和相关税费等作为计税基础。

② 通过支付现金以外的方式取得的存货以该存货的公允价值和应支付的相关税费作为计税基础。

③ 生产性生物资产收获的农产品以产出或采收过程中发生的材料费、人工费和应分摊的间接费用等必要支出作为计税基础。

（2）存货的成本计算方法。企业各项存货的使用或者销售，其实际成本的计算方法，可以在先进先出法、加权平均法、个别计价法中选用一种。计价方法一经选用，不得随意改变。

九、特别纳税调整

反避税工作是一国税收管理的重要内容，也是世界各国税务管理机关维护各自税收主权和税收利益的主要手段之一。为了适应我国税收法律体系建设的需要，并参照国际通行做法，《企业所得税法》在内容上进一步丰富和扩展了《税收征收管理法》的反避税规定。它包括引入“独立交易原则”，明确纳税人提供相关资料的义务，增加了一般反避税、成本分摊协议、防止资本弱化、受控外国公司、核定征收、对补征税款加收利息等条款。具体阐释如下。

1．关联方业务往来及调整

企业与其关联方之间的业务往来，不符合独立交易原则而减少企业或者其关联方应纳税收入或者所得额的，税务机关有权按照合理方法调整。

（1）关联方的概念或判定。关联方是指与企业有下列关联关系之一的企业、其他组织和个人。

① 在资金、经营、购销等方面，存在直接或者间接的拥有或者控制关系。

② 直接或者间接地同为第三者所拥有或者控制。

③ 在利益上具有相关联的其他关系。

企业与其关联方之间的业务往来，包括转让财产、提供财产使用权、提供劳务、融通资金及其他类型。

（2）独立交易原则，是指没有关联关系的交易各方，按照公平成交价格和营业常规进行业务往来所遵循的原则。

（3）合理的调整方法。

① 可比非受控价格法，是指按照没有关联关系的交易各方进行相同或类似业务往来的价格进行定价的方法。

② 再销售价格法，是指按照从关联企业购进商品再销售给独立企业的价格，减去相同或类似业务的销售毛利后，对购进商品进行定价的方法。

③ 成本加成法，是指按照成本加合理的利润进行定价的方法。

④ 交易净利润法，是指按照没有关联关系的交易各方进行相同或类似业务往来所取得的净利润水平确定利润的方法。

⑤ 利润分割法，是指按照企业与其关联方的合并利润或亏损在各方之间采用合理标准进行分配的方法。

⑥ 其他符合独立交易原则的方法。

2．成本分摊协议

企业与其关联方共同开发、受让无形资产，或者共同提供、接受劳务发生的成本，在计算应纳税所得额时应当按照独立交易原则进行分摊。

企业可以按照企业所得税法的规定，按照独立交易原则与其关联方分摊共同发生的成本，达成成本分摊协议。

企业与其关联方分摊成本时，应当按照成本与预期收益相配比的原则进行分摊，并在税务机关规定的期限内，按照税务机关的要求报送有关资料。

企业与其关联方分摊成本时违反税法规定的，其自行分摊的成本不得在计算应纳税所得额时扣除。

3．预约定价

企业可以向税务机关提出与其关联方之间业务往来的定价原则和计算方法，税务机关与企业协商、确认后，达成预约定价安排。

预约定价，是指企业与其关联方之间在有形财产的购销和使用、无形资产的转让和使用、提供劳务、融通资金等业务往来中申请预先约定符合独立企业之间业务往来原则的转让价格和计算方法，是税务机关和纳税人就其关联交易的价格和利润的确定方法、原则所达成的预先约定。

预约定价安排，是指企业就其未来年度关联交易的定价原则和计算方法，向税务机关提出申请，与税务机关按照独立交易原则协商、确认后达成的协议。

4．提供资料的法律规定

企业向税务机关报送年度企业所得税纳税申报表时，应当就其与关联方之间的业务往来，附送年度关联业务往来报告表。

税务机关在进行关联业务调查时，企业及其关联方，以及与关联业务调查有关的其他企业，应当按照规定提供相关资料。

（1）相关资料包括以下几个方面。

① 与关联业务往来有关的价格、费用的制定标准、计算方法和说明等同期资料。

② 关联业务往来所涉及的财产、财产使用权、劳务等的再销售（或者转让）价格或者最终销售（或者转让）价格的相关资料。

③ 与关联业务调查有关的其他企业须提供的与被调查企业可比的产品价格、定价方式及利润水平等资料。

④ 其他与关联业务往来有关的资料。

（2）与关联业务调查有关的其他企业，是指与被调查企业在经营内容和方式上相类似的企业。

（3）企业应当在税务机关规定的期限内提供与关联业务往来有关的价格、费用的制定标准、计算方法和说明等同期资料。关联方及与关联业务调查有关的其他企业应当在税务机关与其约定的期限内提供相关资料。

5．核定征收

企业不提供与其关联方之间的业务往来资料，或者提供虚假、不完整资料，未能真实反映其关联业务往来情况的，税务机关有权依法核定其应纳税所得额。

税务机关依照企业所得税法规定核定企业的应纳税所得额时，可以采用以下方法。

（1）参照同类或者类似企业的利润率水平核定。

（2）按照企业成本加合理的费用和利润的方法核定。

（3）按照关联企业集团整体利润的合理比例核定。

（4）按照其他合理方法核定。

企业对税务机关按照上述规定的方法核定的应纳税所得额有异议的，应当提供相关证据，经税务机关认定后，调整核定的应纳税所得额。

6．受控外国公司规则

由居民企业，或者由居民企业和中国居民控制的设立在企业所得税实际税负低于 12.5%税率水平的国家（地区）的企业，并非由于合理的经营需要而对利润不做分配或者减少分配的，上述利润中应归属于该居民企业的部分，应当计入该居民企业的当期收入。

（1）中国居民，是指根据《个人所得税法》的规定，就其从中国境内和境外取得的所得在中国缴纳个人所得税的个人。

（2）“受控外国公司”的控制关系的判定。

① 居民企业或者中国居民直接或者间接单一持有外国企业 10%以上有表决权的股份，且由其共同持有该外国企业 50%以上的股份。

② 居民企业，或者居民企业和中国居民持股比例没有达到第①项规定的标准，但在股份、资金、经营、购销等方面对该外国企业构成实质性控制。

7．防止资本弱化的规定

企业从其关联方接受的债权性投资与权益性投资的比例超过规定标准而发生的利息支出，不得在计算应纳税所得额时扣除。

债权性投资，是指企业直接或者间接从关联方获得的，需要偿还本金和支付利息或者需要以其他具有利息性质的方式予以补偿的融资。

企业间接从关联方获得的债权性投资，包括以下几个方面。

（1）关联方通过无关联第三方提供的债权性投资。

（2）无关联第三方提供的、由关联方担保并负有连带责任的债权性投资。

（3）其他间接从关联方获得的具有负债实质的债权性投资。

权益性投资，是指企业接受的不需要偿还本金和利息，投资人对企业净资产拥有所有权的投资。

相关规定标准由国务院财政、税务主管部门另行规定。

8．纳税调整加收利息

企业实施其他不具有合理商业目的的安排而减少其应纳税收入或者所得额的，税务机关有权按照合理的方法调整。税务机关依照税法规定做出纳税调整，需要补征税款的，应当补征税款，并按照国务院的规定加收利息。

不具有合理商业目的，是指以减少、免除或者推迟缴纳税款为主要目的。

税务机关根据税收法律、行政法规的规定，对企业做出纳税调整的，应当对补征的税款自税款所属纳税年度的次年 6 月 1 日起至补缴税款之日止的期间，按日加收利息。规定加收的利息，不得在计算应纳税所得额时扣除。

9．利息

《企业所得税法》中所称的利息，应当按照税款所属纳税年度中国人民银行公布的与补税期间同期的人民币贷款基准利率加 5%计算。

企业能够按照《企业所得税法》的规定提供有关资料的，可以减按上述规定的人民币贷款基准利率计算利息。

10．特别纳税调整的追溯期

企业与其关联方之间的业务往来，不符合独立交易原则，或者企业实施其他不具有合理商业目的的安排的，税务机关有权在该业务发生的纳税年度起 10 年内进行纳税调整。

十、企业所得税的征收管理

1．纳税地点

（1）除税收法律、行政法规另有规定外，居民企业以企业登记注册地为纳税地点；但登记注册地在境外的，以实际管理机构所在地为纳税地点。

企业登记注册地，是指企业按照国家有关规定登记注册的住所所在地。

（2）居民企业在中国境内设立不具有法人资格的营业机构的，应当汇总计算并缴纳企业所得税。企业汇总计算并缴纳企业所得税时，应当统一核算应纳税所得额。具体办法由国务院财政、税务主管部门另行制定。

（3）非居民企业在中国境内设立机构、场所的，应当就其所设机构、场所取得的来源于中国境内的所得，以及发生在中国境外但与其所设机构、场所有实际联系的所得，以机构、场所所在地为纳税地点。

（4）非居民企业在中国境内设立两个或者两个以上机构、场所的，经税务机关审核批准，可以选择由其主要机构、场所汇总缴纳企业所得税。

主要机构、场所，应当同时符合下列条件。

① 对其他各机构、场所的生产经营活动负有监督管理责任。

② 设有完整的账簿、凭证，能够准确反映各机构、场所的收入、成本、费用和盈亏情况。

经税务机关审核批准，是指经各机构、场所所在地税务机关的共同上级税务机关审核批准。

（5）非居民企业经批准汇总缴纳企业所得税后，需要增设、合并、迁移、停止、关闭机构、场所的，应当事先由负责汇总申报缴纳企业所得税的主要机构、场所向其所在地税务机关报告；需要变更汇总缴纳企业所得税的主要机构、场所的，依照前款规定办理。

（6）非居民企业在中国境内未设立机构、场所的，或者虽设立机构、场所但取得的所得与其所设机构、场所没有实际联系的，以扣缴义务人所在地为纳税地点。

扣缴义务人未依法扣缴或者无法履行扣缴义务的，由纳税人在所得发生地缴纳。纳税人未依法缴纳的，税务机关可以从该纳税人在中国境内其他收入项目的支付人应付的款项中，追缴该纳税人的应纳税款。

除国务院另有规定外，企业之间不得合并缴纳企业所得税。

2．纳税期限

企业所得税按纳税年度计算，纳税年度自公历1月1日起至12月31日止。

企业在一个纳税年度中间开业或者终止经营活动，使该纳税年度的实际经营期不足12个月的，应当以其实际经营期为一个纳税年度。

企业依法清算时，应当以清算期间作为一个纳税年度。

十一、企业所得税的纳税申报

企业所得税实行分月或者分季预缴、年终汇算清缴。

企业在纳税年度内无论盈利还是亏损，都应依照税法规定的纳税期限，向主管税务机关报送

企业所得税预缴纳税申报表、年度企业所得税纳税申报表、财务会计报告和税务机关规定报送的其他有关资料，并在规定期限内预缴税款、汇算清缴。

1．分月（季）预缴所得税

企业应当自月份或者季度终了之日起 15 日内，向税务机关报送预缴企业所得税纳税申报表（填表说明略），预缴税款。

分月或者分季预缴企业所得税时，应当按照月度或者季度的实际利润额预缴；按照月度或者季度的实际利润额预缴有困难的，可以按照上一纳税年度应纳税所得额的月度或者季度平均额，按照月度或者季度以及经税务机关认可的其他方法预缴。预缴方法一经确定，该纳税年度内不得随意变更。

2．年终汇算清缴

企业应当自年度终了之日起 5 个月内，向税务机关报送年度企业所得税纳税申报表，并汇算清缴，结清应缴应退税款。纳税人办理企业所得税年度纳税申报时，应如实填写和报送以下有关资料。

（1）企业所得税年度纳税申报表及其附表（略）。

（2）财务报表。

（3）备案事项相关资料。

（4）总机构及分支机构的基本情况、分支机构的征税方式、分支机构的预缴税情况。

（5）委托中介机构代理纳税申报的，应出具双方签订的代理合同，并附送中介机构出具的包括纳税调整的项目、原因、依据、计算过程、调整金额等内容的报告。

（6）涉及关联方业务往来的，同时报送中华人民共和国企业年度关联业务往来报告表。

（7）主管税务机关要求报送的其他有关资料。

纳税人采用电子方式办理企业所得税年度纳税申报的，应按照有关规定保存有关资料或附报纸质纳税申报资料。

3．企业清算时的纳税要求

企业在年度中间终止经营活动的，应当自实际经营终止之日起 60 日内，向税务机关办理当期企业所得税汇算清缴。

企业清算时，以清算期间作为一个纳税年度。企业应当在办理注销登记前，就其清算所得向税务机关申报并依法缴纳企业所得税。清算所得，是指企业的全部资产可变现价值或者交易价格减除资产净值、清算费用、相关税费等后的余额，即

清算所得=全部资产可变现价值（交易价格）-资产净值-清算费用-相关税费等

4．扣缴义务人代缴要求

企业所得税扣缴义务人每次代扣的税款，应当自代扣之日起 7 日内缴入国库，并向所在地的税务机关报送扣缴企业所得税报告表。

5．纳税的货币要求

依照税法规定缴纳的企业所得税以人民币计算。所得以人民币以外的货币计算的，应当折合成人民币计算并缴纳税款。

企业所得为人民币以外的货币的，预缴企业所得税时，应当按照月度或者季度最后一日的人民币汇率中间价，折合成人民币计算应纳税所得额。年度终了汇算清缴时，对已经按照月度或者季度预缴税款的人民币以外的货币，不再重新折合计算，只就全年未缴纳企业所得税的人民币以外的货币所得部分，按照纳税年度最后一日的人民币汇率中间价，折合成人民币计算应纳税所得额。

经税务机关检查确认，企业少计或者多计人民币以外的货币所得的，应当按照检查确认补税或者退税时的上一个月最后一日的人民币汇率中间价，将少计或者多计的人民币以外的货币所得折合成人民币计算应纳税所得额，再计算应补缴或者应退的税款。

项目实施

一、纳税调整

海龙电器公司2015年纳税调整情况如下。

（1）职工福利费、工会经费及职工教育经费（3项经费）纳税调整情况。

① 职工福利费规定的扣除限额＝1 200×1 000×12×14%÷10 000=201.6（万元）。

实际发生的职工福利费支出金额＝203（万元）。

准予在税前扣除的职工福利费是201.6万元，实际发生的职工福利费超过扣除标准＝203−201.6＝1.4（万元），应调整增加2015年度应纳税所得额1.4万元。超过扣除标准部分当年不允许扣除，也不允许结转以后年度抵扣。

② 工会经费规定的扣除限额＝1 200 × 1 000 × 12 × 2%÷10 000＝28.8（万元）。

实际发生的工会经费支出金额＝30（万元）。

准予在税前扣除的工会经费是28.8万元，实际发生的工会经费超过扣除标准＝30−28.8＝1.2（万元），应调整增加2015年度应纳税所得额1.2万元。超过扣除标准部分当年不允许扣除，也不允许结转以后年度抵扣。

③ 职工教育经费规定的扣除限额＝1 200×1 000×12×2.5%÷10 000=36（万元）。

实际发生的职工教育经费支出金额＝37（万元）。

准予在税前扣除的职工教育经费是36万元，实际发生的职工教育经费超过扣除标准=37−36＝1（万元），应调整增加2015年度应纳税所得额1万元。超过扣除标准部分当年不允许扣除，但可以在以后纳税年度结转抵扣。

（2）全年提取的无形资产减值准备金1.38万元不允许在税前扣除，应调整增加2015年度应纳税所得额1.38万元。

（3）收入总额中的国债利息收入7万元和从被投资的未上市的国有公司分回的税后股息38万元属于免税收入，可以从收入总额中扣除，应调整减少2015年度应纳税所得额45（7＋38）万元。

（4）购建固定资产发生的利息支出在固定资产完工交付使用前属于资本性支出，应计入固定资产成本，不允许在当期扣除，应调整增加2015年度应纳税所得额9（12÷12 × 9）万元。

（5）业务招待费、广告费和业务宣传费的纳税调整情况。

① 企业全年销售（营业）收入 = 7 725 + 160 = 7 885（万元）。

业务招待费的扣除标准 = 45 × 60% = 27（万元），但不得超过全年销售（营业）收入的 5‰ = 7 885 × 5‰ = 39.425（万元），故业务招待费可以扣除 27 万元。超过标准部分应调整增加 2015 年度应纳税所得额 18（45 − 27）万元。

② 广告费和业务宣传费的扣除标准 = 7 885 × 15% = 1 182.75（万元），超过标准部分应调整增加 2015 年度应纳税所得额 7.25（1 190 − 1 182.75）万元。

（6）以进口小轿车（固定资产）清偿应付账款的会计处理有问题，正确处理如下。

借：固定资产清理　　400 000.00
　　累计折旧　　100 000.00
　　贷：固定资产　　500 000.00
借：应付账款　　500 000.00
　　贷：固定资产清理　　500 000.00
借：固定资产清理　　100 000.00
　　贷：营业外收入　　100 000.00

此处应确认营业外收入 10 万元，故调整增加 2015 年度应纳税所得额 10 万元。

（7）转让无形资产的所有权取得收入 60 万元应计入收入总额，调整增加 2015 年度应纳税所得额 60 万元。无形资产的账面成本 35 万元应予以转销，调整减少 2015 年度应纳税所得额 35 万元。

（8）将产品用于捐赠视同销售货物，应按正常销售价格确认收入，同时确认增值税销项税额。故调整增加 2015 年度应纳税所得额 23 万元。

产品按成本价确认营业外支出 20 万元，不包括增值税销项税额 3.91 万元，应调整增加 2015 年度应纳税所得额 3.91 万元。

2015 年度会计利润 = 8 000 − 7 930 − 2.72 − 19.10 − 8.18 = 40（万元），公益性捐赠支出的扣除限额 = 40 × 12% = 4.8（万元），故调整增加 2015 年度应纳税所得额 15.2（20 − 4.8）万元。

（9）“营业外支出”账户还列支的税收滞纳金 3 万元不允许扣除，银行借款超期罚息 6 万元可以扣除，给购货方的回扣 12 万元不允许扣除，意外事故净损失 8 万元可以扣除，非广告性赞助 10 万元不允许扣除，故调整增加 2015 年度应纳税所得额 25（3 + 12 + 10）万元。

（10）“管理费用”中含有新技术的研究费用 30 万元，除了可以据实扣除之外，还可以加计扣除 15（30 × 50%）万元。调整减少 2015 年度应纳税所得额 15 万元。

二、海龙电器公司 2015 年度应补缴的企业所得税

（1）海龙电器公司 2015 年度会计利润 = 8 000 − 7 930 − 2.72 − 19.10 − 8.18 = 40（万元）。

（2）海龙电器公司 2015 年度应纳税所得额 = 40 + 1.4 + 1.2 + 1 + 1.8−45 + 9 + 28 + 7.25 + 10 + 60 − 35 + 23 + 3.91 + 15.2 + 25 − 15 = 131.76（万元）。

（3）海龙电器公司 2015 年度应纳所得税额 = 131.76 × 25% = 32.94（万元）。

（4）海龙电器公司 2015 年前 3 季度预缴所得税额 =3.13+2.11+0.65=5.89（万元）。

（5）海龙电器公司2015年度应补交所得税额=32.94−5.89=27.05（万元）。

三、填写海龙电器公司企业所得税纳税申报表

海龙电器公司应当自2015年度终了之日起5个月内，向税务机关报送年度企业所得税纳税申报表，如表9-5所示（其他各表略），并汇算清缴，结清应缴应退税款。

表9–5　　中华人民共和国企业所得税年度纳税申报表（A）

行次	类别	项目	金额
1	利润总额计算	一、营业收入（填写A101010\101020\103000）	78 850 000.00
2		减：营业成本（填写A102010\102020\103000）	50 400 000.00
3		营业税金及附加	300 000.00
4		销售费用（填写A104000）	12 000 000.00
5		管理费用（填写A104000）	16 000 000.00
6		财务费用（填写A104000）	200 000.00
7		资产减值损失	
8		加：公允价值变动收益	
9		投资收益	650 000.00
10		二、营业利润（1-2-3-4-5-6-7+8+9）	600 000.00
11		加：营业外收入（填写A101010\101020\103000）	500 000.00
12		减：营业外支出（填写A102010\102020\103000）	700 000.00
13		三、利润总额（10+11-12）	400 000.00
14	应纳税所得额计算	减：境外所得（填写A108010）	
15		加：纳税调整增加额（填写A105000）	1 867 600.00
16		减：纳税调整减少额（填写A105000）	350 000.00
17		减：免税、减计收入及加计扣除（填写A107010）	600 000.00
18		加：境外应税所得抵减境内亏损（填写A108000）	
19		四、纳税调整后所得（13-14+15-16-17+18）	1 317 600.00
20		减：所得减免（填写A107020）	
21		减：抵扣应纳税所得额（填写A107030）	
22		减：弥补以前年度亏损（填写A106000）	
23		五、应纳税所得额（19-20-21-22）	1 317 600.00
24	应纳税额计算	税率（25%）	
25		六、应纳所得税额（23×24）	329 400.00
26		减：减免所得税额（填写A107040）	
27		减：抵免所得税额（填写A107050）	

续表

行次	类别	项目	金额
28	应纳税额计算	七、应纳税额（25-26-27）	329 400.00
29		加：境外所得应纳所得税额（填写 A108000）	
30		减：境外所得抵免所得税额（填写 A108000）	
31		八、实际应纳所得税额（28+29-30）	329 400.00
32		减：本年累计实际已预缴的所得税额	58 900.00
33		九、本年应补（退）所得税额（31-32）	270 500.00
34		其中：总机构分摊本年应补（退）所得税额（填写 A109000）	
35		财政集中分配本年应补（退）所得税额（填写 A109000）	
36		总机构主体生产经营部门分摊本年应补（退）所得税额（填写 A109000）	
37	附列资料	以前年度多缴的所得税额在本年抵减额	
38		以前年度应缴未缴在本年入库所得税额	

项目小结

在项目引入部分，以海龙电器公司 2015 年度的纳税资料作为项目引入，提出了 3 项任务：进行所得税纳税调整；计算该企业年终汇算清缴应补缴的企业所得税；正确填写年度企业所得税纳税申报表。

在相关知识部分，介绍了完成上述任务需要掌握的理论知识。解读企业所得税法规，包括企业所得税纳税义务、企业所得税征税对象、企业所得税税率、企业所得税的税收优惠；确定应纳税所得额，包括收入总额的确定、准予扣除项目的一般规定、税法允许扣除项目的范围和标准、不得扣除的项目、亏损弥补、非居民企业应纳税所得额的规定；计算企业所得税应纳税额，包括核算征收应纳税额的计算和核定征收应纳税额的计算；企业所得税纳税申报，包括征收缴纳的方法、纳税期限、纳税地点和纳税申报。

在项目实施部分，在掌握了理论知识的基础上，较好地完成了第一部分提出的 3 大任务。

练习与实训

1．名词解释

企业所得税、居民企业、非居民企业、机构和场所、营业代理人、不征税收入、免税收入、关联企业、独立交易原则、公益性捐赠支出、税额抵免。

2．简答题

（1）简述企业所得税居民与非居民企业的界定与各自的纳税义务。

（2）简述企业所得税应纳税所得额中收入总额的基本规定。

（3）简述不征税收入、免税收入各自的规定及二者的区别。

（4）简述企业所得税税收优惠的基本内容。

（5）简述企业所得税应纳税所得额中扣除项目的基本规定。

（6）简述企业所得税亏损弥补的基本内容。

（7）简述企业所得税抵免税额的相关规定。

（8）简述居民企业纳税申报的相关要求。

3．计算分析题

（1）华洋开关厂 2014 年全年应纳税所得额 480 万元。2015 年企业经税务机关同意，每月按 2011 年应纳税所得额的 1/12 预缴企业所得税。2015 年全年实现利润经调整后的应纳税所得额为 528 万元。计算该企业 2015 年每月应预缴的企业所得税，年终汇算清缴时应补缴的企业所得税。

（2）某商业企业 2015 年营业利润 720 000 元，营业外收入 68 000 元，营业外支出 53 000 元，其中交通违章罚款 13 000 元，逾期归还银行贷款，银行按规定应加收的罚息 40 000 元。2015 年度，该企业已预缴企业所得税 126 880 元，计算该企业年终应补（退）的企业所得税。

（3）某企业 2015 年产品销售收入 2 000 万元，固定资产出租收入 100 万元；销售成本 900 万元；缴纳增值税 340 万元，消费税 160 万元，营业税 5 万元，城市维护建设税和教育费附加 50.5 万元；期间费用 500 万元，其中，业务招待费 30 万元，广告费支出 200 万元；营业外支出 70 万元（其中，行政罚款 4 万元，税收滞纳金 1 万元）；投资收益 40 万元，其中，国库券利息收入 6 万元，某公司债券利息收入 34 万元。计算该企业 2015 年应纳企业所得税税额。

（4）某居民企业 10 年应纳税所得额情况如表 9-6 所示，请根据税法亏损弥补的有关规定说明该企业各年应纳税所得额的确定。

表 9-6　　某居民企业 10 年应纳税所得额

年度	1	2	3	4	5	6	7	8	9	10
盈亏	−100	−50	70	−50	−40	10	30	−50	−150	500

（5）甲企业为居民企业，2015 年应纳税所得额为 200 万元。在 A、B 两国分别设立两个全资子公司，其中在 A 国设立了乙公司，在 B 国设立了丙公司。2015 年，乙公司亏损 50 万美元，丙公司应纳税所得额 120 万美元。丙公司在 B 国按 20%的税率缴纳了所得税。假定该企业要求其全资子公司税后利润全部汇回，1 美元=8 元人民币。请计算该企业境外所得在境内汇总纳税时的抵免税额。

4．综合实训

【资料】 山东新华公司为增值税一般纳税企业，企业所得税据实预缴，销售的产品为应纳增值税产品，增值税税率为 17%，产品销售价格中不含增值税额。产品销售成本按经济业务逐笔结转，所得税税率为 25%。新华公司 2015 年 1～3 月发生如下经济业务。

（1）向 B 公司销售甲产品一批，销售价格 535 000 元，产品成本 305 000 元。产品已经发出，并开出增值税专用发票，已向银行办妥托收手续。

（2）根据债务人的财务状况，对应收账款计提 20 000 元坏账准备。

（3）采用预收款方式销售商品，当年收到第一笔款项 10 000 元，已存入银行。

（4）收到 B 公司甲产品退货。该退货系新华公司 2015 年售出，售出时售价共计 2 000 元，成本 1 750 元，该货款当时已如数收存银行。新华公司用银行存款支付退货款项，退回的甲产品已验收入库，并按规定开出红字增值税专用发票。

（5）年末公司持有的交易性金融资产账面价值为 40 000 元，公允价值为 41 000 元。

（6）计提已完工工程项目的长期借款利息 3 000 元；用银行存款支付发生的管理费用 5 000 元，销售费用 2 000 元。

（7）销售产品应交的城市维护建设税 1 400 元，应交的教育费附加 600 元。

【要求】（1）计算应交所得税。

（2）填列预缴企业所得税纳税申报表，如表 9-7 所示。

表 9-7　中华人民共和国企业所得税月（季）度预缴纳税申报表（A 类，2015 年版）

税款所属期间：　　年　月　日至　　年　月　日

纳税人识别号：□□□□□□□□□□□□□□□□□□□

纳税人名称：　　　　　　　　　　　　金额单位：人民币元（列至角分）

行次	项目	本期金额	累计金额
1	一、按照实际利润额预缴		
2	营业收入		
3	营业成本		
4	利润总额		
5	加：特定业务计算的应纳税所得额		
6	减：不征税收入和税基减免应纳税所得额（请填附表 1）		
7	固定资产加速折旧（扣除）调减额（请填附表 2）		
8	弥补以前年度亏损		
9	实际利润额（4 行+5 行-6 行-7 行-8 行）		
10	税率（25%）		
11	应纳所得税额（9 行 × 10 行）		
12	减：减免所得税额（请填附表 3）		
13	实际已预缴所得税额	—	
14	特定业务预缴（征）所得税额		
15	应补（退）所得税额（11 行-12 行-13 行-14 行）	—	
16	减：以前年度多缴在本期抵缴所得税额		
17	本月（季）实际应补（退）所得税额	—	
18	二、按照上一纳税年度应纳税所得额平均额预缴		
19	上一纳税年度应纳税所得额	—	
20	本月（季）应纳税所得额（19 行 × 1/4 或 1/12）		
21	税率（25%）		
22	本月（季）应纳所得税额（20 行 × 21 行）		

续表

行次	项目		本期金额	累计金额
23	减：减免所得税额（请填附表3）			
24	本月（季）实际应纳所得税额（22行-23行）			
25	**三、按照税务机关确定的其他方法预缴**			
26	本月（季）税务机关确定的预缴所得税额			
27	**总分机构纳税人**			
28	总机构	总机构分摊所得税额（15行或24行或26行×总机构分摊预缴比例）		
29		财政集中分配所得税额		
30		分支机构分摊所得税额（15行或24行或26行×分支机构分摊比例）		
31		其中：总机构独立生产经营部门应分摊所得税额		
32	分支机构	分配比例		
33		分配所得税额		
是否属于小型微利企业：		是 □		否 □

谨声明：此纳税申报表是根据《中华人民共和国企业所得税法》《中华人民共和国企业所得税法实施条例》和国家有关税收规定填报的，是真实的、可靠的、完整的。

法定代表人（签字）：　　　　　　年　月　日

纳税人公章： 会计主管： 填表日期：　　年　月　日	代理申报中介机构公章： 经办人： 经办人执业证件号码： 代理申报日期：　　年　月　日	主管税务机关受理专用章： 受理人： 受理日期：　　年　月　日

项目十 个人所得税法与纳税实务

知识目标

- 了解个人所得税的概念、特点和作用；
- 掌握个人所得税征税对象、纳税人、税率等方面的内容；
- 重点掌握个人所得税应纳税所得额的确定和应纳税额的计算；
- 掌握个人所得税征收管理方面的规定。

能力目标

- 能够正确计算个人所得税的应纳税额；
- 能够正确处理个人所得税的纳税申报事宜。

项目引入

【资料】 王东华2015年3月取得收入如下：①作为一外商投资企业雇佣的中方人员，该外商投资企业支付给他的薪金为18 000元，同月还收到其所在的派遣单位发给的工资3 000元；②2014年9月出版了一部著作，一次取得稿酬收入5 000元，又于2015年1月、2月、3月在报上连载，分别收到稿酬1 000元、1 200元和1 500元，稿酬已经分别被代扣代缴了个人所得税；③2015年3月，在A国因提供一项专利技术使用权，一次取得特许权使用费收入30 000元，该项收入在A国缴纳个人所得税4 600元，因在B国出版著作，获得稿酬收入15 000元，并在B国缴纳该项收入的个人所得税1 720元。

【要求】 计算王东华2015年3月应纳个人所得税税额并填列个人所得税纳税申报表。

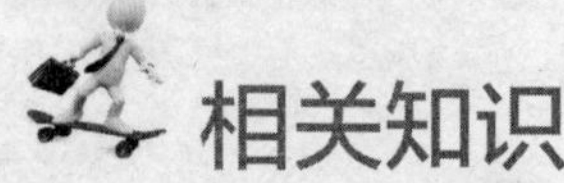

相关知识

一、个人所得税基础知识认知

1．个人所得税的概念

个人所得税，是以自然人取得的各类应税所得为征税对象而征收的一种所得税。它是政府利用税收对个人收入进行调节的一种手段，最早于 1799 年在英国创立，目前世界上已有 140 多个国家开征了这一税种。

我国现行的个人所得税的基本法律规范是中华人民共和国第十一届全国人民代表大会常务委员会第二十一次会议于 2011 年 6 月 30 日修订通过并于 2011 年 9 月 1 日起施行的《中华人民共和国个人所得税法》（以下简称《个人所得税法》）和国务院 2011 年 7 月 19 日修订公布并自 2011 年 9 月 1 日起施行的《中华人民共和国个人所得税法实施条例》（以下简称《实施条例》）。

2．个人所得税的特点

（1）实行分类征收。世界各国的个人所得税制主要分为 3 种类型：综合所得税制、分类所得税制和混合所得税制。这 3 种税制各有所长，各国一般根据本国的具体情况选择和运用。鉴于现实国情和目前的征管能力，我国现行的个人所得税采用分类征收的方式，即将个人取得的各项应税所得划分为 11 类，分别适用不同的费用减除规定、不同的税率和不同的计税方法。实行分类所得税制，可以广泛采用源泉扣缴办法，加强源泉控管，简化纳税手续，方便征纳双方；同时，还可以对不同所得实行不同的征税方法，便于体现国家的政策。

（2）累进税率与比例税率并用。现行的个人所得税在税率上，根据不同的应税所得分别实行累进税率与比例税率两种形式，对工资和薪金所得、对企事业单位的承包承租经营所得和个体工商户生产经营所得实行超额累进税率，以实现对个人收入差距的合理调节，量能负担。对劳务报酬、稿酬等各项所得，采用比例税率，实行等比负担。

（3）费用扣除额较宽。现行的个人所得税对各项应税所得，设计了在费用扣除上实行定额扣除和定率扣除两种方法。定率扣除的标准为 20%，定额扣除的标准目前有 800 元、3 500 元和 4 800 元等。

（4）计算比较简便。对于实行比例征收的应税所得，直接按应纳税所得额的一定比例计算，对于实行累进税率征收的应税所得，现行税法也给出了便于计算的速算扣除数，计算相对来说比较简便。

（5）采用源泉扣缴和自行申报两种征纳方法。现行的个人所得税在纳税申报上，对应纳税额分别采用由支付单位在支付环节代扣代缴和纳税人自行向税务机关申报缴纳两种方法。两种方法相结合，既有利于控制个人所得税税款的流失，又着重于提高纳税人的纳税意识，便于个人所得税的征收管理。

3．个人所得税的作用

（1）调节收入分配，体现社会公平。在保证人们基本生活费用支出不受影响的前提下，本着

“收入高者多纳税，中等收入者少纳税，低收入者不纳税”的原则，通过征收个人所得税来缓解社会收入分配不公的矛盾，有利于在不损害效率的前提下，实现社会公平，保持社会稳定。

（2）增强纳税意识，树立义务观念。通过宣传个人所得税法，建立个人所得税的纳税申报、源泉扣缴制度，通过强化个人所得税的征收管理和对违反税法行为的处罚等措施，可以逐步培养、普及全民履行纳税义务的观念，有利于提高全体人民的公民意识和法制意识，为社会主义市场经济的发展创造良好的社会环境。

（3）扩大聚财渠道，增加财政收入。个人所得税是一个收入弹性和增长潜力较大的税种，是地方财政收入的一个重要来源。随着社会主义市场经济体制的建立和我国经济的进一步发展，我国居民的收入水平将逐步提高，个人所得税税源将不断扩大，个人所得税占国家税收总额的比重将逐年增加，最终将发展成为具有活力的一个主体税种。

二、个人所得税的纳税人

个人所得税的纳税义务人，包括中国公民、个体工商户及在中国有所得的外籍人员（包括无国籍人员，下同）和港澳台同胞。按照国际通常的做法，依据住所和居住时间两个标准，我国将个人所得税纳税义务人划分为居民和非居民，分别承担不同的纳税义务。

1. 居民纳税义务人

居民纳税义务人是指在中国境内有住所，或者无住所而在中国境内居住满 1 年的个人。居民纳税义务人负无限纳税义务，其所取得的应纳税所得，无论是来源于中国境内还是中国境外，都要在中国缴纳个人所得税。

（1）所谓在中国境内有住所，是指因户籍、家庭、经济利益关系，而在中国习惯性居住的个人。这里所说的习惯性居住，是指个人因学习、工作、探亲等原因消除后，没有理由在其他地方继续居留时，所要回到的地方，而不是指实际居住或在某一特定时期内的居住地。例如，一个人因学习、工作、探亲、旅游等原因，原来是在中国境外居住，但是在这些原因消除之后，如果必须回到中国境内居住的，则中国为此人的习惯性居住地。尽管该纳税义务人在一个纳税年度内，甚至连续几个纳税年度，都未在中国境内居住过 1 天，但他仍然是中国的居民纳税义务人，应就其来自全球的应纳税所得，向中国缴纳个人所得税。

（2）所谓在境内居住满 1 年，是指在一个纳税年度内，在中国境内居住满 365 日。在计算居住天数时，对临时离境应视同在华居住，不扣减其在华居住的天数。这里所说的临时离境，是指在一个纳税年度内，一次离境不超过 30 日或者多次累计离境不超过 90 日的离境。例如，某美国公民自 2014 年 10 月起到中国境内的公司任职，在 2014 年这一纳税年度内，曾于 5 月 1~7 日离境回国向总公司述职，12 月 23 日又离境回国欢度圣诞节和元旦。这两次离境时间相加，并没有超过 90 日的标准，应视为临时离境，不扣减其在华居住天数。因此，2015 年纳税年度，该纳税人为我国的居民纳税义务人。

2. 非居民纳税义务人

非居民纳税义务人是指在中国境内无住所又不居住，或者无住所而在中国境内居住不满 1 年的个人。也就是说，非居民纳税义务人是指习惯性居住地不在中国境内，而且不在中国居住，或者在一个纳税年度内，在中国境内居住不满1年的个人。非居民纳税义务人负有限纳税义务，仅就其来源于中国境内的所得向中国缴纳个人所得税。非居民纳税义务人包括在一个纳税年度中没有在中国境内居住，或者在中国境内居住不满1年的外籍人员、华侨和港澳台同胞。

3．所得来源的确定

判断所得来源，是确定该项所得是否应该征收个人所得税的重要依据。特别是对于非居民纳税义务人，由于只就其来源于中国境内的所得征税，因此判断其所得来源显得十分重要。所得来源具体有以下几个方面。

（1）在中国境内的公司、企业、事业单位、机关、社会团体、部队、学校等单位或组织中任职、受雇而取得的工资、薪金所得。

（2）在中国境内提供各种劳务而取得的劳务报酬所得。

（3）在中国境内从事生产、经营活动而取得的所得。

（4）个人出租的财产被承租人在中国境内使用而取得的财产租赁所得。

（5）转让中国境内的房屋、建筑物、土地使用权，以及在中国境内转让其他财产而取得的财产转让所得。

（6）提供在中国境内使用的专利权、专有技术、商标权、著作权，以及其他各种特许权利而取得的特许权使用费所得。

（7）因持有中国的各种债券、股票、股权而从中国境内的公司、企业或其他经济组织，以及个人取得的利息、股息、红利所得。

（8）在中国境内参加各种竞赛活动取得名次的奖金所得；参加中国境内有关部门和单位组织的有奖活动而取得的中奖所得；购买中国境内有关部门和单位发行的彩票中彩所得。

（9）在中国境内以图书、报刊方式出版、发表作品，取得的稿酬所得等。

三、个人所得税的征税对象

个人所得税的征税对象是个人取得的各项应税所得，根据《个人所得税法》及实施条例的规定，下列各项个人所得，应纳个人所得税。

1．工资、薪金所得

工资、薪金所得，是指个人因任职或者受雇而取得的工资、薪金、奖金、年终加薪、劳动分红、津贴及与任职或者受雇有关的其他所得。一般来说，工资、薪金所得属于非独立个人劳动所得。所谓非独立个人劳动，是指个人所从事的是由他人指定、安排并接受管理的劳动。工作或服务于公司、工厂、行政、事业等单位的人员（私营企业主除外）均为非独立劳动者，他们从上述单位取得的劳动报酬，是以工资、薪金的形式体现的。

除工资、薪金以外，奖金、年终加薪、劳动分红、津贴、补贴也被确定为工资、薪金范畴。其中，年终加薪、劳动分红不分种类和取得情况，一律按工资、薪金所得征税。津贴、补贴等则有例外，根据我国目前个人收入的构成情况，规定对于一些不属于工资、薪金性质的补贴、津贴或者不属于纳税人本人工资、薪金所得项目的收入，不予征税。这些项目包括独生子女补贴；执行公务员工资制度未纳入基本工资总额的补贴、津贴差额和家属成员的副食品补贴；托儿补助费；

差旅费津贴、误餐补助。

2．个体工商户的生产、经营所得

个体工商户的生产、经营所得，是指以下几个方面。

（1）个体工商户从事工业、手工业、建筑业、交通运输业、商业、饮食业、服务业、修理业及其他行业生产、经营取得的所得。

（2）个人经政府有关部门批准，取得执照，从事办学、医疗、咨询及其他有偿服务活动取得的所得。

（3）上述个体工商户和个人取得的与生产、经营有关的各项应纳税所得。

（4）其他个人从事个体工商业生产、经营取得的所得。

（5）个人因从事彩票代销业务而取得的所得，应按照“个体工商户的生产、经营所得”项目，计征个人所得税。

3．对企事业单位的承包经营、承租经营所得

对企事业单位的承包经营、承租经营所得，是指个人承包经营、承租经营及转包、转租取得的所得，包括个人按月或者按次取得的工资、薪金性质的所得。

针对个人对企事业单位的承包经营、承租经营方式和分配方法的多样性，具体规定如下。

（1）个人对企事业单位承包、承租经营后，工商登记改变为个体工商户的。对这类承包、承租经营所得，实际上属于个体工商户的生产、经营所得，应按“个体工商户的生产、经营所得”项目征收个人所得税（不再征收企业所得税）。

（2）个人对企事业单位承包、承租经营后，工商登记仍为企业的，不论其分配方式如何，均应先按规定缴纳企业所得税，然后再按规定缴纳个人所得税。

① 承包、承租人对企业经营成果不拥有所有权，仅按合同（协议）规定取得一定所得的，应按“工资、薪金所得”项目征收个人所得税。

② 承包、承租人按合同（协议）规定只向发包方、出租人交纳一定的费用，交纳承包、承租费后的企业的经营成果归承包、承租人所有的，其取得的所得，按“企事业单位承包、承租经营所得”项目征收个人所得税。

4．劳务报酬所得

劳务报酬所得，是指个人从事设计、装潢、安装、制图、化验、测试、医疗、法律、会计、咨询、讲学、新闻、广播、翻译、审稿、书画、雕刻、影视、演出、表演、广告、展览、技术服务、介绍服务、经纪服务、代办服务及其他劳务取得的所得。

工资、薪金所得和劳务报酬所得的区别在于：工资、薪金所得是非独立的个人劳务活动所得，而劳务报酬所得则是个人独立从事各种技艺、提供各项劳务取得的报酬。

5．稿酬所得

稿酬所得，是指个人因其作品以图书、报刊形式出版、发表而取得的所得，包括作者去世后，财产继承人取得的遗作稿酬。

将稿酬所得独立划归一个征税项目，而对不以图书、报刊形式出版、发表的翻译、审稿、书画所得归为劳务报酬所得，给予适当的税收优惠照顾，主要是考虑了出版、发表作品的特殊性。

因为稿酬所得是依靠较高智力和智慧创作的精神产品，具有普遍性，是社会主义精神文明建设的重要组成部分，报酬相对偏低。

6．特许权使用费所得

特许权使用费所得，是指个人提供专利权、商标权、著作权、非专利技术及其他特许权的使用权取得的所得。提供著作权的使用权取得的所得，不包括稿酬所得。

7．利息、股息、红利所得

利息、股息、红利所得，是指个人拥有债权、股权而取得的利息、股息、红利所得。按税法规定，个人取得的利息所得，除国债和国家发行的金融债券利息外，应当依法缴纳个人所得税。

除个人独资企业、合伙企业以外的其他企业的个人投资者，以企业资金为本人、家庭成员及其相关人员支付与企业生产经营无关的消费性支出及购买汽车、住房等财产性支出，视为企业对个人投资者的红利分配，依照“利息、股息、红利所得”项目计征个人所得税。企业的上述支出不允许在所得税前扣除。

纳税年度内个人投资者从其投资企业（个人独资企业、合伙企业除外）借款，在该纳税年度终了后既不归还又未用于企业生产经营的，其未归还的借款可视为企业对个人投资者的红利分配，依照“利息、股息、红利所得”项目计征个人所得税。

个人在个人银行结算账户的存款自2003年9月1日起孳生的利息，应按“利息、股息、红利所得”项目计征个人所得税，税款由办理个人银行结算账户业务的金融机构在结付利息时代扣代缴。自2008年10月9日起，对储蓄存款利息所得暂免征收个人所得税。

8．财产租赁所得

财产租赁所得，是指个人出租建筑物、土地使用权、机器设备、车船及其他财产取得的所得。

9．财产转让所得

财产转让所得，是指个人转让有价证券、股权、建筑物、土地使用权、机器设备、车船及其他财产取得的所得。在现实生活中，个人进行的财产转让主要是个人财产所有权的转让。

对个人取得的各项财产转让所得，除股票转让所得外，都要征收个人所得税。

（1）股票转让所得。鉴于我国证券市场发育还不成熟，对股票转让所得的计算、征税办法和纳税期限的确认等都需要做深入的调查研究后，结合国际通行的做法，做出符合我国实际的规定。因此，国务院决定，对股票转让所得暂不征收个人所得税。

（2）个人出售自有住房。根据税法规定，个人出售自有住房取得的所得应按照“财产转让所得”项目征收个人所得税。为鼓励个人换购住房，对出售自有住房并拟在现住房出售后1年内按市场价重新购房的纳税人，对出售住房所缴纳的个人所得税，视其重新购房的价值可全部或部分予以免税。

对个人转让自用5年以上并且是家庭唯一生活用房取得的所得，免征个人所得税。

（3）量化资产股份转让。集体所有制企业在改制为股份合作制企业时，对职工个人以股份形式取得的拥有所有权的企业量化资产，暂缓征收个人所得税；待个人将股份转让时，就其转让收入额，减除个人取得该股份时实际支付的费用支出和合理转让费用后的余额，按“财产转让所得”项目计征个人所得税。

10．偶然所得

偶然所得，是指个人得奖、中奖、中彩及其他偶然性质的所得。偶然所得应缴纳的个人所得税税款，一律由发奖单位或机构代扣代缴。

11．其他所得

除上述列举的各项应税所得外，其他须征税的个人所得，具体由国务院财政部门确定。

四、个人所得税的税率

个人所得税的税率因所得项目的不同而有所区别。

1．工资、薪金所得

其适用3%～45%的7级超额累进税率，如表10-1所示。

表10-1　工资、薪金所得个人所得税税率表

级数	全月应纳税所得额	税率（%）
1	不超过1 500元的	3
2	超过1 500元至4 500元的部分	10
3	超过4 500元至9 000元的部分	20
4	超过9 000元至35 000元的部分	25
5	超过35 000元至55 000元的部分	30
6	超过55 000元至80 000元的部分	35
7	超过80 000元的部分	45

注：本表中所称的全月应纳税所得额是以每月收入额减除3 500元或4 800元费用后的余额。

2．个体工商户的生产经营所得和对企事业单位的承包、承租经营所得

其适用5%～35%的5级超额累进税率，如表10-2所示。

表10-2　个体工商户的生产经营所得和对企事业单位的承包、承租经营所得个人所得税税率表

级数	全年应纳税所得额	税率（%）
1	不超过15 000元的	5
2	超过15 000元至30 000元的部分	10
3	超过30 000元至60 000元的部分	20
4	超过60 000元至100 000元的部分	30
5	超过100 000元的部分	35

注：本表中所称的全年应纳税所得额是以每一纳税年度的收入总额，减除成本、费用及损失后的余额。

3．稿酬所得

其适用比例税率，税率为20%，并按应纳税额减征30%。因此，其实际税率为14%。

4．劳务报酬所得

其适用比例税率，税率为20%。同时，对劳务报酬所得一次收入畸高的，实行加成征收，即

对应纳税所得额超过 20 000 元至 50 000 元的部分，加征 5 成；超过 50 000 元的部分，加征 10 成。因此，劳务报酬所得实际上适用 20%、30%、40%的 3 级超额累进税率，如表 10-3 所示。

表 10–3　劳务报酬所得个人所得税税率表

级数	每次应纳税所得额	税率（%）
1	不超过 20 000 元的	20
2	超过 20 000 元至 50 000 元的部分	30
3	超过 50 000 元的部分	40

注：本表中所称的每次应纳税所得额是指每次收入额减除允许扣除的费用后的余额。

5．特许权使用费所得，利息、股息、红利所得，财产租赁所得，财产转让所得，偶然所得和其他所得

其适用比例税率，税率为 20%。

其中，储蓄存款在 2007 年 8 月 15 日至 2008 年 10 月 8 日孳生的利息所得，按照 5%的比例税率征收个人所得税；储蓄存款在 2008 年 10 月 9 日后（含 10 月 9 日）孳生的利息所得，暂免征收个人所得税。对个人出租住房取得的所得减按 10%的税率征收个人所得税。

五、个人所得税的税收优惠

1．免征个人所得税的优惠

下列各项个人所得，免征个人所得税。

（1）省级人民政府、国务院部委和中国人民解放军以上单位，以及外国组织颁发的科学、教育、技术、文化、卫生、体育、环境保护等方面的奖金。

（2）国债利息和国家发行的金融债券利息。这里所说的国债利息，是指个人持有中华人民共和国财政部发行的债券而取得的利息所得。这里所说的国家发行的金融债券利息，是指个人持有经国务院批准发行的金融债券而取得的利息所得。

（3）按照国家统一规定发给的补贴、津贴。这里所说的按照国家统一规定发给的补贴、津贴，是指按照国务院规定发给的政府特殊津贴和国务院规定免纳个人所得税的补贴、津贴。

（4）福利费、抚恤金、救济金。这里所说的福利费，是指根据国家有关规定，从企业、事业单位、国家机关、社会团体提留的福利费或者工会经费中支付给个人的生活补助费。这里所说的救济金，是指国家民政部门支付给个人的生活困难补助费。

（5）保险赔款。

（6）军人的转业费、复员费。

（7）按照国家统一规定发给干部、职工的安家费、退职费、退休工资、离休工资、离休生活补助费。

（8）依照我国有关法律规定应予免税的各国驻华使馆、领事馆的外交代表、领事官员和其他人员的所得。这里所说的“所得”，是指依照《中华人民共和国外交特权与豁免条例》和《中华人民共和国领事特权与豁免条例》规定免税的所得。

（9）中国政府参加的国际公约及签订的协议中规定免税的所得。

（10）发给见义勇为者的奖金。对乡、镇（含乡、镇）以上人民政府或经县（含县）以上人民政府主管部门批准成立的有机构、有章程的见义勇为基金或者类似性质的组织，奖励见义勇为者的奖金或奖品，经主管税务机关核准，免征个人所得税。

（11）企业和个人按照省级以上人民政府规定的比例提取并交付的住房公积金、医疗保险金、基本养老保险金、失业保险金，不计入个人当期的工资、薪金收入，免予征收个人所得税。超过规定的比例缴付的部分计征个人所得税。个人领取原提存的住房公积金、医疗保险金、基本养老保险金时，免予征收个人所得税。

（12）对个人取得教育储蓄存款利息所得及国务院财政部门确定的其他专项储蓄存款或者储蓄性专项基金存款的利息所得，免征个人所得税。

（13）储蓄机构内从事代扣代缴工作的办税人员取得的扣缴利息税手续费所得，免征个人所得税。

（14）经国务院财政部门批准免税的其他所得。

2．减征个人所得税的优惠

有下列情形之一的，经批准可以减征个人所得税。

（1）残疾、孤老人员和烈属的所得。

（2）因严重自然灾害造成重大损失的。

（3）其他经国务院财政部门批准减税的。

3．暂免征收个人所得税的优惠

有下列情形的，经批准可暂免征收个人所得税。

（1）外籍个人以非现金形式或实报实销形式取得的住房补贴、伙食补贴、搬迁费、洗衣费。

（2）外籍个人按合理标准取得的境内、外出差补贴。

（3）外籍个人取得的探亲费、语言训练费、子女教育费等，经当地税务机关审核批准为合理的部分。

（4）个人举报、协查各种违法、犯罪行为而获得的奖金。

（5）个人办理代扣代缴税款手续，按规定取得的扣缴手续费。

（6）个人转让自用达5年以上，并且是唯一的家庭生活用房取得的所得。

（7）对按国发〔1983〕141号《国务院关于高级专家离休退休若干问题的暂行规定》和国办发〔1991〕40号《国务院办公厅关于杰出高级专家暂缓离退休审批问题的通知》的精神，达到离休、退休年龄，但确因工作需要，适当延长离休、退休年龄的高级专家（享受国家发放的政府特殊津贴的专家、学者），其在延长离休、退休期间的工资、薪金所得，视同退休工资、离休工资免征个人所得税。

（8）外籍个人从外商投资企业取得的股息、红利所得。

六、个人所得税应纳税额的计算

1．工资、薪金所得应纳税额的计算

（1）应纳税所得额的计算。工资、薪金所得的应纳税所得额，以每月收入额减除必要费用以

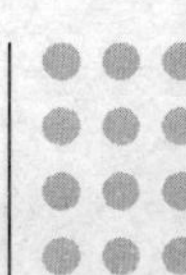

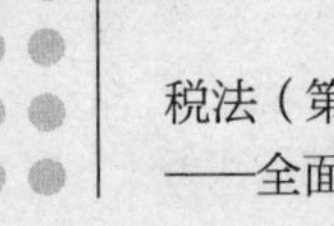

后的余额确定，具体规定如下。

① 一般费用减除标准。工资、薪金所得，一般情况下以每月收入额减除 3 500 元费用后的余额，为应纳税所得额。

② 附加减除费用。现行税法对外籍人员和在境外工作的中国公民的工资、薪金所得增加了附加减除费用的照顾，即在每月工资、薪金所得减除 3 500 元费用的基础上，再减除 1 300 元。

附加减除费用适用的范围包括以下几个方面。

- 在中国境内的外商投资企业和在外国企业中工作的外籍人员。
- 应聘在中国境内的企业、事业单位、社会团体、国家机关中工作的外籍专家。
- 在中国境内有住所而在中国境外任职或者受雇取得工资、薪金所得的个人。
- 财政部确定的其他人员。

此外，附加费用扣除也适用于华侨和中国港澳台地区的同胞。

③ 其他减除规定。

- 个人由于公务用车和通信制度改革而取得的公务用车和通信补贴收入，可以扣除一定标准的公务费，然后按照工资、薪金所得缴纳个人所得税。
- 执行公务员工资制度没有纳入基本工资总额的补贴、津贴差额和差旅费津贴、误餐补助，家庭成员的副食补贴、独生子女补贴和托儿补助费等收入，不征收个人所得税，故可以从每月收入额中减除。

④ 在一般情况下，工资、薪金所得以纳税人当月取得工资、薪金收入额减除下列项目金额后的余额为应纳税所得额，按照税法规定的 7 级超额累进税率计算应纳个人所得税税额。

- 基本扣除额 3 500 元。
- 个人按照规定缴纳的基本养老保险、基本医疗保险和失业保险费。
- 单位、个人分别按照规定缴存的住房公积金。
- 规定标准以内的公务用车和通信补贴。

（2）应纳税额的计算。工资、薪金所得应纳税额的计算公式如下。

应纳税额＝应纳税所得额×适用税率－速算扣除数

＝（每月收入额－3 500 或 4 800 元－其他规定扣除项目）×适用税率－速算扣除数

这里需要说明的是，工资、薪金所得在计算应纳个人所得税额时，可以运用速算扣除数计算法简化计算过程。工资、薪金所得适用的税率和速算扣除数如表 10-4 所示。

表 10-4　工资、薪金所得适用的税率与速算扣除数表

级数	全月应纳税所得额	税率（%）	速算扣除数（元）
1	不超过 1 500 元的	3	0
2	超过 1 500 元至 4 500 元的部分	10	105
3	超过 4 500 元至 9 000 元的部分	20	555
4	超过 9 000 元至 35 000 元的部分	25	1 005
5	超过 35 000 元至 55 000 元的部分	30	2 755
6	超过 55 000 元至 80 000 元的部分	35	5 505
7	超过 80 000 元的部分	45	13 505

案例 10-1

某纳税人 2015 年 4 月的工资为 6 000 元，该纳税人不适用附加减除费用的规定。计算其当月应纳个人所得税税额。

解析

（1）应纳税所得额 = 6 000 − 3 500 = 2 500（元）。

（2）应纳税额 = 2 500 × 10% − 105 = 145（元）。

案例 10-2

某外商投资企业中工作的外籍专家（非居民纳税义务人）2015 年 6 月取得由该企业发放的工资收入 10 000 元。请计算其应纳个人所得税税额。

解析

（1）应纳税所得额 = 10 000 −（3 500 + 1 300）= 5 200（元）。

（2）应纳税额 = 5 200 × 20% − 555 = 485（元）。

2．个体工商户生产、经营所得应纳税额的计算

（1）应纳税所得额的计算。个体工商户的生产经营所得，以每一纳税年度的收入总额，减除成本、费用及损失后的余额，为应纳税所得额。个体工商户的收入总额，是指个体工商户从事生产、经营及与生产、经营有关的活动所取得各项收入；成本、费用，是指个体工商户从事生产、经营所发生的各项直接支出和分配计入成本的间接费用及销售费用、管理费用、财务费用；这里所说的损失，是指个体工商户在生产、经营过程中发生的各项营业外支出。

主要扣除项目规定如下。

① 业主的工资支出不得扣除，自 2011 年 9 月 1 日起，个体工商户业主的生计费用扣除标准统一确定为 42 000 元/年，即 3 500 元/月（之前为 2 000 元）。

② 个体工商户向其从业人员实际支付的合理工资、薪金支出，允许在税前据实扣除。

③ 工会、福利、教育费用分别在工资薪金总额的 2%、14%、2.5%的标准内据实扣除。

④ 每一纳税年度发生的广告费和业务宣传费不超过当年销售（营业）收入 15%的部分，可以据实扣除；超过部分，准予以后年度结转扣除。

⑤ 每一纳税年度发生的与其生产经营有关的业务招待费支出，按照发生额的 60%扣除，但最高不得超过当年销售（营业）收入的 5‰。

⑥ 生产经营期间借款利息支出，凡有合法证明的，按不高于中国人民银行规定的同类同期贷款利率计算的数额以内部分，准予扣除。

⑦ 取得的与生产、经营活动无关的各项应税所得，应分别适用各应税项目的规定计算征收个人所得税。纳税义务人未提供完整、准确的纳税资料，不能正确计算应纳税所得额的，由主管税务机关核定其应纳税所得额。

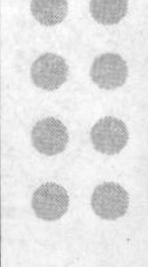

（2）应纳税额的计算。个体工商户的生产、经营所得应纳税额的计算公式如下。

应纳税额＝应纳税所得额×适用税率－速算扣除数

＝[全年收入总额－（成本＋费用＋损失＋准予扣除的税金）]×适用税率－速算扣除数

其适用的税率和速算扣除数如表10-5所示。

表10-5　个体工商户生产经营所得与对企事业单位承包、承租经营所得适用的税率与速算扣除数表

级数	全年应纳税所得额	税率（%）	速算扣除数（元）
1	不超过15 000元的	5	0
2	超过15 000元至30 000元的部分	10	750
3	超过30 000元至60 000元的部分	20	3 750
4	超过60 000元至100 000元的部分	30	9 750
5	超过100 000元的部分	35	14 750

案例10-3

某市大华酒家系个体工商户，账证比较健全，2014年全年取得营业收入为120 000元，成本、费用等为84 000元，其中包括业务招待费800元，为业主支付的工资每月3 000元，计算该个体业户2014年应缴纳的个人所得税。

解析

（1）业务招待费的扣除限额如下。

① 发生额的60%＝800×60%＝480（元）。

② 营业收入的5‰＝120 000×5‰＝600（元）。

故可以扣除的业务招待费为480元。

（2）为业主支付的工资不能扣除。

（3）2014年应纳税所得额＝120 000－（84 000－800＋480－3 000×12＋2 000×8＋3 500×4）＝42 320（元）。

（4）2014年应纳税额＝42 320×20%－3 750＝4 714（元）。

3．对企事业单位的承包、承租经营所得应纳税额的计算

（1）应纳税所得额的计算。对企事业单位的承包、承租经营所得，以每一纳税年度的收入总额，减除必要费用后的余额，为应纳税所得额。每一纳税年度的收入总额，是指纳税义务人按照承包、承租经营合同规定分得的经营利润和工资、薪金性质的所得；减除必要费用，是指按月减除3 500元。

（2）应纳税额的计算。对企事业单位的承包、承租经营所得应纳税额的计算公式如下。

应纳税额＝应纳税所得额 × 适用税率－速算扣除数

＝（个人全年承包、承租经营收入总额－3 500元×12）×适用税率－速算扣除数

这里需要说明以下几点。

① 对企事业单位的承包、承租经营所得，以每一纳税年度的收入总额，减除必要费用后的余额为应纳税所得额。在一个纳税年度中，承包经营或承租经营期限不足1年的，以其实际经营期

为纳税年度。

② 对企事业单位的承包、承租经营所得适用的速算扣除数同个体工商户的生产经营所得适用的速算扣除数。

案例 10-4

假定 2015 年 1 月 1 日，某个人与事业单位签订承包合同经营食堂，承包期为 3 年。2015 年，食堂实现承包经营利润 85 000 元，按合同规定承包人每年应从承包经营利润中上缴承包费 20 000 元。计算承包人 2015 年应纳个人所得税税额。

解析

（1）年应纳税所得额=承包经营利润−上缴费用−每月必要费用扣除合计

=85 000−20 000−3 500×12=23 000（元）。

（2）应纳税额=年应纳税所得额×适用税率−速算扣除数

=23 000×10%−750=1 550（元）。

4．劳务报酬所得应纳税额的计算

（1）应纳税所得额的计算。

① 劳务报酬所得，每次收入不超过 4 000 元的，定额减除费用 800 元；每次收入在 4 000 元以上的，定率减除 20%的费用，其余额为应纳税所得额。

② 关于“次”的规定。劳务报酬所得，根据不同劳务项目的特点，分别规定为以下内容。

- 属于一次性取得收入的，以取得该项收入为一次。
- 属于同一事项连续取得收入的，以 1 个月内取得的收入为一次。例如，某歌手与一歌厅签约，在 2015 年 1 年内每天到歌厅演唱一次，每次演出后歌厅付酬 50 元。在计算其劳务报酬所得时，应视为同一事项的连续性收入，以其 1 个月内取得的收入为一次计征个人所得税。

（2）应纳税额的计算。对劳务报酬所得，其个人所得额应纳税额的计算公式分别如下。

① 每次收入不足 4 000 元的，计算公式如下。

应纳税额＝应纳税所得额×适用税率

＝（每次收入额−800 元）×20%

② 每次收入在 4 000 元以上的，计算公式如下。

应纳税额＝应纳税所得额×适用税率−速算扣除数

＝每次收入额×（1−20%）×适用税率−速算扣除数

劳务报酬所得适用的税率和速算扣除数如表 10-6 所示。

表 10-6　劳务报酬所得适用的税率与速算扣除数表

级数	每次应纳税所得额	税率（%）	速算扣除数（元）
1	不超过 20 000 元的	20	0
2	超过 20 000 元至 50 000 元的部分	30	2 000
3	超过 50 000 元的部分	40	7 000

案例 10-5

某歌星刘某一次表演收入为 40 000 元，请计算其应纳个人所得税。

解析

（1）应纳税所得额 =40 000 ×（1−20%）= 32 000（元）。

（2）应纳税额 = 32 000 × 30%−2 000 = 7 600（元）。

案例 10-6

某歌手与一歌厅签约，在 2015 年 1 年内每天到歌厅演唱一次，每次演出后歌厅付酬 50 元。请计算其应纳个人所得税。

解析

（1）该歌手一次收入为 50 × 30 = 1 500（元）。

（2）应纳税所得额 =1 500−800 = 700（元）。

（3）应纳税额 = 700 × 20% = 140（元）。

该歌手 2015 年应纳个人所得税为 1 680（140 元/月 × 12 月）元。

5．稿酬所得应纳税额的计算

（1）应纳税所得额的计算。

① 稿酬所得，每次收入不超过 4 000 元的，定额减除费用 800 元；每次收入在 4 000 元以上的，定率减除 20%的费用，其余额为应纳税所得额。

② 关于“次”的规定。稿酬所得，以每次出版、发表取得的收入为一次。

- 个人以图书、报刊方式出版、发表同一作品，不论出版单位是预付还是分笔支付稿酬，或者加印该作品后再付稿酬，均应合并为一次征税。
- 在两处或两处以上出版、发表或再版同一作品而取得的稿酬，以各处取得的所得或再版所得分次征税。
- 个人的同一作品在报刊上连载，应合并其因连载而取得的所得为一次。连载之后又出书取得稿酬的，或先出书后连载取得稿酬的，应视同再版稿酬分次征税。

（2）应纳税额的计算。对于稿酬所得，其个人所得额应纳税额的计算公式如下。

① 每次收入不足 4 000 元的，计算公式如下。

应纳税额 = 应纳税所得额×适用税率×（1−30%）
= （每次收入额−800）×20%×（1−30%）

② 每次收入在 4 000 元以上的，计算公式如下。

应纳税额 = 应纳税所得额×适用税率×（1−30%）
= 每次收入额×（1−20%）×20%×（1−30%）

案例 10-7

某作家取得一次未扣除个人所得税的稿酬收入 20 000 元，请计算其应纳的个人所得税额。

解析

应纳税额 =20 000 ×（1−20%）× 20% ×（1−30%）= 2 240（元）。

案例 10-8

中国公民孙某系自由职业者，2014 年出版中篇小说一部，取得稿酬 50 000 元，后因小说加印和报刊连载，分别取得出版社稿酬 10 000 元和报社稿酬 3 800 元。计算该公民应交个人所得税。

解析

（1）出版小说、小说加印应纳个人所得税=（50 000+10 000）×（1−20%）×20%×（1−30%）=6 720（元）。

（2）小说连载应纳个人所得税=（3 800−800）×20%×（1−30%）=420（元）。

6．特许权使用费所得应纳税额的计算

（1）应纳税所得额的计算。特许权使用费所得，每次收入不超过 4 000 元的，定额减除费用 800 元；每次收入在 4 000 元以上的，定率减除 20%的费用，其余额为应纳税所得额。

特许权使用费所得以某项使用权的一次转让所取得的收入为一次。如果该次转让取得的收入是分笔支付的，则应将各笔收入相加为一次的收入，计征个人所得税。

（2）应纳税额的计算。对于特许权使用费所得，其个人所得额应纳税额的计算公式如下。

① 每次收入不足 4 000 元的，计算公式如下。

应纳税额 = 应纳税所得额 × 适用税率
= (每次收入额−800) × 20%

② 每次收入在 4 000 元以上的，计算公式如下。

应纳税额 = 应纳税所得额 × 适用税率
= 每次收入额 × (1−20%) × 20%

案例 10-9

某工程师 2015 年将自己研制的一项非专利技术使用权提供给甲企业，取得技术转让收入为 3 000 元，又将自己发明的一项专利转让给乙企业，取得收入为 45 000 元。请计算该工程师两次所得应纳的个人所得税。

解析

应纳税额 =（3 000−800）× 20% + 45 000 ×（1−20%）× 20% = 7 640（元）。

7．财产租赁所得应纳税额的计算

（1）应纳税所得额的计算。

① 财产租赁所得一般以个人每次取得的收入，定额或定率减除规定费用后的余额为应纳税所得额。每次收入不超过4 000元的，定额减除费用800元；每次收入在4 000元以上，定率减除20%的费用。财产租赁所得以1个月内取得的收入为一次。

② 在确定财产租赁的应纳税所得额时，纳税人在出租财产的过程中缴纳的税金和教育费附加，可持完税凭证从其财产租赁收入中扣除。

③ 准予扣除的项目除了规定费用和有关税费外，还准予扣除能够提供有效、准确凭证，证明由纳税人负担的该出租财产实际开支的修缮费用。允许扣除的修缮费用，以每次800元为限，一次扣除不完的，准予在下一次继续扣除，直到扣完为止。

因此，个人出租财产取得的财产租赁收入，在计算应纳税所得额时，应依次扣除下列费用。

① 财产租赁过程中缴纳的税费。

② 由纳税人负担的该出租财产实际开支的修缮费用。

③ 税法规定的费用扣除标准。

（2）应纳税额的计算。财产租赁所得适用20%的比例税率。但对个人按市场价格出租的居民住房取得的所得，自2001年1月1日起暂按10%的税率征收个人所得税。其应纳税额的计算公式如下。

① 每次（月）收入不超过4 000元的，计算公式如下。

应纳税额 = 应纳税所得额 × 适用税率

= [每次（月）收入额−准予扣除项目−修缮费用（以800元为限）−800元] × 20%

② 每次（月）收入超过4 000元的，计算公式如下。

应纳税额 = 应纳税所得额 × 适用税率

= [每次（月）收入额−准予扣除项目−修缮费用（以800元为限）] × (1−20%) × 20%

案例 10-10

刘某于2015年1月将其自有的4间面积为150平方米的房屋出租给张某全家居住，租期为1年，每月租金为3 000元，每月缴纳有关税费200元。在出租的7月因房屋漏雨发生修缮费用1 000元，由刘某承担。计算刘某全年租金收入应缴纳的个人所得税。

解析

① 1～6月每月应纳税额 =（3 000−800−200）× 10% = 200（元）。

② 7月应纳税额 =（3 000−800−200−800）× 10% = 120（元）。

③ 8月应纳税额 =（3 000−800−200−200）× 10% = 180（元）。

④ 9～12月每月应纳税额 =（3 000−800−200）× 10% = 200（元）。

8．财产转让所得应纳税额的计算

（1）应纳税所得额的计算。财产转让所得，以转让财产的收入额减除财产原值和合理费用后的余额，为应纳税所得额。

① 财产原值包括以下内容。

- 有价证券，为买入价及买入时按照规定交纳的有关费用。
- 建筑物，为建造费或者购进价格及其他有关费用。
- 土地使用权，为取得土地使用权所支付的金额、开发土地的费用及其他有关费用。
- 机器设备、车船，为购进价格、运输费、安装费及其他有关费用。
- 其他财产，参照以上方法确定。

纳税义务人未提供完整、准确的财产原值凭证，不能正确计算财产原值的，由主管税务机关核定其财产原值。

② 合理费用是指卖出财产时按照规定支付的有关费用。

（2）应纳税额的计算。财产转让所得应纳税额的计算公式如下。

应纳税额 = 应纳税所得额 × 20%

= （收入总额–财产原值–合理费用）× 20%

案例 10-11

某人建房一幢，造价 36 000 元，支付相关费用 2 000 元。该人转让房屋，售价 60 000 元，在卖房过程中按规定支付交易费等有关费用 2 500 元，计算其应纳个人所得税税额。

解析

（1）应纳税所得额 = 收入总额–财产原值–合理费用

= 60 000–（36 000 + 2 000）–2 500 = 19 500（元）。

（2）应纳税额 = 19 500 × 20% = 3 900（元）。

9．利息、股息、红利所得，偶然所得及其他所得应纳税额的计算

（1）利息、股息、红利所得，偶然所得和其他所得，以每次收入额全额为应纳税所得额。

（2）对个人投资者从上市公司取得的股息、红利所得，自 2005 年 6 月 13 日起暂减按 50%计入个人应纳税所得额，依照现行税法规定计征个人所得税。储蓄存款利息适用税率，2007 年 8 月 15 日前为 20%，自 2007 年 8 月 15 日起为 5%，2008 年 10 月 9 日起暂免征。

（3）利息、股息、红利所得，偶然所得及其他所得应纳税额的计算公式如下。

应纳税额 = 应纳税所得额 × 适用税率

= 每次收入额 × 20%

七、个人所得税计算的特殊问题

1．个人捐赠与资助

（1）个人捐赠。个人将其所得通过中国境内的社会团体、国家机关向教育和其他社会公益事业及遭受严重自然灾害地区、贫困地区捐赠，捐赠额未超过纳税义务人申报的应纳税所得额 30%的部分，可以从其应纳税所得额中扣除。

个人通过非营利的社会团体和国家机关向农村义务教育、红十字事业、公益性未成年人校外活动场所的捐赠，准予在缴纳个人所得税前的所得额中全额扣除。农村义务教育的范围，是政府和社会力量举办的农村乡镇（不含县及县政府所在地的镇）、村的小学和初中及属于这一阶段的特殊教育学校。

案例 10-12

陈某在参加商场的中奖销售过程中，中奖所得共计价值 20 000 元。陈某领奖时告知商场，从中奖收入中拿出 4 000 元通过教育部门向某希望小学捐赠。

解析

① 按税法相关规定，陈某的捐赠额可以全部从应纳税所得额中扣除（因为 4 000 ÷ 20 000 = 20%，小于捐赠扣除比例 30%）。

② 陈某的中奖收入的应纳税所得额=偶然所得−捐赠额=20 000−4 000=16 000（元）。

③ 应纳税额（即商场代扣代缴的税款）= 16 000 × 20% = 3 200（元）。

④ 陈某实际可得金额 = 20 000−4 000−3 200 = 12 800（元）。

（2）个人资助。个人的所得（不含偶然所得和经国务院财政部门确定征税的其他所得）用于资助非关联的科研机构和高等学校研究开发新产品、新技术、新工艺所发生的研究开发经费，经主管税务机关确定，可以全额在下月（工资、薪金所得）、下次（按次计征的所得）或当年（按年计征的所得）计征个人所得税时，从应纳税所得额中扣除；不足以抵扣的，不得结转抵扣。

2．个人取得全年一次性奖金等计算征收个人所得税的方法

全年一次性奖金是指行政机关、企事业等扣缴义务人根据全年经济效益和对雇员全年工作业绩的综合考核情况，向雇员发放的一次性奖金。一次性奖金也包括年终加薪及实行年薪制和绩效工资办法的单位根据考核情况兑现的年薪和绩效工资。

纳税人取得全年一次性奖金，应单独作为 1 个月工资、薪金所得计算纳税，自 2005 年 1 月 1 日起按以下计税办法，由扣缴义务人发放时代扣代缴。

（1）先将雇员当月取得的全年一次性奖金，除以 12 个月，按其商数确定适用税率和速算扣除数。

如果在发放年终一次性奖金的当月，雇员的工资薪金所得低于税法规定的费用扣除额，应将全年一次性奖金减除“雇员当月工资薪金所得与费用扣除数的差额”后的余额，按上述办法确定全年一次性奖金的适用税率和速算扣除数。

（2）将雇员个人当月内取得的全年一次性奖金，按上述第（1）项确定的适用税率和速算扣除数计算征税，计算公式如下。

① 如果雇员当月工资薪金所得高于（或等于）税法规定的费用扣除额的，适用公式如下。

应纳税额 = 雇员当月取得全年一次性奖金 × 适用税率−速算扣除数

② 如果雇员当月工资薪金所得低于税法规定的费用扣除额的，适用公式如下。

应纳税额 =（雇员当月取得全年一次性奖金−雇员当月工资薪金所得与费用扣除额的差额）× 适用税率−速算扣除数

（3）在一个纳税年度内，对每一个纳税人，该办法只允许采用一次。

（4）在实行年薪制和绩效工资的单位，个人取得年终兑现的年薪和绩效工资按上述第（2）条、

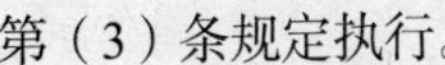

第（3）条规定执行。

（5）雇员取得除全年一次性奖金以外的其他各种名目的奖金，如半年奖、季度奖、加班奖、先进奖、考勤奖等，一律与当月工资、薪金收入合并，按税法规定缴纳个人所得税。

案例 10-13

中国公民马某2014年在我国境内1～12月每月的绩效工资为1 300元，12月31日又一次领取年终奖金（兑现的绩效）27 000元。请计算马某取得该笔奖金应缴纳的个人所得税。

解析

（1）按12个月分摊后，平均每月的奖金 =[27 000−（3 500−1 300）]÷12 = 2 066.67（元），根据工资、薪金7级超额累进税率的规定，适用的税率和速算扣除数分别为10%、105元。

（2）应纳税额=（奖金收入−当月工资与3 500差额）× 适用税率−速算扣除数

= [27 000−（3 500−1 300）] × 10%−105 = 2 375（元）。

3．在外商投资企业、外国企业和外国驻华机构工作的中方人员取得的工资、薪金所得的征税问题

在外商投资企业、外国企业和外国驻华机构工作的中方人员取得的工资、薪金收入，凡是由雇佣单位和派遣单位分别支付的，支付单位应按税法规定代扣代缴个人所得税。同时，税法规定，纳税义务人应以每月全部工资、薪金收入减除规定费用后的余额为应纳税所得额。为了有利于征管，对雇佣单位和派遣单位分别支付工资、薪金时，采取由支付者中的一方减除费用的方法，即只由雇佣单位在支付工资、薪金时，按税法规定减除费用，计算扣缴个人所得税；派遣单位支付的工资、薪金不再减除费用，以支付金额直接确定适用税率，计算扣缴个人所得税。

上述纳税人，应持两处支付单位提供的原始明细工资、薪金单和完税凭证原件，选择并固定到一地税务机关申报每月工资、薪金收入，汇算清缴其工资、薪金收入的个人所得税，多退少补。

案例 10-14

王某为一外商投资企业雇佣的中方人员。2014年5月，该外商投资企业支付给王某的薪金为7 200元，同月，王某还收到其所在的派遣单位发给的工资1 900元。请问：该外商投资企业、派遣单位应如何扣缴个人所得税？王某实际应缴个人所得税为多少？

解析

（1）外商投资企业应为王某扣缴的个人所得税如下。

扣缴税额 =（7 200−3 500）× 10%−105 = 265（元）。

（2）派遣单位应为王某扣缴的个人所得税如下。

扣缴税额 = 1 900 × 10%−105 = 85（元）。

（3）王某实际应缴的个人所得税如下。

应纳税额 =（7 200 + 1 900−3 500）× 20%−555 = 565（元）。

因此，在王某到税务机关申报时，还应补缴215元（565−265−85）。

4．境外所得的税额扣除

税法规定，居民纳税义务人从中国境外取得的所得，准予其在应纳税额中扣除已在境外缴纳的个人所得税税额。但扣除额不得超过该纳税义务人境外所得依照我国税法规定计算的应纳税额。

（1）税法所说的“已在境外缴纳的个人所得税税额”，是指纳税义务人从中国境外取得的所得，依照该所得来源国家或者地区的法律应当缴纳并且实际已经缴纳的税额。

（2）税法所说的依照“我国税法规定计算的应纳税额”，是指纳税义务人从中国境外取得的所得，区别不同国家或者地区和不同应税项目，依照我国税法规定的费用减除标准和适用税率计算的应纳税额；同一国家或者地区内不同应税项目，依照我国税法计算的应纳税额之和，为该国家或者地区的扣除限额。

纳税义务人在中国境外一个国家或者地区实际已经缴纳的个人所得税税额，低于依照上述规定计算出来的该国家或者地区扣除限额的，应当在中国缴纳差额部分的税款；超过该国家或者地区扣除限额的，其超过部分不得在本纳税年度的应纳税额中扣除，但是可以在以后纳税年度的该国家或者地区扣除限额的余额中补扣，补扣期限最长不得超过5年。

案例 10-15

某纳税人在同一纳税年度，从A、B两国取得应税收入。其中，在A国一公司任职取得工资、薪金收入69 600元（平均每月5 800元），因提供一项专利技术使用权，一次取得特许权使用费收入30 000元，该两项收入在A国缴纳个人所得税5 200元；因在B国出版著作，取得稿酬收入15 000元，并在B国缴纳该项收入的个人所得税1 720元。

要求：分析其抵扣计算方法。

解析

其抵扣计算方法如下。

（1）A国所纳个人所得税的抵减。

按照我国税法规定的费用减除标准和税率，计算该纳税义务人从A国取得的应纳税所得的应纳税额，该应纳税额即为抵减限额。

① 工资、薪金所得。该纳税义务人从A国取得的工资、薪金收入，应每月减除费用4 800元，其余额按9级超额累进税率表的适用税率计算应纳税额。

每月应纳税额 =（5 800−4 800）× 3%−0 = 30（元）。

全年应纳税额 = 30 × 12 = 360（元）。

② 特许权使用费所得。该纳税义务人从A国取得的特许权使用费收入，应减除20%的费用，其余额按20%的比例税率计算应纳税额。

应纳税额 = 30 000 ×（1−20%）× 20% = 4 800（元）。

根据计算结果，该纳税义务人从A国取得的应税所得在A国缴纳的个人所得税额的抵减限额为5 160元（360 + 4 800）。其在A国实际缴纳个人所得税5 200元，高于抵减限额，当年可以抵免税额为5 160元。

（2）B国所纳个人所得税的抵减。

按照我国税法的规定，该纳税义务人从B国取得的稿酬收入，其应纳税额的计算结果如下。

[15 000 ×（1−20%）× 20%] ×（1−30%）= 1 680（元）。

即其抵扣限额为1 680元。该纳税人的稿酬所得在B国实际缴纳个人所得税1 720元，超出抵减限额40元，不能在本年度扣除，但可在以后的5个纳税年度内从该国扣除限额的余额中补扣。

八、个人所得税的申报缴纳

个人所得税的纳税办法，有自行申报纳税和代扣代缴两种。

1．自行申报纳税

自行申报纳税，是由纳税人自行在税法规定的纳税期限内，向税务机关申报取得的应纳所得项目和数额，如实填写个人所得税纳税申报表，并按照税法规定计算应纳税额，据此缴纳个人所得税的一种方法。

（1）自行申报纳税的纳税义务人的范围。

① 年所得12万元以上的。

② 从中国境内两处或者两处以上取得工资、薪金所得的。

③ 从中国境外取得所得的。

④ 取得应税所得，没有扣缴义务人的。

⑤ 国务院规定的其他情形。

其中，年所得12万元以上的纳税人，无论取得的各项所得是否已足额缴纳了个人所得税，均应当按照国家有关规定，于纳税年度终了后向主管税务机关办理纳税申报。其他情形的纳税人，均应当按照自行申报纳税管理办法的规定，在取得所得后向主管税务机关办理纳税申报。

（2）自行申报纳税的申报期限。

① 年所得12万元以上的纳税人，在纳税年度终了后3个月内向主管税务机关办理纳税申报。

② 个体工商户的生产、经营所得应纳的税款，按年计算，分月预缴，由纳税义务人在次月15日内预缴，纳税年度终了后，纳税人在3个月内进行汇算清缴。

③ 纳税人年终一次性取得对企事业单位的承包经营、承租经营所得的，自取得所得之日起30日内办理纳税申报；在1个纳税年度内分次取得承包经营、承租经营所得的，在每次取得所得后的次月15日内申报预缴，纳税年度终了后3个月内汇算清缴。

④ 从中国境外取得所得的纳税人，在纳税年度终了后30日内向中国境内主管税务机关办理纳税申报。

（3）自行申报纳税的申报地点。

① 在中国境内有任职、受雇单位的，向任职、受雇单位所在地主管税务机关申报。

② 在中国境内有两处或者两处以上任职、受雇单位的，选择并固定向其中一处单位所在地主管税务机关申报。

③ 在中国境内无任职、受雇单位，年所得项目中有个体工商户的生产、经营所得或者对企事业单位的承包经营、承租经营所得（以下统称生产、经营所得）的，向其中一处实际经营所在地主管税务机关申报。

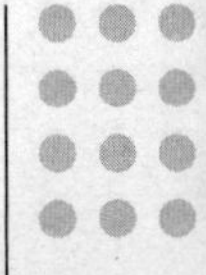

④ 在中国境内无任职、受雇单位，年所得项目中无生产、经营所得的，向户籍所在地主管税务机关申报。在中国境内有户籍，但户籍所在地与中国境内经常居住地不一致的，选择并固定向其中一地主管税务机关申报。在中国境内没有户籍的，向中国境内经常居住地主管税务机关申报。

⑤ 其他所得的纳税人，纳税申报地点分别如下。

- 从两处或者两处以上取得工资、薪金所得的，选择并固定向其中一处单位所在地主管税务机关申报。
- 从中国境外取得所得的，向中国境内户籍所在地主管税务机关申报。在中国境内有户籍，但户籍所在地与中国境内经常居住地不一致的，选择并固定向其中一地主管税务机关申报。在中国境内没有户籍的，向中国境内经常居住地主管税务机关申报。
- 个体工商户向实际经营所在地主管税务机关申报。

2．代扣代缴纳税

代扣代缴，是指按照税法规定负有扣缴税款义务的单位或者个人，在向个人支付应纳税所得时，应计算应纳税额，从其所得中扣出并缴入国库，同时向税务机关报送扣缴个人所得税报告表。这种方法，有利于控制税源、防止漏税和逃税。

（1）扣缴义务人。凡支付个人应纳税所得的企业（公司）、事业单位、机关、社团组织、军队、驻华机构、个体户等单位或者个人，为个人所得税的扣缴义务人。这里所说的驻华机构，不包括外国驻华使领馆和联合国及其他依法享有外交特权和豁免的国际组织驻华机构。

（2）代扣代缴的范围。扣缴义务人向个人支付下列所得，应代扣代缴个人所得税。

① 工资、薪金所得。

② 对企事业单位的承包经营、承租经营所得。

③ 劳务报酬所得。

④ 稿酬所得。

⑤ 特许权使用费所得。

⑥ 利息、股息、红利所得。

⑦ 财产租赁所得。

⑧ 财产转让所得。

⑨ 偶然所得。

⑩ 经国务院财政部门确定征税的其他所得。

扣缴义务人向个人支付应纳税所得（包括现金、实物和有价证券）时，不论纳税人是否属于本单位人员，均应代扣代缴其应纳的个人所得税税款。

3．代扣代缴期限

扣缴义务人每月所扣的税款，应当在次月15日内缴入国库，并向主管税务机关报送扣缴个人所得税报告表、代扣代收税款凭证和包括每一纳税人姓名、单位、职务、收入、税款等内容的个人收入明细表及税务机关要求报送的其他有关资料。

项目实施

王东华2015年3月应纳个人所得税税额计算。

（1）两处获得工资、薪金所得应纳个人所得税税额的计算。

雇佣单位代扣代缴个人所得税税额=（月工资、薪金所得−费用减除标准）×税率−速算扣除数
=（18 000−3 500）×25%−1 005 = 2 620（元）。

派遣单位代扣代缴个人所得税税额 = 月工资、薪金所得 × 税率−速算扣除数
= 3 000 × 10%−105 = 195（元）。

实际应纳个人所得税税额 =（月工资、薪金所得合计−费用减除标准）×税率−速算扣除数
=（18 000 + 3 000−3 500）×25%−1 005 = 3 370（元）。

王东华需自行申报的应纳税额 = 实际应纳个人所得税额−雇佣单位代扣代缴个人所得税额−派遣单位代扣代缴个人所得税额
= 3 370−2 620−195 = 555（元）。

（2）连载分别取得稿酬。

1 月扣缴的个人所得税 =（稿酬所得−费用减除标准）× 适用税率 ×（1−30%）
=（1 000−800）×20% ×（1−30%）= 28（元）。

2 月扣缴的个人所得税 =（1 200−800）×20% ×（1−30%）= 56（元）。

3 月扣缴的个人所得税 =（1 500−800）×20% ×（1−30%）= 98（元）。

1～3 月汇总应纳个人所得税 =（稿酬所得−费用减除标准）× 适用税率×（1−30%）
=（1 000+1 200+1 500−800）×20%×（1−30%）=406（元）。

王东华需自行申报的应纳税额 =1～3 月汇总应纳个人所得税−1 月扣缴的个人所得税额−2 月扣缴的个人所得税额−3 月扣缴的个人所得税额
= 406−28−56−98 = 224（元）。

（3）境外所得的抵减。

① A 国所纳个人所得税的抵减。

特许权使用费所得的抵减限额=（特许权使用费所得−费用减除标准）×适用税率
= 30 000 ×（1−20%）×20% = 4 800（元）。

王东华从 A 国取得的应税所得在 A 国缴纳的个人所得税额的抵减限额为 4 800 元，其在 A 国实际缴纳个人所得税 4 600 元，低于抵减限额，可以全额抵扣，并需在中国自行申报补缴差额部分的税款，即 200 元（4 800−4 600）。

② B 国所纳个人所得税的抵减。

稿酬所得的抵减限额 =（稿酬所得−费用减除标准）× 适用税率 ×（1−30%）
=15 000 ×（1−20%）×20% ×（1−30%）= 1 680（元）。

王东华的稿酬所得在 B 国实际缴纳个人所得税 1 720 元，超出抵减限额的 40 元（1 720−1 680），不能在本年度扣除，但可在以后 5 个纳税年度的该国减除限额余额中补扣。

综上所述，王东华在本纳税年度中的境外所得，应在中国补缴个人所得税 200 元，其在 B 国缴纳的个人所得税款未抵减的 40 元，可在我国税法规定的前提条件下补减。

根据王东华 2015 年 3 月的收入情况填列个人所得税纳税申报表，如表 10-7 所示。

表 10-7

个人所得税月份申报表

INDIVIDUAL INCOME TAX MONTHLY RETURN

纳税月份：自 2015 年 3 月 1 日至 2015 年 3 月 31 日
Taxable month：From____date____month____year
to____date____month____year

填表日期：2015 年 4 月 8 日
Data of filling：____ date____month____year
金额单位：人民币元
Monetary unit：RMB Yuan

纳税人识别号：Tax payer's Inentification number

根据《中华人民共和国个人所得税法》第九条的规定，制定本表，纳税人应在次月十五日内将税款缴入国库，并向当地税务机关报送本表。
This return is designed in accordance with the provisions of Article 9 of INDIVIDUAL INCOME TAX LAW OF THE PEOPLE'S REPUBLIC OF CHINA. The tax payers should turn tax over to the State Treasury, and file the return with the local tax authorities within seven days after the end of the taxable month.

纳税人姓名 Tax payer's name	王东华	国籍 Nationality	中华人民共和国	抵华日期 Date arrived in China	
在中国境内住址 Address in China	省、市、县、街道及号数（包括公寓号码）Street name and number (including number of apartment). 2 号楼 1 单元 502 公寓 Apartment　燕子山东路一号 街道 Street 济南市历下区 县/市 County/City　山东 省 Province				
在中国境内通讯地址（如非上述住址）Mailing address in China(if not the same as above)		邮编 Post code	250014	电话 Tel.number	0531-87230803
职业 Profession		服务单位 Employer		服务地点 Working location	

所得项目 Categaries of income	所得期间 Income period	收入额 Receipts 人民币 RMB	外币 Foreign currency 货币名称 Name of currency	金额 Amount	外汇牌价 Exchange rate	折合人民币 RMB converted into	人民币合计 Total	免税收入额 tax-free receipts	允许扣除的税费 deductible taxes and expenses	费用扣除标准 standard of expenses deductible	准予扣除的捐赠额 deductible donation	应纳税所得额 Taxable income	税率 Tax rate	速算扣除数 Quick calculation deduction	应纳税额 Income Tax	减免税额 tax reduction	已扣缴税款 Tax withheld	应补(退)税款 Amount of income tax due or over paid
工资薪金所得	2015-03	21 000.00					21 000.00			3 500.00		17 500.00	25%	1 005.00	3 370.00		2 815.00	555.00
稿酬所得	2015-03	3 700.00					3 700.00			800.00		2 900.00	20%		580.00	174.00	182.00	224.00

授权代理人 Authorized agent	(如果你已委托代理人，请填写下列资料) 为代理一切税务事宜，现授权________（地址）________为本人代理申报人，任何与本申报表有关的来往文件都可寄与此人。 授权人签字：________ (Fill out the following if you have appointed an ageut) For purposes of handling the tax affairs, I hereby authorize ________ (address)________ to act on behalf of myself. All documents concerned with this return may by posted to the agent. Signature:________	声明：Declaration	我声明：此纳税申报表是根据《中华人民共和国个人所得税法》的规定填报的，我确信它是真实的，可靠的，完整的。 声明人签字：________ I declare that this return has been completed according to INDIVIDUAL INCOME TAX LAW OF THE PEOPLE'S REPUBLIC OF CHINA. I believe that all statements contrined in this return are true, correct, and complete. Signature: ________

代理申报人（签字）：
Agent(Signature)：

纳税人（签字或盖章）
Tax payer(Signature or seal)：

以下由税务机关填写（For official use）

收到日期：	接收人：	审核日期：	主管税务机关盖章
审核记录			主管税务官员签字

国家税务总局监制. Made under supervision of State Administration of Taxation.

项目小结

在项目引入部分，以王东华 2015 年 3 月的纳税资料作为案例，提出了两大任务：计算各项所得应纳个人所得税税额；正确填写个人所得税纳税申报表。

在相关知识部分，介绍了完成上述任务需要掌握的理论知识。解读个人所得税法规，包括个人所得税纳税义务人、征税对象、税率、税收优惠；计算个人所得税应纳税额，包括工资薪金所得应纳税额的计算，个体工商户生产、经营所得应纳税额的计算，对企事业单位承包、承租经营所得应纳税额的计算，劳务报酬所得应纳税额的计算，稿酬所得应纳税额的计算，特许权使用费所得应纳税额的计算，财产租赁所得应纳税额的计算，财产转让所得应纳税额的计算，利息、股息、红利和偶然所得应纳税额的计算，个人所得税特殊计算方法；个人所得税的纳税申报方式。

在项目实施部分，在掌握了理论知识的基础上，较好地完成了第一部分提出的两大任务。

练习与实训

1．名词解释

个人所得税、居民纳税义务人、非居民纳税义务人、住所、习惯性居住地、居住满 1 年。

2．简答题

（1）居民纳税义务人和非居民纳税义务人有什么区别？

（2）个人所得税的计税依据是怎么确定的？

3．计算分析题

（1）中国公民李某为某外商投资企业的高级职员，2015 年每月工资收入 6 000 元，12 月取得年终奖 24 000 元，计算李某全年应纳个人所得税税额。

（2）中国公民王某利用业余时间为某单位进行一项工程设计，取得设计费收入 50 000 元，并将其中的 20 000 元通过民政部门捐赠给灾区，试计算其应纳个人所得税税额。

（3）张某是我国的一位医学专家，2015 年其每月工资收入 5 000 元，其中包括国务院特殊津贴 500 元。在 2015 年，张某与王某合作出书取得稿酬 24 000 元，两人约定好按 6：4 分成；张某为一制药厂提供一项专有技术，取得特许权使用费收入 50 000 元；张某为某医学院做报告，取得收入 3 000 元，该年度张某应邀出访美国和日本，在出访美国期间到某大学讲学获得收入 2 000 美元（假设 1 美元 = 7.7 元人民币），在美国该项所得已纳个人所得税 3 220 元；出访日本期间通过协商将其另一本专著翻译成日文，获得稿酬收入 50 万日元（假设 100 日元 = 7.5 元人民币），在日本该项所得已经缴纳个人所得税 3 750 元（不考虑其他的税费）。

请根据上述资料，依据《个人所得税法》的有关规定，计算下列问题。

（1）张某工资、薪金所得应纳个人所得税税额。

（2）张某稿酬收入应纳个人所得税税额。

（3）提供专有技术应纳个人所得税税额。

（4）为医学院做报告取得的收入应纳个人所得税税额。

（5）在美国和日本取得的收入在我国应补缴个人所得税税额。

（6）张某全年应纳个人所得税税额。

4．综合实训

【资料】 济南汇华公司在2015年3月15日支付陈洁、陈斌两位职员工资时已代扣其个人所得税，并填开代扣代收税款凭证给其作为完税凭证，在2015年3月16日向主管税务机关办理扣缴个人所得税报告表。陈洁的身份证号为370102197208075612，当月工资为5 000元，其中免税收入为400元；陈斌的身份证号为370102198012156659，当月工资为4 000元，其中免税收入为400元。

【要求】 填列扣缴个人所得税报告表，如表10-8所示。

表10–8 扣缴个人所得税报告表

扣缴义务人编码：

扣缴义务人名称（公章）：

金额单位：元（列至角分）

填表日期：　　年　　月　　日

序号	纳税人姓名	身份证照类型	身份证照号码	国籍	所得项目	所得期间	收入额	免税收入额	允许扣除的税费	费用扣除标准	准予扣除的捐赠额	应纳税所得额	税率(%)	速算扣除数	应扣税额	已扣税额	备注
1	2	3	4	5	6	7	8	9	10	11	12	13	14	15	16	17	18
			合　计							—	—	—	—	—			
扣缴义务人声明	我声明：此扣缴报告表是根据国家税收法律、法规的规定填报的，我确定它是真实的、可靠的、完整的。声明人签字：																

会计主管签字：　　负责人签字：　　如缴单位（或法定代表人）（签章）：

受理人（签章）：　　受理日期：　　年　　月　　日　　受理税务机关（章）：

国家税务总局监制

本表一式二份，一份扣缴义务人留存，一份报主管税务机关

单元测试题（四）

一、单项选择题

1.《中华人民共和国企业所得税法》自（　　）起开始实施。

A. 2007 年 1 月 1 日　　B. 2008 年 1 月 1 日

C. 2009 年 1 月 1 日　　D. 2007 年 7 月 1 日

2.《企业所得税法》规定，国家需要重点扶持的高新技术企业，减按（　　）的税率征收企业所得税。

A. 20%　　B. 10%　　C. 15%　　D. 25%

3. 除税收法律、行政法规另有规定外，居民企业以（　　）为纳税地点。

A. 机构所在地　　B. 经营所在地　　C. 企业登记注册地　　D. 户籍所在地

4. 在计算企业所得税应纳税所得额时，企业发生的下列项目不得从收入总额中扣除的是（　　）。

A. 营业税　　B. 消费税　　C. 印花税　　D. 企业所得税

5. 企业纳税年度发生的亏损，准予向以后年度结转，用以后年度的所得弥补，但结转年限最长不得超过（　　）年。

A. 1 年　　B. 3 年　　C. 5 年　　D. 10 年

6. 企业应当自月份或者季度终了之日起（　　）日内，向税务机关报送预缴企业所得税纳税申报表，预缴税款。

A. 10　　B. 15　　C. 20　　D. 30

7. 非居民企业取得（非居民企业在中国境内未设立机构、场所的，或者虽设立机构、场所但取得的所得与其所设机构、场所没有实际联系）的所得，适用税率为（　　）。

A. 20%　　B. 10%　　C. 15%　　D. 25%

8. 依据《企业所得税法》的规定，下列各项中按负担所得的所在地确定所得来源地的是（　　）。

A. 销售货物所得　　B. 权益性投资所得

C. 动产转让所得　　D. 特许权使用费所得

9. 下列关于固定资产计税基础的表述中，不正确的是（　　）。

A. 外购的固定资产，以购买价款和支付的相关税费以及直接归属于使该资产达到预定用途发生的其他支出为计税基础

B. 自行建造的固定资产，以交付使用前发生的支出为计税基础

C. 盘盈的固定资产，以同类固定资产的重置完全价值为计税基础

D. 融资租入的固定资产，租赁合同未约定付款总额的，以该资产的公允价值和承租人在签订租赁合同过程中发生的相关费用为计税基础

10. 下列各项中，依据《企业所得税法》的相关规定可计提折旧的生物资产是（　　）。

A. 经济林　　B. 防风固沙林　　C. 用材林　　D. 存栏待售牲畜

11. 根据《企业所得税法及其实施条例》的规定，下列属于长期待摊费用，按照规定摊销的，准予扣除的有（　　）。

A. 未足额提取折旧的固定资产的改建支出

B. 融资租入固定资产的改建支出

C. 固定资产的大修理支出

D. 开办费

12. 依据新的《企业所得税法》的规定，企业购买专用设备的投资额可按一定比例实行税额抵免，该设备应符合的条件是（　　）。

A. 用于创业投资　　B. 用于综合利用资源　　C. 用于开发新产品　　D. 用于环境保护

13. 依据新的《企业所得税法》的规定，扣缴义务人每次代扣的企业所得税税款，缴入国库的期限是自代扣之日起（　　）。

A. 3日内　　B. 5日内　　C. 7日内　　D. 10日内

14. 依据新的《企业所得税法》的规定，企业在年度中间终止经营活动的，向税务机关办理当期企业所得税汇算清缴的期限是自实际经营终止之日起（　　）。

A. 60日内　　B. 90日内　　C. 120日内　　D. 150日内

15. 某人接受一家公司委托，将外文资料译成中文。该人此项业务所得应按（　　）项目计算缴纳个人所得税。

A. 工资、薪金所得　　B. 劳务报酬所得

C. 稿酬所得　　D. 特许权使用费所得

16. 根据《个人所得税法》的规定，对个人转让有价证券取得的所得，应按（　　）项目计算征收个人所得税。

A. 股息、利息、红利所得　　B. 特许权使用费所得

C. 财产转让所得　　D. 其他所得

17. 张某与某单位签订承包经营招待所的协议。协议中规定，招待所的经营成果归发包单位所有；发包单位每年向张某支付报酬5万元，年终根据招待所的盈亏情况给予一定的奖励或处罚。对张某取得的所得，应按（　　）项目计算征收个人所得税。

A. 工资、薪金所得

B. 劳务报酬所得

C. 个体户的生产、经营所得

D. 对企事业单位的承包经营、承租经营所得

18. 对于财产租赁所得，其收入次数的确定办法是（　　）。

A. 以取得租金收入时为一次

B. 以一个月内取得的收入为一次

C. 以一年内取得的收入为一次

D. 以租赁期内取得的所有收入合并为一次

19. 根据《个人所得税法》的规定，对个体工商户从企业联营分得的利润，应按（　　）项目计算征收个人所得税。

A. 利息、股息、红利所得　　B. 个体工商户的生产、经营所得

C. 劳务报酬所得　　D. 财产转让所得

20. 根据税法规定，在中国境内无住所，但在一个纳税年度中在中国境内连续或者累计居住不超过（　　）的个人，其来源于中国境内的所得，由境外雇主支付并且不由该雇主在中国境内的机构、场所负担的部分，免予缴纳个人所得税。

A. 30 日　　B. 90 日　　C. 183 日　　D. 365 日

21. 某作家的一部小说在一家日报上连载两个月，每月稿酬金额为 1 500 元；同时，该作家将此部小说在一家出版社出版，稿酬金额为 8 000 元。该作家应纳个人所得税税额为（　　）。

A. 994 元　　B. 1 092 元　　C. 1 204 元　　D. 1 232 元

22. 李某系国内某单位职工，被派遣到某外资企业工作。外资企业每月应支付其工资额 3 000 元；原单位每月支付其 600 元。李某每月应纳个人所得税税额为（　　）。

A. 205 元　　B. 240 元　　C. 3 元　　D. 325 元

23. 企业每一纳税年度发生的符合条件的广告费和业务宣传费的扣除比例是（　　）。

A. 3%　　B. 5%　　C. 15%　　D. 25%

24. 企业应当自月份或者季度终了之日起（　　）内，向税务机关报送预缴企业所得税纳税申报表，预缴税款。

A. 15 日　　B. 7 日　　C. 10 日　　D. 20 日

25. 林木类生产性生物资产计提折旧的最低年限为（　　）。

A. 10 年　　B. 3 年　　C. 5 年　　D. 20 年

26. 下列所得应缴纳个人所得税的是（　　）。

A. 某大学教授获得国务院特殊津贴 8 000 元

B. 公民领取原提存的住房公积金 30 000 元

C. 在校学生参加勤工俭学活动的劳务报酬 1 500 元

D. 宣告破产的国有企业职工从企业取得的一次性安置费收入

二、多项选择题

1. 属于企业所得税纳税人的有（　　）。

A. 国有企业　　B. 外商投资企业和外国企业

C. 个人独资企业　　D. 股份制企业

2.《企业所得税法》规定的收入总额中不征税收入包括（　　）。

A. 接受捐赠的收入

B. 股息、红利等权益性投资收益

C. 财政拨款

D. 依法收取并纳入财政管理的行政事业性收费、政府性基金

3. 企业的下列支出中，可以在计算应纳税所得额时加计扣除的有（　　）。

A. 开发新技术、新产品、新工艺发生的研究开发费用

B. 安置残疾人员及国家鼓励安置的其他就业人员所支付的工资

C. 固定资产折旧

D. 无形资产摊销

4. 企业下列（　　）固定资产不得计算折旧扣除。

A. 房屋、建筑物以外未投入使用的固定资产

B. 以经营租赁方式租入的固定资产

C. 以融资租赁方式租出的固定资产

D. 已足额提取折旧仍继续使用的固定资产

5. 依据《企业所得税法》的规定，判定居民企业的标准有（　　）。

A. 登记注册地标准　　B. 所得来源地标准

C. 经营行为实际发生地标准　　D. 实际管理机构所在地标准

6. 按照《企业所得税法》的规定，下列属于居民企业的是（　　）。

A. 依法在中国境内成立的企业

B. 依照外国（地区）法律成立但实际管理机构在中国境内的企业

C. 依照外国（地区）法律成立且实际管理机构不在中国境内，但在中国境内设立机构、场所的企业

D. 在中国境内未设立机构、场所，但有来源于中国境内所得的企业

7. 根据《企业所得税法及实施条例》的规定，收入总额中为不征税收入的有（　　）。

A. 国债利息收入

B. 财政拨款

C. 符合条件的非营利组织的收入

D. 依法收取并纳入财政管理的行政事业性收费、政府性基金

8. 符合条件的小型微利企业，减按 20%的税率征收企业所得税。对于工业企业，小型微利企业的判断标准是（　　）。

A. 年度应纳税所得额不超过 30 万元　　B. 从业人数不超过 100 人

C. 从业人数不超过 80 人　　D. 资产总额不超过 3 000 万元

9.《企业所得税法》界定的营业代理人，是指具有下列（　　）之一的，受非居民企业委托，代理从事经营的公司、企业和其他经济组织或者个人

A. 经常代表委托人接洽采购业务，并签订购货合同，代为采购商品

B. 专门从事仓储、货栈的场所

C. 有权经常代表委托人签订销货合同或者接受订货

D. 经常代理委托人从事货物采购、销售以外的经营活动

10. 计算应纳税所得额时，下列（　　）不得扣除。

A. 企业所得税税款　　B. 税收滞纳金

C. 罚金、罚款和被没收财物的损失　　D. 公益性捐赠支出

11. 企业从事下列（　　）项目的所得，减半征收企业所得税。

A. 林木的培育和种植

B. 花卉、茶以及其他饮料作物和香料作物的种植

C. 牲畜、家禽的饲养

D. 海水养殖、内陆养殖

12. 我国个人所得税的纳税人，依据（　　）标准，区分为居民纳税人和非居民纳税人，分别承担不同的纳税义务。

A. 住所　　B. 国籍　　C. 居住时间　　D. 个人意愿

13. 根据《个人所得税法及其实施细则》的规定，下列人员属于居民纳税人的有（　　）。

A. 在中国大陆定居的中国公民

B. 在中国大陆定居的外国侨民

C. 具有中国国籍，但未在中国大陆定居且在一个纳税年度中在中国大陆居住不满 1 年的华侨

D. 不具有中国国籍，但在一个纳税年度中在中国大陆居住满 1 年的外籍人员

14. 纳税人取得的下列所得中，应按照利息、股息、红利所得项目计算征收个人所得税的有（　　）。

A. 参与单位集资取得的利息收入　　B. 取得的银行储蓄存款利息收入

C. 拥有股权取得的息金收入　　D. 转让有价证券取得的收益

15. 下列所得项目中，以每次收入减去 800 元或 20%的费用计算应纳税所得额并据以计算纳税的有（　　）。

A. 稿酬所得　　B. 财产转让所得

C. 特许权使用费所得　　D. 劳务报酬所得

16. 下列所得项目中，不减除费用，直接以每次的收入额为应纳税所得额计算缴纳个人所得税的有（　　）。

A. 财产租赁所得　　B. 利息、股息、红利所得

C. 偶然所得　　D. 特许权使用费所得

17. 下列人员中，其工资、薪金所得适用附加减除费用的有（　　）。

A. 在中国境内的外商投资企业和在外国企业中工作取得工资、薪金所得的外籍人员

B. 应聘在中国境内单位工作取得工资、薪金所得的外籍专家

C. 在中国境内的外国企业中工作取得工资、薪金所得的中方人员

D. 在中国境外任职或者受雇取得工资、薪金所得的中国公民

18. 下列关于稿酬所得次数的说法，正确的有（　　）。

A. 同一作品再版取得的所得，应与初版稿酬所得合并计算为一次

B. 同一作品在报刊上连载，以一个月内取得的收入为一次

C. 同一作品先在报刊上连载，然后再出版，应视为两次所得征税

D. 同一作品出版后，因添加印数而追加稿酬的，应与以前出版、发表时取得的稿酬合并计算为一次

19. 个人取得的有关科学、教育、技术、文化、卫生、体育、环境保护等方面的奖金，按税法规定免纳个人所得税的有（　　）。

A. 省级人民政府颁发的　　B. 市（地）级人民政府颁发的

C. 国务院各部委颁发的　　D. 外国组织颁发的

20. 下列情况中，应由纳税人自行申报纳税的有（　　）。

A. 从两处或两处以上取得工资、薪金所得的

B. 取得应纳税所得，没有扣缴义务人的

C. 取得应纳税所得，扣缴义务人未按规定扣缴税款的

D. 分笔取得属于一次劳务报酬所得、稿酬所得、特许权使用费所得、财产租赁所得的

21. 对于账册健全的个体工商户的生产、经营所得应纳的个人所得税，实行按年计算、分月预缴、年终汇算清缴的办法，其预缴、清缴税款的时间分别是（　　）。

A. 在次月 15 日内申报预缴

B. 在次月 10 日内申报预缴

C. 在年度终了后 3 个月内办理汇算清缴

D. 在年度终了后 4 个月内办理汇算清缴

22. 下列各项中，应按“个体工商户生产、经营所得”项目征税的有（　　）。

A. 个人因从事彩票代销业务而取得的所得

B. 个人因专利权被侵害而获得的经济赔偿所得

C. 私营企业的个人投资者以企业资本金为本人购买的汽车

D. 个人独资企业的个人投资者以企业资金为本人购买的住房

23. 下列个人收入，应按照“特许权使用费所得”项目缴纳个人所得税的有（　　）。

A. 个人取得的特许权经济赔偿收入

B. 作家公开拍卖自己的文字作品手稿复印件的收入

C. 电视剧编剧从任职的电视剧制作中心获得的剧本使用费收入

D. 教师自行举办培训班取得的收入

24. 非居民纳税人的下列收入中，应在中国按规定计算缴纳个人所得税的有（　　）。

A. 在中国境内任职取得的工资、薪金收入

B. 出租境外房屋而取得的收入

C. 从我国境内的外商投资企业取得的红利收入

D. 将专利权转让给中国境内企业使用而取得的特许权使用费收入

25. 依据个人所得税的相关规定，下列各项公益、救济性捐赠支出准予税前全额扣除的有（　　）。

A. 通过非营利性的社会团体向红十字事业的捐赠

B. 通过国家机关向农村义务教育的捐赠

C. 通过非营利性的社会团体对新建公益性青少年活动场所的捐赠

D. 通过非营利性的社会团体向重点文物保护单位的捐赠

26. 下列与个人任职有关的收入中，可按全年一次性奖金的计税方法计算缴纳个人所得税的

有（ ）。

A. 年终加薪

B. 与单位解除劳动关系而取得的一次性补偿收入

C. 实行年薪制而兑现的年薪

D. 实行绩效工资办法兑现的绩效工资

27. 下列各项中，免征或暂免征收个人所得税的有（ ）。

A. 个人取得的保险赔款

B. 军人的转业安置费

C. 国家金融债券利息收入

D. 外籍个人以现金形式取得的住房补贴和伙食补贴

三、判断题

1. 企业发生的公益性捐赠支出，在年度利润总额 12%以内的部分，准予在计算应纳税所得额时扣除 （ ）

2. 居民企业应当就其来源于中国境内、境外的所得缴纳企业所得税。 （ ）

3. 非居民企业取得（非居民企业在中国境内未设立机构、场所的，或者虽设立机构、场所但取得的所得与其所设机构、场所没有实际联系）的所得，适用税率为 10%。 （ ）

4. 企业在汇总计算缴纳企业所得税时，其境外营业机构的亏损不得抵减境内营业机构的盈利。 （ ）

5. 无形资产按照直线法计算摊销费用，摊销年限一律不得低于 10 年。 （ ）

6. 非居民企业在中国境内设立的机构、场所不包括经常代其签订合同，或者储存、交付货物的营业代理人。 （ ）

7. 企业固定资产采取缩短折旧年限方法的，最低折旧年限不得低于规定折旧年限的 50%；采取加速折旧方法的，可以采取双倍余额递减法或者年数总和法。 （ ）

8. 居民企业技术转让所得不超过 500 万元的部分，免征企业所得税；超过 500 万元的部分，全额征收企业所得税。 （ ）

9. 个人通过中国境内的社会团体、国家机关，将其所得捐赠给教育和其他公益事业以及遭受严重自然灾害地区、贫困地区的，在计算个人所得税时，不受比例限制，可在税前据实扣除。 （ ）

10. 个体工商户和从事生产、经营的个人取得的各项所得，不论与其生产、经营活动有无关系，一律并入其生产、经营所得，按“个体工商户的生产、经营所得”项目计算缴纳个人所得税。 （ ）

11. 从事对企事业单位承包经营或承租经营的个人，在一个纳税年度中，承包经营或承租经营期限不足一年的，应以其实际经营期为纳税年度。 （ ）

12. 两个或两个以上个人共同取得同一项所得的，应先就其全部收入减除费用计算征收个人所得税；然后将其税后所得在各纳税人之间进行分配。 （ ）

13. 企业和个人按照国家或地方政府规定的比例提取并向指定金融机构实际交付的住房公积金、医疗保险金、基本养老保险金，应计入个人当期工资、薪金的收入，计算征收个人所得税。 （ ）

14. 凡向个人支付应纳税所得（包括现金、实物和有价证券）的单位和个人，不论是向本单位人员支付的，还是向其他人员支付的，均应在支付时代扣代缴其应纳的个人所得税税款。（ ）

15. 个人按月从单位取得的通信费补贴应全额计入当月的工资薪金所得计税，不得扣除任何费用。（ ）

16. 同一作品在报刊上连载取得收入的，以连载完成后取得的所有收入合并为一次，计征个人所得税。（ ）

17. 特许权使用费所得，是指个人提供专利权、商标权、著作权、非专利技术以及其他特许权的使用权取得的所得。提供著作权的使用权取得的所得，包括稿酬的所得。（ ）

18. 财产租赁所得，允许扣除修缮费用，每次800元，一次扣除不完，可以在下次继续扣除。（ ）

19. 对个人转让自用达5年以上的家庭居住用房取得的所得，可以免征个人所得税。（ ）

四、计算题

1. 王某（中国公民）2015年12月取得收入情况如下。

（1）取得工资收入2 200元，年终奖金4 800元。

（2）取得利息收入5 000元，其中，国库券到期利息3 000元，本单位兑现集资利息2 000元。

（3）应邀到某单位培训职工，收入2 500元。

（4）出版一部专著，稿费金额6 000元。

请根据税法规定计算王某12月应纳的个人所得税税额。

2. 孙某（中国公民）系某单位职工，2015年10月取得收入情况如下。

（1）工资收入1 100元，奖金800元。

（2）接受某学校委托，为其校歌谱曲，收入600元。

（3）将以前所谱写的乐曲汇成专辑，由某出版社出版，稿酬4 000元。

（4）发生财产损失，保险公司赔款2 000元。

（5）在商场有奖销售过程中，中奖金额200元。

（6）个人创作的一部作品，在县文化部门举办的优秀作品评选中获特等奖，奖金1 500元。

请根据税法规定计算孙某10月应纳个人所得税税额。

3. 2015年度某企业会计报表上的利润总额为100万元，已累计预缴企业所得税25万元。该企业2015年度其他有关情况如下。

（1）发生的公益性捐赠支出18万元。

（2）开发新技术的研究开发费用20万元。

（3）直接向某足球队捐款35万元。

（4）支付诉讼费2.3万元。

（5）支付违反交通法规的罚款0.8万元。

要求：（1）计算该企业公益性捐赠支出所得税前纳税调整额。

（2）计算该企业研究开发费用所得税前扣除数额。

（3）计算该企业 2015 年度应纳税所得额。

（4）计算该企业 2015 年度应纳所得税税额。

（5）计算该企业 2015 年度应汇算清缴的所得税税额。

五、综合题

某市卷烟厂为增值税一般纳税人，职工人数年均 70 人，资产总额 2 500 万元。2015 年度有关生产经营情况如下。

（1）年初库存外购已税烟丝 10 吨，每吨单价 0.8 万元，共计金额 8 万元；当年内又购进已税烟丝 50 吨，每吨不含税单价 0.8 万元，取得销售方开具的增值税专用发票，以银行存款支付购货金额 40 万元、增值税额 6.8 万元，烟丝全部验收入库；采购烟丝的过程中共计以银行存款支付运输费用 2 万元，取得运输单位开具的普通发票。

（2）当年生产领用烟丝 45 万元；销售卷烟 120 标准箱给某大型商场，向购买方开具了增值税专用发票，取得销售金额 300 万元，增值税税额 51 万元；经批准销售卷烟 8 标准箱给使用单位和消费者个人，开具普通发票，取得销售收入 23.4 万元。

（3）当年卷烟销售成本共计 120 万元；财务费用 10 万元。

（4）发生管理费用 20 万元（管理费用中含业务招待费 4 万元）。

（5）销售费用 10 万元（含广告费 8 万元）。

（6）计入成本、费用的实发工资费用 150 万元和计提的 3 项经费 37.5 万元。3 项经费的具体情况如下：计提工会经费 3 万元，已取得专用收据；计提福利费 30 万元，实际发生 28 万元；计提教育经费 4.5 万元，实际发生 3 万元。

（7）营业外支出 20 万元，其中，被工商部门行政罚款 6 万元，向本厂困难职工直接捐赠 4 万元，通过民政部门向贫困地区捐赠 10 万元。

（8）“投资收益”账户表明有来源于全资子公司的投资收益 27 万元（子公司适用的企业所得税税率为 25%）。

（9）2014 年经税务机关审核的经营损失为 7.3 万元。

（烟丝消费税税率为 30%，卷烟消费税税率为 56%、每标准箱定额征收消费税 150 元）

要求：按下列顺序回答问题，每步均为共计金额。

（1）计算本年度应缴纳的增值税。

（2）计算本年度应缴纳的消费税。

（3）计算本年度应缴纳的城市维护建设税和教育费附加。

（4）计算该企业 2015 年收入总额。

（5）计算业务招待费和广告费应调整的应纳税所得额。

（6）计算工资费用以及职工工会经费、职工福利费和职工教育经费应调整的应纳税所得额。

（7）计算所得税前准予扣除的公益性捐赠。

（8）计算该企业境内生产经营所得应纳税所得额。

（9）计算该企业汇算清缴应缴纳的企业所得税税额。

项目十一 税收征收管理与税务行政法制

知识目标

- 了解税收征管法的概念和基本内容；
- 了解违反税法的法律责任；
- 了解税务争议的解决途径。

能力目标

- 能够运用征管法的相关规定，分析现实问题。

项目引入

【资料】 2015 年 5 月 8 日，群众举报 A 县某宾馆采取发票开大头小尾的方式进行偷税。该县地税局遂立案检查。5 月 9 日县地税局派人对其依法实施了检查，查实其偷税 4 500 元的事实。A 县地税局遂于 5 月 15 日依法做出补缴税款、加收滞纳金及处以所偷税款 4 倍罚款的决定。该宾馆不服，于 5 月 20 日依法向市地税局申请行政复议。6 月 10 日，复议机关经审理后，做出维持原具体行政行为的复议决定（本题不考虑发票违法行为的处理）。

【要求】 ①请说明税务机关实施检查时应遵循的相关规定；②请说明税务机关实施行政处罚的程序；③请回答宾馆对地税局的处理决定不服，是否可无条件地向市地税局申请行政复议；④请回答宾馆对市地税局的复议决定不服，应以谁为被告提出行政诉讼。

相关知识

一、税收征收管理法认知

1. 税收征收管理法的概念

税收征收管理是指税务机关代表国家行使征税权，指导纳税人履行纳税义务，对日常税收活动依法进行组织、管理、监督和检查的活动。

税收征收管理法是有关税收征收管理法律规范的总称，包括税收征收管理法及税收征收管理的有关法律、法规和规章。其目的是为了加强税收征收管理，规范税收征收和缴纳活动，保障国家税收收入，保护纳税人的合法权益，促进经济和社会的发展。税收征收管理法律制度的颁布和实施，对依法进行税收征管、保证征纳双方的权利和义务具有重要意义。

中国现行税收征收管理的基本法律依据是2001年4月28日第九届全国人民代表大会常务委员会第21次会议修订的《中华人民共和国税收征收管理法》(以下简称《征管法》)、2002年7月9日国务院公布修订的《中华人民共和国税收征收管理法实施细则》(以下简称《实施细则》)及《刑法》等法律和行政法规。

2．税收征收管理法的适用范围

我国税收的征收机关有税务、海关、财政等部门，《征管法》只适用于由税务机关征收的各种税收的征收管理，由财政部门征收和由海关代征的税种不属于《征管法》的适用范围。

农税征收机关负责耕地占用税、契税的征收管理，由国务院另行规定，目前是参照《征管法》的有关规定执行。关税及海关代征税收的征收管理，适用其他法律、法规的规定。

值得注意的是，目前还有一部分费由税务机关征收，如教育费附加。这些费不适用《征管法》，不能采取《征管法》规定的措施，其具体管理办法由各种费的条例和规章决定。

3．税收征收管理法的遵守主体

(1)税务行政主体——税务机关。《征管法》明确规定了税务机关是税收征收管理的行政主体，也是《征管法》的遵守主体。税务机关是指各级税务局、税务分局、税务所和按照国务院规定设立的并向社会公告的税务机构。其中，国务院税务主管部门主管全国的税收征收管理工作，各地国家税务局和地方税务局应当按照国务院规定的税收征收管理范围分别进行征收管理。

(2)税务行政管理相对人——纳税人、扣缴义务人和其他有关单位。纳税人、扣缴义务人和其他有关单位是税务行政管理的相对人，是《征管法》的遵守主体，必须按照《征管法》的有关规定接受税务管理，享受合法权益。法律、行政法规规定负有纳税义务的单位和个人为纳税人。法律、行政法规规定负有代扣代缴、代收代缴税款义务的单位和个人为扣缴义务人。纳税人、扣缴义务人必须依照法律、行政法规的规定缴纳税款、代扣代缴、代收代缴税款。

(3)有关单位和部门。包括地方各级人民政府在内的有关单位和部门同样是《征管法》的遵守主体，必须遵守《征管法》的有关规定。地方各级人民政府应当依法加强对本行政区域内税收征收管理工作的领导或者协调，支持税务机关依法执行职务，依照法定税率计算税额，依法征收税款。各有关部门和单位应当支持、协助税务机关依法执行职务。

4．税收征收管理权利和义务的设定

(1)税务机关和税务人员的权利和义务。

① 税务机关和税务人员的权利。

- 负责税收征收管理工作。
- 税务机关依法执行职务，任何单位和个人不得阻挠。

② 税务机关和税务人员的义务。

• 税务机关应当广泛宣传税收法律、行政法规，普及纳税知识，无偿地为纳税人提供纳税咨询服务。

• 税务机关应当加强队伍建设，提高税务人员的政治业务素质。

• 税务机关、税务人员必须秉公执法、忠于职守、清正廉洁、礼貌待人、文明服务，尊重和保护纳税人、扣缴义务人的权利，依法接受监督。

• 税务人员不得索贿受贿、徇私舞弊、玩忽职守、不征或者少征应征税款；不得滥用职权多征税款或者故意刁难纳税人和扣缴义务人。

• 各级税务机关应当建立、健全内部制约和监督管理制度。

• 上级税务机关应当对下级税务机关的执法活动依法进行监督。

• 各级税务机关应当对其工作人员执行法律、行政法规和廉洁自律准则的情况进行监督检查。

• 税务机关负责征收、管理、稽查、行政复议的人员的职责应当明确，并相互分离、相互制约。

• 税务机关应为检举人保密，并按照规定给予奖励。

税务人员在核定应纳税额、调整税收定额、进行税务检查、实施税务行政处罚、办理税务行政复议时，与纳税人、扣缴义务人或者其法定代表人、直接责任人有下列关系之一的，应当回避：夫妻关系、直接血亲关系、三代以内旁系血亲关系、近姻亲关系、可能影响公正执法的其他关系。

（2）纳税人、扣缴义务人的权利与义务。

① 纳税人、扣缴义务人的权利如下。

• 纳税人、扣缴义务人有权向税务机关了解国家税收法律、行政法规的规定及与纳税程序有关的情况。

• 纳税人、扣缴义务人有权要求税务机关为纳税人、扣缴义务人的情况保密。保密是指纳税人、扣缴义务人的商业秘密及个人隐私。纳税人、扣缴义务人的税收违法行为不属于保密范围。

• 纳税人依法享有申请减税、免税、退税的权利。

• 纳税人、扣缴义务人对税务机关所做出的决定，享有陈述权、申辩权；依法享有申请行政复议、提起行政诉讼、请求国家赔偿等权利。

• 纳税人、扣缴义务人有权控告和检举税务机关、税务人员的违法违纪行为。

② 纳税人、扣缴义务人的义务如下。

• 纳税人、扣缴义务人必须依照法律、行政法规的规定缴纳税款、代扣代缴、代收代缴税款。

• 纳税人、扣缴义务人和其他有关单位应当按照国家有关规定如实向税务机关提供与纳税和代扣代缴、代收代缴税款有关的信息。

• 纳税人、扣缴义务人和其他有关单位应当接受税务机关依法进行的税务检查。

（3）地方各级人民政府、有关部门和单位的权利与义务。

① 地方各级人民政府、有关部门和单位的权利如下。

• 地方各级人民政府应当依法加强对本行政区域内税收征收管理工作的领导或者协调，支持税务机关依法执行公务，依照法定税率计算税额，依法征收税款。

- 各有关部门和单位应当支持、协助税务机关依法执行公务。
- 任何单位和个人都有权检举违反税收法律、行政法规的行为。

② 地方各级人民政府、有关部门和单位的义务如下。

- 任何机关、单位和个人不得违反法律、行政法规的规定，擅自做出税收开征、停征及减税、免税、退税、补税和其他与税收法律、行政法规相抵触的决定。
- 接受违反税收法律、行政法规行为检举的机关和负责查处的机关应当为检举人保密。

5．税收征收管理的主要内容

（1）税务管理。税务管理，也称税收基础管理，是为了保证税款的顺利征收所做的一些基础性工作，是税款征收的前提。税务管理主要包括税务登记管理、账簿和凭证管理及纳税申报管理。

（2）税款征纳。税款征纳，是指税款入库的过程。从征税机关的角度看，它是征税机关依照法律、法规的规定征收税款的过程；从纳税人的角度看，它是纳税人或扣缴义务人按照法律、法规的规定缴纳税款的过程。

（3）发票管理。发票管理，是指税务机关按照法律、行政法规的规定，对发票的印制、领购、开具、取得、保管和缴销等方面所进行的管理。

（4）税务检查。税务检查，是指税务机关为了减少税款的流失，根据税收法律、法规及相关的财务会计制度的规定，对纳税人履行纳税义务、扣缴义务人履行扣缴义务的情况所进行的检查和监督。

（5）法律责任。法律责任是指纳税人、扣缴义务人不能正确履行义务、发生违法行为时所应承担的法律后果。为了维护税法的权威，保证国家税收收入的及时、足额入库，当纳税人、扣缴义务人不能正确履行义务、发生违法行为时，应对其采取一定的制裁措施。根据情节的轻重，法律责任可划分为违反税法规定的行政处罚和危害税收征管罪。

（6）税收争议的解决。税收争议的解决，是作为征管方的税务机关与纳税人、扣缴义务人、纳税担保人等相对人在税款征收过程中所发生的一些争议予以解决的方式。针对不同情形可采取税务行政复议或税务行政诉讼的方式解决，当税务机关的行为不当，给纳税相对人造成损失时，纳税相对人有权要求税务机关予以赔偿。

以上6项内容中，税务管理、税款征纳、发票管理和税务检查等已经在项目二“企业纳税程序认知”和其他项目中做了说明，这里主要对违反税法的法律责任和税收争议的解决做出介绍。

二、违反税法的法律责任认知

1．违反税务管理基本规定行为的处罚

（1）根据《征管法》第六十条和《实施细则》第九十条规定：纳税人有下列行为之一的，由税务机关责令其限期改正，可以处二千元以下的罚款；情节严重的处二千元以上一万元以下的罚款。

① 未按照规定的期限申报办理税务登记、变更或者注销登记的。

② 未按照规定设置、保管账簿或者保管记账凭证和有关资料的。

③ 未按照规定将财务、会计制度或者财务、会计处理办法和会计核算软件报送税务机关备查的。

④ 未按照规定将其全部银行账号向税务机关报告的。

⑤ 未按照规定安装、使用税控装置，或者损毁或擅自改动税控装置的。

⑥ 纳税人未按照规定办理税务登记证件验证或者换证手续的。

（2）纳税人不办理税务登记的，由税务机关责令其限期改正；逾期不改正的，由工商行政管理机关吊销其营业执照。

（3）纳税人未按照规定使用税务登记证件，或者转借、涂改、损毁、买卖、伪造税务登记证件的，处二千元以上一万元以下的罚款；情节严重的，处一万元以上五万元以下的罚款。

2．扣缴义务人违反账簿、凭证管理的处罚

《征管法》第六十一条规定：扣缴义务人未按照规定设置、保管代扣代缴、代收代缴税款账簿或者保管代扣代缴、代收代缴税款记账凭证及有关资料的，由税务机关责令限期改正，可以处二千元以下的罚款；情节严重的，处二千元以上五千元以下的罚款。

3．纳税人、扣缴义务人未按规定进行纳税申报的法律责任

《征管法》第六十二条规定：纳税人未按照规定的期限办理纳税申报和报送纳税资料的，或者扣缴义务人未按照规定的期限向税务机关报送代扣代缴、代收代缴税款报告表和有关资料的，由税务机关责令限期改正，可以处二千元以下的罚款；情节严重的，可以处二千元以上一万元以下的罚款。

4．对偷税的认定及其法律责任

（1）《征管法》第六十三条规定，纳税人伪造、变造、隐匿、擅自销毁账簿、记账凭证，或者在账簿上多列支出或者不列、少列收入，或者经税务机关通知申报而拒不申报或者进行虚假的纳税申报，不缴或者少缴应纳税款的，是偷税。对纳税人偷税的，由税务机关追缴其不缴或者少缴的税款、滞纳金，并处不缴或者少缴的税款百分之五十以上五倍以下的罚款；构成犯罪的，依法追究刑事责任。

扣缴义务人采取前款所列手段，不缴或者少缴已扣、已收税款，由税务机关追缴其不缴或者少缴的税款、滞纳金，并处不缴或者少缴的税款百分之五十以上五倍以下的罚款；构成犯罪的，依法追究刑事责任。

（2）《刑法》第二百零一条规定：纳税人采取伪造、变造、隐匿、擅自销毁账簿、记账凭证，在账簿上多列支出或者不列、少列收入，经税务机关通知申报而拒不申报或者进行虚假的纳税申报，不缴或者少缴应纳税款，偷税数额占应纳税额的百分之十以上不满百分之三十并且偷税数额在一万元以上不满十万元的，或者因偷税被税务机关给予二次行政处罚又偷税的，处三年以下有期徒刑或者拘役，并处偷税数额一倍以上五倍以下罚金；偷税数额占应纳税额的百分之三十以上并且偷税数额在十万元以上的，处三年以上七年以下有期徒刑，并处偷税数额一倍以上五倍以下罚金。

扣缴义务人采取前款所列手段，不缴或者少缴已扣、已收税款，数额占应缴税额的百分之十上并且数额在一万元以上的，依照前款的规定处罚。

对多次犯有前两款行为，未经处理的，按照累计数额计算。

5．进行虚假申报或不进行申报行为的法律责任

《征管法》第六十四条规定：纳税人、扣缴义务人编造虚假计税依据的，由税务机关责令限期改正，并处五万元以下的罚款。

纳税人不进行纳税申报，不缴或者少缴应纳税款的，由税务机关追缴其不缴或者少缴的税款、滞纳金，并处不缴或者少缴税款百分之五十以上五倍以下的罚款。

6．逃避追缴欠税的法律责任

《征管法》第六十五条规定：纳税人欠缴应纳税款，采取转移或者隐匿财产的手段，妨碍税务机关追缴欠缴的税款的，由税务机关追缴欠缴的税款、滞纳金，并处欠缴税款百分之五十以上五倍以下的罚款；构成犯罪的，依法追究刑事责任。

《刑法》第二百零三条规定：纳税人欠缴应纳税款，采取转移或者隐匿财产的手段，致使税务机关无法追缴欠缴的税款，数额在一万元以上不满十万元的，处三年以下有期徒刑或者拘役，并处或者单处欠缴税款一倍以上五倍以下罚金；数额在十万元以上的，处三年以上七年以下有期徒刑，并处欠缴税款一倍以上五倍以下罚金。

7．骗取出口退税的法律责任

《征管法》第六十六条规定：以假报出口或者其他欺骗手段，骗取国家出口退税款的，由税务机关追缴其骗取的退税款，并处骗取税款一倍以上五倍以下的罚款；构成犯罪的，依法追究刑事责任。对骗取国家出口退税款的，税务机关可以在规定期间内停止为其办理出口退税。

《刑法》第二百零四条规定：以假报出口或者其他欺骗手段，骗取国家出口退税款，数额较大的，处五年以下有期徒刑或者拘役，并处骗取税款一倍以上五倍以下罚金；数额巨大或者有其他严重情节的，处五年以上十年以下有期徒刑，并处骗取税款一倍以上五倍以下罚金；数额特别巨大或者有其他特别严重情节的，处十年以上有期徒刑或者无期徒刑，并处骗取税款一倍以上五倍以下罚金或者没收财产。

8．抗税的法律责任

《征管法》第六十七条规定：以暴力、威胁方法拒不缴纳税款的，是抗税，除由税务机关追缴其拒缴的税款、滞纳金外，依法追究刑事责任。情节轻微，未构成犯罪的，由税务机关追缴其拒缴的税款、滞纳金，并处拒缴税款一倍以上五倍以下的罚款。

《刑法》第二百零二条规定：以暴力、威胁方法拒不缴纳税款的，处三年以下有期徒刑或者拘役，并处拒缴税款一倍以上五倍以下罚金；情节严重的，处三年以上七年以下有期徒刑，并处拒缴税款一倍以上五倍以下罚金。

9．在规定期限内不缴或者少缴税款的法律责任

《征管法》第六十八条规定：纳税人、扣缴义务人在规定期限内不缴或者少缴应纳或者应解缴的税款，经税务机关责令限期缴纳，逾期仍未缴纳的，税务机关除依照本法第四十条规定采取强制执行措施追缴其不缴或者少缴的税款外，可以处不缴或者少缴税款百分之五十以上五倍以下的罚款。

10．扣缴义务人不履行扣缴义务的法律责任

《征管法》第六十九条规定：扣缴义务人应扣未扣、应收而不收税款的，由税务机关向纳税人追缴税款，对扣缴义务人处应扣未扣、应收未收税款百分之五十以上三倍以下的罚款。

11．不配合税务机关依法检查的法律责任

(1)《征管法》第七十条规定：纳税人、扣缴义务人逃避、拒绝或者以其他方式阻挠税务机关

检查的，由税务机关责令改正，可以处一万元以下的罚款；情节严重的，处一万元以上五万元以下的罚款。

逃避、拒绝或者以其他方式阻挠税务机关检查的情形如下。

① 提供虚假资料，不如实反映情况，或者拒绝提供有关资料的。

② 拒绝或者阻止税务机关记录、录音、录像、照相和复制与案件有关的情况和资料的。

③ 在检查期间，纳税人、扣缴义务人转移、隐匿、销毁有关资料的。

④ 有不依法接受税务检查的其他情形的。

（2）税务机关依照《征管法》第五十四条第（五）项的规定，到车站、码头、机场、邮政企业及其分支机构检查纳税人有关情况时，有关单位拒绝的，由税务机关责令改正，可以处一万元以下的罚款；情节严重的，处一万元以上五万元以下的罚款。

12．非法印制发票的法律责任

（1）《征管法》第七十一条规定：违反本法第二十二条规定，非法印制发票的，由税务机关销毁非法印制的发票，没收违法所得和作案工具，并处一万元以上五万元以下的罚款；构成犯罪的，依法追究刑事责任。

（2）《刑法》第二百零六条规定：伪造或者出售伪造的增值税专用发票的，处三年以下有期徒刑、拘役或者管制，并处二万元以上二十万元以下的罚金；数量较大或者有其他严重情节的，处三年以上十年以下有期徒刑，并处五万元以上五十万元以下的罚金；数量巨大或者有其他特别严重情节的，处十年以上有期徒刑或者无期徒刑，并处五万元以上五十万元以下的罚金或者没收财产。

伪造并出售伪造的增值税专用发票，数量特别巨大、情节特别严重、严重破坏经济秩序的，处无期徒刑或者死刑，并处没收财产。单位犯本条规定之罪的，对单位判处罚金，并对其直接负责的主管人员和其他直接责任人员，处三年以下有期徒刑、拘役或者管制；数量较大或者有其他严重情节的，处三年以上十年以下有期徒刑；数量巨大或者有其他特别严重情节的，处十年以上有期徒刑或者无期徒刑。

（3）《刑法》第二百零九条规定：伪造、擅自制造或者出售伪造、擅自制造的可以用于骗取出口退税、抵扣税款的其他发票的，处三年以下有期徒刑、拘役或者管制，并处二万元以上二十万元以下罚金；数量巨大的，处三年以上七年以下有期徒刑，并处五万元以上五十万元以下罚金；数量特别巨大的，处七年以上有期徒刑，并处五万元以上五十万元以下罚金或者没收财产。

伪造、擅自制造或者出售伪造、擅自制造的前款规定以外的其他发票的，处二年以下有期徒刑、拘役或者管制，并处或者单处一万元以上五万元以下的罚金；情节严重的，处二年以上七年以下有期徒刑，并处五万元以上五十万元以下的罚金。

（4）非法印制、转借、倒卖、变造或者伪造完税凭证的，由税务机关责令改正，处二千元以上一万元以下的罚款；情节严重的，处一万元以上五万元以下的罚款；构成犯罪的，依法追究刑事责任。

13．有税收违法行为而拒不接受税务机关处理的法律责任

《征管法》第七十二条规定：从事生产、经营的纳税人、扣缴义务人有本法规定的税收违法行为，拒不接受税务机关处理的，税务机关可以收缴其发票或者停止向其发售发票。

14．银行及其他金融机构拒绝配合税务机关依法执行职务的法律责任

（1）银行和其他金融机构未依照《征管法》的规定在从事生产、经营的纳税人的账户中登录税务登记证件号码，或者未按规定在税务登记证件中登录从事生产、经营的纳税人的账户账号的，由税务机关责令其限期改正，处二千元以上两万元以下的罚款；情节严重的，处两万元以上五万元以下的罚款。

（2）为纳税人、扣缴义务人非法提供银行账户、发票、证明或者其他方便，导致未缴、少缴税款或者骗取国家出口退税款的，税务机关除没收其违法所得外，可以处未缴、少缴或者骗取的税款一倍以下的罚款。

（3）《征管法》第七十三条规定：纳税人、扣缴义务人的开户银行或者其他金融机构拒绝接受税务机关依法检查纳税人、扣缴义务人存款账户，或者拒绝执行税务机关做出的冻结存款或者扣缴税款的决定，或者在接到税务机关的书面通知后帮助纳税人、扣缴义务人转移存款，造成税款流失的，由税务机关处十万元以上五十万元以下的罚款，对直接负责的主管人员和其他直接责任人员处一千元以上一万元以下的罚款。

15．擅自改变税收征收管理范围的法律责任

《征管法》第七十六条规定：税务机关违反规定擅自改变税收征收管理范围和税款入库预算级次的，责令限期改正，对直接负责的主管人员和其他直接责任人员依法给予降级或者撤职的行政处分。

16．不移送的法律责任

《征管法》第七十七条规定：纳税人、扣缴义务人有本法规定的第六十三条、第六十五条、第六十六条、第六十七条、第七十一条规定的行为涉嫌犯罪的，税务机关应当依法移送司法机关追究刑事责任。税务人员徇私舞弊，对依法应当移送司法机关追究刑事责任的不移送，情节严重的，依法追究刑事责任。

17．税务人员不依法行政的法律责任

《征管法》第八十条规定：税务人员与纳税人、扣缴义务人勾结，唆使或者协助纳税人、扣缴义务人有本法第六十三条、第六十五条、第六十六条规定的行为，构成犯罪的，按照《刑法》关于共同犯罪的规定处罚；尚不构成犯罪的，依法给予行政处分。

税务人员私分扣押、查封的商品、货物或者其他财产，情节严重，构成犯罪的，依法追究刑事责任；尚不构成犯罪的，依法给予行政处分。

18．渎职行为

（1）《征管法》第八十一条规定：税务人员利用职务上的便利，收受或者索取纳税人、扣缴义务人财物或者谋取其他不正当利益，构成犯罪的，依法追究刑事责任；尚不构成犯罪的，依法给予行政处分。

（2）《征管法》第八十二条规定：税务人员徇私舞弊或者玩忽职守，不征收或者少征应征税款，致使国家税收遭受重大损失，构成犯罪的，依法追究刑事责任；尚不构成犯罪的，依法给予行政处分。

税务人员滥用职权，故意刁难纳税人、扣缴义务人的，调离税收工作岗位，并依法给予行政处分。税务人员对控告、检举税收违法违纪行为的纳税人、扣缴义务人以及其他检举人进行打击报复的，依法给予行政处分；构成犯罪的，依法追究刑事责任。

（3）《刑法》第四百零四条规定：税务机关的工作人员徇私舞弊，不征或者少征应征税款，致使国家税收遭受重大损失的，处五年以下有期徒刑或者拘役；造成特别重大损失的，处五年以上有期徒刑。

（4）《刑法》第四百零五条规定：税务机关的工作人员违反法律、行政法规的规定，在办理发售发票、抵扣税款、出口退税的工作中，徇私舞弊，致使国家利益遭受重大损失的，处五年以下有期徒刑或者拘役；致使国家利益遭受特别重大损失的，处五年以上有期徒刑。

19．不按规定征收税款的法律责任

《征管法》第八十三条规定：违反法律、行政法规的规定提前征收、延缓征收或者摊派税款的，由其上级机关或者行政监察机关责令改正，对直接负责的主管人员和其他直接责任人员依法给予行政处分。

《征管法》第八十四条规定：违反法律、行政法规的规定，擅自做出税收的开征、停征或者减税、免税、退税、补税以及其他同税收法律、行政法规相抵触的决定的，除依照本法规定撤销其擅自做出的决定外，补征应征未征税款，退还不用征收而征收的税款，并由上级机关追究直接负责的主管人员和其他直接责任人员的行政责任；构成犯罪的，依法追究刑事责任。

此外，《征管法》第七十四条还对行政处罚的权限做出了规定：罚款额在二千元以下的，可以由税务所决定。

20．违反税务代理的法律责任

税务代理人违反税收法律、行政法规，造成纳税人未缴或者少缴税款的，除由纳税人缴纳或者补缴应纳税款、滞纳金外，对税务代理人处纳税人未缴或者少缴税款百分之五十以上三倍以下的罚款。

三、税务行政法制认知

1．税务行政处罚

为了保障和监督行政机关有效实施行政管理，保护公民、法人和其他组织的合法权益，1996年3月17日第八届全国人民代表大会第四次会议通过了《中华人民共和国行政处罚法》（以下简称《行政处罚法》），并于1996年10月1日起实施，进一步完善了我国的社会主义民主法制制度。

税务行政处罚是行政处罚的重要组成部分。为了贯彻实施《行政处罚法》，规范税务行政处罚的实施，保护纳税人和其他税务当事人的合法权益，1996年9月28日国家税务总局发布了《税务案件调查取证与处罚决定分开制度实施办法（试行）》和《税务行政听证程序实施办法（试行）》，并于1996年10月1日起施行。

税务行政处罚是指公民、法人或者其他组织有违反税收征收管理秩序的违法行为，尚未构成犯罪，依法应当承担行政责任的，由税务机关给予行政处罚，包括以下几个方面的内容。

第一，当事人的行为违反了税收法律规范，侵犯的客体是税收征收管理秩序，应当承担税务行政责任。

第二，从当事人主观方面来说，并不区分是否具有主观故意或者过失，只要有税务违法行为存在，并有法定依据给予行政处罚的，就要承担行政责任，依法给予税务行政处罚。

第三，当事人的行为一般是尚未构成犯罪，依法应当给予行政处罚的行为。需要注意的是：一要区分税收违法与税收犯罪的界限。对此界限，《征管法》和《刑法》已经做了规定，进行税务行政处罚的一般是尚不构成税收犯罪的行为，如果构成了危害税收征管罪，就应当追究刑事责任；二要区分税收违法行为是不是轻微，并不是对所有的税务违法行为都一定要处罚，如果税务违法行为显著轻微，没有造成危害后果，只要予以纠正，经批评教育后可以不必给予处罚。

第四，给予行政处罚的主体是税务机关。

（1）税务行政处罚的原则。

① 法定原则。它包括 4 个方面的内容：对公民和组织实施税务行政处罚必须有法定依据，无明文规定不得处罚；税务行政处罚必须由法定的国家机关在其职权范围内设定；税务行政处罚必须由法定的税务机关在其职权范围内实施；税务行政处罚必须由税务机关按照法定程序实施。

② 公正、公开原则。公正就是要防止偏听偏信，要使当事人了解其违法行为的性质，并给其申辩的机会。公开，一是指税务行政处罚的规定要公开，凡是需要公开的法律规范都要事先公布；二是指处罚程序要公开，如依法举行听证会等。

③ 以事实为依据原则。

④ 处罚相当原则。处罚相当是指在税务行政处罚的设定和实施方面，都要根据税务违法行为的性质、情节、社会危害性的大小而定，防止畸轻畸重或者“一刀切”的行政处罚现象。

⑤ 处罚与教育相结合原则。税务行政处罚的目的是纠正违法行为，教育公民自觉守法，处罚只是手段。因此，税务机关在实施行政处罚时，要责令当事人改正或者限期改正违法行为，对情节轻微的违法行为也不一定都实施处罚。

⑥ 监督、制约原则。对税务机关实施行政处罚实行两方面的监督制约：一是内部的，如对违法行为的调查与处罚决定的分开，决定罚款的机关与收缴的机构分离，当场做出的处罚决定向所属行政机关备案等；二是外部的，包括税务系统上下级之间的监督制约和司法监督，具体体现主要有税务行政复议和诉讼。

（2）税务行政处罚的设定和种类。

① 税务行政处罚的设定。它是指由特定的国家机关通过一定形式首次独立规定公民、法人或者其他组织的行为规范，并规定违反该行为规范的行政制裁措施。现行我国税收法制的原则是税权集中、税法统一，税收的立法权主要集中在中央。

全国人民代表大会及其常务委员会可以通过法律的形式设定各种税务行政处罚。

国务院可以通过行政法规的形式设定除限制人身自由以外的税务行政处罚。

国家税务总局可以通过规章的形式设定警告和罚款。税务行政规章对非经营活动中的违法行为设定罚款不得超过一千元；对经营活动中的违法行为，有违法所得的，设定罚款不得超过违法所得的三倍，且最高不得超过三万元，没有违法所得的，设定罚款不得超过一万元；超过限额的，应当报国务院批准。

省、自治区、直辖市和计划单列市国家税务局、地方税务局及其以下各级税务机关制定的税收法律、法规、规章以外的规范性文件，在税收法律、法规、规章设定给予行政处罚的行为、种类和幅度的范围内做出具体规定，是一种执行税收法律、法规、规章的行为，不是对税务行政处罚的设定。因此，这类规范性文件与《行政处罚法》规定的处罚设定原则并不矛盾，它是有效的，是可以执行的。

② 税务行政处罚的种类。根据税务行政处罚的设定原则，税务行政处罚的种类是可变的，它会随着税收法律、法规、规章设定的变化而变化或者增减。根据税法的规定，现行执行的税务行政处罚的种类主要有4种：罚款、没收非法所得、停止出口退税权、收缴发票和暂停供应发票。

（3）税务行政处罚的主体与管辖。

① 主体。税务行政处罚的实施主体主要是县以上的税务机关。税务机关是指能够独立行使税收征收管理职权、具有法人资格的行政机关。我国税务机关的组织构成包括：国家税务总局；省、自治区、直辖市国家税务局和地方税务局；地（市、州、盟）国家税务局和地方税务局；县（市、旗）国家税务局和地方税务局4级。这些税务机关都具有税务行政处罚主体资格。

各级税务机关的内设机构、派出机构不具处罚主体资格，不能以自己的名义实施税务行政处罚。但是，税务所可以实施罚款额在二千元以下的税务行政处罚。这是《征管法》对税务所的特别授权。

② 管辖。根据《行政处罚法》和《征管法》的规定，税务行政处罚由当事人税收违法行为发生地的县（市、旗）以上税务机关管辖。这一管辖原则有以下几层含义。

- 从税务行政处罚的地域管辖来看，税务行政处罚实行行为发生地原则。只有当事人违法行为发生地的税务机关才有权对当事人实施处罚，其他地方的税务机关则无权实施。
- 从税务行政处罚的级别管辖来看，必须是县（市、旗）以上的税务机关。法律特别授权的税务所除外。
- 从税务行政处罚的管辖主体的要求来看，必须有税务行政处罚权。

（4）税务行政处罚的简易程序。税务行政处罚的简易程序，是指税务机关及其执法人员对于公民、法人或者其他组织违反税收征收管理秩序的行为，当场做出税务行政处罚决定的行政处罚程序。简易程序的适用条件：一是案情简单、事实清楚、违法后果比较轻微且有法定依据应当给予处罚的违法行为；二是给予的处罚较轻，仅适用于对公民处以五十元以下和对法人或者其他组织处以一千元以下罚款的违法案件。

符合上述条件，税务行政执法人员当场做出税务行政处罚决定应当按照下列程序进行。

① 向当事人出示税务行政执法身份证件。

② 告知当事人受到税务行政处罚的违法事实、依据和陈述申辩权。

③ 听取当事人陈述申辩意见。

④ 填写具有预定格式、编有号码的税务行政处罚决定书，并当场交付当事人。

税务行政处罚决定书的内容应当包括：税务机关名称；编码；当事人姓名（名称）、住址等；税务违法行为事实、依据；税务行政处罚种类、罚款数额；做出税务行政处罚决定的时间、地点；罚款代收机构名称、地址；缴纳罚款期限；当事人逾期缴纳罚款是否加处罚款；当事人不服税务行政处罚的复议权和起诉权；税务行政执法人员签字或者盖章等内容。

税务行政执法人员当场制作的税务行政处罚决定书，应当报所属税务机关备案。

（5）税务行政处罚的一般程序。除了适用简易程序的税务违法案件外，对于其他违法案件，税务机关在做出处罚决定之前都要经过立案、调查取证（有的案件还要举行听证）、审查、决定、执行程序。适用一般程序的案件一般是情节比较复杂、处罚比较重的案件。

① 调查与审查。对税务违法案件的调查取证由税务机关内部设立的调查机构（如管理、检查机构）负责。调查机构进行调查取证后，对依法应当给予行政处罚的，应及时提出处罚建议，以税务机关的名义制作税务行政处罚事项告知书并送达当事人，告知当事人做出处罚建议的事实、理由和依据，以及当事人依法享有的陈述申辩或要求听证的权利。调查终结，调查机构应当制作调查报告，并及时将调查报告连同所有案卷材料移交审查机构审查。

对税务违法案件的审查由税务机关内设机构（如法制机构）负责。审查机构收到调查机构移交的案卷后，应对案卷材料进行登记，填写税务案件审查登记簿。审查机构应对案件的下列事项进行审查。

- 调查机构认定的事实、证据和处罚建议适用的处罚种类、依据是否正确。
- 调查取证是否符合法定程序。
- 当事人陈述申辩的事实、证据是否成立。
- 听证人、当事人听证申辩的事实、证据是否成立。

审查机构应在自收到调查机构移交案卷之日起十日内审查终结，制作审查报告，并连同案卷材料报送税务机关负责人审批。

② 听证。听证是指税务机关在对当事人的某些违法行为做出处罚决定之前，按照一定形式听取调查人员和当事人意见的程序。税务行政处罚听证的范围是对公民做出二千元以上，或者对法人或其他组织做出一万元以上罚款的案件。税务行政处罚听证主持人应由税务机关内设的非本案调查机构的人员（如法制机构工作人员）担任。税务行政处罚听证的程序如下。

- 凡属听证范围的案件，在做出处罚决定之前，应当首先向当事人送达税务行政处罚事项告知书，告知当事人已经查明的违法事实、证据、处罚的法律依据和拟给予的处罚，并告知有要求举行听证的权利。
- 要求听证的当事人，应当在收到税务行政处罚事项告知书后 3 日内向税务机关书面提出听证要求，逾期不提出的，视为放弃听证权利。
- 税务机关应当在当事人提出听证要求后的 15 日内举行听证，并在举行听证的 7 日前将税务行政处罚听证通知书送达当事人，通知当事人举行听证的时间、地点、主持人的情况。
- 除涉及国家秘密、商业秘密或者个人隐私的不公开听证的以外，对于公开听证的案件，应当先期公告案情和听证的时间、地点并允许公众旁听。
- 听证会开始时，主持人应首先声明并出示税务机关负责人授权主持听证的决定，然后查明当事人或其代理人、调查人员及其他人员是否到场；宣布案由和听证会的组成人员名单；告知当事人有关的权利义务；记录员宣读听证会纪律。
- 听证会开始后，先由调查人员就当事人的违法行为进行指控，并出示事实证据材料，提出处罚建议，再由当事人或其代理人就所指控的事实及相关问题进行申辩和质证，然后控辩双方辩论；辩论终结，当事人进行最后陈述。
- 听证的全部活动，应当由记录员制作笔录并交当事人审核、签章。

- 完成听证任务或有听证终止情形发生时，主持人宣布终止听证。

听证结束后，主持人应当制作听证报告并连同听证笔录附卷移交审查机构审查。

③ 决定。审查机构做出审查意见并报送税务机关负责人审批后，应当在收到审批意见之日起3日内，根据以下不同情况分别制作处理决定书再报税务机关负责人签发。

- 有应受行政处罚的违法行为的，根据情节轻重及具体情况予以处罚。
- 违法行为轻微，依法可以不予行政处罚的不予行政处罚。
- 违法事实不能成立，不得予以行政处罚。
- 违法行为已构成犯罪的，移送公安机关。

税务机关做出罚款决定的行政处罚决定书应当载明罚款代收机构的名称、地址和当事人应当缴纳罚款的数额、期限等，并明确当事人逾期缴纳是否加处罚款。

（6）税务行政处罚的执行。税务机关做出行政处罚决定后，应当依法送达当事人执行。

税务行政处罚的执行，是指履行税务机关依法做出的行政处罚决定的活动。税务机关依法做出行政处罚决定后，当事人应当在行政处罚决定规定的期限内予以履行。当事人在法定期限内不申请复议又不起诉，并且在规定期限内又不履行的，税务机关可以依法强制执行或者申请法院强制执行。

税务机关对当事人做出罚款行政处罚决定的，当事人应当在收到行政处罚决定书之日起 15日内缴纳罚款，到期不缴纳的，税务机关可以对当事人每日按罚款数额的3%加处罚款。

① 税务机关行政执法人员当场收缴罚款。税务机关对当事人当场做出行政处罚决定，具有依法给予20元以下罚款或者不当场收缴罚款事后难以执行情形的，税务机关行政执法人员可以当场收缴罚款。税务机关行政执法人员当场收缴罚款的，必须向当事人出具合法罚款收据，并应当自收缴罚款之日起2日内将罚款交至税务机关。税务机关应当在2日内将罚款交付指定的银行或者其他金融机构。

② 税务行政罚款决定与罚款收缴分离。除了依法可以当场收缴罚款的情形以外，税务机关做出罚款的行政处罚决定的执行，自1998年1月1日起，应当按照国务院制定的《罚款决定与罚款收缴分离实施方法》的规定，实行做出罚款决定的税务机关与收缴罚款的机构分离。

税务机关做出的罚款处罚决定，代收罚款的银行或其他金融机构（代收机构）由国家税务总局与财政部、中国人民银行研究确定。各级地方税务机关的代收机构也可以由各地地方税务局与当地财政部门、中国人民银行分支机构研究确定。

税务机关应当同代收机构签订代收罚款协议。代收罚款协议应当包括下列事项。

- 税务机关、代收机构名称。
- 具体代收网点。
- 代收机构上缴罚款的预算科目、预算级次。
- 代收机构告知税务机关代收罚款情况的方式、期限。
- 需要明确的其他事项。

自代收罚款协议签订之日起15日内，税务机关应当将代收罚款协议报上一级税务机关和同级财政部门备案；代收机构应当将代收罚款协议报中国人民银行或当地分支机构备案。

代收机构代收罚款，应当向当事人出具财政部规定的罚款收据。

2．税务行政复议

为了防止和纠正税务机关违法或者不当的具体行政行为，保护纳税人及其他当事人的合法权益，保障和监督税务机关依法行使职权，根据《中行政复议法》《征收管理法》和其他有关规定，国家税务总局制定了《税务行政复议规则（试行）》，于2004年1月17日第1次局务会议审议通过并公布，自2004年5月1日起施行。

税务行政复议是我国行政复议制度的一个重要组成部分。税务行政复议是指当事人（纳税人、扣缴义务人、纳税担保人及其他税务当事人）不服税务机关及其工作人员做出的税务具体行政行为，依法向上一级税务机关（复议机关）提出申请，复议机关经审理对原税务机关具体行政行为依法做出维持、变更、撤销等决定的活动。

我国税务行政复议具有以下特点。

① 税务行政复议以当事人不服税务机关及其工作人员做出的税务具体行政行为为前提。如果当事人认为税务机关的处理合法、适当，或税务机关还没有做出处理，当事人的合法权益没有受到侵害，就不存在税务行政复议。

② 税务行政复议因当事人的申请而产生。当事人提出申请是引起税务行政复议的重要条件之一。当事人不申请，就不可能通过行政复议这种形式获得救济。

③ 税务行政复议案件的审理一般由原处理税务机关的上一级税务机关进行。

④ 税务行政复议与行政诉讼相衔接。根据《中华人民共和国行政诉讼法》（以下简称《行政诉讼法》）和《行政复议法》的规定，对于大多数行政案件来说，当事人可以选择行政复议或者行政程序解决，当事人对行政复议决定不服的，还可以向法院提起行政诉讼。

（1）复议范围。复议机关受理申请人对下列具体行政行为不服提出行政复议申请。

① 税务机关做出的征税行为，包括确认纳税主体、征税对象、征税范围、减税、免税及退税、适用税率、计税依据、纳税环节、纳税期限、纳税地点及税款征收方式等具体行政行为和征收税款、加收滞纳金及扣缴义务人、受税务机关委托征收的单位做出的代扣代缴、代收代缴行为。

② 税务机关做出的税收保全措施，包括书面通知银行或者其他金融机构冻结存款；扣押、查封商品、货物或者其他财产。

③ 税务机关未及时解除保全措施，使纳税人及其他当事人合法权益遭受损失的行为。

④ 税务机关做出的强制执行措施，包括书面通知银行或者其他金融机构从其存款中扣缴税款；变卖、拍卖扣押、查封的商品、货物或者其他财产。

⑤ 税务机关做出的行政处罚行为，包括罚款、没收财物和违法所得、停止出口退税权。

⑥ 税务机关不予依法办理或者答复的行为，包括不予审批减免税或者出口退税；不予抵扣税款；不予退还税款；不予颁发税务登记证、发售发票；不予开具完税凭证和出具票据；不予认定为增值税一般纳税人；不予核准延期申报、批准延期缴纳税款。

⑦ 税务机关做出的取消增值税一般纳税人资格的行为。

⑧ 收缴发票、停止发售发票。

⑨ 税务机关责令纳税人提供纳税担保或者不依法确认纳税担保有效的行为。

⑩ 税务机关不依法给予举报奖励的行为。

⑪ 税务机关做出的其他具体行政行为。

（2）复议管辖。对各级税务机关做出的具体行政行为不服的，向其上一级税务机关申请行政复议。

① 对省、自治区、直辖市地方税务局做出的具体行政行为不服的，可以向国家税务总局或者省、自治区、直辖市人民政府申请行政复议。

② 对国家税务总局做出的具体行政行为不服的，向国家税务总局申请行政复议。对行政复议决定不服，申请人可以向人民法院提起行政诉讼，也可以向国务院申请裁决，国务院的裁决为终局裁决。

③ 对其他税务机关、组织等做出的具体行政行为不服的，按照以下规定申请行政复议。

- 对计划单列市税务局做出的具体行政行为不服的，向省税务局申请行政复议。
- 对税务所、各级税务局的稽查局做出的具体行政行为不服的，向其主管税务局申请行政复议。
- 对扣缴义务人做出的扣缴税款行为不服的，向主管该扣缴义务人的税务机关的上一级税务机关申请行政复议；对受税务机关委托的单位做出的代征税款行为不服的，向委托税务机关的上一级税务机关申请行政复议。
- 国税局（稽查局、税务所）与地税局（稽查局、税务所）、税务机关与其他行政机关联合调查的涉税案件，应当根据各自的法定职权，经协商分别做出具体行政行为，不得共同做出具体行政行为。

对国税局（稽查局、税务所）与地税局（稽查局、税务所）共同做出的具体行政行为不服的，向国家税务总局申请行政复议；对税务机关与其他行政机关共同做出的具体行政行为不服的，向其共同上一级行政机关申请行政复议。

④ 对被撤销的税务机关在撤销前所做出的具体行政行为不服的，向继续行使其职权的税务机关的上一级税务机关申请行政复议。

（3）复议申请。依法提起行政复议的纳税人或其他税务当事人为税务行政复议申请人，具体是指纳税义务人、扣缴义务人、纳税担保人和其他税务当事人。

有权申请行政复议的公民死亡的，其近亲属可以申请行政复议；有权申请行政复议的公民为无行为能力人或者限制行为能力人的，其法定代理人可以代理申请行政复议。有权申请行政复议的法人或者其他组织发生合并、分立或终止的，承受其权利的法人或其他组织可以申请行政复议。与申请行政复议的具体行政行为有利害关系的其他公民、法人或者其他组织，可以作为第三人参加行政复议。申请人、第三人可以委托代理人代为参加行政复议；被申请人不得委托代理人代为参加行政复议。

申请人可以在得知税务机关做出具体行政行为之日起60日内提出行政复议申请。因不可抗力或者被申请人设置障碍等其他正当理由耽误法定申请期限的，申请期限自障碍消除之日起继续计算。

申请人申请行政复议，可以书面申请，也可以口头申请；口头申请的，复议机关应当当场记录申请人的基本情况，行政复议请求，申请行政复议的主要事实、理由和时间。

申请人向复议机关申请行政复议，复议机关已经受理的，在法定行政复议期限内申请人不得再向人民法院起诉；申请人向人民法院提起行政诉讼，人民法院已经依法受理的，不得申请行政复议。

（4）复议受理。复议机关收到行政复议申请后，应当在 5 日内进行审查，对不符合规定的行政复议申请，决定不予受理，并书面告知申请人；对符合规定，但是不属于本机关受理的行政复议申请，应当告知申请人向有关行政复议机关提出申请。对符合规定的行政复议申请，自复议机关法制工作机构收到之日起即为受理；受理行政复议申请，应书面告知申请人。

对应当先向复议机关申请行政复议，对行政复议决定不服再向人民法院提起行政诉讼的具体行政行为，复议机关决定不予受理或者受理后超过复议期限不做答复的，纳税人和其他税务当事人可以自收到不予受理决定书之日起或者行政复议期满之日起 15 日内,依法向人民法院提起行政诉讼。

纳税人及其他税务当事人依法提出行政复议申请，复议机关无正当理由不予受理且申请人没有向人民法院提起行政诉讼的，上级税务机关应当责令其受理；必要时，上级税务机关也可以直接受理。

行政复议期间税务具体行政行为不停止执行，但是，有以下情形之一的，可以停止执行。

① 被申请人认为需要停止执行的。

② 复议机关认为需要停止执行的。

③ 申请人申请停止执行，复议机关认为其要求合理，决定停止执行的。

④ 法律、法规规定停止执行的。

（5）复议决定。复议机关内部有关工作机构应当自受理行政复议申请之日起 7 日内，将行政复议申请书副本或者行政复议申请笔录复印件发送被申请人。被申请人应当自收到申请书副本或者申请笔录复印件之日起 10 日内，提出书面答复，并提交当初做出具体行政行为的证据、依据和其他有关材料。

复议机关应当自受理申请之日起 60 日内做出行政复议决定。情况复杂，不能在规定期限内做出行政复议决定的，经复议机关负责人批准，可以适当延长，并告知申请人和被申请人；但是延长期限最多不超过 30 日。

复议机关内部工作机构应当对被申请人做出的具体行政行为进行合法性与适当性审查，提出意见，经复议机关负责人同意，按照以下规定做出行政复议决定。

① 具体行政行为认定事实清楚，证据确凿，适用依据正确，程序合法，内容适当的，决定维持。

② 被申请人不履行法定职责的，决定其在一定期限内履行。

③ 具体行政行为有下列情形之一的，决定撤销、变更或者确认该具体行政行为违法。决定撤销或者确认该具体行政行为违法的，可以责令被申请人在一定期限内重新做出具体行政行为。

- 事实不清、证据不足的。
- 适用依据错误的。
- 违反法定程序的。
- 超越或者滥用职权的。
- 具体行政行为明显不当的。

被申请人应当履行行政复议决定。被申请人不履行或者无正当理由拖延履行行政复议决定的，

复议机关或者有关上级行政机关应当责令其限期履行。

申请人逾期不起诉又不履行行政复议决定的，或者不履行最终裁决的行政复议决定的，按照以下规定分别处理。

① 维持具体行政行为的行政复议决定，由做出具体行政行为的行政机关依法强制执行，或者申请人民法院强制执行。

② 变更具体行政行为的行政复议决定，由复议机关依法强制执行，或者申请人民法院强制执行。

（6）税务行政复议的其他有关规定。

① 复议机关、复议机关工作人员及被申请人在行政复议活动中，有违反《行政复议法》及《税务行政复议规则》规定的行为，按《行政复议法》的规定，追究法律责任。

② 复议机关受理行政复议申请，不得向申请人收取任何费用。复议活动所需经费，应当列入本机关的行政经费，由本级财政予以保障。

③ 复议机关在受理、审查、决定复议申请过程中，可使用复议专用章。不予受理决定书和复议决定书等重要法律文书应加盖复议机关印章。

3．税务行政诉讼

（1）税务行政诉讼的概念。税务行政诉讼是指纳税人或者其他纳税当事人认为税务机关的具体行政行为侵犯其合法权益，有权依照《行政诉讼法》向人民法院提起诉讼，由人民法院对具体税务行政行为的合法性和适当性进行审理并做出裁决的司法活动。其目的是保证人民法院正确、及时审理税务行政案件，保护纳税人、扣缴义务人等当事人的合法权益，维护和监督税务机关依法行使行政职权。

（2）税务行政诉讼参加人。

① 原告。对税务机关做出的具体行政行为不服，依法向法院提起诉讼的纳税人和其他税务当事人（公民、法人或者其他组织）是原告。有权提起诉讼的公民死亡，其近亲属可以提起诉讼。有权提起诉讼的法人或者其他组织终止，承受其权利的法人或者其他组织可以提起诉讼。

② 被告。当事人直接向人民法院提起诉讼的，做出具体行政行为的税务机关是被告。经复议的案件，复议机关决定维持原具体行政行为的，做出原具体行政行为的税务机关是被告；复议机关改变原具体行政行为的，复议机关是被告。

税务机关的派出机构依法以自己的名义做出的具体行政行为，设立该派出机构的税务机关是被告。扣缴义务人做出的扣缴税款行为，主管扣缴义务人的税务机关是被告。受税务机关委托的单位做出的代征税款行为，委托的税务机关是被告。被撤销的税务机关在撤销前做出的具体行政行为，继续行使其职权的税务机关是被告。

③ 代理人。没有诉讼行为能力的公民，由其法定代理人代为诉讼。

当事人、法定代理人，可以委托1～2人代为诉讼。律师、社会团体、提起诉讼的公民的近亲属或者所在单位推荐的人，以及经人民法院许可的其他公民，可以受委托为诉讼代理人。

（3）税务行政诉讼的范围。纳税人或者其他纳税当事人认为税务机关的以下具体行政行为侵犯其合法权益，可以向人民法院提起诉讼。

① 征收税款、加收滞纳金。

② 税务机关做出的责令纳税人提供纳税担保行为。

③ 税务机关做出的税收保全措施。

④ 税务机关未及时解除税收保全措施，使当事人的合法权益遭受损失的。

⑤ 税务机关做出的税收强制执行措施。

⑥ 税务机关做出的税务行政处罚行为。

⑦ 税务机关不予依法办理或答复的行为。

⑧ 税务机关做出的取消增值税一般纳税人资格的行为。

⑨ 税务机关做出的通知出境管辖机关阻止出境的行为。

⑩ 税务行政复议机关做出的行政复议决定。

⑪ 税务机关做出的其他税务具体行政行为。

上述除第①项必须先向税务行政复议机关申请行政复议，对税务行政复议决定不服的方可向人民法院提起诉讼外，其他项均可直接向人民法院提起诉讼。

提起税务行政诉讼，还必须符合法定的期限和必经的程序。根据《征管法》第八十八条及其他相关规定，对税务机关的征税行为提起诉讼，必须先经过复议；对复议决定不服的，可以在接到复议决定书之日起 15 日内向人民法院起诉。对其他具体行政行为不服的，当事人可以在接到通知或者知道之日起 15 日内直接向人民法院起诉。

（4）税务行政诉讼的管辖。税务行政诉讼案件由最初做出具体行政行为的税务机关所在地人民法院管辖。经复议的案件，复议机关改变原具体行政行为的，也可以由复议机关所在地人民法院管辖。

第一审税务行政诉讼案件由基层人民法院管辖。

中级人民法院管辖下列第一审税务行政诉讼案件。

① 对国家税务总局所做的具体行政行为提起诉讼的案件。

② 本辖区内重大、复杂的案件。

高级人民法院管辖本辖区内重大、复杂的第一审行政案件。

最高人民法院管辖全国范围内重大、复杂的第一审行政案件。

（5）税务行政诉讼案件的审理和判决。人民法院对税务行政诉讼案件宣告判决或者裁定前，原告申请撤诉的，或者被告改变其所做的具体行政行为，原告同意并申请撤诉的，是否准许，由人民法院裁定。

人民法院经过审理，根据不同情况，分别做出以下判决。

① 具体行政行为证据确凿，适用法律、法规正确，符合法定程序的，判决维持。

② 具体行政行为有下列情形之一的，判决撤销或者部分撤销，并可以判决被告重新做出具体行政行为：主要证据不足的；适用法律、法规错误的；违反法定程序的；超越职权的；滥用职权的。

③ 被告不履行或者拖延履行法定职责的，判决其在一定期限内履行。

④ 行政处罚显失公正的，可以判决变更。

人民法院判决被告重新做出具体行政行为的，被告不得以同一的事实和理由做出与原具体行

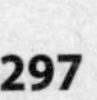

政行为基本相同的具体行政行为。

人民法院应当在立案之日起3个月内做出第一审判决。有特殊情况需要延长的，由高级人民法院批准。高级人民法院审理第一审案件需要延长的，由最高人民法院批准。

当事人不服人民法院第一审判决的，有权在判决书送达之日起15日内向上一级人民法院提起上诉。当事人不服人民法院第一审裁定的，有权在裁定书送达之日起10日内向上一级人民法院提起上诉。逾期不提起上诉的，人民法院的第一审判决或者裁定发生法律效力。

人民法院审理税务行政诉讼案件，不适用调解。

（6）税务行政诉讼判决的执行。双方当事人必须履行人民法院发生法律效力的判决、裁定。

纳税人或者其他税务当事人拒绝履行判决、裁定的，税务机关可以向第一审人民法院申请强制执行，或者依法强制执行。

税务机关拒绝履行判决、裁定的，第一审人民法院可以采取以下措施。

① 对应当归还的罚款或者应当给付的赔偿金，通知银行从该税务机关的账户内划拨。

② 在规定期限内不执行的，从期满之日起，对该税务机关按日处50～100元的罚款。

③ 向该税务机关的上一级税务机关或者监察、人事机关提出司法建议。接受司法建议的机关，根据有关规定进行处理，并将处理情况告知人民法院。

④ 拒不执行判决、裁定，情节严重构成犯罪的，依法追究主管人员和直接责任人员的刑事责任。

⑤ 纳税人或者其他税务当事人对税务机关的具体行政行为在法定期间不提起诉讼又不履行的，税务机关可以申请人民法院强制执行，或者依法强制执行。

项目实施

1．税务机关检查应遵循的规定

（1）税务机关应派两名以上税务干部实施检查。

（2）根据《征管法》第五十九条规定，派出的税务人员实施检查时，应出示税务检查证和税务检查通知书。

（3）应按《征管法》第五十四条规定的方法和手段进行检查。

2．实施行政处罚应遵循的程序

（1）在调查结束后，应依《行政处罚法》第三十一条规定，制作税务行政处罚事项告知书，告知当事人依法享有的陈述申辩权。根据《税务行政处罚听证程序实施办法》的规定，对公民处以二千元以上和法人及其他组织处以一万元以上罚款的，应履行听证程序。因此，本案还应告知其依法享有的听证权。

（2）如在3日内提出听证要求的，税务机关应依法举行听证。

（3）听证结束后，应根据调查事实和听证情况制作税务行政处罚决定书，并不得因当事人要求听证而加重处罚，报县局负责人审批。

（4）经县局局长签字后下达税务行政处罚决定书，并依法送达当事人。

3．宾馆提起税务行政复议

如宾馆对补税、加收滞纳金的决定不服，应按《税收征管法》第八十八条第一款的规定，必须先依照税务机关的纳税决定缴纳或者解缴税款及滞纳金或者提供相应的担保，然后可以依法申请行政复议。如对行政处罚决定不服，可直接向市地税局依法申请行政复议，也可向县人民法院提起诉讼。

4．宾馆提起税务行政诉讼

宾馆如对市地税局的行政复议决定不服，根据相关法律规定，应以做出原具体行政行为的县地税局为被告提起行政诉讼。

项目小结

在项目引入部分，以某宾馆 2015 年 5 月的纳税资料作为案例，提出了以下任务：税务机关实施行政处罚的程序；实施检查时应遵循的相关规定；宾馆对地税局的处理决定不服，是否可无条件地向市地税局申请行政复议；宾馆对市地税局的复议决定不服，应以谁为被告提出行政诉讼。

在相关知识部分，介绍了完成上述任务需要掌握的理论知识。从理论和实践相结合的角度，结合本书其他项目内容（项目二等）系统阐述了税收征管法的基本概念、原则，详细介绍了税务管理、税款征收、税务检查、发票管理等税收征管中的关键环节，并对税收征管法中的法律责任、税务复议与税务诉讼等重要问题做了具体说明。

在项目实施部分，在掌握了理论知识的基础上，较好地完成了第一部分提出的任务。

练习与实训

1．简答题

（1）简述税务管理的内容。

（2）简述违反税法的法律责任。

（3）简述税务行政处罚的内容。

（4）简述税务行政复议的内容。

（5）简述税务行政诉讼的内容。

2．综合实训

【资料】 甲公司自 2014 年 4 月领取营业执照开张至同年 8 月以来，一直未进行纳税申报，税务机关多次催促，该公司总是以新开业、亏损严重为由拒不进行纳税申报。税务人员在明察暗访后，发现该公司市场销售状况良好，于是派检查组重点检查，发现该公司采取少列收入、多列支出的手段，少缴纳税款 15 万元。税务机关做出责令其补缴税款及滞纳金和罚款的决定。该公司置之不理，税务机关多次催缴无效，税务人员认为该公司的行为已从偷税演变为抗税。

【要求】 试分析：（1）该公司属于何种违法行为？税务机关的处理是否正确？

（2）该公司是否有抗税行为？为什么？

单元测试题（五）

一、单项选择题

1. 根据《征管法》的规定，纳税人未按规定的期限缴纳或者解缴税款的，税务机关除责令其限期缴纳外，应当从滞纳税款之日起，按日加收滞纳税款（　　）的滞纳金。

A. 千分之二　　B. 千分之三　　C. 千分之五　　D. 百分之三

2. 因税务机关的责任，致使纳税人、扣缴义务人未缴或少缴税款的，税务机关在（　　）内可以要求纳税人、扣缴义务人补缴税款，但是不得加收滞纳金。

A. 一年　　B. 二年　　C. 三年　　D. 五年

3. 根据《征管法》的规定，对未按照规定设置、保管账簿或保管记账凭证和有关资料的纳税人，由税务机关责令其限期改正，逾期不改正的，可以处以（　　）以下的罚款；情节严重的处以（　　）的罚款。

A. 一千元，二千元以上一万元以下　　B. 一千元，一千元以上一万元以下

C. 二千元，二千元以上一万元以下　　D. 二千元，一千元以上一万元以下

4. 根据《刑法》规定，以假报出口或者其他欺骗手段，骗取国家出口退税款，数额特别巨大或者有其他特别严重情节的，对单位应判处罚金，并对其直接负责的主管人员和其他直接责任人员，处以（　　）。

A. 三年以下有期徒刑或者拘役　　B. 三年以上十年以下有期徒刑

C. 十年以上有期徒刑或无期徒刑　　D. 无期徒刑或死刑

5. 危害税收征管罪中唯一不能由单位构成的罪名是（　　）。

A. 偷税罪　　B. 抗税罪

C. 骗取出口退税罪　　D. 逃避追缴欠税罪

6. 依据《刑法》规定，构成抗税罪，情节严重的，处 3 年以上 7 年以下有期徒刑，并处拒缴税款（　　）罚金。

A. 1 倍以上 5 倍以下　　B. 1 倍以上 3 倍以下

C. 3 倍以上 5 倍以下　　D. 5 倍以上 10 倍以下

7. 根据《征管法》的规定，纳税人的财务、会计制度或者财务、会计处理办法与国务院或者国务院财政、税务主管部门有关税收的规定相抵触的，按照（　　）计算纳税。

A. 国务院或者国务院财政、税务主管部门有关税收的规定

B. 纳税人所在行业的财务、会计制度或者财务、会计处理办法

C. 请示上级主管部门确定

D. 纳税人与税务机关协商一致的办法

8. 纳税人被工商行政管理机关吊销营业执照的，应当自营业执照被吊销之日起（　　）内，向原税务登记机关申请办理注销税务登记。

A. 7日　　B. 10日　　C. 15日　　D. 30日

9. 根据新《刑法》的规定，偷税罪的构成标准是（　　）。

A. 偷税数额占应纳税额的百分之十以上的

B. 偷税数额超过一万元的

C. 偷税数额占应纳税额的百分之十以上或者偷税数额超过一万元的

D. 偷税数额占应纳税额的百分之十以上且偷税数额超过一万元的

10. 下列各项中，属于我国税务行政处罚主体的是（　　）。

A. 县以上的税务机关　　B. 税务所

C. 税务机关的内设机构　　D. 税务机关的派出机构

11. 要求听证的当事人，应当在收到税务行政处罚事项告知书后（　　）内向税务机关书面提出听证要求，逾期不提出的，视为放弃听证权利。

A. 3日　　B. 5日　　C. 7日　　D. 10日

12. 纳税人对税务机关征税不服的，应当在收到税务机关填发的缴税凭证之日起（　　）内提出复议申请。

A. 15日　　B. 30日　　C. 60日　　D. 90日

13. 复议决定书一经送达即发生法律效力，申请人和被申请人应当履行，但申请人对复议决定不服的，可以在接到复议决定书之日起（　　）内向法院起诉。

A. 10日　　B. 15日　　C. 30日　　D. 45日

14. 下列各项中，属于税务行政赔偿构成要件中核心要件的是（　　）。

A. 税务机关或者其工作人员的职务违法行为

B. 税务机关或者其工作人员的非职务违法行为

C. 存在对纳税人和其他税务当事人合法权益造成损害的事实

D. 存在对纳税人和其他税务当事人合法权益造成犯罪的事实

15. 依据国家《赔偿法》的规定，税务行政赔偿请求人请求赔偿的时效为（　　）。

A. 一年　　B. 二年　　C. 三年　　D. 五年

16. 税务行政赔偿请求人在法定期限内提出赔偿请求后，负有赔偿义务的税务机关应当自收到申请之日起（　　）内依照法定的赔偿方式和计算标准给予赔偿。

A. 二个月　　B. 三个月　　C. 六个月　　D. 九个月

二、多项选择题

1. 根据《税收征管法》的规定，纳税人有下列（　　）行为之一者，由税务机关责令限期改正，逾期不改正的，可以处以二千元以下的罚款；情节严重的，处以二千元以上一万元以下的罚款。

A. 未按规定领购、开具、使用和保管发票

B. 未按规定的期限申报办理税务登记、变更或注销税务登记的

C. 未按规定设置、保管账簿或者保管记账凭证和有关资料的

D. 未按规定将财务、会计制度或者财务、会计处理办法报送税务机关备查的

2. 下列行为中，属于虚开增值税专用发票行为的有（ ）。

A. 为他人虚开增值税专用发票　　B. 为自己虚开增值税专用发票

C. 让他人为自己虚开增值税专用发票　　D. 介绍他人虚开增值税专用发票

3. 税务机关在征收税款时，必须开具完税凭证。完税凭证的种类包括（ ）。

A. 完税证　B. 印花税票　C. 缴款书　D. 其他完税证明

4. 根据现行税法规定，我国税务行政处罚的种类有（ ）。

A. 罚款　　B. 取消减免税照顾

C. 没收非法所得　　D. 停止出口退税权

5. 下列单位中，具有税务行政处罚主体资格的包括（ ）。

A. 国家税务总局　　B. 省级国家税务局

C. 经特别授权的税务所　　D. 税务机关的内设机构

6. 税务行政复议的受案范围仅限于税务机关做出的税务具体行政行为，其中税务机关做出的征税行为包括（ ）。

A. 征收税款

B. 加收滞纳金

C. 审批减免税和出口退税

D. 税务机关委托扣缴义务人做出的代扣、代收税款的行为

7. 人民法院对受理的税务行政案件，经过调查、收集证据、开庭审理之后，可以做出的税务行政诉讼判决形式包括（ ）。

A. 维持判决　B. 撤销判决　C. 履行判决　D. 变更判决

8. 纳税人、扣缴义务人等税务管理相对人在提起税务行政诉讼时，必须符合的条件有（ ）。

A. 原告是认为具体税务行为侵犯其合法权益的公民、法人或者其他组织

B. 有明确的证人和鉴定人

C. 有具体的诉讼请求和事实、法律根据

D. 属于人民法院的受案范围和受诉人民法院管辖

9. 下列项目中，属于税务行政赔偿构成要件的有（ ）。

A. 税务机关或其工作人员的职务违法行为

B. 存在对纳税人和其他税务当事人的合法权益造成损害的事实

C. 存在对纳税人和其他税务当事人的非法权益造成损害的事实

D. 税务机关及其工作人员的职务违法行为与现实发生的损害事实存在因果关系

10. 赔偿方式是指国家承担赔偿责任的各种形式，我国的税务行政赔偿方式有（ ）。

A. 支付赔偿金　B. 返还财产　C. 赔礼道歉　D. 恢复原状

三、判断题

1. 凡依法由税务机关征收的税收及关税、船舶吨税及海关代征税收的征收管理，均适用《中华人民共和国税收征收管理法》。（ ）

2. 我国税务行政处罚的设定，由全国人民代表大会、国务院、各级地方政府进行设定。（ ）

3. 从税务行政处罚的级别管辖来看，必须是县（市、旗）以上的税务机关，法律特别授权的税务所除外。（ ）

4. 如果税务行政案件当事人不申请，是不可能通过行政复议这种形式获得救济的。（ ）

5. 适用税务行政处罚一般程序的案件通常是情节比较复杂、处罚比较重的税务行政案件。（ ）

6. 在税务行政诉讼等行政诉讼中，税务机关不但享有起诉权，而且还享有应诉权。（ ）

7. 纳税人对税务机关做出的征税行为不服，必须先按照税务机关根据法律、行政法规确定的期限缴纳或者解缴清税款及滞纳金，并在法定期限内提出书面复议申请；否则，不能进行税务行政复议。（ ）

8. 根据国家赔偿法的规定，税务机关及其工作人员在行使职权时，给纳税人或者其他当事人造成财产权和人身权中的生命健康权、人身自由权的损害，列入赔偿范围。但税务工作人员非因职务行为对他人造成的上述损害，责任由其个人承担，不属于税务行政赔偿范围。（ ）

9. 根据行政诉讼法的规定，人民法院应对税务行政诉讼法律关系的双方当事人先行调解，调解无效的，才能依法进行判决。（ ）

四、案例分析题

1. 2015 年 7 月 4 日，某县级国家税务局 A 集贸税务所了解到辖区内经销新鲜水果的个体工商业户 B 打算在月末收摊回外地老家，并存在逃避缴纳 7 月税款 1 200 元的可能。B 系定期定额征收业户，依法应于每月 10 日前缴纳上月税款。7 月 5 日，A 税务所向 B 下达了限 7 月 31 日前交纳 7 月税款 1 200 元的通知。7 月 27 日，A 税务所发现 B 正联系货车准备将货物运走，于是，当天以该税务所的名义，由所长签发向 B 送达了扣押文书，由本所税务人员 C 带两名协税人员，将 B 价值约 1 200 元的新鲜水果扣押存放在某仓库里。7 月 31 日 11 时，B 到税务所缴纳了 7 月税款 1 200 元，并要求税务所返还所扣押的水果，因存放水果的仓库的保管员未在，未能当时返还。8 月 2 日 15 时，税务所将扣押的水果返还给 B。B 收到水果后，发现部分水果已经腐烂，损失水果价值约 500 元。B 向税务所提出赔偿请求，税务所以扣押时未开箱查验为由不予受理。

问题：（1）税务所的执法行为有哪些过错?

（2）B 应该怎么办?

2. 2015 年 7 月，王珍在宝康县工商局办理了临时营业执照从事服装经营，但未向税务机关申请办理税务登记。9 月，王珍被宝康县税务所查处，核定应缴纳税款 300 元，限其于次日缴清税款。王珍在限期内未缴纳税款，对核定的税款提出异议，税务所不听其申辩，直接扣押了其价值 400 元的一批服装。扣押后王珍仍未缴纳税款，税务所将服装以 300 元的价格销售给内部职工，

用以抵缴税款。

问题：（1）对王珍的行为应如何处理？

（2）宝康县税务所的执法行为有无不妥？

3. 2015年7月16日，某区国税局稽查人员在对某加油站进行日常纳税检查时发现，该加油站于6月8日根据城市规划的统一安排，由原经营地新华大街33号搬迁到马路对面新华大街38号经营。由于加油站的经营地址中只是门牌号稍有不同，该加油站的财务人员就将税务登记证件中的地址33号直接改为38号。稽查人员还发现，该加油站在搬迁中不慎致使加油机的税控装置部分损坏，还有部分账簿的账页损毁丢失。6月，加油站装修、搬迁，停止营业，无销售收入，故未向税务机关申报纳税。上述情况，该加油站均未报告给税务机关。

请分别指出该加油站的违法行为，并针对该加油站的违法行为分别提出处理意见，并进行处罚（该加油站的违法行为均不属于情节严重）。

附　录

附录A　金银首饰、钻石、钻石饰品征收消费税的有关规定

金银首饰的消费税改在零售环节征收，其征收管理的有关规定简单介绍如下（钻石、钻石饰品的计征可以参照执行）。

1．纳税人

在中华人民共和国境内从事金银首饰零售业务的单位和个人，为金银首饰消费税的纳税义务人。委托加工（另有规定者除外）、委托代销金银首饰的，受托方也是纳税人。

金银首饰的零售业务是指将金银首饰销售给中国人民银行批准的金银首饰生产、加工、批发、零售单位以外的单位和个人的业务（另有规定者除外）。下列行为视同零售业务。

（1）为经营范围以外的单位和个人加工金银首饰。加工包括带料加工、翻新改制、以旧换新等业务，不包括修理、清洗业务。

（2）经营单位将金银首饰用于馈赠、赞助、集资、广告、样品、职工福利、奖励等方面。

（3）未经中国人民银行批准经营金银首饰批发业务的单位将金银首饰销售给经营单位。

2．在零售环节征税的金银首饰的具体范围

在零售环节征税的金银首饰具体包括金银和金基、银基合金首饰，以及金、银和金基、银基的镶嵌首饰；不包括镀金（银）包金（银）首饰及镀金（银）、包金（银）的镶嵌首饰（简称非金银首饰），非金银首饰仍在生产环节纳税。自2003年5月1日起，铂金首饰消费税改为在零售环节征税。

对既销售金银首饰，又销售非金银首饰的生产经营单位，应将两类商品划分清楚，分别核算销售额。凡划分不清楚或不能分别核算的，在哪个环节销售，按哪个环节的税率全额征税。金银首饰与其他产品组成成套产品销售的，应按销售额全额征收消费税。

3．税率

金银首饰消费税税率为5%（生产环节征收的，税率为10%）。

4．计税依据

① 纳税人销售金银首饰，其计税依据为不含增值税的销售额。如果纳税人销售金银首饰的销售额中未扣除增值税税款，在计算消费税时，应按以下公式换算为不含增值税税款的销售额。

金银首饰的销售额＝含增值税的销售额÷（1＋增值税税率或征收率）

② 金银首饰连同包装物销售的，无论包装是否单独计价，也无论会计上如何核算，均应并入

金银首饰的销售额，计征消费税。

③ 带料加工的金银首饰，应按受托方销售同类金银首饰的销售价格确定计税依据征收消费税。没有同类金银首饰销售价格的，按照组成计税价格计算纳税。组成计税价格的计算公式如下。

组成计税价格＝（材料成本＋加工费）÷（1−金银首饰消费税税率）

④ 纳税人采用以旧换新（含翻新改制）方式销售的金银首饰，应按实际收取的不含增值税的全部价款确定计税依据增收消费税。

⑤ 生产、批发、零售单位用于馈赠、赞助、集资、广告、样品、职工福利、奖励等方面的金银首饰，应按纳税人销售同类金银首饰的销售价格确定计税依据征收消费税；没有同类金银首饰销售价格的，按照组成计税价格计算纳税。组成计税价格的计算公式如下。

组成计税价格＝购进原价×（1＋利润率）÷（1−金银首饰消费税税率）

纳税人为生产企业时，公式中的“购进原价”为生产成本，公式中的“利润率”一律定为6%。

⑥ 金银首饰消费税改变纳税环节后，用已税珠宝玉石生产的镶嵌首饰，在计税时一律不得扣除已纳的消费税税款。

5．纳税环节

纳税人销售（指零售，下同）的金银首饰（含以旧换新），于销售时纳税；用于馈赠、赞助、集资、广告、样品、职工福利、奖励等方面的金银首饰，于移送时纳税；带料加工、翻新改制的金银首饰，于受托方交货时纳税。

金银首饰消费税改变征税环节后，经营单位进口金银首饰的消费税，由在进口环节征收改为在零售环节征收；出口金银首饰由出口退税改为出口不退消费税。

6．纳税义务发生时间

纳税人销售金银首饰，其纳税义务发生时间为收讫销货款或取得索取销货凭据的当天；用于馈赠、赞助、集资、广告、样品、职工福利、奖励等方面的金银首饰，其纳税义务发生时间为移送的当天；带料加工、翻新改制的金银首饰，其纳税义务发生时间为受托方交货的当天。

7．纳税地点

纳税人应向其核算地主管国家税务局申报纳税。纳税人总机构与分支机构不在同一县（市）的，分支机构应纳税款应在所在地缴纳。但经国家税务总局及省级国家税务局批准，纳税人分支机构应纳消费税税款也可由总机构汇总向总机构所在地主管国家税务局缴纳。

固定业户到外县（市）临时销售金银首饰，应当向其机构所在地主管国家税务局申请开具外出经营活动税收管理证明，回其机构所在地向主管国家税务局申报纳税。未持有其机构所在地主管国家税务局核发的外出经营活动税收管理证明的，销售地主管国家税务局一律按规定征收消费税。其在销售地发生的销售额，回机构所在地后仍应按规定申报纳税，在销售地缴纳的消费税税款不得从应纳税额中扣减。

附录B　教育费附加的有关规定

教育费附加是对缴纳增值税、消费税的单位和个人，就其实际缴纳的“两税”税额为计算依

据征收的一种附加费。

教育费附加是为加快地方教育事业，扩大地方教育经费的资金而征收的一项专用基金。国务院于 1986 年 4 月 28 日颁布了《征收教育费附加的暂行规定》，从同年 7 月 1 日开始在全国范围内征收教育费附加。

1．征收范围和计征依据

凡缴纳增值税、消费税的单位和个人，都要缴纳教育费附加。以纳税人实际缴纳的增值税、消费税为计税依据，分别与“两税”同时缴纳。

2．计征比率

现行教育费附加的征收比率为 3%。

3．计算方法

教育费附加的计算公式如下。

应纳教育费附加=实际缴纳的增值税、消费税税额×征收比率

案例

某市区一企业 2016 年 10 月实际缴纳增值税 30 万元，缴纳消费税 30 万元。计算该企业应缴纳的教育费附加。

【解】应纳教育费附加 =（30 + 30）× 3% = 60 × 3% = 18（万元）。

4．减免规定

（1）海关对进口产品征收的增值税、消费税，不征收教育费附加。

（2）对由于减免增值税、消费税而发生退税的，可同时退还已征收的教育费附加。但对出口产品退还增值税、消费税的，不退还已征收的教育费附加。

附录 C　文化事业建设费的有关规定

文化事业建设费是中国政府为了引导和调控文化事业的发展而征集的一种专项资金。1996 年 9 月 5 日，国务院发布《国务院关于进一步完善文化经济政策的若干规定》。其中规定，自 1997 年 1 月 1 日起，在全国范围内开征文化事业建设费，由地方税务机关负责征收。1997 年 6 月 17 日国务院批准，1997 年 7 月 7 日财政部、国家税务总局发布《文化事业建设费征收管理暂行办法》。

1．缴纳单位和个人

在中华人民共和国境内依照《中华人民共和国营业税暂行条例》的规定缴纳娱乐业、广告业营业税的单位和个人，为文化事业建设费的缴纳义务人（以下简称缴费人），应当依照规定缴纳文化事业建设费。

2．计征依据、费率和计算方法

文化事业建设费的费率为 3%，文化事业建设费费率的调整，由国务院决定。

文化事业建设费按缴费人应当缴纳娱乐业、广告业营业税的营业额和规定的费率计算应缴费额。计算公式如下。

应缴费额＝应纳娱乐业、广告业营业税的营业额×3%

3．征缴管理

（1）文化事业建设费由地方税务局在征收娱乐业、广告业（包括广告发布和广告代理业）营业税时一并征收。

（2）文化事业建设费的缴费义务发生时间，为缴费人收讫营业收入款项或者取得索取营业收入款项凭证的当天。

（3）文化事业建设费的缴纳期限与缴费人缴纳营业税的期限相同，或者由主管税务机关根据缴费人应缴费额的大小核定。

（4）缴费人应当在提供娱乐业、广告业劳务的发生地，向发生地的主管税务机关申报缴纳文化事业建设费。

附录D　社会保险费的有关规定

社会保险费是中国政府为了发展社会保险事业而征集的专项资金，包括基本养老保险费、基本医疗保险费、失业保险费和工伤保险费等项目。1999年1月14日国务院第13次常务会议通过，1999年1月22日国务院发布《社会保险费征缴暂行条例》，即日起施行。该条例中规定：社会保险费的征收机构由省、自治区、直辖市人民政府规定，可以由税务机关征收，也可以由劳动保障行政部门按照国务院规定设立的社会保险经办机构征收。目前，已有十多个省、自治区、直辖市规定由地方税务局负责征收社会保险费。

1．征缴范围

（1）基本养老保险费的征缴范围：国有企业、城镇集体企业、外商投资企业、城镇私营企业和其他城镇企业及其职工，实行企业化管理的事业单位及其职工。

（2）基本医疗保险费的征缴范围：国有企业、城镇集体企业、外商投资企业、城镇私营企业和其他城镇企业及其职工，国家机关及其工作人员，事业单位及其职工，民办非企业单位及其职工，社会团体及其专职人员。

（3）失业保险费的征缴范围：国有企业、城镇集体企业、外商投资企业、城镇私营企业和其他城镇企业及其职工，事业单位及其职工。

省、自治区、直辖市人民政府根据当地实际情况，可以规定将城镇个体工商户纳入基本养老保险、基本医疗保险的范围，并可以规定将社会团体及其专职人员、民办非企业单位及其职工以及有雇工的城镇个体工商户及其雇工纳入失业保险的范围。

（4）工伤保险费的征缴范围：企业和有雇工的个体工商户。职工个人不缴纳工伤保险费。

2．计费依据、费率和计算办法

（1）基本养老保险费。

根据1997年7月16日国务院发布的《关于建立统一的企业职工基本养老保险制度的决定》，

企业缴纳基本养老保险费的计费依据为本企业工资总额，费率一般不得超过企业工资总额的 20%（包括划入个人账户的部分），各地实行的具体费率由各省、自治区、直辖市人民政府确定。少数地区由于情况特殊，确需超过企业工资总额 20%的，应报劳动和社会保障部（现已更名为人力资源和社会保障部）、财政部审批。

职工个人缴纳基本养老保险费（以下简称个人缴费）的计费依据为本人缴费工资，费率最高为 8%。个人工资总额超过当地社会平均工资 3 倍的部分，不计入计费基数；个人工资总额不足当地社会平均工资 60%的，按当地社会平均工资的 60%缴费。

根据 2005 年 12 月 3 日国务院发布的《关于完善企业职工基本养老保险制度的决定》，城镇个体工商户和灵活就业人员参加基本养老保险的缴费基数为当地上年度在岗职工平均工资，缴费比例为 20%。

（2）基本医疗保险费。

根据 1998 年 12 月 14 日国务院发布的《关于建立城镇职工基本医疗保险制度的决定》，基本医疗保险费由用人单位和职工共同缴纳，用人单位缴纳基本医疗保险费的计费依据为本单位工资总额，费率为 6%左右；职工个人缴纳基本医疗保险费的计费依据为本人工资，费率为 2%。随着经济的发展，用人单位和职工缴费率可做相应调整。

（3）失业保险费。

根据 1999 年 1 月 22 日国务院发布的《失业保险条例》，城镇企业、事业单位缴纳失业保险费的计费依据为本单位工资总额，费率为 2%；职工个人缴纳失业保险费的计费依据为本人工资，费率为 1%。经国务院批准，各省、自治区和直辖市人民政府可以根据当地的具体情况适当调整本行政区域失业保险费的费率。

（4）工伤保险费。

根据 2003 年 4 月 27 日国务院发布的《失业保险条例》，劳动和社会保障部、财政部等部门的规定，工伤保险费的计费依据为用人单位的工资总额；各省、自治区和直辖市工伤保险费平均缴费率原则上应当控制在职工工资总额的 1.0%左右，其中风险较小的行业、中等风险行业和风险较大的行业的基准费率应当分别控制在用人单位职工工资总额的 0.5%左右、1.0%左右和 2.0%左右。各统筹地区劳动保障部门会同财政、卫生和安全监管部门，按照“以支定收、收支平衡”的原则，根据工伤保险费的使用、工伤发生率和职业病危害程度等情况提出分类行业基准费率的具体标准，报统筹地区人民政府批准以后实施。基准费率的具体标准可以定期调整。

用人单位属于风险较小的行业的，按照行业基准费率缴费，不实行费率浮动。用人单位属于中等风险行业和风险较大的行业的，实行费率浮动。用人单位的初次缴费费率按照行业基准费率确定，以后由统筹地区社会保险经办机构根据用人单位工伤保险费的使用、工伤发生率和职业病危害程度等因素，1～3 年浮动一次。在行业基准费率的基础上，可以上下各浮动两档：上浮第一档到本行业基准费率的 120%，第二档到本行业基准费率的 150%；下浮第一档到本行业基准费率的 80%，第二档到本行业基准费率的 50%。费率浮动的具体办法由各统筹地区劳动保障行政部门会同财政、卫生和安全监管部门制定。

（5）计算方法。

应纳社会保险费的计算公式如下。

应纳社会保险费＝计费依据×费率

3．征缴管理

应当缴纳社会保险费的单位必须向当地社会保险经办机构办理社会保险登记，参加社会保险。

基本养老保险费、基本医疗保险费、失业保险费和工伤保险费实行集中、统一征收、缴纳。

缴费单位应当按月向当地社会保险经办机构申报应当缴纳的社会保险费数额，经该机构核定以后，在规定的期限以内缴纳；缴费个人应当缴纳的社会保险费由其所在单位从其工资中代扣代缴。缴费单位不按照规定申报应当缴纳的社会保险费数额的，由社会保险经办机构暂按该单位上月缴费数额的 110%确定应缴数额；没有上月缴费数额的，由社会保险经办机构暂按该单位的经营状况、职工人数等有关情况确定应缴数额。缴费单位补办申报手续并按照核定数额缴纳社会保险费以后，由社会保险经办机构按照规定结算。

缴费单位、缴费个人应当及时、足额缴纳社会保险费。缴费单位没有按照规定缴纳和代扣代缴社会保险费的，由劳动保障行政部门或者税务机关责令其限期缴纳；逾期仍然不缴纳的，除了补缴欠缴数额以外，自欠缴之日起，按日加收 2‰的滞纳金。缴费单位逾期拒不缴纳社会保险费和滞纳金的，由劳动保障行政部门或者税务机关申请人民法院依法强制征缴。

社会保险费不得减征、免征。

社会保险费收入纳入社会保险基金，分别建立基本养老保险基金、基本医疗保险基金、失业保险基金和工伤保险基金，单独核算，专款专用，并且不计征任何税、费。

缴费单位应当每年向本单位职工公布本单位全年社会保险费的缴纳情况，接受职工监督。社会保险经办机构应当定期向社会公告社会保险费的征收情况，接受社会监督。

参 考 文 献

[1] 中国注册会计师协会. 税法（2012 年度注册会计师全国统一考试辅导教材）[M]. 北京：经济科学出版社. 2012.

[2] 刘佐. 中国税制概览［M］. 北京：经济科学出版社，2012.

[3] 全国注册税务师执业资格考试教材编写组. 2012 年注册税务师执业资格考试《税法Ⅰ》《税法Ⅱ》《税务代理实务》教材［M］. 北京：中国税务出版社，2012.

[4] 晏鸣. 税收概论［M］. 北京：中国税务出版社，1999.

[5] 国家税务总局教材编写组. 税收基础知识［M］. 北京：中国税务出版社，2004.

[6] 蒙丽珍，安仲文. 国家税收［M］. 大连：东北财经大学出版社，2007.

[7] 李克桥，邵惠芳. 中国税法实用教材［M］. 北京：中国时代经济出版社，2007.

[8] 财政部. 政策发布等栏目［M］. 北京：中华人民共和国财政部官方网站，2012.

[9] 国家税务总局. 税收法规等栏目［M］. 北京：国家税务总局官方网站，2012.

[10] 安仲文，秦强. 最新营业税操作实务［M］. 大连：东北财经大学出版社，2009.

[11] 安仲文，李海宁. 最新消费税操作实务［M］. 大连：东北财经大学出版社，2009.

[12] 翟继光，张晓龙. 中小企业纳税实用技巧［M］. 上海：立信会计出版社，2008.

[13] 王振东，白洁. 税法［M］. 北京：北京师范大学出版社，2009.

[14] 张瑞珍. 纳税实务［M］. 北京：人民邮电出版社，2011.

[15] 梁伟祥，王碧秀. 企业纳税全真实训［M］. 北京：清华大学出版社，2012.

[16] 张紫东，张彤. 税务会计实训丛书（12 本）[M]. 北京：北京大学出版社，2011.

[17] 黄超平. 纳税实务项目化教程［M］. 北京：冶金工业出版社，2010.

[18] 中国注册会计师协会. 税法（2016 年度注册会计师全国统一考试辅导教材）[M]. 北京：经济科学出版社. 2016.

[19] 王碧秀. 中国税收［M］. 北京：人民邮电出版社，2016.